韩国河卷

韩国河 著

河南社科名家文库

河南人民出版社

图书在版编目(CIP)数据

河南社科名家文库．韩国河卷／韩国河著．—郑州：河南人民出版社，2019.11
ISBN 978-7-215-12093-8

Ⅰ．①河… Ⅱ．①韩… Ⅲ．①社会科学-文集 Ⅳ．①C53

中国版本图书馆 CIP 数据核字(2019)第 273832 号

河南人民出版社 出版发行
(地址:郑州市郑东新区祥盛街 27 号 邮政编码:450016 电话:65788053)
新华书店经销　　河南瑞之光印刷股份有限公司印刷
开本　710 毫米×1000 毫米　1/16　印张　26
字数　373 千字
2019 年 11 月第 1 版　　2019 年 11 月第 1 次印刷

定价：83.00 元

韩国河　1965年6月生，河南延津人。历史学博士、文学博士，郑州大学副校长、二级教授、博士生导师。兼任国家社科基金学科规划评审组专家、中国考古学会秦汉考古专业指导委员会副主任、中国社会科学院古代文明研究中心专家委员会委员、全国文物与博物馆专业学位研究生教育指导委员会委员、河南省普通高校重点人文社科研究基地——郑州大学历史文化遗产保护研究中心主任等职。

学术成果　主要研究方向为战国秦汉考古、秦汉史、文化遗产保护等。主持完成3项国家社会科学基金项目、1项教育部人文社会科学研究规划基金项目和4项国家文物局研究及田野发掘项目，目前正主持1项国家社会科学基金重大项目。出版个人学术专著、考古报告12部。在《考古学报》《考古》《文物》《光明日报》等报纸杂志上发表论文90余篇。积极参与社会服务，先后主持30余项文物保护勘探、发掘和文化遗产规划项目，参加了隋唐大运河、曹操高陵、洛阳东汉帝陵、西朱村大墓等重要考古发现的发掘、保护和展示的论证。

获奖情况　2004年，获“全国模范教师”荣誉称号；2007年，入选“新世纪百千万人才工程”国家级人选和享受国务院政府特殊津贴专家，获第三届郭沫若中国历史学奖三等奖；2007年和2015年，两次获“河南省社会科学优秀成果奖一等奖”；2008年，被评为“第七批河南省优秀专家”；2013年，获“河南省师德先进个人”；2015年，入选中宣部“文化名家暨‘四个一批’人才”；2016年，入选“国家‘万人计划’哲学社会科学领军人才”。

耕耘理论沃土　绽放出彩华章

习近平总书记在哲学社会科学工作座谈会上的讲话中指出，一个没有发达的自然科学的国家不可能走在世界前列，一个没有繁荣的哲学社会科学的国家也不可能走在世界前列。坚持和发展中国特色社会主义，哲学社会科学具有不可替代的重要地位，哲学社会科学工作者具有不可替代的重要作用。为深入贯彻落实习近平总书记在哲学社会科学工作座谈会上的重要讲话精神，大力实施以育人育才为中心的哲学社会科学整体发展战略，更加有效地发挥社科理论研究服务全省大局的重要作用，中共河南省委宣传部、省社科联组织了“河南社科名家”评选和“河南社科名家文库”（以下简称“文库”）的编纂工作。

“文库”收录了韩国河、余丽、张先飞、刘志伟、陈忠海、孙先科、李恒、李伟昉等八位首批“河南社科名家”的代表性理论研究成果，内容涵盖考古、古代文学、现当代文学、比较文学、国际政治、档案管理、区域经济等多个领域，集中展示了首批“河南社科名家”漫漫科研路上的不断求索和丰硕成果，从整体上看，“文库”主要体现了以下几个鲜明特点。

一是聚焦学术前沿问题。理论思维的起点决定着理论创新的结果。“文库”坚持马克思主义指导地位、坚持以人民为中心的研究导向，立足于我们所经历的伟大时代变革，以强烈的使命担当，敏锐的学术自觉，感知、关切、探究、解答各自学术研究领域的核心性、关键性、前沿性问题。有从理念、方法到技巧方面对考古学的学科建设探索，有对现代中国关于人的形而上思考、“人间”本位的解析，有从中华文化观念发生视角对中华文化思想起源发展的探究，有对中西方文学比较研究、比较文学实证方法与审美批评之间的辩证关系研究等。这些都充分体现了“文库”作者用思想观照时代、观照现实的探索精神，为河南社科理论界专家学者严谨治学、开拓创新的品格作出了生动注解。

二是聚焦重大现实问题。问题是创新的起点、理论的生长点。马克思曾深刻指出："主要的困难不是答案，而是问题。"与时代同步伐，与人民共命运，关注和回答时代和实践提出的重大课题，是马克思主义永葆生机活力的奥妙所在。"文库"收录的研究成果充分利用河南文化优势、区位优势，对源远流长、博大精深的中原优秀传统文化进行了追本溯源和创新创造。同时，扎根于中原更加出彩的伟大实践，坚持问题导向，解决实际问题。或以经济发展与转型为主题，从区域、产业和农村三大领域探究我国经济发展和转型的过程、性质、结构和绩效；或深挖中原文化潜力，以传承创新华夏历史文明和建设全国重要文化高地为己任，推进中原优秀传统文化创造性转化创新性发展。这些研究最大限度地遵循规律、探究缘由、寻找对策、服务现实，以河南社科理论界专家学者的实干担当，为中原出彩贡献了自己的力量。

三是聚焦思想舆论问题。当前，世界正处于百年未有之大变局，中国与世界的关系正在发生历史性变化。身处大变局中，我们既有木秀于林的骄傲，也有风必摧之的风险；既有乘风破浪的自信，也有积羽沉舟的忧患。"文库"收录的成果以学术的方式，参与到当代中国思想文化领域重要问题的讨论中：通过剖析20世纪中国人与全人类不断觉醒、共同进步的心灵探寻历程，以及中国人对"人学"新观念的话语建构与实践创造，不断塑造着热切追求进步与崛起的百年中国人的精神世界与生活方式；通过分析阐释互联网与国际政治的内在逻辑，对互联网在国际政治中的作用与应对策略、网络空间国家大数据主权安全保障和治理机制进行了探索性和前瞻性研究，提出了全球网络空间"观念治理"的中国方案等。这些研究聚焦思想文化领域重要问题开展深入思考，对一些错误思潮进行了批驳，为社会注入了更多的正能量，巩固壮大了主流思想舆论。

习近平总书记强调："这是一个需要理论而且一定能够产生理论的时代，这是一个需要思想而且一定能够产生思想的时代。""文库"的出版，对于进一步激发河南社科理论界专家学者干事创业热情，推出更多名家大家、精品力作，在围绕中心、服务大局中出新出彩，很有价值、很有意义。

一是有助于加快构建中国特色哲学社会科学。新时代哲学社会科学发展的重要使命是加快构建中国特色哲学社会科学，其重中之重是加快构建中国特色哲学社会科学学科体系、学术体系、话语体系。在一定意义上讲，“文库”的出版，是河南省加快构建中国特色哲学社会科学的积极探索。从学科体系上看，体现了深耕厚植中原历史文化这一传统优势学科与积极探究区域经济、国际关系等新兴学科的有机结合；从学术体系上看，反映了从古今中外丰富的学术思想中汲取营养、推陈出新与从改革开放的实践中挖掘新材料、发现新问题、提出新观点、构建新理论的辩证统一；从话语体系上看，是立足当代中国社会变革伟大实践的理论探索，在一定程度上为解读中国实践、构建中国理论贡献了新概念、新范畴、新表述。

二是有助于发挥“河南社科名家”的引领示范作用。构建中国特色哲学社会科学是一个系统工程，需要统筹各方面力量协同推进，更需要加强顶层设计，发挥高端人才的引领示范作用。“文库”的出版，既是对“河南社科名家”的重要宣传推介，也是对河南哲学社会科学事业不断发展和壮大的阶段性成就展示。实践没有止境，理论创新也没有止境。实现“两个一百年”奋斗目标、实现中华民族伟大复兴的中国梦需要中原更加出彩，需要“河南社科名家”再接再厉，主动担当、积极作为，提高为党和人民述学立论、建言献策的责任感、使命感和理论自觉，在为国为民、立德立言中成就自我、实现价值。

三是有助于激励社科工作者投身中原更加出彩的伟大实践。党的十八大以来，习近平总书记三次亲临河南视察指导工作，并参加全国人代会河南代表团审议，充分体现了对中原人民的关怀厚爱、对河南工作的肯定支持。实现总书记对中原更加出彩的殷殷嘱托，为理论创造、学术繁荣提供了强大动力和广阔空间，也为河南哲学社会科学工作者聚焦重大理论和现实问题指明了方向。“文库”的出版，将进一步增强河南社科界的政治责任感和时代使命感，激发更多的专家学者在把握时代脉动、面向实践需求、解决实际问题的具体实践中，不断去深思、去体悟、去实践，为河南经济社会发展提供更多既有理论高度又有实践深度的研究成果。

神州大地风雷激荡，中原出彩潮水澎湃。站在新时代的起点，广大哲学社会科学工作者要高举习近平新时代中国特色社会主义思想伟大旗帜，树牢“四个意识”、坚定“四个自信”、做到“两个维护”，以“为天地立心，为生民立命，为往圣继绝学，为万世开太平”的社会责任感，把实现中华民族伟大复兴中国梦与中原更加出彩紧密联系起来，勇于立时代之潮头、通古今之变化、发思想之先声，努力成为先进思想的倡导者、学术研究的开拓者、社会风尚的引领者、党执政的坚定支持者，共同推动哲学社会科学建功新时代、展现新作为、书写新篇章。

刘伟

2019 年 10 月

目录 CONTENTS

学术小传

代表性学术成果

学术年谱

◆学术小传

人生如白驹过隙，恍然已至知天命之年。回溯几十年漫漫求学、治学之路，深感一个人意志之坚强、信念之坚定、品格之锤炼、情怀之担当的重要和必要。古人讲“修身、齐家、治国、平天下”，立德、立功、立言“三不朽”，这些中华民族宝贵的精神财富，深刻滋养了自己的道德精神、涵养了自己的学术情怀，激励了自己的学术追求，以至于多年来在考古学科领域深耕劳作，取得了一些学术成绩，在浩瀚无垠的学术生涯里度过人生的美好年华，甚感幸事！

求学问道　贵在执着

我的求学生涯可分为两个阶段：第一个阶段包括小学到大学时期，第二个阶段从硕士到博士（包括第二个博士学位）。二十载寒窗苦读，贯穿始终的就是勤奋好学、吃苦耐劳、执着追求、坚持不懈。

我出生于黄河故道延津县城旁的小潭乡小吴村，在村里上的小学。我能早早读书，和家庭环境有很大关系。母亲虽然文化程度不高，识字也不多，但父亲却是汲县（今卫辉市）师范学校毕业。父亲在外工作，但薪水很微薄，即使加上母亲在家种地的收入，养活我们7个孩子还是比较艰难。即使在这样的条件下，父母还是坚持供养孩子上学。由于粮食不够，吃不饱饭是常事。小学毕业后，我就开始到隔壁的里七村去读初中。初中最后一年，由于要中考，学校要求都住校。学校的宿舍没有床，家里就用杨木做了一个简易小板床，自己从家扛着到学校。从学校回到家，就要帮助母亲干农活，诸如做饭烧火、拾麦穗、背个箩筐捡拾牲畜粪等等农活都得干。记得由于个子小，仅比粪筐高一点，粪筐随着走动连续拍打后脚跟，脚时有肿着。条件虽然很艰苦，但也培养了我爱劳动的习惯，因懂得生活不易，所以更加珍惜在学校读书的机会，知道学习很重要。中考过后，我如愿以偿地进入延津县城读高中。一周才能回家一次，主食基本都是玉米面馍或者发糕，白面馍罕见。菜也舍不得吃，一天只中午买一个菜，很少能见到荤腥，而早饭和晚饭能吃的菜是从家里带的瓜豆酱——每周末我们都会回家灌一次，成年累月吃了好几年。当时条件虽然艰苦，但我还是很有毅力，无论怎样都要读书。高中阶段除跟着老师按部就班学习课本上的知识外，还看了很多书，如《钢铁是怎样炼成的》《三国演义》《水浒传》等，丰富了我的精神世界。从小学到高中，生活虽然很艰辛，但也培养了我坚韧的性格。所以后来从事考古工作，尽管开始条件非常差，但我始终认为没有什么苦不能吃的，没有什么条件不能克服的，吃苦是人生最大的财富。

高考后填报志愿，我报的是西北大学的考古专业，选考古主要是因为高中历史学得好，高考历史分数高。当时对即将所学的考古专业全无概念，家里和周围的人也都说不知道考古是干什么的，父亲说考古可能是在室内做鉴定或从事研究性工作。我觉得自己性格内向，在室内读读书、做做研究也挺好。

与高中相比，大学最大的不同就是人的视野、观念发生了变化，看问题、看世界的角度也发生了变化。我在小学、中学养成爱学习的习惯并没有改变，每天都是宿舍、教室、图书馆、食堂“四点一线”。上课时一直坚持坐前排听课，笔记做得很是工整。开始大学课程的学习后，我慢慢发现高中和大学的学习完全不一样。高中很多知识点是背出来的，可能并不完全理解。但大学所学的知识点要求展开，前后有联系，要有辩证思维和逻辑思维。记得大一期末哲学考试，有好几个同学都是按高中思路答题，仅回答出固定的定义，并没有展开和多角度看问题，结果 20 个人的小班有好几个人不及格。我虽然及格了，但分数不高，大概七八十分。通过考试和老师讲述，我也逐渐明白知识要学通，要动脑子辩证地学，要对各个知识点有深入的理解和融会贯通。我们当时商周考古课程是由戴彤心老师上，印象中戴彤心老师图画得很好，他将殷墟的器物分期图画了满满一黑板，给我们讲分裆鬲和联裆鬲的区别和演变序列，我对商周考古的兴趣也就在这时有了感觉。秦汉考古的课程本来是由肖安顺老师上，肖安顺老师调到郑州大学后就由徐文生老师教我们。徐文生老师爱好摄影，所以我们也跟着学摄影、洗照片。后来徐文生老师还让我们参与编写《中国古代生产工具图集》,教我们做器物卡片。因此我在大学期间养成了两个习惯,一是读书,辩证思考;一是查资料,做卡片。

当时西北大学考古专业的外语课不是英语,是日语。我从最简单的五十音图学起,学了两年,后来才有去日本留学的语言基础。日本学者对中国考古学和古代史研究比较多,我在西北大学图书馆看过日本学者滨田耕作写的《通论考古学》等著作,对日本考古学的研究也有一些表层了解。除上课外,我几乎全在图书馆学习,大学期间读了很多书,增加了知识,极大地开阔了眼界。20 世纪 80 年代初考古类的专业书籍比较少,报告也只寥寥数本,有的还读不太明白。但通过对这些书的阅读,我对考古学也算有了初步的认识,不再如上大学前对考古一无所知了。

说实话,大学前两年我对考古专业并没有多少感觉,真正对考古学有较深理解并产生浓厚爱好的是从田野实习开始。我们实习是在大学三年级下学期春、夏进行的,带队老师是戴彤心老师和王维坤老师。为了图方便、省事,实习前我们班许多男生都剃了光头,感觉这才是考古的"模样"。我们实习的地点在宝鸡市渭滨区石坝河乡石嘴头遗址,遗址发现有龙山和商周时期遗存。我和其他几个同学负责发掘的探方,主要遗迹是一座周代马坑。实习虽然很艰苦,却开启了自己对考古的热爱之门。一方面,通过实习,我对考古学认识有所加深,对地层学、类型学等考古学的基本理论和方法有了进一步认识;另一方面,实习期间,大家同吃住,发生了很多有趣的事,同学之间的感情也更进一步加深。实习之后,我们班上同学对以后从事的方向开始分化,有的坚决做考古,有的不想学考古。由于实习期间挖的主要是史前至商周时期遗存,而我又对商周考古比较感兴趣,所以我的本科毕业论文是商周考古方向的内容。

大学期间除学习外,也追求思想上的进步。我当时文字基础扎实,写稿子和材料既快又好,就在团总支做宣传委员,自觉学习中国共产党的路线、方针和政策。大学二年级的时候系里集体组织去延安参观,我深受触动,回来写了入党申请书。经过组织培养,我在大学四年级(1986 年 1 月 15 号)加入了中国共产党。

大学时期除老师的教育外，同学之间的相互影响也不可不提。同宿舍几个人之间经常互相比学习，我当时学习成绩在班内较靠前，笔记做得很好，但当时并没有提前规划或执意要考研究生。我之所以后来读研究生，和当时同宿舍的两个同学有一定关系。这两个同学一个是中山大学人类学系的刘志扬教授，来自新疆塔城；一个是中央民族大学民族学与社会学学院院长、长江学者麻国庆教授，他是内蒙古杭锦后旗人。他俩都来自边疆，读书格外刻苦，并一心要考研究生。当时教我们先秦民族史的是段连勤老师，讲课非常认真且富有激情，常常用很生动的语言给我们讲东周时期华夏周边东夷、北狄、西戎等部族的历史。听了段连勤老师的课后，刘志扬和麻国庆都想考民族史、人类学的研究生。他们白天在图书馆上自习，晚上在宿舍读书，日复一日。目睹他们每天为考研忙忙碌碌的身影，我也就逐渐萌生了考研的想法。经过认真复习，我顺利考取了西北大学刘士莪先生的研究生。

读研以后，我原本还想学商周考古方向，但因西北大学缺秦汉方向老师，于是我的研究方向就转为秦汉考古。秦汉两代和商周时期的联系非常紧密，这一时期所形成的各种制度都源于商周时期，如“大一统”观念诞生、国家发展模式从王国向帝国的转变等。欲对秦汉时期历史及考古学有深入的研究就必须对商周时期有更深刻的理解，所以虽未达成心愿，却也并不遗憾。因为要学秦汉考古，我对汉代都城到手工业考古再到帝王陵墓，都进行了系统学习。当时秦汉考古的专业书籍不多，报告仅有《洛阳烧沟汉墓》《广州汉墓》《满城汉墓发掘报告》等几本，专著有刘庆柱的《西汉十一陵》、刘运勇的《西汉长安》，以及北大编著的《战国秦汉考古》讲义等。除专业课、外语、政治课外，刘士莪老师还要求我们抽出大量时间读史料，以期深入理解历史，培养史学观念。这大概和西北大学的史学传统有关，当时西北大学的汉唐研究室在全国知名度较高，有一批史学名师执教于此，如林剑鸣、周天游、余华青、黄留珠等诸位先生（陈直先生在我读书时已去世，但他的风范犹存），西北民族史的研究也有周伟洲先生等大家。耳濡目染之下，我们对文献的阅读都很重视，很认真地研读《三礼》《史记》《汉书》等典籍。刘士莪老师还时常检查我们的读书笔记，让我们汇报读史的感悟和收获。等到毕业的时候,我做的读书笔记摞起来已有一、二尺高。

研究生期间,我跟着陕西省考古研究所参加配合基建的田野考古发掘。记得开始是在西安净水厂发掘汉墓,现场条件很艰苦,住在简易工棚里。深秋隆冬时节天寒地冻,早上起来,常能发现头上结满白霜,下工回来喝两口白酒才能把一身的寒气与疲累驱散。夏天,屋里堆放的未完全腐朽的棺材板散出阵阵腐败难闻的气息,令人寝食难安。有时候为图凉快,中午就睡在墓坑里。工地上吃得最多的是大锅菜,好在有饭食补贴,自己再掏很少一部分就可以满足腹欲。条件虽较艰苦,但与小时候吃的苦头相比又幸福了不少。

我刚开始发掘汉墓的时候,注意到的都是最直观的东西,如墓葬形制、葬式、随葬品等汉墓最基本的要素。后来发掘得多了,又逐渐观察到不同墓葬之间形制、随葬品等方面的特殊性、等级差别及不同时期墓葬的演变规律等较深层次的问题。田野发掘结束后,我又在西安西郊沣东工地上整理净水厂等墓地出土的墓葬材料,前后大约有半年多时间,参与了《西安净水厂汉墓清理简报》(《考古与文物》1990 年第 6 期)、《西安净水厂唐墓清理简报》(《考古与文物》1990 年第 6 期)等发掘简报的编写工作。在整理"利成"汉墓的时候,我注意到该墓葬棺椁制度的特殊性,就从出土的"利成家丞"封泥入手,查找了大量文献,认为该墓的墓主可能和西汉时期的利乡侯刘婴有关系,又分析了该墓使用楚制"井椁"的原因及"正藏"与"外藏椁"系统的内容与发展轨迹,遂产生了《试论汉初"利成"积炭墓》(《考古与文物》1990 年第 4 期,与郑洪春先生合著)这篇文章。

随着史料的积累、考古发掘及整理的实践与思考,我在读研究生期间的学术观念已开始建立起来。记得我当时根据自己所学、所思、所识,在一个小本子上列出了近百条待解的学术问题(后续有增补和修订)。如关于汉初礼制的形成问题,我们通常认为汉承秦制、糅以周礼又融以楚俗,但真正深入理解这三个方面,还要与具体的对象相结合。在对利成汉墓资料进行整理过程中,我已经意识到了这点。我们首先把墓葬形制及随葬品的特征等与周边地区比较,将墓葬的年代确定为西汉早期偏晚阶段。再经过细致的分析,明确墓葬所包含的文化因素，如哪些是秦文化因素、哪些是楚文化的特点以及哪些是该时期新出现的文化因素。然后通过对“利成家丞”封泥的解读，找出墓葬所反映的历史背景，并将其与考古学文化因素分析成果相结合，最终上升到汉制的形成等礼制问题的探索。另外，在写《试论汉初“利成”积炭墓》这篇文章的时候，还打下一个伏笔，即“便房”的问题。从文献记载来看，便房的出现稍微晚一点。而利成汉墓作为列侯级别的墓葬，到底有没有便房，如果有便房，那么便房究竟指的是什么？梓宫和便房、黄肠题凑这一整套东西指的又是什么？在对汉墓的整理过程中，这些问题都引发了我的思考。我后来写作《温明、秘器与便房考》（《文史哲》2003 年第 4 期）这篇文章的想法也是在这一时期开始形成的。还有关于墓道的问题，数年后我写过一篇关于此问题的文章[《简论坡形墓道》，《郑州大学学报》（社会科学版）2000 年第 5 期]，其问题的提出以及相关文献、考古材料的积累都是源于这一时期。《左传》曾记载晋文公“请隧以葬”而周王“弗许”，“隧”是什么？我在读文献的时候已经有了一些初步的感知。学界一般认为“隧”就是墓道，但其实墓道含有礼制等级的特征。从考古发现看，从先秦到隋唐这等级性、礼制性一直都存在。所以通过考古发掘与整理的实践，自己从史料中获取的感知进一步强化了，关于墓道及相关的文章自然也就水到渠成。另外在净水厂发掘的汉墓中有几个比较特殊的墓葬，规模接近中型墓葬，性质应与凤栖原帝陵的陪葬墓相近，自然我也就想到合葬的问题、家族葬的问题。虽然有些问题到博士期间或更晚才有一些深度思考，但当时毕竟已经开始意识到了这些问题。所以说文章的写成不是一蹴而就的，从问题的提出到资料的积累、再到理性的思考最后到观点的成熟，都有一个漫长的阶段。因我实习期间发掘的主要是汉墓，方向又是秦汉考古，就着重搜集了关中地区的汉墓材料。在前人研究的基础上，对关中地区汉墓进行了系统梳理，并对相关问题进行了阐释，最后写成了硕士论文《关中地区中小型汉墓浅析》。当时对关中地区汉墓进行研究的文章还很少，仅有呼林贵《关中两汉小型墓简论》、刘军社《常兴汉墓的分期》（二文均刊于《文博》1989 年第 1 期）等寥寥数篇。故我的硕士论文也可算是第一次较为系统的对关中地区中小型汉墓的形制、随葬品组合及家族墓、合葬墓等问题进行了研究，初步建立了关中地区汉墓的分期年代体系。我后来与学生张翔宇合作发表的《西安地区中小型西汉墓的分期与年代研究》(《考古学报》2011 年第 2 期)一文就是在硕士论文一些学术思路上，增补了新资料并重新进行了分期排队。

我硕士毕业后留在西北大学任教，先后发掘汉长安城周边的汉墓，同时也发掘唐、宋、金等时期的墓葬。从硕士阶段到此时，我前后共计发掘数百座汉墓。除参加发掘外，主要精力均集中在西安地区西汉墓中材料的整理工作，参与撰写了多篇简报，如《西汉陈清士墓发掘简报》(《考古与文物》1992 年第 6 期)、《西安市未央区房地产开发公司汉墓发掘简报》(《考古与文物》1992 年第 5 期)等。其间发表的研究性文章也大多围绕已发掘的西汉初年或西汉早期的一座墓或几座墓相关问题的探讨，关注的焦点问题就是秦制到汉制转变历程，《关中西汉早期大墓简论》(《考古与文物》1992 年第 4 期)、《有关 92 号汉墓随葬品的几个问题》(《考古与文物》1992 年第 5 期)等文章均是对该问题的探索之作。在整理利成汉墓资料的时候，我已经注意到了墓内出土的“裸体”俑情况，就收集了陕西出土有同类器物的相关考古资料，对其性质和作用等问题进行了初步探讨，认为陕西境内“裸体”俑的制作与刘邦楚人的背景密切相关，可能源自楚地习俗。这些文章加上硕士期间的文章，现在列出来一看实属同祖同源，似为有意识布局的结果，但当时确实并非刻意而为。因为亲身发掘这些材料，所以在整理的过程中自然就会联想到秦汉这一时期文化脉络如何形成，故这些文章的主旨和要义前后相连也就不难理解。

学问是学者的生命

清代学者王国维在《人间词话》中曾用形象的比喻提出了治学的三种境界或说是三个过程——古今之成大事业、大学问者，罔不经过三种之境界，“昨夜西风凋碧树。独上高楼，望尽天涯路”此第一境界也；“衣带渐宽终不悔，为伊消得人憔悴”此第二境界也；“众里寻他千百度,蓦然回首,那人却在灯火阑珊处”此第三境界也。我信奉“学问是学者的生命”,并逐渐悟出治学要志存高远,要执着追求,方能终获成功。

1992年起我执教于郑州大学,仍从事秦汉考古方面的教学及研究,并开始着手准备攻读博士学位。我读博也有内外两方面原因,其外在原因是受周边同龄人的影响。我在西北大学任教时和张岂之先生指导的两个博士生接触较多,他们主攻思想史,闲谈之间我们不可避免地聊到思想史话题,我之所以注意到考古学和思想史的关系也和这段经历分不开。当然,我选择继续深造的主要原因还是想通过读博对自己整个知识系统进行反思和整理。加之在西北大学同时留校且住同宿舍的张运华已经开始读博,我就更有紧迫感。

20世纪80年代初到90年代末,中国经历了翻天覆地的变化,经济大潮席卷了社会的各个层面,“读书无用论”甚嚣尘上。某流行杂志断言:在这个时代,你不把自己的知识转化为“经济效益”,就要落后于时代,就要遭到淘汰。我哑然,却又坦然。哑然的是我确实无法将事业和经济效益联系一起,坦然的是我明白自己该做怎样的事。考博士时,高敏先生在“中国古代史”的考试中,就问道:如今已是市场经济的时代,你为什么要学习秦汉魏晋南北朝史?当时在B4的白纸上,我写了满满的两张。除了回答古代史研究的必要性外,也竭力鼓吹王国维提倡的“二重证据法”的好处,其他余言,算不上信誓旦旦,也可谓“君子一言”了。

因当时郑州大学没有历史学博士点,我的博士学位是高敏先生挂靠在武汉大学招收,研究方向是秦汉魏晋南北朝史。学习历史的原因很简单,秦汉考古属于历史时期的考古,不懂得历史文献,等于一条腿走路。于是,一边讲考古课,一边学习,开始了三年的“苦行僧”生活。武汉大学是一个有史学传统的学校,名家辈出。高敏先生的史学功底极深,故对我们也极力强调阅读文献的重要。记得高敏先生让我们读《资治通鉴》时挑出书中的错误,要挑出30处才算合格。我们就先找两个不同的版本,看版本是否有问题,然后找出《资治通鉴》所引原文出处,对照正史读,找出二者的不一致,看究竟是字形错还是表述有误，或是其他方面的问题。这实际是一个史学训练的过程，通过在史料里挑错进一步培养自己的史学观念。

当时我频繁往返于郑州和武汉，其中的艰辛自不必言。但由于天天浸染在书墨中，心中始终涌动着对学术的渴望、对学术的热情和追求。由于中国古代的丧葬礼俗大多都包含有当时的信仰思想，所以我对宗教研究也有一定程度的关注。1993 年河南省准备成立宗教研究会时，我作为筹备组主要成员之一，也做了大量工作。成立宗教研究会后，我利用寒暑假时间，把河南境内的寺院、道观基本跑了一遍。经过我的调查，发现河南的宗教文化遗产很丰富，但利用率却不高，很多地方还保持在原始状态或是持续遭到破坏，所以我称其为“潜在的宗教旅游资源”。我采用考古学的方法将这些潜在的宗教旅游资源进行了分类和分区研究，并对各地区如何开发当地的宗教资源提出了具体对策，写出了《河南省潜在宗教文化旅游资源开发研究》[《郑州大学学报(哲学社会科学版)》1995 年第 4 期]。少林寺作为河南宗教文化的突出代表之一，对现代社会具有重要的启迪与价值。我在《少林寺文化对现代社会的启迪与价值》(《中国嵩山少林寺建寺 1500 周年国际学术研讨会论文集》，宗教文化出版社 1996 年版)一文中，从历史和遗产角度对如何研究和弘扬少林文化进行了探索。客观来说，这两篇文章在今天仍具有现实意义。随着经济的发展，旅游业逐渐兴起，郑州大学也开始筹建旅游专业，受此影响，我也逐渐增加了对旅游方面的关注度。当时淇县想大力发展本县的旅游行业，就邀请我们宗教研究会到当地调研并提供对策。我们在淇县也花费了一番力气，与其他单位共同举办第一届鬼谷子研讨会。在会上我提交的《论“鬼谷子学术研究会”成立的意义——兼鬼谷故里考》论文，除论述“鬼谷子学术研究会”成立的意义外，还详细考证了鬼谷地望，认为其地在淇县的观点为确。另外，20 世纪 90 年代古遗址或墓葬盗掘成风，我写《文物保护何时摆脱尴尬》及《新时期时代文物保护焦点》，就是想表达一个文物考古从业者心声，试图探讨文物保护和经济大开发之间的关系问题。

以现在的眼光看，我当时既研究宗教又搞旅游同时还兼顾文物保护，似有不务正业之嫌。但其实还有不少积极意义，首先是开阔了知识面，不说研究有多深入，至少研究广度大大拓展。其次也是最重要一点，通过这些“旁门”的研究，让自己对古代丧葬制度有了不同层面的理解。考古学的研究实际上涉及宗教学、社会学、哲学等学科，随着研究的深入，对这些问题的探寻是无法回避的。以墓葬为例，一般认为墓葬尤其帝陵等高等级墓葬是当时社会上层建筑的重要物化载体。但在具体的实践中，丧、葬、祭等一整套系统其实与当时社会的意识形态密切相关。在这种情况下，宗教对中国古代尤其是东汉以后的墓葬的影响非常大。有了这段经历，我自然就对秦汉魏晋时期丧葬制度中所表现的宗教性进行了关注并做了细致的分析和总结，并将其作为我博士论文的一个章节。因为在原始道教的产生到佛教的传入后，中国古代才出现了真正意义上宗教，所以我所说的宗教性其实是一个准宗教性问题。博士一毕业，就将该篇文章(《论秦汉魏晋时期丧葬礼俗的宗教性》)刊发在《中州学刊》上。

虽然至今我对宗教学等方面仍保持了较高的关注度，但考古学研究的学术传统并没有丢。自 1992 年调入郑州大学工作后，每年都会抽出时间去西安参加汉墓资料的整理，并参与“长安汉墓”等报告的编写。这些与之前的实践经历均为我以后撰写第一篇博士论文奠定了坚实的基础。我的博士论文题目是与高敏先生商定的，高敏先生建议我在硕士论文的基础上继续做，但要把主题上升到礼制等制度层面的研究。因为我的研究方向是秦汉魏晋南北朝史，开始考虑做秦汉魏晋南北朝这一段。由于魏晋南北朝资料太多，后来就将研究的时间段压缩到了秦汉至西晋时期。“秦汉魏晋丧葬制度研究”这一题目就是这么选定的。

读博期间除导师指导外，主要还是自身的蜕变过程，这一过程集中体现在博士论文的撰写中。我认为博士论文与硕士论文最大的不同在于它不是材料简单的拼凑或堆砌，而是在对自己整个知识系统的反思和整理的基础上凝练出一种观点。它可能穷极了你过去和现在所有思路、想法，既包括历史的、现实的，还有跨学科的东西在里面。论文当然要有创新点，即使谈不上填补什么空白，但至少能总结出几条能让自己很心仪且具有学术价值的内容。博士论文的写作是既痛苦又快乐的事情，当然我也不外如是。写作期间满脑子基本只有论文这一件事，常常想问题想得彻夜不眠，到最后整个人都处于一种精神恍惚的状态。有时候半夜突然想起一个新思路，就赶紧从床上爬起来写在纸上。

我在博士论文中系统梳理了先秦两汉丧葬习俗发展演变的轨迹，以秦始皇陵为重要节点论述其布局和意义，充分论述了汉晋时期丧葬制度的继承性与创新性，指出汉制的形成包括承周制、袭秦制和融楚俗，并点明了晋制的基本特征，论述了厚葬与薄葬的转化现象和历史成因。在此基础上，论证了秦汉魏晋时期丧葬制度的主要特征，即鲜明的阶级性、森严的等级性、强烈的礼法性、浓郁的宗教性和多彩的民族性；梳理了秦汉魏晋时期陪葬、合葬和家族墓地制度的基本特征，以及各时期的变化同当时的政治制度有密切的关系。论文一些章节也在毕业后逐渐见刊，如《魏晋时期丧葬礼制的承传与创新》《论秦汉魏晋时期的家族墓地制度》《试论汉晋时期合葬礼俗的渊源及发展》等等。论文中的一些观点和判断现在仍被学界引用。博士毕业后我就去日本留学了，对高敏先生"赶快整理、修改毕业论文，争取早日出版"的忠告，却"束之于高阁"。因此，回国的第一件事就是要完成高敏先生的嘱托，原构想对拙作进行大的改动，但时隔三年，已感到力不从心——这是实言。还好，其中的几个章节，已见于国内的几家杂志，读后未见大的错误与疏漏，才斗胆维持原貌(补笔了"秦之丧葬礼制的形成"一节)，出版求教于天下同仁。

我的第一篇博士论文就是这样做出来的，当时高敏先生并没有怎么修改，仅提出了一些文献方面需要注意的地方。论文完成以后，也得到了学界许多知名学者的赞誉。刘庆柱先生曾称"(该论文)把中国考古学中从秦汉考古学文化向隋唐考古学文化转变的魏晋考古学文化中的墓葬制度及其渊源与流变进行了有益的探索，不少方面有所创新"。导师高敏先生亦不吝厚爱，言道"(该论文)在某种程度上是一种创新，从某些内容上来说，也具有一定的补白意义"。面对这些赞扬，我欣喜之余又深深意识到自己的不足。所以在博士毕业之初，恰逢国家人事部选派人员去日本研修的机会,毅然东渡日本求学。在研修期间,我翻译了日本学者上野武先生《三角缘神兽镜是“卑弥呼镜”论争的回顾》一文,并根据在广岛县历史博物馆见习的经历写出了《关于历史博物馆的思考》等文章。

在日本研修结束回国后,我并没有满足现状,还想进一步充实自己。当时虽然儿子还有一个月即将出生,但在家人的支持下,我第二次返回日本。与之前作为国家公派人员且能够享受良好待遇不同,这次我只是日本广岛大学的一名普通留学生。记得在刚到广岛大学不久的一次宴会上,指导教官河濑正利教授问我:“你在中国已经有了博士学位,又是副教授,来这里留学是不是还要拿个博士学位呀?”我知道河濑正利教授话语背后的潜台词是:你在国内什么都有了,再来学习是不是混日子?所以我立即回答道:“我就是要再修一个博士学位!”接下来,我又开始了“苦行僧”般“三点一线”式的学习生活。

我的第二篇博士论文做的是秦汉时期中日考古学比较的问题,做这个题目主要和自己的研究方向以及兴趣有关。日本的弥生时代为公元前3世纪到公元后3世纪,大约相当于中国的秦汉时期,而我恰对该时期国内的考古材料比较熟悉。而这一时期的日本历史及考古学文化与中国既有着千丝万缕联系,又独具特色。比如铜镜,好多都是从中国直接输入的。但日本的古坟却很特殊,形式与秦汉帝陵明显不同。他们的古坟开挖在高山上,前方后圆,周围埋有一圈一圈的东西,后面做一个竖穴的墓放进去。我之前在日本留学的一些学者,如王建新先生、王巍先生都对这些问题进行过讨论。我到日本以后,也自然会关注此类问题。我当时就一直在想:日本弥生时代哪些东西是和中日文化交流有关的?哪些是没有关系的?在那些没有关系的东西当中,它们各自发生的规律是一个什么样的机制和原因,在考古学资料中又是如何表现的?日本古代的这些民族为什么会选择走上这样的道路?带着这样的疑问,我开始了论文写作。论文面临的最大困难是语言问题,日语中的一些专业词汇语法和语意很难理解到位。正好有个日本同学槙林启介学中国考古学,我们就互相修改,语言关就算过了。

生活的艰辛、研究的艰苦、创新的艰难,并没有削减我的学习热情。一年半后,1999年3月15日,当我把论文提交上去时,累得几乎要晕倒了,这篇博士论文也终于让我拿到了文学博士学位。顺利拿到第二个博士学位之后,河濑正利教授也对我表示佩服:“韩君,你是广岛大学所有留学生的一面镜子。”身处异国他乡的我感到很骄傲,因为我用自己的学术自尊为中国人争了一口气,没有辜负祖国和人民寄予的厚望。当年驻日大使馆给我的一项鉴定中,郑重地写着“热爱祖国”四个字,此时我已明白这四个字沉甸甸的分量。在日本的留学生活,不仅让我完善了自己的知识结构,学术涵养得到了进一步提升,也让我更具全球化视野,开始用世界的眼光来审视自己所从事的考古学研究,做学问的境界大大延伸。

学问贵在融会贯通,在思考和比较中碰撞出智慧的火花、点燃创新的激情。在日本留学期间,我也断断续续用中文或日文写了数篇文章,大多是当时中日考古学界研究的焦点问题。用中文写就的文章有以下几例:首先,是关于坟丘墓的问题,前文曾提及这一想法我很早就有了。因为坟丘作为土葬的重要组成部分在当今中国农村仍有广泛传承,自然就会想到中国古代坟丘墓是如何产生与发展的,墓葬坟丘或封土到底是怎么回事。杨宽先生和杨鸿勋先生在当时已对此有不同的解读,也有不少学者将其与南方地区的土墩墓联系起来。但我认为该问题的解决一方面要从考古本身出发,要考虑到考古材料本身的地域性问题;另一方面还要兼顾文献对该问题的记载和叙述过程,即在当时社会的历史背景及思想意识形态里去寻找。其次,是关于厚葬和薄葬问题的文章,这也是接续之前的思路继续做下去的成果。在发掘汉墓的时候,第一眼就会看到宽阔的墓室、琳琅满目的随葬品,这就是“厚”的感觉。随着认识的深入,慢慢就理解了厚葬和薄葬也是一种辩证关系。同时期高等级墓葬和较低等级墓葬相比总是为“厚”,不同时期相同等级的墓葬也有“厚”“薄”之分,如魏晋时期的大墓无论是规模还是随葬品均远逊于东周各大诸侯国的王陵。另外,对于厚葬与薄葬的理解也要深入考虑历史、经济、思想、个人等诸多因素的影响。最后就是关于日本铜镜的问题。由于我在国内参加整理了不少汉墓出土的铜镜,到日本后就对日本的铜镜也比较关注。日本各地出土的汉镜或"汉式"镜数量非常多,有些明显是由中国输入的,也有一些可能为当地模仿中国式铜镜的产物,当然也有本地独有的器形。在这些铜镜之中,三角缘神兽镜尤为引人关注。国内学者如王仲殊先生等较早提出了一些见解,王仲殊先生围绕三角缘神兽镜发表了10多篇文章,他坚持认为该镜是三国时期吴国工匠东渡日本后制作的。也有不少学者持反对意见,认为其或是魏国皇帝送给日本的赏赐品。我在日研修期间翻译了日本学者上野武先生的《三角缘神兽镜是"卑弥呼镜"论争的回顾》一文,此时又先后撰写了《奈良新出三角缘神兽镜的论争》、《日本发现的三角缘神兽镜》(日文)、《日本发现的三角缘神兽镜源流述论》等文章,主张三角缘神兽镜可能与倭国"朝贡之时,向魏晋皇帝请求或自己募求中国大陆制镜工匠的东渡"有关。三角缘神兽镜的问题至今仍是日本学术界的一段公案,远没有定论。

因为身在日本,所以不可避免的将中日考古学文化相比较,写成了《中日考古学比较研究的视点和存在的问题》一文。除翻译了川越哲志等日本学者的文章外,我还用日文写了数篇研究性论文,《日本的初期国家论》《中国古代的青铜器埋藏》《瓮棺葬和弥生时期的渡来人》等文章均诞生于该阶段。广岛大学有研究日本古代铁器的传统,所以在河濑正利先生退官的时候,我写过一篇《河南中小型汉墓出土铁器述论》,收在河濑正利先生的退官文集中。这篇文章与后来同样用日文写就的《河南中小型汉墓出土铜镜概论》一脉相承,属于同一系列。另外,我在留学期间还一直关注着国内秦汉考古方面的新发现及研究动态,其中之一就是汉长安城的规划思想。我们在汉长安城的平面图上可以看到城垣、城门、宫室、王莽九庙、辟雍等构成城市的各个要素。须知长安城的营建是一个动态过程,各个遗存有其兴废过程,但城址平面图呈现给我们的却是整个西汉一代长安城所有建筑遗存叠加的总和。将长安城的考古发现与文献记载相结合,可以比较明晰地看到城市营建的动态过程,而据此变化又可折射出长安城在营建过程中所蕴含的规划思想。

扎根中原 赓续文脉

中原文化博大精深，历史积淀深厚，只要立足中原，胸怀世界，在学术领域里必然大有可为。随着年龄的增长、阅历的增加，我更加笃定一定要为学术而生，努力扎根中原，为赓续中华传统文化、发扬光大考古事业矢志不渝。

对学术的敬畏与热爱，使我将全部的时间和精力投入到考古学科领域的学术研究及相关工作。1999 年获得日本广岛大学的文学博士后，研究期一满，我便毅然回国服务。回来之后，我立即开始着手东汉帝陵的调查与研究工作。因自己从事秦汉考古的教学工作，每每讲到西汉帝陵，就会发现考古材料非常丰富，而讲到东汉帝陵时，可用的资料却寥寥无几。所以对东汉帝陵开展考古工作也是我多年来的一个夙愿。当时东汉帝陵的考古资料极度缺乏，相关研究也几乎停滞。在这样的条件下，我多次带队对东汉帝陵进行实地调查和重点解剖发掘，发表了多篇调查简报和研究论文，如《东汉陵墓踏查记》《偃师市高崖村东汉墓（陵）冢钻探、试掘简报》《东汉帝陵有关问题的探讨》《东汉帝陵变制原因探析》等，直接推动了东汉帝陵的研究进程。以此为契机，我先后主持了国家文物局“两汉帝陵研究”项目和国家社科基金“东周秦汉陵寝制度研究”项目。除东汉帝陵外，我也关注秦始皇陵与一般秦墓的研究，发表了《秦代墓研究的几个问题》等文章。由于要指导博士生做研究，研究范围也涉及秦始皇陵封土的来源及兵马俑的烧造问题。其间我还参与《中国考古学・秦汉卷》的编写工作，主编书中第三章“秦代官吏与平民墓葬”和第七章第二节“东汉帝陵”部分，该书在 2012 年获得了第四届郭沫若中国历史学奖二等奖。此时我仍持续参加西安地区考古资料的整理，先后主持编写了《长安汉镜》《长安汉墓》等专著或考古报告，发表了《西安地区中小型西汉墓的分期与年代研究》等文章，其中《长安汉镜》获得 2005 年夏鼐考古提名奖，《长安汉墓》获第三届郭沫若中国历史学奖三等奖。随着研究的深入，我对秦汉乃至三国魏晋南北朝时期的墓葬、聚落、考古学文化、陵寝制度与物质文化等方面都进行了一些研究，代表性文章及著作有《有关墓葬考古学研究的思考——以两汉墓葬为例》《关于中小型汉墓研究的思考》《三国时期墓葬特征述论》《汉代聚落考古的几个问题》《东汉北魏陵寝制度特征和地位的探讨》《考古视野中汉文化的特征：统一性与多样性》《中国古代物质文化史·秦汉》等。

2000 年，由于郑州大学考古学科建设的需要，我逐渐走上了管理岗位。2001 年 6 月，我被任命为历史与考古系副主任，兼考古教研室主任。上任伊始，我写了一份郑州大学考古发展计划，明确指出要想发展考古专业就要抓好田野发掘。田野发掘的好坏既是学科发展的第一道门槛，又是鉴定所培养学生素质高低的试金石。因此，如何尽快建设一支有特色的田野发掘团队，成了一大难题。为了创出特色，经过认真调查研究，我们决定放弃与河南省文物考古研究所联合发掘，结合学术上要解决的问题进行独立的田野考古发掘。幸运的是，这一决定得到了郑州大学教务处经费的支持，于是我带领学生奔赴新乡李大召遗址开展田野发掘。经过两年奋战，不但圆满地完成了教学任务，而且成为国家文物局项目的资助对象。李大召遗址发掘结束后，我们的考古实习基地先后设在登封南洼遗址、荥阳官庄遗址等地方。为了更好地将学术研究与田野实践相结合，我先后申请并主持了《登封南洼：2004—2006 年田野考古发掘报告》《3S 支持下的史前至汉代聚落与社会研究》等国家社科基金项目，主编了多篇考古简报和报告，其中《登封南洼：2004—2006 年田野考古发掘报告》获得了河南省哲学社会科学优秀成果一等奖。

2005 年起，我开始担任郑州大学历史学院院长，角色也从带领一个学科的发展转变为带领学院的发展。但我并未忽视考古学科的建设问题，《关于考古学人才培养的思考》就是对这一问题长期实践与思考的结果，文章发表后获得了河南省教育科学研究优秀成果一等奖。2009 年，郑州大学嵩阳书院成立，由我担任书院的常务副院长并主持日常工作。嵩阳书院位于天地之中登封市，这里人文荟萃，底蕴深厚，嵩高维岳，峻极于天。面对中原文化遗产，我在苦苦思考，后人如何承继传统、继而发扬光大？往返登封途中，多次驻足嵩阳书院，于是，《文化遗产视野中的嵩阳书院》一文应运而生。我在嵩阳书院的建设与文化传承等方面虽付出了极大心血,但无怨无悔。嵩阳书院作为河南传统文化的制高点之一,需要有人来推动其在新时代的传承与发扬光大,把其建设成彰显中原文化气派、秉承古代书院精神、具有现代大学特征的新书院。如今嵩阳书院的建设项目顺利落地,也将给予我们更多的责任与担当。我作为主要参与人之一,更多的是出于对社会及历史的责任来做这件事。

除做好学术研究和学科建设外,我也积极参与各项与专业相关的社会活动,注重考古学的公众化,多次参与重要考古发现的论证和评审活动,如2017年全国十大考古新发现的评审、曹操高陵的发掘和学术论证、海昏侯墓和洛阳西朱村大墓的论证等活动,带来了积极的社会影响。由此还写出了一系列研究性文章,如《动态解析曹操高陵》《安阳西高穴曹操高陵的"多面性"解析》《侯制与"王气"——论南昌西汉海昏侯墓葬的特征》《洛阳西朱村曹魏墓考古发现及其学术价值》等。为了配合南水北调中线工程等国家基本建设,我先后主持了多项文物保护勘探和发掘项目,如新乡老道井墓地、淅川吴营遗址、湖北老河口长尺地遗址等,撰写了多篇考古简报与报告。另外,我还注重文化遗产方面的规划与研究,主持完成了河南省教育厅项目"河南大遗址保护研究"以及郑州市文物局委托的多项文化遗产保护规划项目。为服务中原经济区建设,主编了《"中原"历史与文化考论》。

有一句人生哲言称,"你现在的人生其实就是你此前所有选择的总和"。对此我深有感触,从学术的角度来讲,你现在所做的学术研究就是以前你所有理性思考的总结。深耕攻读,春华秋实。作为大学一毕业就在考古学科领域系好人生第一粒扣子的青年学子,一步步走到今天,在学术等方面取得了些许成绩,缘于内心一直在追求学问中的理念与精神,概括起来有以下几点感悟:

第一,选好研究对象和学术方向。"学问是学者的生命",而选好研究对象和研究方向则是学术所能达到高度的重要前提之一。考古学的主要研究对象有遗址、墓葬、手工业等,而遗址和墓葬中又以都城及帝王陵寝最为重要。不是说一般聚落遗址或墓葬不重要,但只有通过对都城制度和陵寝制度的观察和分析，才能深入理解当时国家最核心的政治、思想、文化等制度，最终上升到对传统文化的解读和再创新、再传承。所以在研究中要关注自己领域的焦点或核心问题，抓主要矛盾。

第二，在研究中要处理好学、思、识的辩证关系。我一直奉行“安安心心读书，踏踏实实做事”的人生信条。该读的书一定要读，只有通过文献阅读，积累知识点，建立史学观念，才能为以后的研究打下基础。在学习中要主动思考，多问为什么，善于发现新问题、提出新问题。经过认真探究，从而分析和解决问题，才能达到一定的认识高度。俗语称“罗马不是一天建成的”，学问也不是一天就能做成的，这是一个永无止境追求的过程，需要长时间的学习积累和思考。

第三，做学问既要“专”也要“博”，要具备国际化的视野。“专”就是一个研究点的问题，即我们对自己所从事研究方向的理解要深入和透彻。考古学研究是以考古材料和文献材料为基础的，将二者有机结合起来才有可能进行更深入的研究，张忠培先生“让材料牵着鼻子走”之论说的就是这个问题。“博”其实指的是研究面要广的意思。进行考古学或历史学研究，不能仅关注本学科的相关知识，还要兼顾相关人文社科领域或自然科学的相关研究。学科之间是相通的，不同的学科会提供给你不同的思路、方法等借鉴。如哲学能够转变你看问题的角度、方式与方法，将你脑子中灵机一动的念头串联起来甚至进一步升华。而当你能达到触类旁通的时候，做学问的境界又会有很大的不同。另外，世界文明是多样性的，不同文明之间互见的东西很多。清末许多仁人志士均提倡“开眼看世界”，我们做考古学研究也需要有世界的眼光，通过不同文明之间的对比，更能深刻理解自己国家文明的独特性和我们所选择当今发展道路的历史必然性。

第四，做研究尤其是搞考古研究要能吃苦，要有认真的态度和坚定的信念。考古材料的获取都是从田野发掘中来的，只有自己亲手发掘及整理过的考古资料才是有“温度”的。我在步入考古殿堂的30多年间，较多时间是在考古工地度过的，历经了高温酷暑到凛冽寒冬，其中的艰苦可想而知。“万丈高楼平地起”，正是有了这些积累，在实践中把所学理论进一步深化，才有了今天的一点成绩。此外，学术研究也不是一帆风顺的，其间还有各种现实的或经济的诱惑，稍不注意，就会走入歧途。只有尝遍做学问当中的酸甜苦辣，坚定自己选择的方向，才能“守得云开见月明”，完成精神的蜕变，实现自己的人生价值。

第五，研究者一定要赋予自己学性与国性。古人常讲“修身、齐家、治国、平天下”，我们做学问不仅要有意义和价值，更要有社会、历史责任感和家国情怀。当你身处异国他乡时，对这种民族情结和国家情结的理解就会愈发的深刻。正如法国微生物学家、化学家巴斯德所说，“科学虽没有国界，但是学者却有他自己的国家”，我们所做的学问要从书斋里走出来，要与民族、国家的复兴紧密结合，努力追求学性与国性。现在正值中国特色社会主义新时代，党和国家大力提倡文化自信，全面实现中华民族的伟大复兴。我坚信，越是全球化，越需要坚持中华民族文化的根性和本位，越需要传统文化的自觉和自信。“一切历史都是当代史”，而经过考古学实证或佐证的历史，无疑对新时代精神文明建设更具启迪意义。

春秋几度移，少年志不减。回望自己的治学之路，心中升腾着浓厚的家国情怀。作为 20 世纪 80 年代的大学生，有幸置身于尊重知识、尊重人才的改革开放的大环境，自己的成长离不开时代赋予的条件与机遇，离不开党组织多年的培养。所以，我要感恩改革开放的伟大时代，感谢党和国家给予我的多项荣誉。回顾半生求学治学岁月，数位老师的谆谆教诲，不仅引领我一步步深入到考古殿堂，更是教会我如何做个真正的考古人、治学人。所以，我要感谢所有给我传授知识的老师，我要感谢相伴多年的同窗好友，感谢常年支持我的家人、朋友，还有我教过的多届学生。家人的相扶相携、朋友的肝胆相照、学生的眷眷之情，铸就我人格的完善与仁厚的情怀，都一一镌刻在我人生的履历上，激励我书写更加美好厚重的篇章！

◆代表性学术成果

第一编
丧葬礼制篇

汉代的厚葬风俗

秦汉时期,从皇室贵族到一般平民都讲究“事死如生”的礼制,死后就将生前的实用品及专为随葬而做的明器大量埋入地下,于是,汉代厚葬成了重要特点之一,这种厚葬的原因何在?这是一个复杂的问题,它牵扯到汉代的社会经济、思想文化、宗教信仰、道德伦理等内容。

在回答厚葬的原因之前,首先要弄清楚厚葬的表现。从墓葬形制上来看,帝陵、诸侯王墓、列侯墓,规模宏伟结构复杂,随葬器物丰富。一般中小地主平民墓虽然达不到上面的水平,但砖室墓的构造,真是比死者生前的土墙住房还要华美、坚固。这被考古发掘的汉代村落遗址所证明。

西汉帝陵均由陵寝、陵邑、陪葬区、祭庙组成,东汉的帝陵也大同小异。《三辅黄图》曰:“武帝茂陵高一十四丈一百步。”充分体现了西汉帝王陵墓宏伟高大的气势。秦始皇为修骊山陵,动用70万人,修建了近40年。汉天子不甘落后,“即位一年而为陵,天下贡赋,三分之,一供宗庙,一供宾客,一充山陵”。可见其耗资程度。《旧唐书·虞世南传》中也说:“汉家即位之初,便营陵墓,近者十余岁、远者五十岁,方始成就。”可见其时间长久。成帝“听邪臣之计,去高敞初陵,捐十年功绪，改作昌陵，反天地之性，因下为高，积土为山，发徒起邑，并治宫馆，大兴徭役，重增赋敛，征发如雨，役白乾溪，费似骊山。靡敝天下，五年不成而后反故”。各帝王陵中的藏物因未正式发掘不得而知。但文献记载：“汉帝送死皆珠襦玉匣，匣形如铠甲，连以金缕。武帝匣上皆镂为蛟龙鸾凤龟麟之象，世谓为蛟龙玉匣。”武帝茂陵“内梓棺柏黄肠题凑，以次百官藏毕，其设四通羡门，容大车六马，皆藏之内方，外陟车石。外方立。先闭剑户，户设夜龙，莫邪剑，伏弩，设伏火”。且“多藏金钱财物，鸟兽鱼鳖牛马虎豹生禽，凡百九十物，尽瘗藏之，又皆以后宫女置于园陵”，致使“茂陵不复容物”。连号称节俭的文帝霸陵被盗后也“多获珍宝”。可见汉代帝陵中厚葬已成为一种风气，它与宏伟的规模结成一对孪生兄弟。

帝王开了厚葬的先河，诸侯王、列侯竞相仿效，波及于平民百姓，甚至不惜冒没国、坐官等危险来僭越礼制，致使“世以厚葬为德，薄终为鄙，至于富者奢僭，贫者殚财，法令不能禁，礼仪不能止”。杨家湾汉初的大墓竟有 18 个陪葬坑，马王堆汉墓中也出土了成笥的斗奇漆器。洛阳烧沟发掘的 225 座汉墓中，陶器达 4700 余件，其他器物 2000 多种，钱币 11200 余枚。就这还是被盗后统计的数据，可见汉代厚葬名副其实。

这种厚葬的根源何在？

第一，是汉代社会经济的发展为厚葬奠定了物质基础。我们知道，墓葬的内容属于思想意识方面，是上层建筑领域的一个分支。根据物质决定意识的原理，只能有了东西后，才能随葬。汉初之时天下贫困，“凡米石五千……民亡盖藏，自天子不能具醇驷，而将相或乘牛车”。于是汉高祖采取了一系列发展农业经济的措施，“法以有功劳行田宅”，赐爵及赐田，“上林中多空地，弃，愿令民得入田，毋收稿为兽食”。另外，兴修水利，开垦荒田，并减轻税收。文景之时“无为而治”使民休息。至汉武帝时“京师之钱累百矩万，贯朽而不可校，太仓之粟陈陈相因，充溢露积於外，腐朽不可食”。因此，汉茂陵中随葬繁多的东西是有丰富财物为前提的，有人提出汉代厚葬是从武帝前后开始的，其主要原因就在于此。东汉之时，地主庄园经济盛行，他们拥有自己的庄园“众其奴婢，多其牛羊，广其田宅，博其产业”。在厚葬之俗的倡导下，他们一样将自己死后墓室充实得如同地上庄园。由此可见，厚葬程度的高低是以墓主家的财产多少为基础的。

第二，“汉承秦制”。秦始皇之时皇家厚葬之风已经出现，并被汉家天子继承下来。比如从古代的“封土为丘垄，象冢而为之”，到秦始皇陵的115.5米高大封土堆，已完全改变了其标志的作用，汉代已成为礼律条文“列侯坟高四丈，关内侯以下至庶人各有差”，从而体现了墓主的身份及地位。《史记·秦始皇本纪》记载：陵内“宫观百官奇器珍怪徙藏满之”，这和武帝茂陵是多么相似。特别是兵马俑坑的发现，更显示出了秦始皇厚葬帝陵的特征。据统计，3个俑坑共用陶俑、陶马近8000件，这和汉初长陵的陪葬墓杨家湾大墓出土的2300多骑兵、步兵俑又是多么相似！所以，厚葬是先从帝陵开始，然后在汉武帝时蔓及全国。

第三，汉代“事死如生”的迷信思想成为厚葬的主要推动力之一。

殷人尚鬼，周人尚天帝，春秋战国之时诸子百家所持的各种学说相糅杂。秦统一后，迷信天地神灵，西汉统治阶级也不例外，高祖八年令：“天下立灵星祠。”起祭社。武帝之时，尤敬鬼神之说，成帝之时已有神祠683所。长安城南郊明堂、辟雍的发掘也证明了这一点。祭祀天地神灵和祖宗已成为汉代一项重要的礼仪。汉时，“事死如生”的思想已深入人心。他们觉得，死后不能成神，即使为鬼也要像生前一样过得舒服。于是准备了大量随葬物品，从衣食住行各方面都进行了考虑，即使生前不能使用的，在死后可以造些明器象征埋入，以示死后比生前更富有，这一点在今天的农村葬俗中还多有保留。“事死如生”的根源在于汉代流行的各种宗教思想。汉初的“黄老思想”流行，主要是因为残酷的战乱后，人民厌恶流离、思念安定的生活。“黄老思想”的“泯没得失，柔弱退让”的内容，正合乎当时人们的思想所求。文景之时这种思想广泛流传，为“死后升天”的欲望打下了基础。武帝初年，采纳了董仲舒统一思想的建议，“罢黜百家，独尊儒术”，儒家的“三纲五常”学说成了核心主题。后来谶纬风气兴起，儒学也成了阴阳五行化的儒学。东汉之时，佛教传入中国，“所谓黄老思想又兼及浮图”成为道释教义的混合开始。其后谶纬之风更盛,连刘秀的行政命令也以谶纬预言为依据,人死为仙、鬼的思想几乎成为每个人深信不移的观念,人们对死后的状况,都充满了一种向往。现实生活中也力求舒适、安逸。如《乐府》诗云:"人生不满百,常怀千岁忧。昼短苦夜长,何不秉烛游? 自非仙人王子乔,计会寿命难与期……人寿非金石,年命安可期。"他们相信神仙,也相信人生短暂,生前安逸,死后也希望能继续享乐。这种思想促使他们把生前具有的东西也要在地下同样准备一份,从而使两汉厚葬之风长久不衰。

第四,"孝悌"的行为规范,成为汉代厚葬的另外一个重要因素。

桓宽《盐铁论·散不足》说:"今生不能致其爱敬,死以奢侈相高,虽无哀戚之心,而厚葬重币者,则称以为孝。"可见行孝的观念是后辈对先辈的一个重要表现,长辈死后,后辈厚葬才称为大孝。《汉书·贡禹传》说:"何以孝悌为? 财多而光荣。何以礼义为? 史书而仕宦。何以谨慎为? 勇猛而临官。"因此,死者的后辈为了行孝就多在墓葬中埋东西以示众人。"念亲将终,无以奉遣,乃约其供养,豫修亡殁之备。老亲之饥寒以事淫法之华称,竭家尽业,甘心而不恨。"我们知道"孝悌"之说是汉代儒学的伦理观念,是"三纲五常"的精华所在,在今天的考古资料中,也有许多汉代宣传"孝悌"的壁画,如武氏祠画像中曾参母、闵子骞、老莱子、梁节妇、京师节女、秋胡妻等等。汉代家庭一般是夫妻子型和父母妻子型两大种。他们之间,不论哪一辈人死了,都是大家共葬,这样,死者与后辈都希望厚葬的思想达成默契,竭尽家业办后事就不足为奇了,可谓是"子为其父,妇为其夫,竟相仿效"。一代传一代,汉墓成了汉代社会的"地下缩影"。

厚葬的原因还有很多,因时、因地、因人都有差异性,下面再谈两点:

第一,明器的出现及大量应用为汉代厚葬提供了方便条件。

《礼记·檀弓下》:"孔子谓为明器者,知丧道矣,备物而不可用也。哀哉死者,而用生者之器也,不殆于用殉乎哉! 其曰明器,神明之也。涂车刍灵,自古有之,明器之道也。孔子谓为刍灵者善,谓为俑者不仁,不殆于用人乎哉!"可见,明器即鬼神之器,是专为随葬而作的器物。《孟子·梁惠王上》:“始作俑者,其无后乎! 为其象人而用之也。”明器的使用在商周之时已有了,但广泛的使用还在汉代,汉代的明器的种类很多,不仅替代了标志身份的青铜礼器,也替代了生活用具。比如汉武帝前后兴起的一种软釉陶器就是专为随葬而作的。明器的产生固然是随葬中比较节约的,但它对研究汉代的墓葬制度和实物一样,具有同等的价值。

第二,汉帝王的赏赐鼓励了厚葬之风。

汉代厚葬之风是从帝王陵厚葬开始的,下面的达官贵人也相沿成习。《汉书·霍去病传》:“元狩六年薨,上悼之,发属国玄甲,军陈自长安至茂陵,为冢象祁连山。”宣帝之时,霍光死,宣帝赐给他天子葬制所用的“黄肠题凑便房各一具”。哀帝“令将作为贤起冢茔义陵旁,门阙罘罳甚盛”。《汉书·原涉传》:“涉父哀帝时为南阳太守,天下殷富大郡二千石死官,赋敛送丧皆千万以上,妻子通共受之,以定产业。”

总之,厚葬之风非一日形成,它有着深厚的意识基础,其后果不仅一定程度上造成汉代的经济贫困,也给当时及以后盗墓之风提供了便利。

(原刊于《中学历史教学参考》1991年第4期)

河洛地区汉墓的发现与研究

河洛在两汉时期有着特殊的历史地位，这决定了该地区的汉墓研究亦有重要的社会意义。它用最形象、最具体的物证和丰富的内涵、形式解释了两汉时期的丧葬习俗和政治、经济、文化特点，具有窥一斑而知全豹的效用。

新中国成立以来，河洛地区的汉墓考古发现和研究取得了令人瞩目的成绩。截止到 1992 年年底，发表的考古简报及报告有 50 余篇（部），涉及的论文（以该地区的墓葬材料为主）及著作有 20 余篇（部）。下面循着它的发展轨迹，做以总结性的回顾及展望：

一、20 世纪 50 年代的奠基性收获

20 世纪 50 年代随着城市基本建设的进行，河洛地区有过一系列的汉墓发掘，而且主要集中于洛阳市区。1953 年洛阳烧沟发掘了 225 座汉墓。这批墓“资料完整、时代明确，最富有代表性”，通过对它的研究，“建立起洛阳汉墓年代的标型序列，并为中原各地汉墓编年提供了可资借鉴的标尺”①。1957—1958 年在洛阳金谷园及七里河，又发掘了汉墓 217 座，通过整理及发掘，验证了洛阳烧沟汉墓编年的相对可靠性。

---

① 中国社会科学院考古研究所：《新中国的考古发现和研究》，文物出版社 1984 年版，第 412 页。

1954 年在涧西周山亦曾发掘 81 座汉墓，其重要性在于提供了洛阳烧沟缺少的西汉早期墓葬材料，填补了缺环①。

蒋若是先生根据墓葬形制、随葬器物组合与器物演变，结合铜镜、铜钱的断代学研究，以及个别器物上的纪年铭文，将烧沟 225 座汉墓划分为六期：一、二期为西汉中期；三期前期为西汉晚期，三期后期为新莽时期前后；四期为东汉早期；五期为东汉中期；六期为东汉晚期。高炜先生在《新中国的考古发现与研究》一书中，增补了涧西周山的西汉早期墓葬材料，将洛阳汉墓的编年划分为七期。

通过研究，廓清了洛阳汉墓墓型演变的轨程，即由单棺平顶空心砖（土洞）墓——双棺空心砖（“两次造”双棺空心砖）墓——小砖券顶（弧顶土洞）墓——“单穹窿顶”墓——“双穹窿顶”墓——前堂横列墓。这个演变规律非常典型，反映出由简单长方形单棺空心砖墓向象征地上宅院建筑的多砖室墓发展的轨迹，合乎“事死如事生”的社会大背景。

通过研究，弄清了随葬品组合由仿铜陶礼器——日常生活用具——反映庄园生活的成套模型明器的变化规律，表明了墓葬本身和社会经济发展的一致性。

洛阳汉墓的墓主身份主要属于中、小地主和平民阶层，也有一些贫民存在。东汉时期个别达官墓的出现，如烧沟 M114 墓主可能是章帝时期的廷尉郭躬，也说明了东汉时期首都洛阳官僚显贵云集的迹象。

这一时期比较重要的考古发现，还有 1958 年黄士斌在偃师县佃庄乡西大郊村发现的一批刑徒墓砖。经初步研究：在东汉章帝——灵帝（86—170）时期陆续有刑徒死亡在洛阳城附近②。在另一篇简报里，黄士斌对《洛阳金谷园村汉墓中出土有文字的陶器》③作了详尽报道，为以后的文字考释及研究埋下了伏笔。

① 翟继才：《洛阳市文管会配合防洪工程清理出二千七百余件文物》，《文物参考资料》1955 年第 8 期。

② 黄士斌：《汉魏洛阳城刑徒坟场调查记》，《考古通讯》1958 年第 6 期。

③ 黄士斌：《洛阳金谷园村汉墓中出土有文字的陶器》，《考古通讯》1958 年第 1 期。

二、20 世纪六七十年代刑徒坟场的大规模发掘和西汉晚期壁画墓的首次刊出

1964 年东汉洛阳城南郊的刑徒墓地被发掘，在 2000 多平方米的发掘区内，发现了无葬具的刑徒墓 522 座①。通过研究认定：死者中 14—44 岁的青壮年占 90% 以上，相当一部分是酷刑、随意屠杀的直接暴力所致非正常死亡。出土的墓砖上刻有铭文，砖铭的格式是刻出刑徒的部属、狱名或郡县名、刑名、姓名、死亡日期等，并注明尸体埋在此处。经统计，522 座墓的刑徒中有 90% 以上属于劳动人民。这对探讨汉代的刑徒、刑徒制度、法律、社会阶级关系有重要价值②。这些砖铭可以说是中国最早的墓志文。

河洛地区的汉代壁画墓，考古界在六七十年代正式发表了两座汉墓材料，一座是 1957 年在烧沟墓区以东发掘的③，一座是 1976 年在烧沟墓区以西发掘的④。

据研究：这两座壁画墓都属西汉晚期，壁画的内容主要体现了墓主人死后升天的景象。卜千秋墓中门额绘人首神鸟，主室为一组升仙图，后壁绘一驱邪的“方相氏”，其一下绘青龙白虎⑤。1957 年发现的壁画墓的题材还有神虎吃女魃图、羊头影塑和“傩戏图”以及“二桃杀三士”故事、日月星象图等。研究者认为这一组星象图有一定的实际意义，是从汉代天官家所区分的“五宫”中，每“宫”选取的几个星宿用以代表天体⑥。但也有学者把墓门额上的“神虎吃女魃图”释成“苛政猛于虎”的画意，把后壁的怪兽误认为是屏风画，进而认为是鸿门宴的

① 中国科学院考古研究所洛阳考古队：《东汉洛阳城南郊的刑徒墓地》，《考古》1972 年第 4 期。

② 中国社会科学院考古研究所：《新中国的考古发现和研究》，文物出版社 1984 年版，第 457—459 页。

③ 河南省文物局文物工作队：《洛阳西汉壁画墓发掘报告》，《考古学报》1964 年第 2 期。

④ 洛阳博物馆：《洛阳西汉卜千秋壁画墓发掘简报》，《文物》1977 年第 6 期。

⑤ 孙作云：《洛阳西汉卜千秋墓壁画考释》，《文物》1977 年第 6 期。

⑥ 夏鼐：《洛阳西汉壁画墓中的星象图》，《考古》1965 年第 2 期。

题材①。

1978 年在金谷园发掘了一座新莽时期的壁画墓，彩绘内容丰富，是不可多得的汉画资料②。

三、20 世纪八九十年代东汉帝陵的初步考察和汉画研究的巨大成就

河洛地区的东汉帝王陵考古调查是一项非常重要的任务。陈长安通过实地调查，撰《洛阳邙山东汉陵试探》一文，对东汉帝陵北兆域内的五陵进行了考证，认为刘秀的原陵当是刘家井大冢，三十里铺边的“大汉冢”是恭陵、“二汉冢”是宪陵、“三汉冢”是怀陵，护驾庄西南大冢是文陵③。李南可在《从东汉“建宁”、“熹平”两块黄肠石看灵帝文陵》一文中认为刘家井大冢是文陵④。黄明兰在《洛阳历史皇陵》一文中认为：光武帝的原陵在蟠龙冢⑤。孰是孰非，有待于以后的考古调查及正式发掘。

南兆域的东汉六陵还未进行考古调查。

这一时期的两汉墓葬发掘又进入高峰期，其中不少墓葬很有研究价值。

偃师县杏园村清理了 27 座东汉晚期墓葬，这些墓葬大多是大型砖室结构，其中的横前堂双后室砖券墓、横前堂横后室砖券墓对烧沟的墓型是一个补充⑥。

洛阳清理的东汉光和二年（179）王当墓所出买地券很有研究价值⑦，而同出的“币形器”可能是中外艺术融合的结晶。余扶危、赵振

① 郭沫若：《洛阳汉墓壁画试探》，《考古学报》1964 年第 2 期。

② 洛阳博物馆：《洛阳金谷园新莽时期壁画墓》，《文物资料丛刊》(9)，文物出版社 1985 年版，第 163—174 页。

③ 陈长安：《洛阳邙山东汉陵试探》，《中原文物》1982 年第 3 期。

④ 李南可：《从东汉“建宁”、“熹平”两块黄肠石看灵帝文陵》，《中原文物》1985 年第 3 期。

⑤ 黄明兰：《洛阳历史皇陵》，《中原文物》1987 年特刊。

⑥ 徐殿魁：《偃师县杏园村汉晋唐宋墓地》，载中国考古学会编《中国考古学年鉴 1985》，文物出版社 1985 年版，第 170—172 页。

⑦ 洛阳博物馆：《洛阳东汉光和二年王当墓发掘简报》，《文物》1980 年第 6 期。

华二人的《洛阳出土的东汉〈王当买地铅券〉及有关问题初探》一文，论证了汉王朝假民公田，赐民以田的政策以及“授田”被豪强贵族掠夺的事实①。洛阳金谷园北邙山上发现一座西汉中期的石椁墓，椁上有朱书文字，这种形制在河洛地区为首次发现②。洛阳地区食品购销站西汉墓出土的彩绘狩猎陶壶艺术成就很高③。洛阳市夹马营东汉墓规模宏大，出土的玉带钩、陶俑都是罕见的艺术品④。唐寺门清理的两座东汉墓，其中 M1 是有纪年的，为永康元年(167)，并出土了两枚“四出五铢钱”⑤。金谷园车站 11 号汉墓中出土的带铭文陶器，补充了研究汉代食品的新资料⑥。金谷园西路清理的一座西汉时期的空心砖墓，出土了四件蚌形铜镇及两件温酒铜炉，既有实用价值，又是精美的艺术品⑦。更值得一提的是，在烧沟墓区清理的一座东汉早期墓中，出土了一套完整的踏鼓舞乐陶俑，它为我们提供了汉代音乐舞蹈研究的新资料⑧。有确切墓主姓氏的汉墓，偃师县清理了一座，该墓有确切纪年，为永平十六年(73)，墓主为姚孝遂，随葬品中出土了陶制的井、猪、鸡、狗等，这在烧沟报告中的东汉早期墓中是绝对见不到的⑨。

这一时期又发现了一批壁画墓。洛阳市西工区塘沽路清理了两座东汉砖室壁画墓，报道的 M120 壁画是河洛地区首次发现的东汉壁画，内容主要是宴饮图、出行图、主仆图⑩。偃师县杏园村的东汉壁画墓有确切纪年，为建宁元年(168)，内容主要是车骑出行和作坊宴饮，对研究东汉的车骑导从制度有重要参考价值⑪。洛阳北郊发现的东汉

① 余扶危、赵振华：《洛阳出土的东汉〈王当买地铅券〉及有关问题初探》，《中原文物》1981 年特刊。

② 洛阳市文物工作队：《洛阳西汉石椁墓》，《考古》1984 年第 9 期。

③ 洛阳市文物工作队：《洛阳西汉墓发掘简报》，《考古》1983 年第 1 期。

④ 洛阳市文物工作队：《洛阳东关夹马营路东汉墓》，《中原文物》1984 年第 3 期。

⑤ 洛阳市文物工作队：《洛阳唐寺门两座汉墓发掘简报》，《中原文物》1984 年第 3 期。

⑥ 洛阳市文物工作队：《洛阳金谷园车站 11 号汉墓发掘简报》，《文物》1983 年第 4 期。

⑦ 洛阳市第二文物工作队：《洛阳金谷园西汉墓发掘简报》，《中原文物》1987 年第 3 期。

⑧ 洛阳市文物工作队：《洛阳烧沟西 14 号汉墓发掘简报》，《文物》1983 年第 4 期。

⑨ 偃师商城博物馆：《河南偃师东汉姚孝经墓》，《考古》1992 年第 3 期。

⑩ 洛阳市文物工作队：《洛阳西工东汉壁画墓》，《中原文物》1982 年第 3 期。

⑪ 中国社会科学院考古研究所河南第二工作队：《河南偃师杏园村东汉壁画墓》，《考古》1985 年第 1 期。

初期壁画墓,彩绘范围广泛,内容丰富,主要有御凶门神、弓繝祭祀图、乘车驾龙(鹿)图、伏羲擎日女娲擎月图,和当时流行的神仙、阴阳五行思想结合得非常紧密①。洛阳机车工厂发现的东汉壁画墓,规格较高,和唐寺门 M1 相似,彩绘内容有云气、瑞兽、出行、侍者等等,有二次葬现象②。东汉晚期洛阳朱村的壁画主要是夫妇宴饮、车马出行图。偃师县发现的新莽时期壁画墓,构图层次分明,效果强烈,常仪托日、羲和托日图,方相图、娱乐图、门吏图、庖厨图、宴饮六博图、西王母图、仙兽图为主,男女对舞的构图较罕见③。

对于洛阳地区汉代壁画墓的研究,综论文章不多。苏健撰《洛阳汉墓壁画略说》一文,从时代背景、墓葬形制、壁画内容、艺术成就等方面进行了论述④。苏健另文对"美国波士顿美术馆藏的洛阳汉墓壁画"进行了考略⑤。蔡全法也曾撰文对洛阳汉墓壁画的艺术源流和美学风格进行了探讨⑥。也有学者把卜千秋壁画墓内"猪头方相图"考释为"猪头神"⑦,陈昌远认为猪头画像主要是辟邪、消灾,画中的"犬"是九尾狐⑧。

这一时期的研究成果还有:黄明兰编著有《洛阳西汉画像空心砖》一书⑨,并撰《洛阳西汉画像空心砖概述》一文,从时代背景、制造、文字、分类、内容、艺术特点等方面进行了全面的探讨⑩。蔡运章除了对"洛阳西郊汉墓的陶器文字"作补释外⑪,又撰《东汉永寿二年镇墓瓶陶文考略》一文,对东汉时期的道巫关系进行了探讨⑫。

---

① 洛阳市文物工作队:《河南洛阳北郊东汉壁画墓》,《考古》1991 年第 8 期。
② 洛阳市文物工作队:《洛阳机车工厂东汉壁画墓》,《文物》1992 年第 3 期。
③ 洛阳市第二文物工作队:《洛阳偃师县新莽壁画墓清理简报》,《文物》1992 年第 12 期。
④ 苏健:《洛阳汉墓壁画略说》,《中原文物》1987 年特刊。
⑤ 苏健:《美国波士顿美术馆藏洛阳汉墓壁画考略》,《中原文物》1984 年第 2 期。
⑥ 蔡全法:《洛阳西汉墓壁画艺术源流与美学风格》,《中原文物》1987 年特刊。
⑦ 萧兵:《卜千秋墓猪头神试说》,《中原文物》1981 年第 3 期。
⑧ 陈昌远:《关于洛阳西汉卜千秋墓壁画的几个问题》,《中原文物》1987 年特刊。
⑨ 黄明兰:《洛阳西汉画像空心砖》,人民美术出版社 1982 年版。
⑩ 黄明兰:《洛阳西汉画像空心砖概述》,《中原文物》1983 年特刊。
⑪ 蔡运章:《洛阳西郊汉墓陶器文字补释》,《中原文物》1984 年第 3 期。
⑫ 蔡运章:《东汉永寿二年镇墓瓶陶文考略》,《考古》1989 年第 7 期。

四、对今后研究的展望

第一，墓葬的分期和断代，是考古研究中最基础的手段之一，河洛地区汉墓虽然有了标尺性的编年系列，但仍需要细致化、具体化，如运用已发现的纪年墓（目前共7座）进行分期研究。

第二，河洛地区的两汉墓葬研究在全国占有举足轻重的地位，那么相应要求该地区的汉墓研究要走出区域限制，如汉代两京地区汉墓的比较研究、北方汉墓的系统研究等，都是新课题。

第三，历史和考古相结合一直是史学界倡导并力图达到的境界，河洛地区汉墓考古也不例外，如东汉帝陵的研究甚有潜力可挖。

第四，墓葬材料本身的丰富多彩要求研究必须要多学科交叉进行，既有人文科学，又有自然科学。河洛汉墓壁画颜料一直未有详细的化学分析报告就是一个缺陷。

第五，基于以上的研究方法，研究目的必须要和时代的主题结合起来，使历史、人、现实融为一体，达到“古为今用”。

（原刊于《文史知识》1994年第3期）

关中西汉早期大墓简论

截至目前，见于发表的关中西汉早期大墓的材料有6座，它们是咸阳杨家湾M4、M5①，陕西新安砖厂积炭墓（M1）②、国棉五厂M5、M6③和M95④。这些墓的墓主身份约相当于诸侯王、列侯一级或关内侯、郡守一级。其埋葬习俗基本上反映出了关中西汉早期大墓的共同规律，但也提出了一些新问题。下面作以简略的分析，求正于同仁。

一

此6座大墓的共同特点是：都有一个高大的封土堆（多被近现代挖掉）、带有一条长斜坡墓道，填土都经过夯打，附带二层台现象突出，至少都有一棺一椁，并使用了积炭或青膏泥等保护措施。随葬品中共有礼乐器、车马器、陶俑（M95为一猪圈模型）和小件铜器、玉石器等。这些共同的特征，反映出汉代早期大墓的统一性。

但是，由于各个墓主身份的差别，墓葬形制和随葬品也存在明显的区别。如国棉五厂M5、M6、M95的墓主身份因够不上列侯级别，所以用鼎数较少，不见礼乐器中的编钟及编磬，出土俑的种类也较单一

① 杨家湾汉墓发掘小组：《咸阳杨家湾汉墓发掘简报》，《文物》1977年第10期。

② 郑洪春：《陕西新安机砖厂汉初积炭墓发掘报告》，《考古与文物》1990年第4期。

③ 呼林贵、孙铁山、李恭：《西安东郊国棉五厂汉墓发掘简报》，《文博》1991年第4期。

④ 呼林贵、侯宁彬、李恭：《西北国棉五厂95号墓发掘简报》，《考古与文物》1991年第4期。

（猪）。同是列侯级别的杨家湾汉墓和新安砖厂汉墓也有区别，如前者的墓道宽大，陪葬坑较多，墓室结构宏伟，出土成套的车马器，漆绘器数量也多。这种差异，显然来自诸侯王和列侯之间的差异，准确地讲，和墓主生前的政治、经济权力休戚相关。这些现象是等级制度造成的，和古代的文献记载相吻合。

《周礼·春官·冢人》郑注引《汉律》说“列侯坟高四丈，关内侯以下至庶人各有差”。《吕氏春秋》也说“审棺椁之厚薄，营丘陇之大小，高卑薄厚之度，贵贱之等级也”。可见，冢墓的高低是有严格规定的。关中这6座西汉早期大墓都有封土，从残存的数字看，皆在“四丈”以内，说明了京都地区汉墓的规整性。但是，同属于西汉早期的湖南长沙马王堆一号墓的封土[①]，发掘时测高约五丈，超过了“四丈”的标准。究其原因，一方面和汉初监察制度较松有关，另一方面和地方割据势力有关，应以后者为重。

《荀子·礼论》说：“故圹垅其貌象室屋也，棺椁其貌象版盖斯象拂也；无帾丝歶缕翣其貌以象菲帷帱尉也；抗折其貌以象槾茨番阏也”。意思是说“墓圹棺椁所象生人居室，用物之事”[②]。比较杨家湾汉墓及新安砖厂汉墓的形制，很明显是“仿照了当时的贵族第宅而筑”。

杨家湾四号墓的多层建筑结构，设置在坑壁、台阶和坑的空间部位。“整个墓葬结构，很象一座大型第宅建筑。封土堆似整个建筑的屋顶，大墓坑顶部至第四层台间似屋架，南墓道仅有屋架部分而无楼层，应属建筑物的‘过道’。西墓道部分在屋架下，似有三个楼层，墓室系第宅的‘后室’。”[③]可见，汉代人讲究“事死如生”“生死始终若一”，绝不是一句空话。

新安砖厂汉墓的构造，反映出的地上建筑格式，更是一目了然。从有柱迹的墓道下行，至门屏后，进入墓室，入前堂，穿中寝，达后室。

① 湖南省博物馆、中国社会科学院考古研究所：《长沙马王堆一号汉墓》，文物出版社1973年版。

② 俞伟超：《马王堆一号汉墓帛画内容考》，《文物》1972年第9期。

③ 杨家湾汉墓发掘小组：《咸阳杨家湾汉墓发掘简报》，《文物》1977年第10期。

报告中说“和西周凤雏宗庙建筑基址的布局相吻合”确实如此！再观察一下墓室、墓道土壁上连接多层台阶的对称阶梯，俨然是一幢高楼建筑，封土堆做楼顶覆盖。

国棉五厂 M95 的墓道和墓室连接长过洞的构筑方式显然和“地面建筑中的木构过道有关”①，M5、M6 墓室为土洞的开凿形式，直接表现了墓室为居室的目的。

追溯这种现象出现的社会原因，是与春秋战国时期的社会变革有密切联系。随着封建制的确立，等级观念已渗透到社会的各个方面。随着“孝悌”伦理的推广，“事死如生”思想的观念加强，生活中标志着身份地位的建筑模式自然也被引入丧葬制度，冢墓、仿第宅建筑的墓室出现是该时期的必然产物。河北平山战国时期中山王墓（M6）墓道内柱迹的出现②，是仿地上建筑的先声。到了汉代，这种形式被固定下来，以后又和洞室建制结合在一起，形成了一个个宏大的“地下宫殿”，如满城汉墓③、曲阜九龙山汉墓④等。

二

我们知道，汉初诸侯王、列侯实行的是“正藏”与“外藏椁”制度⑤。杨家湾汉墓及新安砖厂汉墓的墓形均可分成“正藏”及“外藏”（椁）两个系统⑥。那么，国棉五厂的 3 座大墓是否也存在“外藏”系统呢？

不妨观察一下这 3 座墓道壁龛（有的《简报》中称为耳室）内随葬品性质。M5 壁龛内出有两个车轴及车轫、闸、车辖等；M6 壁龛内也出有一套车马饰；M95 的壁龛内虽无车马器，但堆放有陶方仓（缸）、陶仓

① 呼林贵、侯宁彬、李恭：《西北国棉五厂 95 号墓发掘简报》，《考古与文物》1991 年第 4 期。

② 河北省文物管理处：《河北省平山县战国时期中山国墓葬发掘简报》，《文物》1979 年第 1 期。

③ 中国社会科学院考古研究所：《新中国的考古发现和研究》，文物出版社 1984 年版。

④ 中国社会科学院考古研究所：《新中国的考古发现和研究》，文物出版社 1984 年版。

⑤ 俞伟超：《先秦两汉考古学论集》，文物出版社 1985 年版，第 117、119、86—107 页。

⑥ 郑洪春、韩国河：《试论汉初“利成”积炭墓》，《考古与文物》1990 年第 4 期。

屋、陶猪圈模型。《汉书·霍光传》颜注引服虔说:“外藏椁”是“在正藏外,婢妾之藏也;或曰厨、厩之属也。”可见,车马器、仓、灶正属于厨、厩的范围,这无疑又指出了“外藏椁”系统的一个新渊源,即由壁龛发展成“外藏椁”。

俞伟超指出:春秋晚期的莒南大店 M1、M2 在主椁(正藏)之外,另辟木椁为“外藏椁”。随县战国初年的曾侯乙墓中,北、西椁(3 个“外藏椁”)主要置礼乐器、车马器和兵器、殉人。置车马器、兵器和殉人的“外藏椁”当是过去的车马坑及殉人坑发展而来的①。这种观点和上述的结论并不矛盾。在关中,秦墓构筑的一个显著特点,就是多设壁龛。春秋早期,竖穴土坑墓的壁龛用以殉奴,稍大的墓还带有车马坑,如户县宋村 M3②。春秋中期,壁龛仍以殉奴为主,八旗屯墓地还发现不少车马坑③。春秋晚期至战国早期,没有大的改观,但龛内的殉奴已用木匣盛敛。战国中晚期,土洞墓开始盛行,龛内殉奴现象趋于消失,有的壁龛已专门放置祭食。战国晚期至秦代,壁龛多由墓室中移出,开在天井(墓道)壁上④,龛内主要置生活用具,如壶、釜、甑、罐等,还有祭祀的牲体⑤,未见车马器。但不难推断,“外藏椁”的胚胎在此时期已基本孕育成熟了。

秦墓的壁龛发展轨迹,就是秦人埋葬观念变化的一个脉象,先以祭殉为主,后转为仓厨之用。所以说,秦墓的壁龛是国棉五厂 3 座大墓墓道“外藏椁”的直接前身。

三

《公羊·桓公二年》何休注:“天子九鼎,诸侯七,卿大夫五,元士

---

① 俞伟超:《先秦两汉考古学论集》,文物出版社,1985 年,第 117、119、86—107 页。

② 吴镇烽、尚志儒:《陕西户县宋村春秋秦墓发掘简报》,《文物》1975 年第 10 期。

③ 陕西省雍城考古工作队:《陕西凤翔八旗屯秦国墓葬发掘简报》,《文物资料丛刊 3》,文物出版社 1980 年版,第 67—85 页。

④ 尚志儒:《秦国小型墓的分析与分期》,《陕西省考古学会第一届年会论文集》,《考古与文物》编辑部,1983 年。

⑤ 秦俑考古队:《临潼上焦村秦墓清理简报》,《考古与文物》1980 年第 2 期。

三。”《荀子·礼论》载：“天子棺椁七重，诸侯五重，大夫三重，士再重。”从统计数字看，杨家湾 M4 的用具坑 K7 出有鼎 6，与之相配套的组合为豆 5、锺 7、小壶 4、鸭蛋壶 5、罐 3、方仓 25 等等，其他坑内及墓室未出陶鼎或铜鼎。因鼎为偶数，该归入哪一级呢？是诸侯或是卿大夫？如果墓主推断是周勃父子或周勃夫妇无误的话，显然应归入诸侯一级。因详细材料(《报告》)未发，不知道这 6 鼎内是否有别的鼎属，如镬鼎。若都是正鼎——升鼎，推测和楚墓用鼎偶数的习俗有关①，或者说是用鼎制度在汉初不稳定的表现。

历史表明，周人用鼎制度经过 3 次大的破坏后②，到了战国末年，已经走向崩溃的边缘。汉初沿袭用鼎制度的旧传统，只不过是汉初政权统治者维护伦理道德的一种手段。此时，人们的思想已发生了重大变化，有等级身份的人，死后追求的是“梓棺、便房、黄肠题凑”的葬制，“金缕玉衣”、“银缕、铜缕玉衣”的葬服，用途不同的“侍从”(俑)，丰登无比的“家产”(各种衣饰、食物及家禽、家畜等)。用鼎制度成为标志墓主身份的一种补充形式。

新安砖厂汉墓出有鼎 5，基本合乎旧制。与之相配套的钫、壶、小壶分别是 4、2、2 件。国棉五厂 M5 出有鼎 2、盒 4、钫 2、壶 2；M6 出有铜鼎 2、铜盆 2、铜甗 1、铜匜 2、铜盘 1；M95 没有出鼎(被盗过)。这些现象，说明了用鼎制度的松弛性。因为关中发现的一些汉代早期中小型墓中，也多见用两鼎的情况，如西安北郊西北医疗设备厂 M2、M3。所以仅从用鼎数的多少来推断墓主身份，难免有失准之处。

考虑到国棉五厂 M5、M6 出有大批铜器的现象，及“外藏椁”系统的存在，此二墓的墓主身份应该高于五大夫(九级爵)，和 M95 一样属于关内侯(即上卿、郡守一级)级别。

从棺椁制度看，这 6 座大墓除新安砖厂墓为“井椁”(杨家湾 M4 不清)，余均为一棺一椁(如果考虑到棺箱为一椁的话，M95 应是一棺二椁)，显然和旧有的棺椁制度不符。所以，仅凭棺椁制度推论墓主身

---

① 中国社会科学院考古研究所：《新中国的考古发现和研究》，文物出版社 1984 年版。

② 俞伟超：《先秦两汉考古学论集》，文物出版社 1985 年版，第 117、119、86—107 页。

份,也有失真之处。

但是,同是西汉早期的大墓,如马王堆一号墓,出7鼎,使用4层套棺,合乎旧制。这种现象,归结为地域性的差异。作为京都地区的大墓,新向往的是"正藏"与"外藏椁"制度,灵魂成仙的境界,以及冥中供魂魄食用的各种美酒佳肴及生活用具。这种思想不久就播射到全国,成为汉代葬俗的典型特征。

四

"汉承秦制","糅以周礼",是由来已久的讲法。楚人当政后,楚文化在关中也被广泛传播,"利成"汉墓使用"井椁"就是一例①。那么,处于秦故地的京都地区汉代早期大墓具有多重文化因素,应该是不可避免的。当然,齐鲁文化在汉文化中的影响也是不可低估的②,如阴阳五行学说、经学、神仙方术等都对汉代丧葬意识有很大影响,但表现在丧葬内容上以秦、楚因素为多。

秦丧葬的主要因素是什么呢?有目共睹,兵马俑随葬是一大特点,还有小口缶、鍪、釜、灶、囷(仓)、蒜头壶、敞口鼓腹罐等等。在墓葬形制上,呈东西向的墓向、洞室墓和墓道壁龛的开凿使用,以及葬式的屈肢葬,都是很典型的秦制特点。

楚丧葬的主要内容,一般认为包括白膏泥(青灰泥),边箱制度(包括井椁),广泛随葬竹、木、漆器等等。

具体到关中每一座大墓的葬制上,由于墓主及时尚的风俗相异,承"秦制"及含"楚制"的内容也有偏重,这要作具体分析。

杨家湾汉墓发现的骑兵俑群和秦始皇陵兵马俑相比,除大小、种类略有差异,其性质归属是一致的,应该是送葬和守卫亡者灵魂的军队。我们知道,一种文化现象正是当时社会现实生活的折射。随葬军俑的根源就在于军队的重要性,当然也和墓主生前的权力有关系。如

① 郑洪春、韩国河:《试论汉初"利成"积炭墓》,《考古与文物》1990年第4期。
② 韩养民:《秦汉文化史》,陕西人民教育出版社1986年版。

果杨家湾四号、五号墓墓主为周勃父子无误的话，那么就与文献记载的事实相吻合。《汉书·周亚夫传》云："亚夫子为父买工官尚方甲楯五百被可以葬者，取庸苦之，不予钱。庸知其盗买县官器，怒而变上告子，连污亚夫。廷尉责问亚夫曰'君侯欲反乎？'亚夫曰'臣所买器乃葬器也，何谓反乎'。"可见随葬兵马俑的习俗是汉代早期达官显贵的特权，也是时尚的风俗。从秦始皇陵兵马俑至杨家湾汉墓骑兵俑，其军陈排列的模式都存在，写实风格突出，但俑明显已由大变小。

新安砖厂汉墓出土的着衣军俑和"裸体"骑马俑、女侍俑（考古材料证明，原来着有衣饰，后因腐朽致裸）都无双臂，但肩处有孔，推断为木臂，后腐朽无存①。这种现象，乍看起来和秦俑的风格迥然有别，和阳陵王皇后丛葬坑内出土的"裸体"军俑却有着共同的特征。从时间上看，杨家湾汉墓的年代在文景时期，新安砖厂汉墓的年代在武帝初年，阳陵丛葬坑的年代推测也应在武帝初年（王皇后死亡时间为公元前126年）。那么，从发展的角度看，杨家湾汉墓的俑和新安砖厂汉墓的俑有息息相通之处，如马的造型、人物的写实特征等等。但是，"裸体"无臂的特点是新出现的风格，其内包含了楚文化因素。木俑随葬一直是楚墓中常见的随葬方式，有些木俑还安装有活动的肢臂。新安砖厂汉墓俑和阳陵的无臂俑正是运用了这一制作技巧，把活动的木臂引进到了关中。活动的肢臂可以表现各种造型，如前举、后甩、持物、抚琴、吹笙、击鼓等等，再罩以不同的衣饰，可谓是栩栩如生。遗憾的是，由于腐朽严重，踪迹全无，只能作以推测。但是，陶塑和雕木技巧的融合，无疑是文化交流的一个现象。

随着社会的发展，兵马俑的随葬也走向哀落：造型上由大及小、数量上由多及少，性质也由军队至仪仗，再至歌舞侍俑，直至消亡。

其他俑类，除杨家湾汉墓不出陶猪外，其余4座墓均见陶猪或猪圈模型，说明猪作为私人财富的象征，在汉代早期又加入随葬行列。另外，新安砖厂汉墓还出有陶牛、羊、鸡以及鸽，说明随葬陶制的家禽家畜已成为关中大墓的一个显著埋葬特征，这在别的地区汉代早期大

---

① 郑洪春：《陕西新安机砖厂汉初积炭墓发掘报告》，《考古与文物》1990年第4期。

墓中是少见的，应该属于葬俗的创新。

至于各大墓内随葬的漆器，因出土时已斑斑片片（杨家湾汉墓漆器未见详细报道），器形仅余残迹，经辨认有盒、盘、耳杯等。但已足以说明随葬精美的漆器也是关中早期大墓的随葬特点。桓宽《盐铁论·散不足》中“今富者银口黄耳”、“金错蜀杯”反映的就是这种世风。漆器大量随葬和楚墓多用漆器的现象有密切的联系，特别是漆器的制作和推广。

从墓葬形制上看，秦制因素继承较多，如国棉五厂 3 座墓的构筑形式——斜坡土圹或斜坡土洞，均可在上焦村秦墓中找到相同的墓例①。用青膏泥密封墓室的方法，在战国早期的雍城大墓中已有先例②。M5、M6 的棺椁结构也和秦墓类似，如上焦村 M18。但 M95 的边箱形式显然同新安砖厂汉墓的“井椁”一样，属于楚文化的交流及融合，此不赘言。

总之，不管秦制还是楚制，都属于文化的传承，这种文化的交流是汉代统一大背景下的大趋势。关中汉代早期大墓表现出的各种特点和其他地区汉墓一样，归宿是“事死如生”。

（此文与程林泉合著，原刊于《考古与文物》1992 年第 4 期）

① 秦俑考古队：《临潼上焦村秦墓清理简报》，《考古与文物》1980 年第 2 期。
② 陕西省雍城考古队：《秦都雍城钻探试掘简报》，《考古与文物》1985 年第 2 期。

论秦汉魏晋时期丧葬礼俗的宗教性

宗教是一种文化现象,和丧葬礼俗一样是人类社会发展到一定阶段的产物。两者都是社会意识构成的一部分,都曾经对古代人的生活产生过深刻的影响。不管是原始宗教,还是人为宗教,都和丧葬结下了不解之缘。如果说丧葬发展的每一步都烙有宗教的痕迹,或者说是反映出了宗教的发展历程,倒不如说共同的形而上学哲学造成了二者之间的有机联系。它们都建立在"有神鬼"的灵魂观基础之上,都是一种崇拜意识,具有相通的情感,类同的规范,以及自然属性和社会属性。因此,在一定程度上讲,丧葬具有宗教性。秦汉魏晋时期丧葬制度中的宗教表现,可从四方面论述:一是祖先崇拜的持久性,二是神鬼思想的发展,三是原始道教的产生,四是佛教的介入。

一、祖先崇拜的持久性

从河南濮阳西水坡仰韶文化遗址发现的6000年前的蚌塑龙虎图案分析,以人为偶像的一神崇拜已从多种崇拜中分化出来,这种祖先崇拜及权力的神化,可以看作是世俗血缘和政治的一种宗教性的抽象化。之后,在一连串的内地及沿海文化遗存中,发现了大量使用葬玉的墓葬。其实这种玉器的存在,不仅仅是权贵人物独占的"灵物",也说明了原始宗教的多样性。贵重的礼器之所以都发现于贵族大墓中,正表明了祖先崇拜逐渐走向政治化、宗教化的历程。

夏、商、周时期,"夏道尊命事鬼敬神……殷人尊神,率民以事神,先鬼而后礼,先罚而后赏,尊而不亲”。[①] 西周时期,“不论是统治阶级或被统治阶级,‘尊宗敬祖’的观念是一致的。在祖宗崇拜的意识形态里占唯一重要的位置,公认孝道是最高的道德,任何宗教所崇拜的社和教义都不能代替祖宗崇拜和孝道。这是历史上汉民族的特征之一”[②]。那么,这种祖先崇拜不仅仅存在于丧葬礼仪中,也表现在其他政治、思想、文化方面。“国之大事,在祀与戎”[③],集中表现出了这一切。

丧葬中的祖先崇拜作用,在史前时期,主要是强化了血缘关系,商周时期就是维系宗族秩序、统治秩序、伦理秩序。孔子的“敬鬼神而远之”的忠君孝亲思想体系,也是在于此。秦汉时期,不但继承了这种崇拜,又加进了“三纲五常”的道德观念,丧葬礼仪被系统化、制度化,从此更加具有广泛的社会实践意义。从天子至庶人,都厚殓先人、父母,总认为祖宗之骸骨能够带给子孙富贵、高官厚禄,改变一生的运气。

有人说“祖先崇拜是民族主义的基础”,“又是民族意识的形成基础”。[④] 当然这种祖先崇拜不仅仅是丧葬中的祖先崇拜所能涵盖得了的,尤其是随着“吉、凶、军、宾、嘉”五礼中,祭礼与吉礼的划分,纯粹意义上的丧葬,虽然贴近了现实,但已失去了不少政治功能。因此,研究汉晋时期丧葬的祖先崇拜,若不与其他家庭的、社会的以及文化的内容相联系,就会认为这种特点仅仅代表了一种普遍形式,并不具有特别的意义。但只要全面考察祖先崇拜的历史,会发现它的宗教的持久作用。

二、神鬼思想的发展

云梦秦简《日书》中记载了许多预测吉凶的迷信习俗,其中也涉及

---

① 《礼记·表记》。

② 范文澜:《中国通史简编·第一编》,人民出版社 1965 年版,第 150—151 页。

③ 杨伯峻:《春秋左传注》,中华书局 1981 年版,第 861 页。

④ 于锦绣:《从中国考古发现看原始宗教对中国传统文化的影响》,《世界宗教研究》1991 年第 4 期。

人死为鬼的记述。《诘咎篇》讲:“人妻妾若朋友死,其鬼归之者,以沙芾、牡棘枋(柄),热(爇)以寺(待)之,则不来矣。”(六六背壹)据刘乐贤《睡虎地秦简日书〈诘咎篇〉研究》一文所言,当时对鬼的分类定名,可释的有刺鬼、丘鬼、棨鬼、哀鬼、棘鬼、㓡鬼、阳鬼、欲鬼、故丘鬼、祷鬼、凶鬼、暴鬼、游鬼、不辜鬼、粲迓之鬼、饿鬼、遽鬼、哀乳之鬼、疠鬼、夭鬼等 20 种①。这种神鬼迷信思想到汉代有增无减。在人同鬼神联系的媒介上,巫术大兴,甚至影响到了汉代的经济、政治生活。那么,探讨两汉鬼神观念在丧葬中的反映,可以从人初死为鬼开始。

《左传·昭公七年》子产释伯有是否能为鬼时说:“能。人生始化曰魄。既生魄,阳曰魂。用物精多,则魂魄强。是以有精爽至于神明。匹夫匹妇强死,其魂魄犹能冯依于人,以为淫厉。”可见东周之时,魂魄每人都有的观念已经存在。从这一概念出发,余英时提出一个问题,以马王堆汉墓帛画为例,画的内容究竟是灵魂升天,或是“招魂复魄”,两种作用都有。但不管怎样帛画内容总是一种天上世界的景象,象征死者灵魂可以飞升,那么为何 M3 出土的纪事木牍,又明白地表示死者是前往地下世界呢?② 考古材料中这种矛盾的场面很多,很令人费解。比如画像石墓、壁画墓中明确表示另外一个天上世界的存在(如日、月、星、时),但大都又有“升天或成仙”之景。如何解释这种二元论的对立关系?余英时主要依据《礼记·郊特牲》所载“魂气归于天,形魄归于地”来分析,认为汉武帝以前可用此解释矛盾,以后随着神仙观的兴起,天上全是不死的神仙,无魄之存地,就成了魂归泰山、魄归蒿里的结局了。但是秦汉魏晋时期墓葬中的“升仙图”又该怎么解释呢?

第一,我们看看汉晋时期先民对死后世界的认识。

江陵凤凰山一六八墓号简文③:“十三年五月庚辰,江陵丞敢告地下丞;市阳五夫二遂少言与大奴良等廿八人,大婢益等十八人,轺车二

---

① 刘乐贤:《睡虎地秦简日书〈诘咎篇〉研究》,《考古学报》1993 年第 4 期。

② 余英时:《中国古代死后世界观的演变》,载《汤用彤先生纪念论文集》编辑委员会编《燕园论学集》,北京大学出版社 1984 年版,第 177—196 页。

③ 纪南城凤凰山一六八号汉墓发掘整理组:《湖北江陵凤凰山一六八号汉墓发掘简报》,《文物》1975 年第 9 期。

乘，牛车一两，驷马四匹，騂马二匹，骑马四匹，可令吏以从事，敢告主。”表明死者需要地下世界继续生存，由江陵丞转告地下丞，再上奏“主”。

江苏邗江胡场M5告牍文书和神灵名位牍二件①：

“□七年十二月丙子朔辛卯广陵宫司空长前丞□敢告主广陵石里男子王奉世有狱事：已复故郡乡里遣自致移（诣）穴，□八年狱计承书从事如律令。”（告地策）

“江君、上蒲神君、高邮君大王、满君、廬（庐）相汜君、中外王父母、神魂。”“仓天、天公。”“大翁、赵长夫所□，淮河、堬君、石里神社，城阳□君。”“石里里主、宫［春］［姬］所□君□、大王、吴王、□王、汜□神王、大后垂。”“宫中□池、□□神社。”“当路君、荆主、奚丘君、水上、□君王、□杜。”“宫司空、杜、［邑］、塞。”（神灵名位牍）可见人死以后要向各种神灵（地上、地下）祈祷庇护亡灵。

东汉时的买地券有“田中若有尸死，男即当奴，女即当婢”之句②，说明死后世界之存在。

镇墓文中亦有描述地下管理机构之图。

延熹四年（161）钟仲游妻镇墓券③：“延熹四年九月丙辰朔卅日乙酉直闭，黄帝告丘丞墓伯，地下二千石、墓左墓右主墓狱吏、墓门亭长、莫不皆在。今平阴偃人乡苌富里钟仲游妻薄命蚤死，今来下葬，自买万世冢田，贾直九万九千，钱即日毕。四角立封，中央明堂皆有尺六桃券、钱布、驷人。时证知者先□曾王父母□□氏知也。自今以后，不得干（扰）生人。有天帝教如律令。”

从以上材料看，且不说巫文化或原始道教的问题，汉晋时期的死后世界的管理层次首先为天管地。如果说西汉时期的神鬼观还具有地方性的话，如江陵丞转告地下丞、江君、上蒲神君。至东汉魏晋，道教巫术结合一体后，都统一有天帝下令，地下有侯、伯、二千石、丞、里

① 扬州博物馆、邗江县图书馆：《江苏邗江胡场五号汉墓》，《文物》1981年第11期。

② 《建宁四年孙成买地券》，罗振玉：《芒洛冢墓遗文续编》，《蒿里遗珍》。

③ 罗振玉：《贞观堂集古遗文》卷十五。

长各辖其事。蒿里父老仅仅是冥间很低层次的小吏。

汉乐府诗《蒿里》:"蒿里谁家地?聚敛魂魄无贤愚。鬼伯一何相催促,人命不得少踟蹰。"《汉书·武五子传》:"蒿里召兮郭门阅。"师古注:"蒿里,死人里。"《汉书·武帝纪》太初元年十二月"袒高里"。伏俨曰:"山名,在泰山下。"颜师古注:"此高字作高下之高,而死人之里谓之蒿里,或呼为下里也,字则蓬蒿之蒿。"沈钦韩注(见《汉书补注》)引《玉篇》:"薨里,黄泉也,死人里也。"余英时由此得出"蒿里即高里山",在泰山之下,当时人传为"下里"或"黄泉"①。又据《后汉书·乌桓传》中"中国人死者魂神归岱山也"和陆机《泰山吟》"梁甫亦有馆,蒿里亦有亭。幽涂延万鬼,神房集成灵",推出魂归泰山郡之梁父,魄归泰山郡之蒿里,佐证材料是《三国志·蒋济传》注引《列异传》所言:"今在地下为泰山伍柏(伍伯),为其母托梦,诉说'困辱'。"

其实,武帝"袒高里"是高里山,并无蒿里之意。萧涤非考曰:"然则高里自高里,乃泰山下一山名,蒿里自蒿里,为死人里之通称,或曰下里,不容相混也。"②

第二,《礼记·郊特牲》"魂气归于天,形魄归于地"的阐述,是基于神气与形体的关系,即《左传·昭公七年》:"人生始化曰魄,既生魄,阳曰魂。"《礼记·曲礼》贾云彦云:"夫精气为魂,身形为魄。"《淮南子·说山训》:"魄问于魂。"《主木训》:"天气为魂,地气为魄。"《精神训》:"其魄不抑,其魂不腾。"《风俗通义》云:"俗说亡人魂气浮扬,故作魌头以存之。"故葬之后有"三虞"礼,即安魂礼。也就是说"魂气浮扬""魂魄离散"的状况一直是存在的。

第三,泰山并不是死人的灵魂唯一聚集地。因为"人死曰鬼"(《小戴礼·祭法》),灵魂可以转化为鬼。《韩非子·十过篇》言:"昔者黄帝合鬼神于西泰山之上,驾象车而六蛟龙,毕方并辖,蚩尤居前,风伯进扫,雨师洒道,虎狼在前,鬼神在后,腾蛇伏地,凤凰覆上,大合

① 余英时:《中国古代死后世界观的演变》,《燕园论学集》,北京大学出版社 1984 年版,第 177—196 页。

② 萧涤非:《汉魏六朝乐府文学史》,人民出版社 1984 年版,第 63 页。

鬼神,作为《清角》。”泰山神不仅主死,也主人生。《后汉书·方术传》:“许曼少常笃病,三年不愈,乃谒太(泰)山请命。”《三国志》管辂言:“但恐至泰山治鬼,不得治生人。”东汉魏晋之际,大多人相信泰山神统鬼,实则“魂神归岱山”。但泰山并不是唯一统鬼之处。《淮南子·泰族训》:“夫鬼神,视之无形,听之无声,然而郊天。望山川,祷祠而求福,雩兑而请雨,卜筮而决事。”《论衡·论死篇》:“鬼神,荒忽不见之名也。”那么人死,魂灵不死,可成鬼魂四处游荡,汉墓中之镇墓文(瓶)等就是为解除死者灵魂的问题,以防止作祟生人。《三国志·魏书·方技传》管辂说:“此二人天庭及口耳之间同有凶气,异变俱起,双魂无宅,流魂于海,骨归于家,少许时当并死也。”“复数十日,二人饮酒醉,夜共载车,牛惊下道入漳河中,皆即溺死也。”因此,流魂于海。又如王充《论衡·饥鬼篇》而言:“沧海之中,有度朔之山,上有大桃木,其屈蟠三千里,其枝间东北曰鬼门,万鬼所出入也。上有二神人,一曰神荼,一曰郁垒,主阅统万鬼。恶害之鬼,执以苇索,而以食虎。”由此可见,泰山并不是唯一归处。

第四,“鬼犹求食”“灵魂不死”。按照“事死如事生”之特点,为死者营建陵墓,准备丰厚的随葬品,意指死者灵魂大多仍居幽宅,在冥间继续生活。这样的话,秦汉以后的“日祭于寝”“日上四食”“随鼓漏、理被枕、具盥水、陈妆具”[①],也有了合理的解释。

那么“灵魂升仙”(天)和“死者又前往地下世界”的矛盾,可以从战国时期的神仙思想谈起。长沙楚墓出土的两幅帛画很有代表性,一般认为是表现墓主在神话动物引导下飞翔升腾,用以表示死者灵魂飞升登遐[②]。汉代马王堆M1、M3和山东临沂金雀山9号墓出土的帛画,应该是这种的延续和继承。秦皇汉武的大规模求仙活动,刺激了贵族阶层的成仙欲望,像东汉时的唐公房碑[③]和洛阳东汉墓出土的肥致碑[④],

---

① 蔡邕:《独断》。

② 《中国大百科全书·考古卷》“楚帛画”条。

③ 高文:《汉碑集释》,河南大学出版社1985年版。

④ 河南省偃师县文物管理委员会:《偃师县南蔡庄乡汉肥致墓发掘简报》,《文物》1992年第9期。

都记述了这种活动。然而事实上,活着成仙是不能的,于是就兴起了追求肉体不死(如金缕玉衣敛尸之用)和灵魂升天进入仙界的方式。四川简阳鬼头山画像石棺上,赫然刻书“天门”“大(太)仓”[①]。《淮南子·原道训》:“昔者冯夷大丙之御也,乘云车入云蜺,游微雾……经纪山川,蹈腾昆仑,排阊阖沦天门。”高诱注:“阊阖,始升天之门也。”日本学者曾布川宽在详细考证了汉代画像石上的升仙图系后[②],指出两汉时期,一方面继承了地下世界的信仰(见马王堆墓及江陵一六八号墓告地策),一方面保持对仙界的信仰,产生了具有两种构造的画像石墓。即在画像石墓里,为了满足居住在地下墓室里灵魂继续人间生活的愿望和进入昆仑山仙界,获永生不死的愿望,就把住居墓主灵魂的墓室同时建造成仙界模样,这样两个愿望都满足了。

所以,这种鬼神世界观的变化,和谐地在丧葬中表示出来。可以说是汉晋时期宗教巫师在原有灵魂观发展的基础上,采取对立统一的“理智化”结果,天堂和地狱都在来世,思慕和恐惧共存,很好地处理死及葬这个环节,成为社会意识形态中的一个大问题。原始道教、佛教不约而同都踏入了这条道路。

三、原始道教的产生

在浓郁的巫风当中,中国的原始道教在东汉时期诞生了。

总的来论,原始道教在与丧葬结合当中,首先表现出的是急功近利的现实主义印记,如墓门解除、辟邪杀鬼、神药厌镇、长生不死等等。

墓门解除,在道教形成以前民间就存在,形成以后,多成为埋葬中的一道程序。《汉书·武五子传》:“蒿里召兮郭门阅。”陈直注:“郭门谓墓郭之内,阅谓墓郭之门犹如阀阅也。陕西省考古所藏有东汉

---

① 赵殿增、袁曙光:《“天门考”——兼论四川汉画像砖(石)的组合与主题》,《四川文物》1990 年第 6 期;内江市文管所、简阳县文化馆《四川简阳县鬼头山东汉崖墓》,《文物》1991 年第 3 期。其中 3 号棺右壁铭文“太苍”“白虎”“天门”。

② 曾布川宽:《汉代画像石におてナる升仙图系谱》,《东方学报》第六十五册,京都大学人文科学研究所 1993 年版。

初平四年朱书陶瓶云:‘后死者黄母当归旧阅。’又云:‘安冢墓,利子孙,故以神瓶震郭门。’与本传文完全符合。”[①]近二三十年,考古中发现了不少实例,如上述的延熹四年钟仲游妻镇墓券、同蒲铁路镇墓文,尚有河南灵宝张湾镇墓瓶[②]、陕西潼关杨氏墓镇墓瓶[③]、陕西户县镇墓文[④]、宝鸡市汉墓[⑤]、陕县刘家渠镇墓[⑥]、望都汉墓镇墓券[⑦]等等。吴荣曾在《镇墓文中所见到的东汉道巫关系》一文中认为[⑧],镇墓文“是方士或巫觋作法之后所遗留下来的”。方诗铭也认为:“陶瓶本身即是巫师的作法的法器之一。实际上,这些巫师也是原始道教的道徒,巫与道教徒这时难于区分。”[⑨]为什么要镇墓,旨在辟邪杀鬼(恶鬼)。

如户县曹氏解除瓶:“何以为信,神药厌镇,封黄神越章之印。”初平四年(193)解除文云:“要道中人和以五石之精,安冢墓,利子孙。”(周季本《居贞草堂汉晋石影》三十九)钟仲妻镇墓券:“皆有尺门桃券,钱布金驷人。”王当买地铅券[⑩](有镇墓性质):“何以为真?铅券尺六为真。千秋万岁,后无死者。”同蒲铁路镇墓文:“……下为土灰。今故上复除之药,欲令后世无有死者。上党人参九枚,欲持代生人。铅人持代死人。黄豆瓜子,死人持给地下赋,立制牡厉,辟除土咎,欲令祸不行。传到约敕地吏,勿复烦扰张氏之家。急急如律令。”潼关杨氏M2[⑪]书写“中央雄黄利子孙”。洛阳烧沟 M143 陶瓶内装有天然水晶

① 陈直:《汉书新证》,天津人民出版社 1979 年版,第 342 页。

② 河南省博物馆:《灵宝张湾汉墓》,《文物》1975 年第 11 期。

③ 陕西省文管会:《潼关吊桥汉代杨氏墓群发掘简记》,《文物》1961 年第 1 期。

④ 禚振西:《陕西户县的两座汉墓》,《考古与文物》1980 年第 1 期。

⑤ 王红武:《宝鸡市金河砖瓦厂汉墓》,《文物资料丛刊 4》,文物出版社 1981 年版,第 236—237 页。

⑥ 黄河水库考古工作队:《河南陕县刘家渠汉墓》,《考古学报》1965 年第 1 期。

⑦ 河北省文化局文物工作队:《望都二号汉墓》,文物出版社 1959 年版。

⑧ 吴荣曾:《镇墓文中所见到的东汉道巫关系》,《文物》1981 年第 3 期。

⑨ 方诗铭:《黄巾起义先驱与巫及原始道教的关系——兼论“黄巾”与“黄神越章”》,《历史研究》1993 年第 3 期。

⑩ 洛阳博物馆:《洛阳东汉光和二年王当墓发掘简报》,《文物》1980 年第 6 期。

⑪ 范文澜:《中国通史简编 · 第一编》,人民出版社 1965 年版,第 150—151 页。

6块。① 可见辟邪厌鬼的五石、雄黄、水晶等都是“复除之药”，其实这些东西都是道巫们炼丹的常用品。如《论衡·率性篇》：“道人消烁五石作五色之玉”、“消炼五石铸以为器。”《太平御览》卷九八八引《抱朴子》：“五石者，丹砂、雄黄、白矾、曾青、慈石也。”

至于画符，《后汉书·方术传》：“河南有麴圣卿，善为丹书符，劾厌杀鬼神而使命之。”也是墓中驱鬼的重要手段。禚振西《曹氏朱书罐考释》②、王育成《东汉道符释例》③、吴荣曾等都有过精辟的考释，这种形式是道巫对汉巫的自然继承，不复赘述。长生不死也是秦汉方士梦寐以求的境界，“不死之药”也成为求仙得道的乘载物，汉自不待言。至晋时，葛洪之金丹道派的创立，更加重视此风，在南京象山王氏墓群中④玉丹虎棺前的漆盒里，放有200余粒丹药。真是生前未及长生，死后仍企修道术。

另外，常见的镇墓文术语中有“黄帝”“天帝使者”“天帝神师”“天帝”“黄神越章”“黄神地章之印”等文字。

关于“黄神越章”，一些学者认为是“道教的印信”。对此，笔者表示赞同。因为不仅仅镇墓文中有“章印”的文字，关键是在于“黄神”之后两个字的转换，可见的有“帝章”“越章”“地章”。黄神，毋庸置疑，应该指的是太平道信奉尊神，其意并不是专指天帝、黄帝，而是抽象地泛指，极力突出“黄”字，这一点和太平道黄巾起义，“黄天当立”的“黄”字是相通的。而“帝”“地”可如本意。“越”，可能就是超越、超出之意，总体就是指黄神之权力无边。

因此，原始道教的产生，在墓葬中有诸多表现，尤其是其长生不死、乐道成仙的境界，刺激“不得已而死”的人们去修饰来世的冥宅，求得此岸与彼岸的超脱。

---

① 中国科学院考古研究所：《洛阳烧沟汉墓》，科学出版社1959年版。

② 禚振西：《曹氏朱书罐考释》，《考古与文物》1982年第2期。

③ 王育成：《东汉道符释例》，《考古学报》1991年第1期。

④ 南京市文物保管委员会：《南京象山东晋王丹虎墓和二、四号墓发掘简报》，《文物》1965年第10期。

四、佛教的介入

佛教初传中国，由于受传统文化及时间、空间等限制，各个阶层对其接受、理解的程度并不一致，大体上也是作为神的一种来对待。

魏晋时，由于统治者的提倡和笃行者的译经与传播，加上社会动乱造成的世态炎凉，以及与魏晋玄学、原始道教本土思想的相融，佛教迅速得以兴盛。

那么，佛教在丧葬中的表现，从东汉至魏晋，大江南北都有，但都是作为一方之神服务于丧葬礼仪，不可能替代流传已几千年的土葬思想。考古中所见的佛教因素，大体在壁画、画像镜、魂瓶、画像砖（石）、柱础、钱树、薰炉、铺首、陶俑、壶、罐、瓶、戒指、铜棺、墓砖等上面或本身的装饰。

随着佛教地位的确定及巩固，其对丧葬的影响逐渐扩大，主要表现在莲花、狮子、飞天、宝炉等佛教题材的图案普遍装饰墓室①。但佛像已从地下走出，堂而皇之端坐寺院佛塔，供人顶礼膜拜，不再成为单纯的装饰品。甚至丧葬仪式中也出现佛事活动，这都是魏晋以后的事了。

（原刊于《中州学刊》1997 年第 3 期）

---

① 杨泓：《东晋南朝拼镶砖画的源流及演变》，《文物与考古论集》，文物出版社 1986 年版。

有关92号汉墓随葬品的几个问题

西北医疗设备厂福利区92号汉墓的发现，是西安地区中小型汉墓发掘的重要收获。特别是彩绘陶、人俑、翼兽、凤鸟龟座俑和编钟、编磬等乐器的出土，使人耳目一新。

一

墓道耳室内的随葬品没有经过盗扰，组合比较完整，计有陶鼎2、盒3、钫2、壶2、小壶3、鍑1、盘1、灶1、房仓1、钵4、甑1、盆1、缶1、罐7、灯4。墓室内的随葬品盗扰后，一部分被弃于墓道底的盗洞范围内，主要是陶俑及乐器残片。由此可见，耳室和墓室内的随葬品内涵有本质的区别，前者属仿铜礼器和仓厨生活用具，后者是供墓主冥中享用的正寝属品。这种现象和洛阳烧沟西汉中晚期①耳室作仓厨之用的现象是一致的，反映出了生前住宅分工的模式。追溯它的渊源，无疑是继承了竖穴土坑墓内壁龛藏物的作风。

彩绘陶除仓、盆等身上有少量线条外，大面积的施彩，是鼎、盒、钫、壶四种器物，颜色以红、白二彩为主，间有兰（青）、绿二彩，说明这四种器物是标志墓主身份的标准器物组合。考察大白杨汉墓群中早

① 中国科学院考古研究所：《洛阳烧沟汉墓》，科学出版社1959年版。

期墓的组合[①],不见壶类,说明这些早期墓的墓主身份比 M92 要低,还够不上使用的级别。相反属于士一级的临潼床单厂汉代早期 M5—1、M5—2 的墓主分别使用了 2 壶[②],可见,能否使用仿铜陶礼器的壶,是区分汉代早期墓主身份的一个标志。1954 年,在距汉城约 1 里的白家口清理了一批汉墓[③],其中 M35 出有一彩绘壶,颜色有红、白、黑、蓝、绿五彩,这是关中汉墓彩陶中使用颜色最多的一个器例。彩绘的内容大体一致,都以卷云纹、云涡纹、三角纹、弦带纹等为主,尤以云纹的变化最多。如果和汉初的黄老思想、神仙学说等联系起来分析,无疑和当时的社会大背景是一致的,或者说是汉代先民们的思想意识在埋葬习俗中的反映。至于三角纹、弦带纹可以说是青铜礼器同类花纹的翻版。

陶仓和陶灶,具有很明显的时代特征。陶仓的四阿式顶,不但模印有筒瓦,还在檐头印有瓦当,推测这正是当时房屋宫殿建筑的真实写照。但是,若考虑到仓体下面的假足圈,可以认为,这种仓的制作意图应该是当时储粮仓库的真实反映,和秦墓中发现的圈足囷起等同的作用[④],对防潮、防湿有一定的考虑。从时间上看,这种仓到西汉中期以后的关中汉墓里,被圆体仓所代替。

陶灶呈长方体,两边有挡墙,这是关中汉代早期先民们使用灶具的真实写照,釜和灶体固定在一起,特别是三个灶穴的使用,既节约了燃料,又加快了做饭的速度。挡墙的存在,有利于清洁卫生,拐角处的壶状烟囱,使用方便,易于抽烟生火,非常科学。西汉中期以后,这种方形灶逐渐被圆体灶形所取代,东汉时期的关中汉墓多出一个大火眼灶,可能来自对随葬品种类和形式追求的简略。

---

① 陕西省考古研究所:《西安北郊大白杨秦汉墓葬清理简报》,《考古与文物》1987 年第 2 期。

② 陕西省考古研究所配合基建考古队:《陕西临潼骊山床单厂基建工地古墓葬清理简报》,《考古与文物》1989 年第 5 期。

③ 吴汝祚、胡谦盈:《宝鸡和西安附近考古发掘简报》,《考古通讯》1955 年第 2 期。

④ 禚振西、杜葆仁:《论秦汉时期的仓》,《考古与文物》1982 年第 6 期。

二

发现的 3 个女俑，都呈跽坐状。西安地区同时期出土俑造型相似的墓例有 3 处，一是任家坡丛葬坑[①]、二是白家口汉墓[②]、三是北郊十里铺一座汉墓[③]。另外西安市文物处在北郊还征集到一些陶俑，有骑马俑、拱手女俑、跪坐女俑、弹琴女俑[④]等。前四处的跪坐女俑高在 30—35 厘米，后一处征集的弹琴跪坐俑高 19 厘米。对照分析，M92 的 3 个女俑属于伎乐俑，双臂上举者作击乐器状，双手下抚者作弹奏状，特别是一女俑拇、食指捏成环状，其弹奏之态一目了然。

从服饰上看，都着三重衣，曲领高厚，裙长及足，中衣袖长多褶。从体态上看，发式都是分颈后梳垂髻，圆脸小嘴，神态端庄秀丽，丰满怡人。这些彩绘女俑的身份，任家坡丛葬坑的女俑被认为是典型的宫廷侍女形象[⑤]，结论无可争议，因为这些俑都是为窦太后随葬而制作的，那么后几处的跽坐女俑身份该如何解释呢？

首先看这几座墓的形制大小。M92 使用了一棺二椁；北郊十里铺被破坏的墓属中型竖穴土坑墓，有棺椁朽木出土；白家口出俑的墓，从简报分析也属于有棺椁的墓。可见，能够使用俑随葬的墓主不是一般的下层官吏和平民。联系到俑的造型和汉陵俑一致的特点，可以推论这些俑的制作属于同一作坊产品，也就是说，随葬这些俑的墓主自然和皇室有一定的联系。马王堆 3 号墓内曾出土了 3 块木楬[⑥]，分别书写着“右方男子明童凡六百七十六人，其十五人吏，九人宦者，二人偶人，四人击鼓、铙、铎，百九十六卒从，三百人卒，百五十人奴”，“右方女子明童凡百八十人，其八十人美人，廿人才人，八十人婢”等等，明童就

① 王学理、吴镇烽：《西安任家坡汉陵丛葬坑的发掘》，《考古》1976 年第 2 期。

② 吴汝祚、胡谦盈：《宝鸡和西安附近考古发掘简报》，《考古通讯》1955 年第 2 期。

③ 王九刚等：《西安北郊出土陶辟邪等汉代文物》，《考古与文物》1992 年第 5 期。

④ 饭塚市历史资料馆：《开馆 10 年纪念——西安出土汉唐陶俑展》，日本共和印刷株式会社 1991 年版。

⑤ 王学理、吴镇烽：《西安任家坡汉陵从葬坑的发掘》，《考古》1976 年第 2 期。

⑥ 何介钧、张维明：《马王堆汉墓》，文物出版社 1982 年版。

是俑，可见俑的身份有吏、宦者、偶人、从、卒、奴、美人、才人、婢、竖（童仆）等。这是汉代早期轪侯家生前使用奴婢、臣属的反映。那么，M92的彩绘伎乐俑应该是供墓主消遣的特种奴婢。

至于女性墓主多随葬女俑，男性墓主多随葬男俑的说法，似不是定论，但考古材料中有这样的趋势。如马王堆 1 号墓为利苍夫人，彩绘立俑以女性为主，3 号墓为利苍的儿子，就以男性俑随葬为主，还有任家坡的丛葬坑内，出的都是女性俑，显然和窦皇后为女性有一定的关系。那么，M92 的墓主也有可能为女性。

从时间上看，女性跽坐俑的随葬，从考古材料分析，似仅限于文景至武帝时期，也具有鲜明的时代特征。

三

最引人注目的随葬品是一对翼兽俑和一对凤鸟龟座俑，这在以前的关中汉墓中是很少发现的。

翼兽俑，仰头，张嘴，两目圆睁，前肢扑地，弓腰，后肢蹬地，神态剽悍生动，威风凛凛，不愧是一个匠心独运的艺术品。粗观之，和东汉魏晋、南北朝时期陵冢前的石雕辟邪、天禄、麒麟不论是造型上，还是气势上非常相似，那么前后之间是否有关系呢？

同属于西汉早期的翼兽俑在北郊十里铺汉墓中发现 4 个①，红庙坡靴下工场出土 2 个②，西安市文物库房中馆藏数个③。时代比这早的战国时期中山王墓中也有出土，质地为铜④。如 M1 东库出土错银双翼银兽 2、西库也出土 2。这些翼兽总体上表现的神态和气势是一致的，但各个造型上略有差别。有的脖子长，有的脖子短；有的踞伏，

---

① 吴汝祚、胡谦盈：《宝鸡和西安附近考古发掘简报》，《考古通讯》1955 年第 2 期。

② 饭塚市历史资料馆：《开馆 10 年纪念——西安出土汉唐陶俑展》，日本共和印刷株式会社 1991 年版。

③ 市文物库房藏 4 件，其中 1 件翼兽的舌头吊于颈前。

④ 河北省文物管理处：《河北平山县战国时期中山国墓葬发掘简报》，《文物》1979 年第 1 期。

有的蹲卧;有的尾垂,有的尾翘;有的舌头微吐,有的舌头吊于颈下。中山王墓的翼兽整体作为一个艺术品出现,而汉代早期这些翼兽的背上都有一个长方形插孔,也就是说,它们都是附属物。

联系到 M92 出有成套的编钟和编磬,参照曾侯乙墓内作为磬架的两件铜怪兽[①],这个翼兽是编钟或编磬的支架座子是没有问题的。疑问的是为何在墓中要随葬这种造型的兽俑?它是否具有辟邪的作用?观察这些翼兽的形象,十里铺汉墓的舌头微吐,市文物库房馆藏的一件舌头垂于颈前,不禁使人想到楚墓中的木雕镇墓兽形态,这一方面说明了文化传承、融合的现象,另一方面也反映出镇墓、辟邪之作用。其他的翼兽个个都是雄壮异常、暴烈凶狠之神态,辟邪之作用不当言表。那么,这些翼兽或许就是东汉以后陵冢前设置的辟邪、麒麟的前身。

《急就篇》云"射辟邪除群凶",颜师古注"射、辟邪皆神兽名"。

《十洲记》云"紧窟洲有辟邪、天鹿"。

《汉书·西域传》载"乌戈地……有桃拔"。孟康注"桃拔一名符拔,似鹿,长尾,一角者为天鹿、两角或为辟邪"。

《后汉书·灵帝纪》载"复修玉堂殿,铸铜人四,黄钟四及天禄虾蟆"。

可见,汉代前后一直有神兽天禄、辟邪的存在,其突出的特征是附有双翼。对照各墓及馆藏的翼兽特点,靴下工场出土的兽头上有一长角,M92 和十里铺汉墓的兽鼻上各有一短一长角的可称作天禄,其他无角的可称作辟邪。因为辟邪都是早期的造型,和东汉以后的辟邪有一定的差别。特别是兽头,有的为龙形,有的呈虎、豹形。以后经过长时间的变异,逐渐形成了一种固定的形式,即似狮而带翼。

出土的凤鸟龟座俑已残。一件复原后不见头部,另一件仅剩龟座和鸟尾。从装饰华丽的长尾分析,定名为凤鸟龟座俑比较适合。我们知道,楚墓中有一种具有代表性的器物是虎座鸟架鼓,联系到 M92 的凤鸟颈部有一凹槽的现象,推测可能为悬鼓之用。如果再考虑到踞坐

---

① 湖北省博物馆编:《曾侯乙墓》,文物出版社 1989 年版。

女俑中有击乐器的姿态，那么，乐器鼓存在的推断可以成立。

四

修复后的编钟15件、编磬19件。比较中山王墓M1西库出钮钟14、磬13[①]；长台观M1出铜编钟13、M2出木编钟13、编磬18[②]；曾侯乙墓出铜编钟64件、编磬32[③]；汉初新安砖厂大墓出陶编钟10[④]等的组合情况，M92的编钟、编磬应可分组。编钟除甬钟外，钮钟可分甲、乙两组，和新安砖厂大墓相同。编磬至少可分两组，因是盗扰后的数字，不能详析。

另外，M92还出有6个弦柄，其中4个大的造型一致，2个小的造型一致。参照马王堆1号墓内出土完整乐器瑟的构造[⑤]，这4个大的弦柄，显然是瑟柄，组成一具25弦的瑟。李纯一统计了长沙、信阳和江陵地区1935—1973年共发现了16具瑟，其中信阳长台关1号、2号墓先后出土过大小瑟各3具[⑥]。那么M92剩余的2个弦柄也可能是小瑟的柄。瑟是怎样演奏的呢？马王堆1号墓黑地彩绘棺头档的鼓瑟图像为我们提供了直接证据“鼓瑟俑的姿态是，席地而坐，瑟横陈在膝前，双臂向前平伸，两手掌心向下，临于瑟的上方，大指屈向掌心，食指内勾，两指形环状，其余三指则微屈，两手食指同时作抹弦之势”[⑦]，明显和M92的一个伎乐俑的姿态相吻合。

---

① 河北省文物管理处：《河北平山县战国时期中山国墓葬发掘简报》，《文物》1979年第1期。

② 河南省文物研究所：《信阳楚墓》，文物出版社1986年版。

③ 湖北省博物馆：《曾侯乙墓》，文物出版社1989年版。

④ 郑洪春：《陕西新安机砖厂汉初积炭墓发掘报告》，《考古与文物》1990年第4期。

⑤ 湖南省博物馆、中国科学院考古研究所：《长沙马王堆一号汉墓》，文物出版社1973年版。

⑥ 李纯一：《汉瑟和楚瑟调弦的探索》，《考古》1974年第1期。

⑦ 何介钧、张维明：《马王堆汉墓》，文物出版社1982年版。

五

M92 的随葬品反映出了关中汉代早期墓随葬的新气象,它一方面继承了旧有的随葬方式如成套的仿铜陶礼器、礼乐器等;另一方面也表现出和楚文化联系密切的程度,对我们了解汉代早期中小型墓的埋葬习俗提供了一份详实的材料。

(此文与程林泉合著,原刊于《考古与文物》1992 年第 5 期)

论中国古代坟丘墓的产生与发展

如众所知,中国古代坟丘墓普遍流行于春秋战国之际,流行的原因和东周时期社会环境的变化密切相关,或者说是政治、思想、文化激烈变化在丧葬领域中的表现。那么,坟丘墓产生的实态如何?发展轨迹怎样?都是值得探讨的问题。本文主要是利用考古发现的材料,结合文献对此进行探讨与说明。

一、目前研究状况及焦点

王仲殊《中国古代墓葬概说》一文按照时代先后的发展序列①,认为"春秋晚期和战国时代的许多统治阶级的墓,在地面上筑有坟丘。……据勘察,坟丘一般系用夯土筑成,有的呈方锥状,有的形状欠明,现存高度不等,最高可达十余米。这样高大的坟丘是不见于前代的。河北省平山王墓和河南省辉县的魏王墓,在墓室的地面上建有享堂,则应该看作是继承商代以来的旧制"。对此,王世民《中国春秋战国时代的冢墓》一文表示赞同②,并认为"反映了宗法分封制解体和君主集权制确定的历史进程"。

针对商及战国墓葬上出现的建筑性质,考古学界曾经展开过激烈

---

① 王仲殊:《中国古代墓葬概说》,《考古》1981 年第 5 期。

② 王世民:《中国春秋战国时代的冢墓》,《考古》1981 年第 5 期。

讨论。杨宽的《先秦墓上建筑和陵寝制度》[①]《先秦墓上建筑问题再探讨》[②]二文,根据汉人所讲"古不墓祭"[③]等文献记载,认为"先秦墓上建筑只能是'路寝'的'寝'",是墓主灵魂的饮食起居之所。秦汉以后的陵寝制度,当起源于这种先秦的墓上建筑。持有相反意见的杨鸿勋《关于秦代以前墓上建筑的问题》[④]及《"关于秦代以前墓上建筑的问题"要点的重申》[⑤]二文,认为"殷人尚鬼"而祭祖先,

殷墟发现的大量杀人排葬坑就是长期墓祭的表现,汉人"古不墓祭"的说法是错误的。先秦墓上的建筑有可能是用于祭祀的享堂,这一点中山王墓出土的"兆域图"上自铭为"堂",也可以得到印证。中国的考古学界一般倾向于这种看法。

关于封土墓产生的时间,王世民推测西周时代可能已经发生[⑥]。曾经在殷墟长期发掘的梁思永及台湾学者高去寻根据殷墟的遗迹分布情况及土层的变化,都推论商代后期已经有封土存在[⑦]。最近胡方平根据河南省罗山县商代后期发现的一座封土墓材料,结合梁、高二先生的论证,肯定商代已经产生了封土墓,产生的原因和祭社有关[⑧]。

涉及中国坟丘墓的渊源及演变,日本的学者也有不少著文。如关野雄认为战国初期坟丘墓的出现是受到了北方高冢墓的影响[⑨]。町田章却认为坟丘起源于墓上建筑[⑩]。饭岛武次综合了种种材料,认为中国最初出现的墓上设施不是坟丘,而是墓上建筑[⑪]。或者说是存在三

---

① 杨宽:《先秦墓上建筑和陵寝制度》,《文物》1982 年第 1 期。

② 杨宽:《先秦墓上建筑问题再探讨》,《考古》1983 年第 7 期。

③ 蔡邕:《独断》:"古不墓祭,至秦始皇出寝,起之于陵侧,汉因之而不改。"

④ 杨鸿勋:《关于秦代以前墓上建筑的问题》,《考古》1982 年第 4 期。

⑤ 杨鸿勋:《"关于秦代以前墓上建筑的问题"要点的重申》,《考古》1983 年第 8 期。

⑥ 王世民:《中国春秋战国时代的冢墓》,《考古》1981 年第 5 期。

⑦ 梁思永:《河南安阳侯家庄西北冈殷代墓地发掘报告》第四章,《西北冈文化堆积之结构与殷代墓葬在堆积层中之位置》。高去寻:《殷代墓葬已有冢墓说》,台湾大学,《考古人类学刊》1980 年第 41 期。

⑧ 胡方平:《试论中国古代坟丘的起源》,《考古与文物》1993 年第 5 期。

⑨ 关野雄:《中国における坟丘の生成—北方文化の波及に寄せこ》,《中国考古学研究》,日本东京,1956 年。

⑩ 町田章:《中国における坟丘丘の形成》,《历史教育》,第 15 卷第 3 号,日本东京,1967 年。

⑪ 饭岛武次:《中国にお る坟墓上施设の出现と展开》,《倭国の形成と古坟文化》日本古代史讲座,第二卷,学生社,昭和 59 年 1 月 25 日。

个区域系统,一是中原地区殷代初期出现的墓上寝殿建筑设施,二是长江、淮河流域西周时期出现的土墩墓,三是北方地区在西周晚期出现了小型坟丘墓,三者对各自区域内后期的墓葬形态都有一定的影响。秋山进午在《中国的王陵成立与都城》一文中说[①],中山王陵墓上的享堂设施,很明确是继承了殷代的传统,享堂当然是吸收采用了当时的宫殿台榭夯筑技术,由单层向多重发展,王陵的发生年代大体是在战国中期。

还有,1996 年俞伟超在《方形周沟墓》一文中[②],认为日本国内的方形周沟墓是中国秦代的移民到日本构筑的墓葬形式,然后在日本人中间展开。同文中指出,中国中原地区坟丘墓的形成,起源于西北地区卡约文化有围沟的坟丘墓。因此,中国古代坟丘墓形成与展开,确实是一个与宗教信仰、政治文化、经济形态、国际交流等相关的大问题。在了解种种研究观点以后,有必要把中国早期墓上建筑的考古资料进行罗列和归纳。

二、考古发现的新石器时代——战国时代墓上（或近旁）建筑及标志实例

1973 年,辽宁阜新县化石戈公社(乡)台吉营子大队胡头村西南 2 公里,发现了一处墓地[③],清理出属于红山文化的墓葬两座 M1、M3 及一个大致呈圆形的石围圈。石围圈下普遍压一层泥质红陶碎片,尤以外侧为多。东外侧还压着一排(11 件)彩陶筒形器。1981—1985 年,位于辽宁西部凌源、建平县交界处的牛河梁(忙牛河从山梁东麓源出)上,发现了十几处属于红山文化的遗迹,包括祭祀遗址及墓葬,面积范围 1.2 平方公里。其中,已经发掘了“女神庙”(由建筑构件、泥塑造

① 秋山进午:《中国における王陵の成立と都城》,《考古学论考一小林行雄博士古稀纪记论文集刊行委员会》平凡社,日本昭和 57 年 1 月 25 日。

② 俞伟超:《方形周沟墓》,《季刊考古学》(日)第 54 号,1996 年 2 月。

③ 方殿春等:《辽宁阜新县胡头沟红山文化玉器墓的发现》,《文物》1984 年第 6 期。

像、陶制祭器等构成)和积石冢墓地[①]。墓地(Z1、Z2、Z3有报道)的Z2保存较好,但西北角已遭破坏。主体中央是一座大型石椁墓。石椁墓的东、西、北三面各存一道围墙,但是未见南墙,仅见3米宽、9—15厘米厚的碎石分布带,夹杂有彩陶筒形器的碎片。Z1残缺较甚,从发掘的情况来看,东侧有内外两重围墙,北侧的石墙之内1.2米处,有一排(12件)红陶筒形器。Z3残存二分之一,总体构成似一“坛”形。内圈石桩的两侧、中圈石桩的北侧分布有大量的红陶筒形器碎片。剥离表层土时,积石中有3具人骨架,埋葬方式与Z1、Z2均不同。这批遗存的时代经C14测定为距今5580—5000年左右。

与以上红山文化遗存时代相当或稍迟的浙江省余杭县反山墓地(距今约5000—4800年),1986年发现了人工筑成的熟土墩,土墩之上,埋葬有10余座墓[②]。随葬品以琮、璧等玉器为大宗。1987年在瑶山又发现一处墓地[③]。发掘者认为该墓地建在祭台之上,祭台由红土台、灰土围沟、砾石面、石堪等组成,清理的11座墓中仍以玉器(未见璧)随葬品为大宗,但也多见鼎、豆、罐等陶器随葬。发掘者认为是一处显贵者的墓地。

西北地区陕西省凤翔县大辛村,龙山时代后期(距今4000年左右)的墓地里,M3的墓圹周围发现了建筑设施[④]。墓主为成年男性,随葬有红陶双大耳罐、高领双耳罐、夹砂单双耳罐各1件,猪下颌骨10枚。左右两侧圹壁上各有一排5个柱洞,大致对称分布,头端圹壁外又有横向的一排柱洞。有学者认为此建筑和墓祭有关。

以上是新石器时代的墓葬材料,墓上建筑或标志已明显表现出和祭祀有密切倾向。

到了夏商时代,中原地区的河南省偃师县二里头遗址发掘出一座

---

① 辽宁省文物考古研究所:《辽宁牛河梁红山文化“女神庙”与积石冢群发掘简报》,《文物》1986年第8期。

② 浙江省文物考古研究所反山考古队:《浙江余杭反山良渚墓地发掘简报》,《文物》1988年第1期。

③ 浙江省文物考古研究所:《余杭瑶山良渚文化祭坛遗址发掘简报》,《文物》1988年第1期。

④ 雍城考古队:《陕西凤翔县大辛村遗址发掘简报》,《考古与文物》1985年第1期。

大墓[1]。东西长 5. 2—5. 35 米，南北宽 4. 25 米，但遭破坏严重。有趣的是距该墓正南偏西 0. 9 米处清理出一座大型建筑遗构，其由廊庑、大门、广庭、中心殿堂组成。由于大墓和宫殿遗址的时代同时（二里头三期），发掘者认为这组建筑的功能是祭祀大墓的“宗”，和下述的殷墟妇好墓的“享堂”同类。

1976 年河南安阳殷墟妇好墓的发掘引起了杨宽和杨鸿勋的大争论。该墓长 5. 6 米、宽 4 米、深 7. 5 米。墓口之上有建筑遗存，南北残长 5. 5 米、东西宽 5 米，柱洞均匀分布，并有柱础石出土[2]。在此之前，大司空的 311、312 号墓也有类同的发现[3]。

无独有偶，甘肃省永靖大何庄的齐家文化遗迹里，发现了距今 3700 年（商代早期）的墓地和用于祭祀的“石圆圈”交错分布的现象[4]。从墓地的石圆圈遗迹周围发现的卜骨或牛、羊的骨架来看，可能当时在埋葬死人或进行其他的宗教活动时（如杀牲祭祀、占卜问事），曾经在这里举行过什么仪式。

晚于齐家文化仍在甘肃省、青海省、陕西省等地区分布的卡约文化（相当于夏后代至商周之际）里，青海循化县的苏志村发现了两座坟丘墓[5]，规模大体上南北长 20—24 米、东西 16—18 米、高 1. 5 米左右。即平地上筑起土丘，在丘顶上进行埋葬，坟丘的周围还挖有围墓沟，沟内也发现有木棺。墓地性质属于西戎民族。

中原地区殷代后期的坟丘墓，在河南省罗山县蟒张乡天湖村发现了一座[6]，22 座息氏家族中，41 号长方竖穴土坑木椁墓的墓口上残存

---

① 中国社会科学院考古研究所二里头队：《河南偃师二里头二号宫殿遗址》，《考古》1983 年第 3 期。

② 中国社会科学院考古研究所安阳工作队：《安阳殷墟五号墓的发掘》，《考古学报》1977 年第 2 期。

③ 马得志等：《一九五三年安阳大司空村发掘报告》，《考古学报》1955 年第 1 期。

④ 中国科学院考古研究所甘肃工作队：《甘肃永靖大何庄遗址发掘报告》，《考古学报》1974 年第 2 期。

⑤ 俞伟超：《关于“卡约文化”和“唐汪文化”的新认识》，《先秦两汉考古学论集》，文物出版社 1985 年版。

⑥ 河南省信阳地区文管会、河南罗山县文化馆：《罗山天湖商周墓地》，《考古学报》1986 年第 2 期。

有0.3米高的封土，发掘者认为原封土高1.5米。另外，曾经在殷墟长期发掘过的梁思永强烈主张“殷代大墓上大概原来有封土”，台湾学者高去寻也著文赞同，可惜到目前为止，殷墟墓地的考古发掘中，并没有发现封土遗存。

南方地区（苏、皖、赣、浙）西周—春秋时期广泛存在一种土墩墓。以安徽屯溪的1号墓为代表①，即在平地上用卵石铺砌出墓室的范围，其上放随葬品，然后堆筑封土。该墓的卵石面积为东西长8.8米、南北宽4.4米、厚约0.25米，封土不加夯，直径约33米，现存高度1.75米。随葬品主要是青铜礼器和原始瓷器等，很少发现棺椁痕迹及骨架。一般认为，土墩墓和吴越文化关系密切。

但是，1989年江西省新干大洋洲商墓的发掘②，不仅把土墩墓的时代推到商代晚期，也初步判明有人殉的迹象。据调查，大墓位于沙洲的南端，原存有一座长约40—50米、南北宽约20—30米、高约5—6米的椭圆形沙土堆。沙堆正中有一个长方竖穴、长约8.22米、宽约3.6米，棺椁已朽，出土人牙24枚，其他都是青铜器、玉器、陶器等1700多件。推测墓主是古越民族一支（扬越人）的最高统治者或其家属。

西周时期的墓上设施，中原地区到目前为止仅见一例，即河南省浚县辛村卫国1号墓（西周早期）③。该墓室上口长10.6米、宽9米。墓“上口之处，更各向外括筑夯土，宽2.5米、厚1.5米，土色和墓室内同”。由于语焉不详，墓上夯土很可能是封土，也极有可能是建筑的基础。

然而，河北平泉县发现的夏家店上层文化的墓地里（墓葬的下限是西周末—春秋初期），明确可以区分为石棺墓、石盖土坑墓、土坑墓三类④。其中，石棺墓6座的棺顶原皆有封土，现存高0.3—0.65米，

① 安徽省文化局文物工作队：《安徽屯溪西周墓葬发掘报告》，《考古学报》1959年第4期。

② 江西省文物考古研究所、江西省新干县博物馆：《江西新干大洋洲商墓发掘简报》，《文物》1991年第10期。

③ 郭宝均：《浚县辛村》，科学出版社1964年版。

④ 河北省博物馆、文物管理处：《河北平泉东南沟夏家店上层文化墓葬》，《考古》1977年第1期。

个别的封土上面还保留部分封石。石盖土坑墓3座,石盖之上有厚0.4米的封土。墓葬的性质是长期活动居住于该地区的地方民族的文化遗物,可能属于山戎民族,它的活动范围在辽河上游的辽宁赤峰、朝阳,河北的承德、张家口和唐山地区的北部。

偏远地区的新疆维吾尔自治区,在吐鲁番、乌鲁木齐、和静、轮台等地也曾发现相当于西周—春秋时代的石圈墓及石堆墓①。石圈墓以和静的查吾乎沟墓地为例,有方形和圆形,中间积石,积石下为竖穴石墓室。石堆墓以吐鲁番的东风厂古墓为例,地面多见积石垒砌,竖穴石室,口小底大,有多人葬和单人葬,族属较为复杂。

中原地区考古报道的春秋时代坟丘墓有几例,一是1983年在河南省光山县宝相寺发掘的春秋早期黄君孟夫妇墓②,"这是一座长方形土坑竖穴墓,东壁偏南有一条墓道,墓上原有高约七、八米的封土"。二是1988年在同县城关镇发掘的春秋早期偏晚黄季佗父墓③,"据说原封土高大10米左右,现已被取土挖掉,墓口已遭破坏"。三是河南省信阳市平西春秋早期5号墓④,"地表封土被破坏"。确切地讲,这几例都不是考古发掘实证,只能是旁证材料。

南方地区安徽省舒城县1989年发掘了一座春秋早期的墓⑤,残存有0.24米的封土层。

该时期墓上建筑的考古发现只见于陕西凤翔的秦公大墓(前677—前383)之上。"1号大墓没有坟丘的痕迹","在墓室与前墓道连接的部位清理出一排柱洞,又发现相互叠压板瓦和排水管道,说明秦

---

① 新疆维吾尔自治区文物考古研究所:《新疆文物考古工作的新发展》,载文物编辑委员会编:《文物考古工作十年》,文物出版社1991年版;陈戈:《新疆察吾乎沟口文化略论》,《考古与文物》1993年第5期。

② 河南信阳地区文管会、光山县文管会:《春秋早期黄君孟夫妇墓发掘报告》,《考古》1984年第4期。

③ 河南信阳地区文管会、光山县文管会:《河南光山春秋黄季佗父墓发掘简报》,《考古》1989年第1期。

④ 河南信阳地区文管会、信阳市文管会:《河南信阳市平西五号春秋墓发掘简报》,《考古》1989年第1期。

⑤ 安徽省文物考古研究所、舒城县文物管理所:《安徽舒城县河口春秋墓》,《文物》1990年第6期。

公陵墓的地面标志是建造享堂”①。究竟是不是祭祀享堂，存有疑问。

战国时期已是坟丘的时代，因身份不同造不同大小的坟丘或墓上标志，成为一种时尚。下面只归纳列举出楚国的坟丘墓材料，其他列侯国省略。

楚地战国早期河南固始侯古堆大墓②，发掘前测定人工夯筑的封土高为 7 米，直径 55 米，墓主可能是楚或者和吴国有关系的高级贵族。安徽淮南市蔡家岗赵家孤堆 1 号墓是蔡侯产的墓③，坟丘残高 4 米，直径 24 米。湖北省随县擂鼓墩发掘的曾侯乙墓④，处在一个红砂岩的小山岗上，据说这里原是一个圆形的大土坡，名叫“东团坡”，可能墓上曾有较大的坟丘。

中期的冢墓发掘较多，如湖北江陵天星观 1 号墓⑤，残存的封土长宽各三四十米，高 9 米以上，用未经夯打的泥沙土堆积而成，墓主是楚的一位封君。望山的两墓及沙冢 M1 的封土比天星观较小⑥，底径 10 余米，高 2 米余，墓主的身份大概属于元士的级别。包山 M2 的封土侧视为半球形，底部为圆形，覆盖整个坑口，但没有盖住墓道的前端，现存底径 54 米、高 5. 8 米，未经夯筑，墓主身份是左尹（主管司法）⑦。M1 是其妻的墓，封土呈半球形，底径 18 米、高 2. 14 米，未夯筑⑧。1978—1989 年，江陵的九店发掘了 596 座东周楚墓⑨，其中的 104 号墓有封土，呈圆台形，直径 11 米、高约 1. 4 米，墓主身份为元士。江陵的

---

① 中国社会科学院考古研究所编著：《新中国的考古发现和研究》，文物出版社 1984 年版，第 310 页。

② 固始侯古堆一号墓发掘组：《河南固始侯古堆一号墓发掘简报》，《文物》1981 年第 1 期。

③ 安徽省文化局文物工作队：《安徽淮南市蔡家岗赵家孤堆战国墓》，《考古》1963 年第 4 期。

④ 随县擂鼓墩一号墓考古发掘队：《湖北随县曾侯乙墓发掘简报》，《文物》1979 年第 7 期。

⑤ 湖北省荆州地区博物馆：《江陵天星观一号楚墓》，《考古学报》1982 年第 1 期。

⑥ 湖北省文化局文物工作队：《湖北江陵三座楚墓出土大批重要文物》，《文物》1966 年第 5 期；荆州地区博物馆：《湖北江陵藤店一号墓发掘简报》，《文物》1973 年第 9 期。

⑦ 湖北省荆沙铁路考古队：《包山楚墓》，文物出版社 1991 年版。

⑧ 湖北省荆沙铁路考古队：《包山楚墓》，文物出版社 1991 年版。

⑨ 湖北省文物考古研究所：《江陵九店东周墓》，科学出版社 1995 年版。

雨台山墓地[1],“仅 M555 尚存残高 3.35 米、直径 18 米的封土”。湖南的湘乡、长沙、临澧、澧县都发现过高大的土冢楚墓,但均不是夯筑封土。湘乡牛形山[2] M1 封土底径 29 米,残高 4 米多,M2 的封土底径 31 米,残高 5 米多。墓主身份比封君要低,可能属于大夫的级别。河南信阳长台关发现的两座楚墓,墓上地面比周围稍高,但坟丘不太明显,原来应有封土,封主身份类同于封君。

确认的战国晚期冢墓不是很多,已清理的包山 4 号墓封土底径长 26 米、高 4 米,无夯。5 号墓的封土残存部分为椭圆形,东西长 12.5 米,南北宽 10 米,高 0.8 米。两墓墓主的身份属于士一级或略高[3]。另外,在安徽省寿县发现了可能属于卒于公元前 228 年楚幽王的墓[4],据 1934 年的调查,墓上有周长 300 多米、高约 2 米的封土。

湖北江陵北部的纪南城,是楚的郢都(前 689—前 278)。自 1960 年以来,在纪南城四周调查发现大大小小的楚墓数千座,地面可见封土的冢墓多达七八百座[5]。1990 年由荆门市博物馆对纪山楚墓群进行了详细的调查,共计坟冢 227 座,可分成 5 类[6]:①68 座。直径 5—10 米,高 1—2 米。②78 座。直径 12.5—18 米,高 1—3 米。③46 座。直径 20—27.5 米,高 1.8—5 米的墓 40 座,高 5.8—8 米的墓 6 座。④22座。直径 30—37.5 米,高 1.8—4.8 米的墓 16 座,高 5—9 米的 6 座。⑤14 座。直径 40—68 米,高 2.5—7 米的墓 9 座,高 7.6—10.5 米的墓 5 座。墓冢的形状基本是圆形或椭圆形,少见夯筑。这些冢墓的时代应与纪南城的兴衰相始终。值得指出的是大薛家洼发现了由矩形台、祭坛、台阶、陪冢区组成的墓地,对研究楚国的公墓制度及园陵形式,提供了重要材料。

---

① 湖北省荆州地区博物馆:《江陵雨台山楚墓》,文物出版社 1984 年版。

② 湖南省博物馆:《湖南湘乡牛形山一、二号大型战国木椁墓》,《文物资料丛刊 3》,文物出版社 1980 年版,第 98—112 页。

③ 湖北省文物考古研究所:《江陵九店东周墓》,科学出版社 1995 年版。

④ 李景聃:《寿县楚墓调查报告》,《田野考古报告》,商务印务馆 1936 年版,第 213 页。

⑤ 江陵县文物工作组:《湖北江陵楚冢调查》,《考古学集刊》第 4 集。

⑥ 荆门市博物馆:《纪山楚冢调查》,《江汉考古》1992 年第 1 期。

三、墓上用于标识的坟丘和祭祀建筑物的出现

根据以上材料不难发现早期墓上的建筑或标志，因时代、地区和筑墓方式不同，可区分出以下几种形式。

第一，坟丘形式，商代晚期（河南罗山息氏41号墓）至西周早期（河南辉县卫国墓“坟丘?”）至西周末、春秋早期（河北平泉、安徽舒城，河南光山）至春秋晚期、战国时期（楚、秦、燕、齐、赵、魏、中山等）。

第二，建筑形式，龙山晚期（陕西凤翔）至夏（河南偃师二里头，墓的近旁有殿堂）至商代晚期（殷墟妇好5号墓、大司空311、312号墓）至西周早期（河南辉县卫国墓“建筑?”）至春秋时期（陕西凤翔秦公大墓）至战国时期（魏、赵、中山等）。

第三，土墩形式，卡约文化（青海苏志）至商代晚期（江西新干大洋洲）至西周春秋（皖、浙、苏、赣）。

第四，积石形式，红山文化（辽宁凌源，阜新）至西周末春秋（河北平泉，新疆）。

第五，高台形式，良渚文化（浙江余杭，瑶山）。

很显然具有第三、四、五种形式标志的墓，主要集中于南部长江下游、华北北部以及西北地区，相对第一、二种形式偏于中原。但是，第一种有坟丘的墓除西周早期卫国1号墓（夯土层究竟是封土或是建筑的基础，并不清楚）在中原外，其余的商代晚期至春秋晚期的封丘墓，主要集中于河南南部、湖北、安徽一带，而不见于中原（殷墟墓地到目前为止，并没有发现确凿的封土材料，所有证明殷墟已有封土墓的论文，都是建立在推论之上）。如果由此推论楚国封土墓的产生是中原地区的封土墓，经河南南部（罗山等地）传播而来①，这种结论的形成不用说也是架空论证。相反，我的感觉是南方（包括河南南部）楚地的坟丘墓流行得较早。

另一种观点是中原地区坟丘墓的形成是受到了西北卡约文

① 胡方平：《略论楚墓坟丘产生的背景与年代》，《江汉考古》1995年第4期。

化——苏志带围沟的土墩墓的影响[①]。此论点是在追寻秦族葬制渊源、尤其是屈肢葬、双大耳罐、洞室墓以及带隍壕的秦公陵园等都和齐家文化、卡约文化有密切关系的基础之上得出的结论,无疑有一定的说服力。但是,文中没有解释中原地区和卡约文化同时或稍早存在的墓上建筑与墓上封土的关系,自然也没有考虑河南南部商代晚期已经存在的封土墓。

那么,中原地区的封土墓到底是何时产生?我认为,和埋葬、祭祀或宗教、礼制及政治思想的导入密切相关。

众所周知,中国最初的埋葬,始于旧石器时代晚期的山顶洞人,距今18000多年[②]。竖穴土坑的埋葬方式从新石器时代开始盛行,中原的裴李岗文化及继后的仰韶文化的遗迹里,都发现了大片的墓地。至于说为什么要埋尸入土?自然和当时人的灵魂观念有关系。中国几千年来一直有一种"入土为安"的思想,它结合"灵魂不死"的观念,从新石器时代的早期墓葬开始就强烈表现出"事死如事生"的来世意识,因此,也就有了新石器时代的早期墓葬里全面随葬生前实用器的现象。

著名的半坡遗址发现的墓葬共250座,其中成人墓174座。"该墓地的墓坑排列有序,纵横相当整齐,只在东南部稍有错乱,墓葬方向基本一致,与正西方向相差不超过20度,少数方向有异。"[③]龙山时代的山西襄汾陶寺墓地位于遗址的东南隅,占地3万平方米以上。1978—1985年已在大约5000平方米范围内,发掘了1300多座[④],早期墓排列相当整齐(最多的一排在约75米的宽度内有近40座墓),一排当中,墓圹的头端大致可连成一条直线,个别略呈弯曲。这种排列整齐的墓地在新石器时代的早、中、晚期非常常见,那么,现在的疑问是:

---

① 辽宁省文物考古研究所:《辽宁牛河梁红山文化"女神庙"与积石冢群发掘简报》,《文物》1986年第8期。

② 中国大百科全书出版社编辑部:《中国大百科全书·考古卷》,中国大百科全书出版社1986年版,第433页。

③ 中国科学院考古研究所、陕西省西安半坡博物馆:《西安半坡》,文物出版社1963年版。

④ 中国社会科学院考古研究所山西工作队、临汾地区文化局:《1978—1980年山西襄汾陶寺墓地发掘简报》,《考古》1983年第1期。

人死的时间不一，葬入墓地的先后顺序自然不同，在选定墓坑时，如何保证后葬者不打破前葬者的墓坑？而且还要排列得比较整齐一致。推论的结果只能是墓地有什么规划及标志，墓葬埋后的余土——拢为坟丘，作为短期的识别标志，可能是一种普遍的形式。文献《墨子·节葬》说："禹东教乎九夷，道死，葬会稽之山，衣衾三领，桐棺三寸……既葬收余壤其上，垄如叁耕之亩，取止也。"明确有收余土为坟的现象。

另一方面，新石器时代的中晚期原始宗教和祭祀已相当发达，墓葬中的表现，就是一些掌"绝天地通"（祭祀及宗教）的氏族酋长或部落首领的墓圹增大，开始使用棺椁，随葬品丰厚等等，例如河南濮阳西水坡距今 6000 年的龙、虎、人葬，墓主人兼有巫师的身份不言自明①。还有与葬制密切相关的玉器（璧、琮），逐渐成为一种"灵器"随葬于贵族的墓中（良渚文化的瑶山、反山墓），显示出身份和地位的不同。有学者根据墓葬材料主张"礼乐制度形成于龙山时期"②是有一定事实道理的。那么，针对拥有特殊权利身份者墓葬的地面特征就是祭祀礼仪的兴起，红山文化、良渚文化、龙山文化、齐家文化等不约而同地相继表现出来。

由于地域、氏族不同，墓地祭祀有不同的方法及手段。红山文化的胡头沟墓地、牛河梁墓地在堆垒积石冢的同时或葬后，用大量的红陶筒形器进行祭祀。良渚文化的瑶山墓地，为显贵者修筑了埋葬的高台，使用高台埋葬之前，已经有不少祭祀行为（红土台、灰土沟等）。齐家文化大何庄墓地的"石圆圈"，虽然不能说明附属于哪一个墓葬，但用牛、羊等牲畜祭祀的方法已十分清楚。龙山文化大辛村墓地的 M3 之建筑遗存，既为殷墟妇好墓的墓上建筑找到了上限，也解释了木构建筑的祭祀性质，这一点学者们屡次引用的民族材料亦有了足够的说明。

云南省的基诺族人新中国成立前仍处于原始社会的末期阶段，

---

① 濮阳市文物管理委员会、濮阳市博物馆、濮阳市文物工作队：《河南濮阳西水坡遗址发掘简报》，《文物》1988 年第 3 期。

② 高炜：《龙山时代的礼制》，载《庆祝苏秉琦考古五十五年论文集》编辑组编《庆祝苏秉琦考古五十五年论文集》，文物出版社 1989 年版。

“每个村社都有自己的公共墓地，人死后……墓表搭一小竹房，内置竹桌，以供祭献食品，死者亲属一般每天要到墓地竹房献食三次，大多数村寨有献食数月至一、二年的习惯，有些人家还守墓数月，以后示哀悼”①。

毫无疑问基诺族人这种祭墓搭成的竹房，和考古发现的墓上建筑有异曲同工之妙。

夏商周时代已是丧葬礼制确立和壮大时期。如上所言，丧葬礼制的形成大约在公元前3000年的中叶，大致相当于传说中的五帝后期，基本和阶级国家的起源相一致。但是，一旦“祖先崇拜”“以人事神”的丧葬礼制被“以神道设教”的政治文化观所取代，那么丧葬礼制中的阶级性、等级性、礼法性等，也被统治阶级固定下来。这就是《论语·为政》中所说“殷因于夏礼，所损益可知也。周因于殷礼，所损益可知也”。损益之后，一切文化的发展方向都开始向政治文化靠拢。

但是，夏商时期正是鬼神文化发展的第一个高峰期，“以神道设教”的国策基本上被“祖先崇拜”所覆盖，相应祭祀文化非常发达。

二里头文化发现的一座大墓及附近的2号殿堂建筑遗构，已是阶级和国家确立时期的夏代。专门为一王君修筑祭祀作的殿堂成为可能，这一论点得到了大多数学者的承认②。墓上设建筑祭祀与墓旁设建筑祭祀对以后陵寝制度的发展，应该有着双重的影响。

殷墟发现的3处墓上建筑也是崇鬼神、重祭祀文化的一种表现。陈梦家说“殷人诚惶诚恐地奉祀祖先，是因为他们相信在冥冥上界，祖先的亡灵时时刻刻都在监视着人间的事物，随时随地准备予以训戒和惩罚。殷人尚鬼，成为一大特殊的文化现象”③。人与帝、先祖、亡灵的沟通，主要通过祭祀和占卜来进行。在这种背景下，殷墟墓上的建筑作为祭享之用是可以理解的。

---

① 易谋远：《基诺人的农村公社及其历史略探》，载中国社会科学院历史研究所魏晋南北朝隋唐史研究室编《魏晋隋唐史论集（第1辑）》，中国社会科学出版社1981年版。

② 刘庆柱、李毓芳：《汉宣帝杜陵陵寝建筑制度研究》，载中国社会科学院考古研究所编《中国考古学论丛》，科学出版社1993年版。

③ 陈梦家：《殷墟卜辞综述》，中华书局1982年版。

需要指出的是，到了西周时期，随着宗法制度的完善，殷代狂热的宗教精神开始让位于“尊礼尚施”的伦理意识。丧葬礼制开始浸染到人们生活的各个方面，以敬德尊礼代替了纯粹的祭祀与占卜，这就是《礼记·曲礼》所讲的“夫礼也，所以定亲疏、决嫌疑、别同异、明是非也……祷祠祭祀，供给鬼神，非礼不诚不庄”。人与天、祖先的沟通，也不再单靠供奉牺牲的祭祀，而是靠人在现实生活中的道德实践，也就是“周人尊礼尚施，事鬼敬神而远之”①。从祭祀上讲，西周与殷代的最大不同是重庙祭。对殷代的墓地祭祀之礼自然有所损益，故西周一代墓上至今没有发现一处完整的建筑痕迹，大概就是佐证。河南浚县西周早期的卫国1号墓上的夯土，如果是建筑基础的话，可能带有极强的地域因素和传统因素，一方面它远离西周酆、镐之京，另一方面是它处于殷朝故地，西周初奉行殷祀可能性极大。这方面遗址里也有反映，例如河南宋窑遗址（商代为畿内之地，西周时为卫国领域）发现的晚商至西周早期文化的演变中，商周两种文化长期并存②。

至于说卡约文化苏志村发现的两座带围沟土墩（封土）墓性质，是内部集团分化出来的有权利的集团或亲族墓，由于材料所限，现在并不太清楚。因为卡约文化墓葬的主要墓形是平地挖掘的长方土坑墓和长方土坑偏洞墓③，土墩墓的出现是否有外部因素的影响值得深思。但有一点可以肯定，秦族的起源和西戎、羌族文化（齐家文化、卡约文化等）关系密切④，而凤翔的秦公陵园周围又有隍壕，一般的秦墓中亦存在有方形围沟墓。也就是说地域相近，墓形又有共同点，考虑两者的渊源关系可以理解。但在殷、西周时期，似乎对中原的丧葬祭祀文化影响不大。

另外，河南罗山发现的41号封土墓属于商代晚期，报告中未指明

---

① 《礼记·表记》。

② 北京大学考古系商周组：《河南淇县宋窑遗址发掘报告》，《考古学集刊》第10集。

③ 青海省文物考古研究所：《青海湟中下西河潘家梁卡约文化墓地》，《考古学集刊》第8集。

④ 安徽省文化局文物工作队：《安徽屯溪西周墓葬发掘报告》，《考古学报》1959年第4期。

高30厘米的封土是夯土,因此是不是余壤形成的封土存有疑问。我们知道,商周时期的墓地制度分为两种形式。据《周礼·春官》记载,一是“公墓”,是王室、国君等贵族的墓地,由冢人掌管。一是“邦墓”,有自由身份的国民均可葬焉,由墓大夫掌管。其中“公墓”当中,“先王居中,以昭穆为左右。凡诸侯居左右以前,卿大夫居后,各以其族……凡有功者居前,以爵等为丘封之度,与其树数”。如果真如其言,罗山的封土也有了合理的解释。但是,典型的河南省三门峡市西周晚期至东周初期的虢国“公墓”地(234座),并没有发现封土和封树的迹象①,陕西长安的西周鄷京张家坡墓地②,面积约20万平方米,已经发现大、中、小型西周墓3000余座,也没有发现封土和封树。西周天子的陵墓,至今尚没有明确的线索。考古发掘表明,按墓主身份等级进行封土及封树的制度,商及西周也许并不存在。因为详细记载先秦丧葬礼仪的文献主要是《仪礼》《礼记》和《周礼》。前两本书的成书年代,学术界一般认为《仪礼》是在东周晚期,《礼记》是汉朝人戴圣整理的专门记载孔门弟子讲礼的文集。至于唐代贾公彦推测《周礼》《仪礼》二书都是“周公摄政太平之书”,没有确凿的依据。但周代之礼,沿袭了夏商礼制,至西周初年经过了周公为首的贵族加以增补,春秋末期经孔子编定,渐成为一种法定的制度,基本上得到了大家的公认③。所以,封土和封树的制度应该是东周时期的东西。

可是,用于埋藏的昭穆制度商及西周已经存在,考古材料也有足够的说明。那么,大面积的墓地里,墓与墓排列非常整齐,没有打破关系,埋入的早晚时间又不一致,掌管墓地区划的冢人和墓大夫该怎样执行?现在的推论和新石器时代中晚期的墓一样,先前埋入的墓上也许有余壤形成的封土(虚土),而易于辨认后来墓葬的下葬位置,或者说此时的封土仅仅是识别的标志,埋葬一段时间经风吹雨淋也就消了。另一种可能是该时期已经有了尺度的知识,冢人和墓大夫自然可

---

① 中国科学院考古研究所:《上村岭虢国墓地》,科学出版社1959年版。

② 中国社会科学院考古研究所:《沣西发掘报告》,文物出版社1962年版;中国社会科学院考古研究所沣西发掘队:《1967年长安张家坡西周墓葬的发掘》,《考古学报》1980年第4期。

③ 杨天宇:《仪礼注释》,上海古籍出版社1994年版。

以通过丈量墓间距离而得出后葬者的位置。因此东周时期“古也墓而不坟”的结论，“古”之概念很大程度上应包括西周时期在内。

南方商及西周时期存在的土墩墓，除了认定其性质是吴越文化的族属外，目前尚不能肯定土墩墓诞生的原因是什么。仅仅用地面筑墓以防潮湿的论点，不能得到圆满的解释，也许和某种信仰有关系。还有土墩墓和原标识坟丘以及后来等级坟丘的关系问题只能留到以后探讨。有一点可以指出，随着商周文化的逐步南移以及楚文化的兴起，战国中晚期坟丘墓广泛流行的背景下，土墩墓退出了历史舞台，或者说是土墩文化在长江中下游民族文化的融和中落下了帷幕。

四、等级坟丘墓的形成

如众所知，东周时期传统的宗法制度逐渐崩溃，新兴起的是一种以地缘方式为结合的社会关系，埋葬中也有表现。如湖北荆门包山2号墓出土的竹简文书91、94简就记载了两起“葬入他人之土”涉及冢地争讼的案例①，说明战国时期冢地私有制已比较盛行。引起原来的公墓、邦墓制度发生了性质上的变化，突出的表现是家庭葬从民族葬的墓地中游离出来。

同时，由于个人或家庭势力的增强，他们不仅仅是生前追求权利和财富，死后也希望“来世继续生前有财有势的生活，或者更高一级的生活”。墓葬中的表现就是传统严格按照身份等级埋葬的用鼎制度、棺椁制度等渐趋松弛，低级身份的阶层可以用高级别的形式进行埋葬，墓上的等级坟丘或建筑正是在这种背景下诞生了。

《礼记·檀弓上》记载了孔子关于其父母冢的一段话，“古也墓而不坟，今丘也。东西南北之人也，不可以弗识也。于是封之，崇四尺”。《礼记·檀弓下》也说：“即葬而封，广轮掩坎，其高可隐也。”都明确指出春秋晚期墓上有封土的现象。并且《礼记·檀弓上》还记述了孔子所见过的封土模样，“吾见封土若堂者矣，见若坊者矣，广而卑”、“斧

① 湖北省荆沙铁路考古队：《包山楚简》，文物出版社1991年版。

形旁杀刃上而长”，即高堂式、堤坊式、大屋式、斧刃式（马鬣式），孔子赞成的是最后一种。可见，封土的具体形状如孔子言，似堂、似坊、似屋、似斧刃，但实质上是一种等级观念的加强。孔子父母的坟丘只有4尺之高，大概属于一般庶民的坟丘高度。

春秋时期能建丘者，不称墓。如楚昭王的“昭丘”，吴王阖闾的“虎丘”。战国时期能建陵者，不称丘。如“（赵）肃侯起的寿陵”①，“（秦）惠文王葬寿陵”②，“楚，为掩辩京陵”③。从墓—丘—陵称谓的转变，深刻地反映了春秋战国之际意识形态领域内的变化。《礼记·礼器》曰：“有以大为贵者，宫室之量，器皿之度，棺椁之厚，丘封之大，此以大为贵也。”《吕氏春秋》也说：“审棺椁之厚薄，营丘垄之大小，高卑厚薄之度，贵贱之等级也。”这种景象说明了当时各国君王、诸侯、大夫、元士、士、庶民不同阶层的心理实态。

考古发现的材料也与此相适应。不过君王级别的坟丘可以分成两种形式，一种是封土和建筑物的结合，如魏王陵、赵王陵、中山王陵、秦王陵等，此时的墓上建筑不仅仅是殷商时期墓上建筑为祭祀作用的延续，很大程度上是君王生前所居宫殿寝宫的真实写照，或者说是为了显示自己的君王身份，把宫室的建筑形式引用到墓葬制度。另一种是纯封土型，楚之陵墓最有代表性，燕、齐王陵大概也属于这一类。楚王陵的封土多不加夯筑，这一点和前一种的封土有明显区别。但是，墓上没有建筑物并不意味着失去了象征宫室建筑的性质，相反它象征得更加具体，即殿堂的屋顶，因为其他宫室建筑因素大多在棺椁（边箱制度）④多台阶的四壁中表现出来。这一点汉初也有继承，如陕西咸阳杨家湾4号、5号墓⑤、陕西新安机砖厂“利成”汉墓⑥等。所以，封土越大越高，就意味着身份等级越高。从纪山楚冢的调查材料看，楚

① 《史记·赵世家》。
② 《史记·秦本纪》。
③ 《左传·襄公二十五年》。
④ 俞伟超：《汉代诸侯王与列侯墓葬的形制分析》，《先秦两汉考古学论集》，文物出版社1985年版。
⑤ 杨家湾汉墓发掘小组：《咸阳杨家湾汉墓发掘简报》，《文物》1977年第10期。
⑥ 郑洪春：《陕西新安机砖厂汉初积炭墓发掘报告》，《考古与文物》1990年第4期。

王陵的封土直径要超过 50 米,楚幽王陵封土的周长 300 余米,直径是百米左右,高度大概也应在 10 米以上。

其他等级坟丘墓的大小和高度,春秋时期由于材料太少,无法分析,战国时期也仅仅是楚墓的材料大致显出了轮廓。如资料所示,封君级别的墓直径大约是 30—50 米,高 5—10 米。大夫级别的墓直径大约是20—30 米,高5 米左右。元士、士级别的墓直径大约是10 米左右,高度一般不超过 5 米。庶民百姓的墓大概如孔子父母的墓,高 1 米左右(4 尺),直径也就是 3 米上下。

另外,东周时期君王墓地已经有了"守陵户",即专门守护、管理墓民。如《云梦秦简》曰:"可(何)谓'甸人'?'甸人'守孝公,獻(献)公冢者殹(也)。"中山王墓地出土了一块守丘刻石,"监罟尤臣公乘得守丘,其齿将曼,敢谒后叔贤者"。这就是说,君王墓地和其他级别墓地的地表区别,不仅仅是坟丘的大小和高度,"守陵户"的出现成为中国古代帝王陵寝制度的一大特色。

通过以上论述,作为埋葬后余土形成的坟丘标志,应该在新石器时代的墓地里去寻找,墓上墓构建筑的出现是墓地祭祀的结果。西周时期京畿之地之所以不见坟丘或少见墓上建筑遗迹的原因,和西周时期礼制变革与庙祭盛行有密切关系。相反,远离京畿的偏远地域由于少受礼制的约束,各自持有不同的埋葬方式,如河北平泉县的坟丘墓、新疆的石堆墓、长江下游的土墩墓等等。周平王东迁洛阳以后,可以说是政治权力走向衰微的表现,各地诸侯不仅注意生前的权力争斗,死后的世界里也希望保持有权力的生活。在这种思想的刺激下,十分留意自己死后的埋葬方式,坟丘作为生前居住殿堂——身份的象征出现于各地。因此真正的坟丘墓形成(未必一定是夯筑封土)是东周时期,这时墓上建筑性质已不仅仅是祭祀所用,而是区分墓主身份等级的一种标志。具体而言示富、示贵,按照"事死如事生"的意念,仿照宫室营建自己的陵墓,但楚、燕等国仅仅是用高大的坟丘来表示身份等级,墓上没有使用木构建筑,楚地还出现了由"矩形台、祭坛、台阶、陪葬区"组成的墓地。正如《吕氏春秋·安死篇》言:"世之为丘垄也,其高大若山,其树之若林,其设阙庭为宫室,造宾阼也,若都邑。"《荀子·礼论》所言“故圹垅，其貌象室屋也”，到了秦始皇时期，他觉得即使是“殿堂”式样的封丘，也不足以表达其为皇帝至高无上的身份，索性称“丽（骊）山”，“树草木以象山”。所以说，东周时期广泛流行冢墓，只能从当时的社会背景，思想意识形态领域里去找原因。

（原刊于《文博》1998 年第 2 期）

关中西汉早期中小型墓析论

中小型汉墓指的是中小地主及中下级官吏和平民的墓葬。关中地区这个级别的墓已发掘了不少，文化面貌极富有代表性，特别是西汉早期的中小型墓所表现的墓葬特点，和当时的历史现象相吻合。以下就墓葬材料、葬俗、东西区墓群对比、墓地形态等方面做以综合分析。

一

关中西汉早期的墓葬材料，目前见于报道的有西安北郊白家口、大白杨、西北医疗设备厂、陕西省水产公司冷库、陕西省丝绸仓库、联志村、咸阳机场导航台、临潼骊山床单厂，眉县常兴镇、耀县、凤翔高庄等(见表1)，其中北郊发现的墓葬地点都位于汉城东南方向的龙首塬上，在研究时不妨把这些零星的墓葬归结为龙首塬墓群。

表1

名称	地点	数目	墓形	随葬器物组合	发表杂志	备注
《宝鸡和西安附近考古发掘简报》	白家口	5(?)	竖穴土圹墓、竖井墓道洞室墓	鼎、盒、钫、仓、罐、(M24出有7个陶俑)	《考古通讯》1955年2期	
《西安北郊大白杨秦汉墓葬清理简报》	大白杨	2(M3、M7)	竖井墓道洞室墓	鼎、盒、钫、仓、灶	《考古与文物》1987年2期	

续表

名称	地点	数目	墓形	随葬器物组合	发表杂志	备注
《西安北郊汉墓发掘报告》		1(M13)	竖穴土圹墓	铜鼎1	《考古学报》1991年2期	盗扰
《西北医疗设备厂福利区92号汉墓清理简报》	西北医疗设备厂	1	M92为竖井墓道	鼎、盒、钫、壶、仓、灶	《考古与文物》1992年5期	盗扰
《西北医疗设备厂汉墓清理简报》		1	M170为斜坡墓道(带一天井)洞室墓)	鼎、盒、壶、仓、灶	《考古与文物》1992年5期	
《西安北郊六座汉墓清理记》	陕西省丝绸仓库	3	不详	鼎、盒、釜	《考古与文物》1992年3期	扰
《陕西省水产公司冷库汉墓发掘简报》	冷库	2(M5、M11)	竖穴土坑墓斜坡墓道洞室墓		待发	供参考
《西安北郊龙首村军干所汉墓发掘简报》	军干所	4	竖井墓道洞室墓竖穴土圹墓	鼎、盒、钫、壶	《考古与文物》1992年6期	扰
《咸阳机场陵照导航台基建工地秦、汉墓葬清理简报》	咸阳机场	4	竖井墓道洞室墓	鼎、钫、仓、罐	《考古与文物》1992年2期	扰
《陕西临潼骊山床单厂基建工地古墓葬清理简报》	临潼	3	竖穴土圹墓、竖井墓道洞室墓	鼎、盒、钫、壶、仓、灶	《考古与文物》1989年5期	
《陕西眉县常兴汉墓发掘报告》	常兴	12	竖穴墓道、斜坡墓道洞室窴	壶罐及缶、罐、盒、盂、簬、鼎、盒、壶、钫	《文博》1989年1期	

续表

名称	地点	数目	墓形	随葬器物组合	发表杂志	备注
《陕西耀县战国、西汉墓葬清理简报》	耀县	4	竖穴土圹墓、竖井墓道洞室墓	铜壶、铜钫、壶、罐、釜、盆	《考古》1959年3期	
《陕西凤翔高庄秦墓地发掘简报》	凤翔高庄	10	M16为竖穴土圹其它均为竖井墓道洞室墓	壶、盆、罐	《考古与文物》1981年1期	秦代至汉初(供参考)
《西安北郊汉墓发掘报告》	西北医疗设备厂	35	竖穴土圹墓、竖井墓道洞室墓、斜坡墓道洞室墓	以鼎、盒、钫、壶,为主	待发	(供参考)

二

葬俗包括墓葬形制、葬具、葬式、随葬品种类、位置及组合等方面。

1. 墓葬形制

就发现的材料而言,关中西汉早期中小型墓的墓形种类繁多,大概可分成三大类。第一类,竖穴土坑(圹)墓;第二类,竖井墓道洞室墓;第三类,斜坡墓道洞室墓。中型墓以第一类墓形为主,小型墓以第二类墓形为主。

竖穴土坑(圹)墓,能够确定墓形的共有13座,如北郊汉墓M13、西北医疗设备厂福利区M10、M28、M58、M120(简称"医M10"等)、省水产公司冷库M5(简称"冷M5")、军干所M15、M16(简称"军M15"等)、临潼床单厂M5-1、M5-2(简称"床M5-1"等)、耀县M4、M8(简称"耀M4"等)、凤翔高庄M6(简称"凤高M6")。可供参考的墓形还有陕南的几座早期墓,如凤县梁鹿坪汉墓①(简称"凤梁M")、汉中两

① 胡志仁、刘宝爱、卢建国:《陕西凤县梁鹿坪西汉墓清理简报》,《文博》1989年第3期。

座①、南郑龙首寺汉墓等②。这类墓是东周时期竖穴土坑墓的延续。稍大的墓一般有二层台现象,填土加夯。墓坑开壁龛或耳室的作风突出。

细分之,可分成四型:

A 型,可分成墓道、墓室两部分的竖穴土圹墓。以医 M28、M58 为代表。其特点是棺椁放置靠近土圹的一端,剩余的部分象征竖井墓道,中间用封门板隔开,这一型的墓是吸收了洞室墓的构造特点而筑成的。

B 型,带边箱或头龛(箱)的墓,军 M15 两侧带边箱,床 M5-1、M5-2各有一头龛,并相通在一起。推测是楚墓的边箱制度及秦墓小龛作风的延续,或者是一种文化融合现象。

C 型,无龛、无耳室的土坑墓。除军 M16 稍大外,其他的这一型墓,长在 2—3 米,宽在 1—1. 5 米,表明墓主身份较低,财力贫乏,筑墓自然简单。

D 型,带壁龛的墓,以耀 M4 为代表,推测有秦墓遗风。

《易 · 系辞传下》说:“古之葬者,厚衣之以薪,臧之中野,不封不树”指的就是这类墓,只不过汉初的中型墓已起有封土堆。

竖井墓道洞室墓,发现较多,可分成三型:

A 型,墓道宽大于墓室。又可分成墓道带耳室(龛)例医 M92 和不带耳室例军 M14 两种。这一型的墓和秦墓中墓道宽大于墓室的特点有直接继承关系。

B 型,墓道宽等于墓室,以常 M54 为代表。

C 型,墓道宽小于墓室,以咸阳机场导航台的几座墓为代表。又可分成墓室带龛(耳室)例 M10 和不带龛例咸 M8 两种形式。

B、C 型墓都是 A 型墓的变形及发展,是追求墓室宽敞的必然结果。

《荀子 · 礼论》说“故圹垅,其貌象室屋也”。《汉旧仪》载始皇陵

---

① 赵化成:《陕西汉中市清理两座西汉前期墓》,《考古与文物》1982 年第 2 期。

② 陕西省考古研究所汉水考古队:《陕西南郑龙岗寺汉墓清理简报》,《考古与文物》1987 年第 6 期。

“旁行三百丈乃止”。这种洞室墓的兴起就是模拟了生前的住室。其流行的时间不但西汉时盛行，近代也有。今天关中实行土葬的农村，仍采用这种洞室的葬法，即靠近土崖掏挖洞室，省略了墓道。

西汉早期的斜坡墓道洞室墓，关中发现的为数不多，常兴墓群两例 M34、M44，西北医疗 4 例 M68、M69、M132、M170，冷库 1 例 M11。这几个墓的墓形还有区别，常 M34 是斜坡带一天井、常 M44 是一例并行并列二洞室，医 M68、M69 是斜坡道带一长过洞的偏洞室墓，医 M170 是斜坡墓道带一竖井墓道，冷 M11 是一个直线形的坡形墓道洞室墓。形状之所以这样复杂、混乱，和当时斜坡墓道刚刚在中小型墓中使用有关。

秦汉以前，使用坡形墓道的墓主都有一定的等级身份。古代文献中称它为“隧”或“羡”，《左传·僖公廿五年》载晋文公“请隧以葬”，贾谊《新书·审微》中释曰：“古代周礼，天子葬用隧，诸侯具下。”《汉旧仪》说武帝茂陵“其设四通羡门、容大车六马”，可见用斜坡道是有严格礼制规定的。汉代早期小型墓中使用坡形墓道说明了坡道的使用性质在秦汉之际经历了一个由最高统治者使用的四面坡形墓道到一般平民使用单一的坡形墓道的过程。

2. 葬具

除少数墓例用陶棺外，如冷 M5，其他的墓都用木棺木椁。早期的陶棺葬同洛阳地区发现的一样①，属竖穴土坑墓，随葬品较少，仅陶罐数个，推测是儿童墓。

木质葬具有单棺、一棺一椁、一棺二椁、一棺一椁一框架，没有用棺的墓是极个别的现象，如医 M10。

葬具的构筑形式，是木板堆垒、以榫卯、暗梢、栓钉等形式结合在一起，极少用棺钉。

一棺一椁或一棺二椁的棺椁上多有黑、红彩色漆绘，单棺的有的有黑漆绘，有的没有。

《潜夫论·浮侈篇》：“后世圣人易之以棺椁。桐木为棺，葛采为

① 中国社会科学院考古研究所：《新中国的考古发现和研究》，文物出版社 1984 年版。

缄,下不及泉,上不泄臭。后世以楸梓槐柏杙椁,各取方土所出,胶漆所致,钉细要,削除铲靡,不见际会,其坚足恃,其用足任,如此可矣。其后京师贵戚,必欲江南檽梓豫章梗楠,旁远下土,亦竞相仿效。”关中汉初中小型墓普遍使用棺椁制度,说明了对古代葬礼的重视,基本上也表现出了“士棺椁再重”的墓主身份。单棺或无棺的墓主其身份大约相当于一般平民或更低的阶层。

3. 葬式

除医 M10、耀 M7、M9 为屈肢葬外(其屈肢程度很轻),其他墓的葬式能判明的都属仰身直肢葬。这是秦、汉之际葬俗的一大变化,也许是汉初先民在思想上彻底摆脱了“奴隶屈肢葬仪”①的束缚。

4. 随葬品的种类及位置

随葬品按质地可分为铜、铁、铅、陶、玉、石、骨牙、漆木几大类。其中铅、玉石、骨牙器大多是专门为随葬而作的明器,而铜、铁、陶器中有实用器,也有明器。

铜器有鼎、盒、钫、壶、蒜头壶、茧形壶、鍪、盆、洗、熏炉、盘、耳杯、甑、釜、铃、带钩、刷、环、镦、印、弦柄、四叶蒂形饰、车马器、镜、半两钱等。

铁器有剑、刀、削、斧、铲、钩、臿、凿、锯、钻头、带钩、环、铺首、棺钉、臼杵、箻、釜、灯等。

铅器主要是小件的车马器,医 M2 出一铅梳。

陶器最多,彩绘现象突出。有鼎、盒、壶、茧形壶、钫、罐、坛口罐、缶、盆、盂、瓮、钵、豆、盘、碟、甑、釜、熏炉、仓、灶、灯、纺轮、瓿、鍑、人俑、动物俑、禽鸟俑、鱼俑、陶饼、纺轮、鍪等等。

玉石器主要有璧、琮、玦、珮、含(蝉)、瑱、窍塞、猪、珠等。

骨牙器有马镳、骨饰等。

漆器出土时已朽,能判明的器形有盘、盒、鉴、奁、耳杯等。

随葬品的位置主要藏于小龛、耳室,棺前、棺椁之间、棺外侧、人骨

---

① 韩伟:《论战国秦的屈肢葬仪渊源及意义》,载中国考古学会编《中国考古学会第一次年会论文集》,文物出版社 1980 年版。

附近。

具有典型时代特征的器物特点：

鼎、铜鼎和陶鼎的造型特点大体一致，区别在于铜鼎的盖上多有环形钮饰，陶鼎器身多饰彩绘。弇口，钵形盖，对应双附耳，下附三蹄状足，最大特点是腹的中部有一周凸起的隔棱。

盒，多见陶质。器身、器盖多有彩绘，子母口扣合较严，不见错肩现象。

钫，多见彩绘陶钫。胎薄，易碎，覆斗形盖，最大腹径靠下。

壶(又称锺)，陶壶多有彩绘。壶盖扁平，敞口、粗颈，鼓腹，圈足。腹最大径靠下。铜壶中颈、腹、下腹饰三道宽弦带纹的现象，已接近西汉中期壶的造型。

缶，是秦因素遗传，西汉中期以后少见。西汉早期的陶缶，侈口，尖圆唇，斜肩略鼓，折腹，平底。接近西汉中期的缶，器胎厚重，方唇，鼓肩特点明显。

仓，多见屋形方仓。明显和秦的圆困有区别，西汉中期以后不见。

灶，多见方体灶。圆形灶和方形灶一样上置三个火眼，釜、甑配套。两个火眼的灶已接近西汉中期。

鍑，汉代早期常见，比秦鍑器形小，也矮，胎薄，易碎。西汉中期以后不见。

罐，早期典型的是凹唇罐，即唇上有一凹槽，器身多饰弦纹。

鍪，属秦因素遗传。铜、陶都有。西汉中期以后少见。

5. 器物组合

按照器物的性质可分为实用器和明器组合两种。

实用器又可分成青铜器、陶器两种组合。

青铜器的组合主要见于陕南。关中地区因盗掘严重，组合不全，如北郊 M13 出铜鼎 1(残)，参考辅证有凤梁 M1：蒜头壶 1、钫 1、甗 1。汉中 M1：蒜头壶 2、鍪 1；M2：蒜头壶 1、鼎 1、钫 1、鍪 1、盘 1。南郑龙岗寺 M1 为蒜头壶 1、鼎 1、鍪 1、盘 1。

陶器组合为壶、罐和罐、缶、盒、盂、甑等，代表墓例有凤高 M24，为壶 2、罐 1、缶 2、瓮 2；常 M13 为壶 1、罐 3；常 M44 为缶 1、罐 2。

可见，实用器的组合和战国晚期至秦代的秦墓类同，“汉承秦制”，这种葬俗的继承和当时社会的大气候是分不开的，连汉初的政权“亦以为获水德之瑞”，“袭秦正朔服色”，何况葬俗呢？

这种实用器的组合兴盛于汉代早期，西汉中期以后消亡。

明器的组合主要表现为仿铜陶礼器的组合，基本组合为鼎、盒、钫、壶、罐，小型墓中不见壶。如常M21为鼎1、盒1、钫1、罐1；床M5－1为鼎2、盒2、钫2、大壶2、小壶3；床M5－2为鼎2、盒2、壶2；大白杨M3为鼎1、盒1、钫1；医M92为鼎2、盒3、钫1、大壶2、小壶3。

这种仿铜陶礼器的组合，和汉代早期推行仪礼有关。如萧何定汉律，叔孙通“定汉诸仪法”，文帝时贾谊、公孙臣“改正朔，易服色，法制度，定官名，兴礼乐”（《史记·贾生列传》）。所以说，仿铜陶礼器在葬俗中出现不是偶然的，和礼制等级有密切关系。

再次需要指出的是，关中中小型墓里用鼎为偶数的现象仍然十分突出。如果说杨家湾M4使用6鼎系楚俗传承为孤例的话①，那么，众多的中小型墓除使用1鼎为奇数外，大量使用了2鼎或4鼎，该作何解释呢？推论之，汉初叔孙通定礼仪之法，也许把楚墓用鼎为偶数的习俗也吸收了进来。

三

东墓群以龙首塬墓群为主，咸阳机场、临潼床单厂汉墓为辅。西墓群以常兴十二座汉墓为主，耀县、凤翔秦汉墓为辅。东西墓群对比的目的，在于揭示关中范围内的区域特征，了解东西区域内汉制新特点形成的过程，从而窥视到京城（东区）与边远（西区）地区人们在思想上对丧葬认识的差异程度。

1. 墓葬形制

都没有发现砖室墓，也未见洛阳地区盛行的空心砖室墓。都以竖井墓道洞室为主，以竖穴土坑墓、斜坡墓道洞室墓为补充。这三类墓，

---

① 韩国河、程林泉：《关中西汉早期大墓简论》，《考古与文物》1992年第4期。

除小的竖穴土坑墓外，都用木板作为封门。他们的区别有以下几点：

第一，竖穴土坑墓的形制存在差异。西区没有发现可以区分为墓道、墓室两部分的土圹墓。耀 M8 和床 M5-1、M5-2 的小龛和头箱也存在一定的差别。

第二，竖井墓道洞室墓，东区以墓道宽大于墓室为主，西区以墓道宽小于墓室为主。

第三，斜坡墓道洞室墓，东区斜坡带过洞者多，西区的斜坡带一天井或并列二洞室。

墓形的差异说明了西区的墓形在战国秦墓盛行的墓道宽大于墓室的特点基础上已向前有所发展，宽敞洞室墓的出现，是仿地上建筑的必然结果。常 M34 斜坡带天井的洞室墓是从上焦村秦墓形制中直接借鉴过来的①，二者毫无区别，常 M44 并列双洞室的发现，推测是夫妇并穴合葬的发展，即同墓异室合葬。西区之所以缺少可分成墓道、墓室两部分的中型竖穴土圹墓，显然和墓主身份低下有关。

2. 葬具

东区墓以一棺一椁者多，单棺者次之；西区以单棺者为主，一棺一椁者次之，西区不见一棺二椁的墓。

这种差异主要来自于东西区墓墓主身份的区别。东区，有身份，有爵位，有官职财势的人云蒸，而西区有身份的人较少，另一方面也和人们注重礼制的程度有关系，西区比较注重现实，和“秦人重利轻义”思想有关。东区作为政权的中心，为了区分人与人之间的等级差别，不但对生者有礼仪约束，对死者也讲究棺椁层数。

3. 葬式

东、西区比较一致，都以直肢为主。表现出汉初先民对秦人“奴隶屈肢葬仪”的摈弃，这是信仰习俗上的一大变化。

4. 随葬品

东区没有西区的带耳陶釜、坛口罐；西区却没有东区的陶仓、陶灶，陶缶发现也较少，也没有玉蝉、玉猪。

---

① 秦俑考古队：《临潼上焦村秦墓清理简报》，《考古与文物》1980 年第 2 期。

随葬品的组合差异最明显，西区以实用陶器或铜器为主，东区以仿铜陶礼器组合为主。西区的仿铜陶礼器组合到文景之时才出现。

随葬品器类的差异，有可能来自京城人和汉初秦人的区别，这是很关键的一点。西区之所以较晚接受仿铜陶礼器的葬俗，和秦的旧礼俗顽固性有关，但当整个社会大趋势一定，接受被认为是礼仪的葬俗是不可避免的。

西区墓群里之所以没有发现仓、灶，是因为随葬品中有炊器陶、铁釜及容器缶、大口罐或瓮的存在。也可以说是来自对"事死如生"的理解程度不同，西区人可能认为有了生前确确实实器的器物，就可以在冥间享受，无须再去制造属于明器的仓、灶。东区人则把仓、灶模型明器作为"礼器"的一部分，以备冥中享用，这显然和汉初重农思想有关系。

可见，东、西区墓群的差异原因主要来自两方面，一是居民身份不同，二是族属不同。

四

俞伟超认为："决定古代墓地形态的因素主要有两个方面，一是人们的血缘或亲属关系的形态，一是土地所有制或财产关系的形态，此外，风俗习惯或信仰方面的因素，在表现形式上当然要起极大作用。"①

汉代早期的几个帝王陵按照血亲辈份呈昭穆排列②，这是公墓制度的延续。但是大型汉墓似已无"昭穆"排列的成分，除了夫妇、父子的关系有所顾忌外，没有家族葬的现象，这可能与汉初的陪葬制度有关。等级略低的大墓，因够不上陪葬帝陵，只有选一"形胜吉地"埋葬，

① 俞伟超：《古史分期问题的考古学观察》，《先秦两汉考古学论集》，文物出版社1985年版。

② 李毓芳：《西汉帝陵分布的考察——兼谈西汉帝陵的昭穆制度》，《考古与文物》1989年第3期。

"利成"汉墓就是一例①。

汉初为了稳定政权，广赐民田，地主土地所有制在全国范围内形成。但是，作为墓地的交换及买卖大约始于武帝时期②，和早期墓的冢地没有关系。

观察汉初几个墓群所处的地理位置，高地（山地）埋葬是汉初共同遵守的规律，改变了过去只重昭穆划分，不顾茔地地理环境的状况。西北医疗、大白杨、冷库、军干所等墓群都位于东西横亘的龙首塬上。临潼床单厂墓群位于西南的土塬上，常兴汉墓群其北就是三畤原，耀县墓群位于城东约3里的山腰中的一个平台上。

秦汉之际，山林川泽归少府管辖，汉城周围的龙首塬、白鹿塬、鸿固塬等也归政府所有。这些塬上都是冢墓累累，似是一处处公用墓地，不是有意划分的茔域。如北郊枣园村墓地，中晚期的西汉墓打破关系很多③；西北医疗的墓群中，西汉中期的墓打破早期的现象也很常见。但从单纯的西汉早期的墓葬分布来看，彼此之间没有打破关系，并且埋葬时保持一定的间距，但绝对不是"昭穆"排列次序。

从出土的陶缶刻文看，西北医疗墓群有田、王、魏、杜、冯等几个不同姓氏的墓，临潼床单厂的汉墓，M2墓主王姓，M5-1墓主杨姓，连姓氏都不同，更谈不上是族坟墓地。常兴汉墓群，虽无文字证明，但墓葬分布也无规律可循，《陕西眉县常兴汉墓发掘报告》中说："墓葬分布比较集中，但无一定的规律，并有迭压打破关系，墓葬方向也不一致，东西南北均有。"④可见汉代早期新形成的一处公共墓地，没有"昭穆制度的存在"。

但是，凤翔高庄墓地就有所不同，其因置于雍城和秦陵之间，上下沿续时间很长，遵循东周时期按爵等大小以昭穆为序进行坟茔的排列规定，在秦末汉初的墓群里，也无力摆脱这旧传统的束缚。

---

① 郑洪春、韩国河：《试论汉初"利成"积炭墓》，《考古与文物》1990年第4期。

② 俞伟超：《古史分期问题的考古学观察》，《先秦两汉考古学论集》，文物出版社1985年版。

③ 韩保全、程林泉：《西安北郊枣园汉墓发掘简报》，《考古与文物》1991年第4期。

④ 陕西省考古研究所宝鸡工作站、宝鸡市考古工作队：《陕西眉县常兴汉墓发掘报告》，《文博》1989年第1期。

传统昭穆礼俗在汉代早期被破坏的主要原因，是宗法关系的崩溃、血亲关系的淡化。但“形胜吉地”的选择无疑也是墓地形态变化的一个重要因素，它和风水观念的形成，企求成仙、富贵、繁衍子孙的心态又有密切的关系。

《后汉书·冯衍传》记载的更为明白，“先将军葬渭陵，哀帝之崩也，营之以为园，于是以新丰之东，鸿门之上，寿安之中，地势高敞，四通广大，南望郦山，北属泾渭，东瞰河华，龙门之阳，三晋之路，西顾酆鄗周秦之丘，宫观之墟，通视千里，览见旧都，遂定茔焉”。

当然，堪舆之术的形成在西汉以后，但风水观念的形成却很早，新石器时代已有萌芽，如半坡遗址的阴、阳宅布局①。汉初之时，阴阳五行理论得到充分发展，这种理论被广泛运用到陵、墓的选址勘察上。

高地置葬也有其实用的一面，这主要来自对以前高地埋葬避水湿、狐患的继承。《吕氏春秋·安死篇》曰：“葬不可不藏也，藏浅则狐狸扣之，深则及于水泉。故凡葬必于高陵之上，以避狐狸之患，水泉之湿。”

关中西汉早期的中小型墓虽没有发现家族墓的迹象，但夫妇合葬的现象已时有发生，至西汉中期以后，成为定制。

从合葬的形式看，早期墓可分成三种：

一为并穴合葬，如床 M5-1 和 M5-2。

二为同墓异室合葬，如常 M44。

三为同室合葬，如医 M51。

第一种形式的合葬显系商周并穴的继承，但床 M5-1 和 M5-2 的头箱已通在一起，并且是在一个浅的大方坑里挖掘了两个竖穴墓，很清楚地表现了夫妇的亲近关系。

第二种、第三种的合葬，已表明夫妇关系固定同穴的礼遇。两汉之人常引用《诗·王风·大车》“縠（生）则异室，死则同穴”的话强调作为合葬的依据。可以说，夫妇合葬一室的礼遇是经过了 1000 多年的冲击，在汉代才确定下来的，这是墓地形态的一个新内容。以后又

---

① 何晓昕：《风水探源》，东南大学出版社 1990 年版。

发展成为子孙从其父祖附葬，聚族而藏。大约在西汉晚期，开始形成了一个又一个家族茔地。

余　论

关中西汉早期中小型汉墓和大墓分属两个级别，但在追求“事死如生”的礼制上是目标一致的。不管是哪一个级别的墓葬群，都被烙上了鲜明的时代特点，那就是“承上启下”之效用。承秦制、融楚俗、糅周礼，多元因素的综合，最终形成了新的汉制特点。

（此文与程林泉合著，原刊于《考古与文物》1992年第6期）

论秦汉魏晋时期的厚葬与薄葬

厚葬，是一种习俗、现象，是丧葬礼制的具体表现，薄葬亦然。但究竟怎样叫做厚葬或薄葬，有一个衡量标准问题。从文献材料看，秦汉隋唐几世厚葬成风，相对而言魏晋南北朝时期呈减弱的趋势，有薄葬的特点。事实又怎样呢？像两汉时期“天下贡赋三分之，一供宗庙，一供宾客，一充山陵”①的记载，厚葬特征明显。而《晋书》第五十八《孝友列传》中所讲的夏方，十七载葬送父母叔伯十三人；吴逵“昼则佣赁，夜烧砖甓”，期年成七墓十三棺。《南史·孝义传》中的郭原平，自卖十夫以窀穸之事；公孙僧远贫无以葬，自贩贴与邻里，供敛送终之费，如此等等，这些又算不算厚葬呢？一方面是在繁荣经济基础之上大造陵冢，故而随葬有金银玉器等贵重物品，一方面是在贫困基础上，不遗余力经久而成陋棺。对后者来讲，考古材料所能发现的，可能是窄室残陶。此时，若以薄葬来衡量和判断，难免失之偏颇。因而，对这些问题，应该全方位来考察。

一、厚葬的成因及特点

秦汉时期，随着生产力的提高，物质财富极大丰富，“至武帝之初，七十年间，国家亡事，非遇水旱，则民人给家足，都鄙廪庾尽满，而府库余财。京师之钱累百钜万，贯朽而不可校，太仓之粟陈陈相因，充溢露

① 《晋书》卷六十《索琳传》。

积于外,至腐败不可食"[①]。东汉时期,明帝以前基本是"天下安平,人无徭役,岁无登稔,百姓殷富,粟斛三十,牛马被野"[②],虽有天灾人祸,但以农桑为业,仍有肥饶之率。物质基础决定上层建筑,生活的奢侈,使死者厚葬亦成为可能。

"方今之世,奢侈罔极,靡有厌足……车服、嫁娶、葬埋过制,吏民慕效,寖以成俗。"[③]"今百姓送终之制,竞为奢靡。生者无担石之储,而财力尽于坟土。伏腊无糟糠,而牲牢兼于一奠。"[④]"或至金镂玉匣,檽梓楩枏,多埋珍宝,偶人车马,造成大冢,广种松柏,庐舍祠堂,务崇华侈。"[⑤]三国鼎立时期,虽然三国统治集团都因为军事对峙的长期性,而纷纷致力于改革国内的政治经济事务,但总的来看社会财富的积累相对于两汉是无法比拟的。因此,这个时代也就造不出秦始皇陵、汉武帝茂陵,甚至像汉中山王刘胜墓等诸侯王一级的豪华陵墓。不过,三国鼎立相对稳定的局面维持达61年之久,由于各国内部具体的政治、经济、军事、文化等社会因素的不同,三个独立的经济区域又各自出现了不同程度的繁荣景象。

曹操行屯田不久,"五年中,仓廪丰实"[⑥]。吴国曾"带甲百万,谷帛如山,稻田沃野,年无饥岁,所谓金城汤池,强富之国也"[⑦]。《抱朴子》也说"江南豪族田庄","势利倾於邦国,储积富乎公室。……僮仆成军,闭门为市,牛羊掩原隰,田池布千里"[⑧]。蜀汉本有"土地肥美,有江水沃野,山林竹木,蔬食果实之饶",至建国后,仍是"栋宇相望,桑梓接连","原隰坟衍,通望弥博","黍稷油油,粳稻莫莫"[⑨]。曹操虽禁止民间"厚葬"[⑩],诸葛亮亦反对"时俗奢侈"的坏风气,但仍有"重门画

① 《汉书·食货志》。
② 《后汉书·明帝纪》。
③ 《汉书·成帝纪》。
④ 《后汉书·明帝纪》。
⑤ 《潜夫论·浮侈篇》。
⑥ 《三国志》卷十六《魏书·任峻传》,卷十一《魏书·国渊传》。
⑦ 《三国志》卷四七《孙权传》注引《吴书》。
⑧ 《抱朴子·吴失篇》。
⑨ 左思:《蜀都赋》。
⑩ 《三国志》卷一《魏书·武帝纪》。

兽，萧墙数仞，冢墓过度，竭财高尚，此非庶人之所居也”[1]的局面。东吴虽有部分高官遗诏殓葬从俭，如吕岱、张昭、吕蒙、诸葛瑾等，但未见皇帝禁令，相反末帝孙皓大置园邑，厚葬左夫人张氏，“皓哀愍思念，葬于苑中，大作冢，使工匠刻柏作木人，内冢中以为兵卫，以金银珍玩之物送葬，不可称计。已葬之后，皓治丧于内，半年不出，国人见葬太奢丽，皆谓皓已死，所葬者是也”[2]。

晋武帝灭吴，政治上实现了统一，短暂的经济复兴，一方面是人口增加，小农经济得到发展；另一方面是世家大族兼并土地，聚敛巨财。奢侈与剥削并存，浪费与厚葬同生。故辅军大将军王濬“葬柏谷山，大营茔域，葬垣周四十五里，面别开一门，松柏茂盛”[3]，皇帝赐葬一次就是“钱百万，绢五百匹”[4]。

东晋南朝时期，经济上的重要特点是封建大土地所有制的发展。[5]从“无冻饿之人，亦无千金之家”[6]的局面，发展成为一个个高度自给自足性质的屯墅、庄园。从孝武帝末年“天下无事，时和年丰，百姓乐业，谷帛殷阜，几乎家给人足矣”[7]的景象，发展成为“自义熙十一年（415）司马休之外奔，至于元嘉末，三十有九载，兵车勿用，民不外劳，役宽务简，氓庶繁息，至余粮栖亩，户不夜扃”的小康时代，故东晋皇帝大肆赐葬，桓温死时得“钱五千二百万，绢二万匹，布十万二千匹，蜡五百斤”[8]。世族地主崇尚族葬，而厚葬少减。

剔去以上所言反映经济繁荣的溢美成分，旨在说明厚葬的经济根源。

然而，先民们为什么要竭财以实地下？自然要言及秦汉魏晋时期的思想观。

---

① 《诸葛亮集》卷三《便宜十六策·治人》。
② 《三国志》卷五十《吴书·妃嫔传》，裴松之注引《江表传》。
③ 《晋书》卷四二《王睿传》。
④ 《晋书》卷三三《郑冲传》。
⑤ 唐长孺：《三至六世纪江南大土地所有制的发展》，上海人民出版社 1957 年版。
⑥ 《史记·货殖列传》。
⑦ 《晋书》卷二六《食货志》。
⑧ 《晋书》卷九八《桓温传》。

纵观秦汉魏晋有神鬼论的发展史，有三次大的变化。一是秦始皇至汉武帝时期，阴阳五行，神仙方术极为盛行。秦始皇“封泰山，禅梁父”，报群神之功。表面上敬事鬼神，建功修德，实则想招致神仙，获得长生。于是派徐福入海求仙，以真人自居，国事决策卜筮，晚年射鱼求仙，等等。1986 年在秦皇岛市发现了秦始皇东巡渤海时的行宫建筑群遗迹①。这个重要的纪念性建筑，和《史记》中“立石东海上朐界中，以为秦东门”的记载相印证，是秦五次大规模出巡东方的见证，也映射出秦始皇本人“东穷燕齐”求入仙门的踪迹。他的这种鬼神思想对秦始皇陵园的布局结构直接产生了影响。《通礼·王考十九》载“丞相（李）斯昧死言，臣所将隶徒七十二万人治骊山者，已深已极，凿之不入，烧之不燃，叩之空空，如天下状”。《史记·秦始皇本纪》也说“以水银为百川江河大海，机相灌输，上具天文，下具地理。以人鱼膏为烛，度不灭者久之”。为使灵魂不灭，真是费尽心机。陵封土西侧出土的铜车马，车舆、车盖上绘有精美的龙夔图案②，其含义似不是单纯出行所用的安车或立车，而应该是灵魂升天之载舆。陵东发现的兵马俑坑，除真实地再现了秦军的兵阵外，也寓意着求生的永恒，在另外一个世界里显示军权及皇权。

刘邦建国，“甚重祠而敬祭”③。承秦“所不去者，医药卜筮种树之书”④之东风，任巫而参于国家之祭祀。《史记·封禅书》《集解》引注：“范氏世事於晋，故祠祀有晋巫。范会支庶留秦为刘氏，故有秦巫。刘氏随魏都大梁，故有梁巫。后徙丰，丰居荆，故有荆巫。”刘氏继统亦是扑朔神秘，巫在神人之间搭起了一座桥梁，汉人的社会、政治、文化生活中迷漫着神鬼气息。文帝时，赵人新垣平“言乞神事”，作渭阳五帝庙。武帝时征服南越后，“乃令越巫立越祝祠，安台无坛，亦祠天神上帝百鬼”，真是“街巷有巫，闾里有祝”⑤，充分反映出鬼神观念的兴盛

---

① 《人民日报》1986 年 9 月 25 日。
② 袁仲一、程学华：《秦陵二号铜车马》，《考古与文物》丛刊，第一号，1983 年。
③ 《史记·封禅书》。
④ 《史记·秦始皇本纪》。
⑤ 《盐铁论·散不足》。

及“神道设教”的国策。故汉长安城东南横亘十几公里长的龙首塬上墓葬分布密密麻麻,洛阳北郊之上更是比比皆是。诸多汉帝在咸阳原上建起了一座座规模宏大的陵冢,“园中各有寝、便殿。日祭于寝,月祭于庙,时祭于便殿。寝,日上四食;庙,岁二十五祠;便殿,岁四祠,又月一游衣冠”。事死如生,何其逼真!祖先崇拜与神鬼崇拜紧密地凝结在一起,造就出另外一个“地下世界”。

二是武帝至东汉中期。由于董仲舒“罢黜百家,独尊儒术”的建议被武帝采纳,“天人合一”的神学世界观被视为正统,又滋生于谶纬神学,于是“天者百神之大君”①。“天子受命于天”②,完全将封建统治神化,加上谶纬神秘主义释经的微言大义,竟然成为思想统治的合法工具。《白虎通义·封公侯》说:“天有三光,日月星;地有三形,高下平;人有三尊,君父师。”三纲五常的道德规范和封建的统治秩序被罩上了一层神秘的光环。此时各地壁画墓、画像石、画像砖墓盛行,表现的内容也以神学题材、历史故事、现实生活等为主。可以说,从灵魂不死到鬼神崇拜,再到天帝神权的膜礼,发展成神权、王权、君权、夫权等的“有机”结合,对丧葬的影响,就构成了不可逾越的繁缛丧葬礼仪和等级鲜明的陵墓制度。

三是东汉中期至魏晋时期,原始道教初兴,与外来佛教并举。受谶纬神学的影响和巫俗的浸染,出现了一大批“以阴阳五行为家,而多巫觋杂语”③的“道士”,如郎顗、襄楷、许杨、高获、管辂等。他们对民间祭祀的介入,只能是引发事神信鬼风气的浓厚。“汉末,张鲁居汉中,以鬼道教百姓,賨人敬信巫觋,多往奉之。”④原始道教的产生对鬼魂世界加强了管理,画符、墓门解除、禁鬼、禳解大盛,于是墓葬中出现了解除瓶、镇墓文、买地券等相关的随葬物品。佛教的传入,“黄老浮屠”并列,只不过是诸神的一种,故东汉墓中发现的有关“佛教内容”的东西,都是作为附属物而表现出来的,如铜镜上的佛像,摇钱树上的

① 《春秋繁露·郊语》。
② 《春秋繁露·顺命》。
③ 《后汉书·襄楷传》。
④ 《晋书》卷一二〇《李特载记》。

佛像等。但是佛教宣传的“一切皆空”、精神灵魂不死、轮回转世、因果报应等内容和传统的迷信认识相吻合,加上战乱横行,世态炎凉,佛教迅速传播,最终成为“麻醉人民的鸦片”①。虽然魏晋统治者极力宣扬薄葬,但决不会做到“杨王孙裸葬”之程度,其原因一方面是受礼制、身份地位的限制,另一方面很大成分上是“灵魂不死”的结果,这就是认识论方面的厚葬根源。

儒家对丧葬的影响,可以说是根深蒂固,灵魂不死和佛道的结合仅仅是加重加大了丧葬意识,而起导向作用的还是封建社会儒家的伦理道德规范。崇尚厚葬久丧和一系列繁文缛节的丧葬礼仪,成为汉晋时期的主流。

人类从氏族社会,经过商周时期的宗族社会,到秦汉魏晋时期转变成为家族社会。家族社会里有一个很重要的衡量尺度,那就是“孝道”。东周之时,孔子以“仁”为中心的理论学说中,已不乏“孝悌为本”。两汉统一时代,总结秦之法制教训,强调德治与教化,三纲五常形成,儒家伦理道德确立,《礼记》《孝经》等成为社会生活的理论指导,“以孝治天下”成为2000多年封建社会治国的根本法规。

《晋书·孝友列传》说:“(孝)用之于国,动天地而降休征,行之于家,感鬼神而昭景福。”故《盐铁论》说:“死以奢侈相高,虽无哀戚之心,而厚葬重币者,则称以为孝,显名立于世,光荣著于俗,故黎民相慕效,至于发屋卖业。”为博取孝名,许多人不惜“毁瘠过礼”“泣血三年”。虽然有杨王孙、刘向、王充、王符、曹操、曹丕等有识之士的一系列薄葬之论,然终不能改变时代之潮流,其中的“孝道”作用可谓之强大,这就是伦理道德方面的厚葬根源。

除以上三个原因外,厚葬的直接兴起,还在于统治者的倡导及鼓励。从秦始皇行厚葬开始,到晋恭帝冲平陵的建成,无一不浸透着厚葬的踪迹,此不再一一赘述。

另外还有一个原因就是历代约定俗成的惯性发展,或者说是一代传一代风俗习惯的发展,故厚葬始终是封建社会一些人立身处世的衡

① 《列宁全集》第10卷,人民出版社1958年版,第62、63页。

量尺度。

归根结底,恐怕还在于社会制度本身。不管是战国封建说或者是魏晋封建说,奴隶制进入到封建制,从制度来言,都是一个阶级对另外一个阶级的统治。中国古代社会一方面有连绵不断的文化优势,也有“制度”承接的弊病。不管是汉承秦制,或者是晋袭汉统,统治阶级选择制度的着眼点在于能不能维护其统治政权的稳定性。厚葬也好,薄葬也好,浪费不浪费都在其次,故汉文帝及魏晋“薄葬”改制都存在一定的局限性,相反厚葬却长久不衰。

厚葬的特点主要有二:一是长丧久葬,二是“事死如事生”,后者的具体表现是大、多、广。

长丧久葬,首先表现在帝王的预修寿陵制度上。秦始皇陵从嬴政即位(前246)后始修,至前209年不得已结束,前后修筑了38年。“汉天子即位一年而为陵”,“近者十余岁,远者五十年方始成就”①。魏晋以后仍从预制寿陵之法,只不过时间较短而已。

三年之丧亦是厚葬久丧的普通表现。汉文帝行短丧不久,三年丧仍又流行,尤其是东汉。像公孙弘、王莽、蔡邕、陈忠、薛包、冯胄、桓典、袁绍等都主张或亲服三年之丧②。曹魏既葬除服,晋代又重三年之丧。《晋书·武帝纪》载泰始元年“始制大臣听终丧三年”。《晋书·孝友传》中的王裒、许孜、王延等均服三年。久葬,杨树达考证“大抵西汉末年以后,颇有停丧不葬之风”③。周一良在《宋史》札记中,也指出了“久丧久葬”之俗,引用《颜氏家训·终制篇》、《八琼室金石补正》及安徽亳县曹操宗族墓的材料,证明家族烧墓砖刻记始于汉,“南朝贫苦之家遇丧事每有假瘗多年始正式下葬者”,并证“吉岁始葬亦是久丧不葬之一因”④。不再一一列举。

“事死如事生”,即《礼记·中庸》所言“敬其所尊,爱其所亲,事死如事生,事亡如事存,孝之至也”、《荀子·礼论》所言“丧礼者,以生者

---

① 《旧唐书·虞世南传》。
② 见《汉书》、《后汉书》本传。
③ 杨树达:《汉代婚丧礼俗考》,商务印书馆1933年版,第144页。
④ 周一良:《魏晋南北朝史札记》,中华书局1985年版,第189页。

饰死者也,大象其生以送其死也,故事死如生,事亡如存,终始一也”。之后,又讲到沐浴饭含束发,像生时所做,准备衣袭、随葬器物,意谓着搬家;坟丘象征着室屋,棺椁象征车两旁拦泥灰的盖板,棺饰象征着帷帐;抗折象征着粉刷的墙壁和遮挡风尘的门户。“大象其生以送其死,使死生始终莫不称宜而好善,是礼仪之法式也。”[①]解释得非常透彻。

秦始皇陵园的设计意图就是如此,一切都模拟了生前,把地上王国模拟搬入地下。其“高大的封土及地下的宫殿象征着生前的咸阳宫,地面上的两重夯土城垣,象征着京师的内外城或名之曰大小城;外城垣东侧的兵马俑坑,象征着守卫京城的宿卫军;上焦村的小型马厩坑群及西内外城垣之间的大型马厩坑,象征着京师的宫廷厩苑;陵封土西侧的铜车马坑,象征着宫廷的乘舆,为始皇的车驾卤薄;西内城垣之间的一批珍禽异兽和跽坐俑坑,象征始皇生前的囿苑,供其狩猎和游乐;陵封土北侧的寝殿,即《独断》所说的‘有起居衣冠象生之备,皆古寝之意也’,陵园内的便殿,即《三辅黄图》所说的‘以象休息闲晏之处也’。总之秦始皇陵园的建筑布局,是根据‘事死如事生’这一理性观念设计的,它是一幅宫城都邑图”[②]。以此类推汉至两晋帝陵,不难发现都是同一观念的沿袭和流传,只不过是规模略小而已。

那么,“事死如事生”的厚葬表现,就是大、多、广。

丧礼规模大。《汉书·游侠剧孟传》:“孟母死,自远方送丧盖千乘。”《汉书·孔光传》:“元始五年薨。羽林孤儿诸生合四百人挽送,车万余辆,道路皆举音以过丧。”《汉书·元后传》“(王)凤薨,送以轻车介士,军自长安至渭陵。”正如《荀子·礼论》所言“天子之丧,动四海,属诸侯。诸侯之丧动通国,属大夫。大夫之丧,历一国,属修士。修士之丧,动一乡,属朋友。庶人之丧,合族党,动州里。”《晋书》也载诸丧如礼。从秦到晋,芸芸众生,不知为丧事耗费多少。

陵冢坟丘大。如始皇陵封土高 50 丈(115 米)[③],“树草木以象

---

① 《荀子·礼论》。

② 袁仲一:《秦始皇陵考古纪要》,《考古与文物》1988 年第 5、6 期。

③ 《汉书·楚元王传》,其高五十余丈,周回五里有余。

山”，西汉帝、后陵封土皆呈覆斗形（灞陵除外），一般底部约150—170米见方，高约20—30米①。东汉帝陵现存封土多经后人培修，据《帝王世纪》所载，高2—12丈②。魏晋简制不起陵冢，但依山为陵本身就未脱“大”的模式。河西魏晋墓地面上都有砾石筑成的尖方锥形封土③。刘曜还“遣胡元增其父及妻墓高九十尺”④。至于庶民百姓“负土成坟”的例子比比皆是，各自在不同的等级前提下堆垒坟丘，若一个个相加计算，不知该有多少土方量。

墓地范围大。始皇陵外城垣，南北长2165米，东西宽940米，占地面积203500平方米；汉高祖长陵“城周七里百八十步，因为殿垣，门四出，及便殿，掖庭诸官寺，皆在中”⑤。号称节葬的晋文帝崇阳陵陵垣周长推测在1000米以上⑥。大将军王濬“葬垣周四十五里”⑦，前赵刘曜曾“敕旨将营建寿陵，周回四里，下深二十五丈”⑧。许多世家大族茔地更是连绵不断，上自帝王将相，下至吏民百姓，为了厚葬死者，不知要占去多少沃土良田。

衣敛服饰多。据先秦礼制，大敛，士三十称，大夫五十称，君百称。秦汉之时，沿用之。马王堆汉墓M1，女尸共着20层衣衾，另出土50余件整幅丝帛衣料⑨，合乎陈衣五十称。更有甚者，两汉流行玉衣制度，仅刘胜夫妇的玉衣分别有2498和2161个玉片穿金缕制成⑩。两

① 《中国大百科全书·考古卷》“汉代帝陵条”。

② 杨宽：《中国古代陵寝制度史研究》附表——《东汉陵寝规模表》，上海古籍出版社1985年版。

③ 甘肃省博物馆：《酒泉、嘉峪关晋墓的发掘》，《文物》1979年第6期；敦煌文物研究所考古组：《敦煌晋墓》，《考古》1974年第3期；甘肃省敦煌县博物馆：《敦煌佛爷庙湾五凉时期墓葬发掘简报》，《文物》1983年第10期。

④ 《晋书》卷一百三《刘曜载记》。

⑤ 《三辅黄图》卷六。

⑥ 中国社会科学院考古研究所洛阳汉魏故城工作队：《西晋帝陵勘察记》，《考古》1984年第12期。

⑦ 《晋书》卷四二《王濬传》。

⑧ 《晋书》卷一百三《刘曜载记》。

⑨ 湖南省博物馆等：《长沙马王堆一号汉墓》，文物出版社1973年版。

⑩ 中国社会科学院考古研究所等：《满城汉墓》，文物出版社1980年版。

晋时期的墓葬，多见金银器，如南京西岗西晋墓[①]，南京大学北园墓[②]，宜兴周氏家族墓群[③]，南京富贵山东晋墓[④]，老虎山颜氏墓群[⑤]，象山王氏墓群[⑥]，郭家山王氏墓群[⑦]等，均出土了金银质的钗、环、圈、簪头、顶针、铃片等头饰或衣物饰，可以看出两晋之时的厚葬之风。

随葬明器多，此完全可以用考古材料说明。始皇陵陪葬兵马俑坑[⑧]，仅武士俑就出土了7000多个，驷马战车100余辆，难怪项羽掘始皇陵，30万人30日运物不能穷。且不说两汉帝王陵用三分之一天下贡赋充了山陵，仅河南洛阳烧沟清理的225座中小型汉墓，就出土陶器4713件，铜镜127面，钱币11265枚[⑨]。三国时吴国大将朱然墓[⑩]，出土随葬器140多件，其中精美的漆器达80余件。十六国北燕贵族冯素弗夫妇墓，共出土器物500余件[⑪]，南京老虎山颜氏家族墓（4座）出土器物240余件[⑫]，数量之大，精品之多，都令人瞠目。

墓主身份广，上自皇帝下至平民（贫民），大都致力厚葬。故光武帝建武七年，诏曰："世以厚葬为德，薄终为鄙。至于富有奢僭，贫者殚财。""生者无担土之储，而财力尽于坟土。"[⑬]那么，开文所讲的夏方、吴逵、郭原平、公孙僧远等的行为，除"孝道"外，难道不可以说是厚葬吗？

丧葬内涵广。指和政治、思想、宗教、文化等有千丝万缕的联系，厚葬也涉猎到各个领域内容。

---

① 南波：《南京西岗西晋墓》，《文物》1976年第3期。

② 南京大学历史系考古组：《南京大学北园东晋墓》，《文物》1973年第4期。

③ 华东文物工作队清理小组：《江苏宜兴周墓墩古墓清理简报》，《文物参考资料》1953年第8期。

④ 南京博物院：《南京富贵山东晋墓发掘报告》，《考古》1966年第4期。

⑤ 南京市文物保管委员会：《南京老虎山晋墓》，《考古》1959年第6期。

⑥ 南京市博物馆：《南京象山5号、6号、7号墓清理简报》，《文物》1972年第11期。

⑦ 南京市博物馆：《南京北郊郭家山东晋墓葬发掘简报》，《文物》1981年第12期。

⑧ 一、二号坑简报见《文物》1975年第11期，三号坑简报见《文物》1979年第12期。

⑨ 中国科学院考古研究所：《洛阳烧沟汉墓》，科学出版社1959年版。

⑩ 安徽省文物考古研究所、马鞍山市文化局：《安徽马鞍山东吴朱然墓发掘简报》，《文物》1986年第3期。

⑪ 黎瑶渤：《辽宁北票县西官营子北燕冯素弗墓》，《文物》1973年第3期。

⑫ 南京市博物馆：《南京象山5号、6号、7号墓清理简报》，《文物》1972年第11期。

⑬ 《后汉书·明帝纪》。

因此，厚葬之所以有“事死如事生”的特点，并非一日而形成。不但有深刻的历史背景，广阔的思想基础，又受到社会、文化、宗教等多方面的影响，可以说，汉晋时期厚葬始终是丧葬活动的主线。

二、汉文帝行“薄葬”的局限性

汉文帝的“薄葬”在历史上是有了名的，在诸多帝王治国史中，凡欲兴“薄葬”之策，无不举汉文。其实，在滚滚的厚葬洪流中，如何看待汉文帝的薄葬措施，也是一个值得探讨的问题。

汉文帝驾崩之时，遗诏短丧，“其令天下吏民，令到出临三日，皆释服”，“后七年夏六月己亥，帝崩於未央宫，乙已葬霸陵”。师古曰：“自崩至葬凡七日也。”可见汉文帝确按遗诏从事，这对于3年服丧的久丧之风无疑是个改革。其后，有遵循至36日除服视事的，也有服缌麻3月者，也有重服未除，服斩衰3年的。窦婴和田蚡在武帝初就提出过恢复3年丧制的要求，虽未成功，可足以说明新制施行的阻力，不过，从行短丧角度分析，汉文帝的改制，社会进步意义自不待言，后人也因此引以为故事、旧制。

有文章认为汉文帝行薄葬的一个原因，是为了防盗①。据《史记·张释之传》载，文帝与慎夫人视灞陵，曰：“嗟乎！以北山石为椁，用纻絮斫陈，絮漆其间，岂可动哉！左右皆曰：‘善’。释之前进曰：‘使其中有可欲者，虽锢南山犹有隙；使其中无可欲者，虽无石椁，又何戚焉？’”以此引证，汉文帝灞陵是防盗所生。其实，纵观汉文帝的一生，他都是以简制薄欲为准则。如“令列侯之国，为吏乃诏所止者，遣太子”。“罢卫将军”，“赐农民今年租税之半”，“驰山泽，减诸服御，损郎吏员”。班固赞曰“孝文帝即位二十三年，宫室苑囿车骑服御无所增益，有不便，辄驰以利民”②。也就是说，汉文帝葬灞陵行薄葬的意图和本人一贯的作风是分不开的。“治灞陵，皆瓦器，不得以金银铜锡为

① 黄宛峰：《汉文帝并非薄葬》，《南都学坛》1995年第1期。

② 《汉书·文帝纪》。

饰”是可信的。至于《晋书·索琳传》中所载西晋末年,“长安人尹桓、解武率饥民”“盗发汉灞、杜二陵,多获珍宝”的记载,因为与“杜陵”相连,不足以证明灞陵之中有“诸多珍宝”,相反,最近几十年的考古材料证明,文景之时的墓葬,除铜镜、铜钱以外,大多不见金银铜锡等贵重金属品,完全可能和汉文帝的倡导有关。如湖北江陵地区清理的10余座中下级官吏墓①,出土了大量漆器、陶器、木俑,唯独少青铜器、金银器。长沙马王堆三座墓为轪侯的家族墓,出土有竹简、漆器、木俑、乐器、竹木器、陶器以及“遣策”木简均达1000余件,可谓丰富异常,但仍少见金属器。陕西咸阳杨家湾清理的4号、5号墓,据说是周勃、周亚夫父子的墓②,同样是出土漆器、陶器、陶俑丰富,而少见金属器。近几年笔者曾在汉长安城附近的龙首塬上,参与清理了大批西汉早期(文景)的中小型墓③,随葬品中的共同现象就是少见金属器,而汉初及武帝时期的墓却出土有鼎、盒、钫、壶为组合的铜礼器,说明文帝行“不得以金银铜锡为饰”的诏令在全国范围内都起到了不同程度的效果。

但是,文帝提出了短丧、不得以金银铜锡为饰的部分薄葬措施,并未全面提出禁“厚葬”风俗。相反其本人为维护自己皇帝的尊严,“令中尉亚夫为车骑将军,属国悍为将屯将军,郎中令张武为复土将军,发近县卒万六千人,发内史卒万五千人,臧郭穿复土属将军武”④。治灞陵规模确实不小,这是薄葬局限性的第一个表现。

其二,汉文帝“以山为陵”,本欲薄葬,却开创了帝王将相“凿山为穴”的新葬制。其后诸侯王纷纷仿效,非但没有薄葬之意,而厚葬之风超然,如河南商丘芒砀山梁王墓群⑤,其中梁孝王墓东西全长60米,最宽处30米;河北满城中山王刘胜墓全长51.7米,最宽处37.5米,最高

① 中国社会科学院考古研究所:《新中国的考古发现和研究》,文物出版社1984年版,第434—436页。

② 杨家湾汉墓发掘小组:《咸阳杨家湾汉墓发掘简报》,《文物》1977年第10期。

③ 分见《考古与文物》1991年第4期,1992年第5、第6期,其余材料待发。

④ 《汉书·文帝纪》。

⑤ 安金槐:《芒砀山西汉时期梁国王陵墓群考察记》,《文物天地》1991年第5期。

6.8米。建构这种墓室决不比竖穴土圹省工省力,反而要艰难费力许多。灞陵的修筑时间也有20余年之久,因此,这种"费工费时"的"薄葬"是极其有限的。

其三,文帝葬用石椁,加速了传统棺椁制度的解体,却导致了以石为葬的发展趋势。如:东汉明帝"石椁广一丈二尺,长二丈五尺"①及黄肠石的流行。片面强调以"瓦器以葬""不得以金银铜锡为饰"的诏令,促成了另外一种明器随葬的兴盛,即漆器随葬之风。马王堆汉墓、杨家湾汉墓及一系列中小型汉墓,都以漆器随葬为贵。《盐铁论·散不足》说"夫一文杯得铜杯十","一杯棬用百人之力,一屏风就万人之功"。仅马王堆汉墓就出土漆器700多件,这种耗费算不算厚葬呢?

因此,汉文帝改短丧、制瓦器、不用金银铜锡为饰的薄葬措施是有一定局限性的。一方面,他是一位开明薄欲的君主,对厚葬之风确有限制的成功举措;另一方面,因为其本身阶级的局限性,又导致出许多厚葬行为,这是我们今天要重新审视的。

三、魏晋薄葬的不彻底性

许多学者撰文探讨"魏晋薄葬思想"②"魏晋薄葬之风"③。然而,魏晋的薄葬,作为历史的产物和厚葬的主流相左,又相对转化,充分显示出在以儒家丧葬观为导向下的不彻底性。下面就薄葬兴起的原因、特点以及不彻底性的表现做以阐述:

首先,要肯定的是在天下大乱、经济贫困的条件下,曹操首倡"禁厚葬""禁立碑"是社会进步之举措。建安十年(205)冀州平"令民不得复私仇,禁厚葬,皆一之于法"④。建安二十三(218)年,令曰"古之葬者,必居瘠薄之地。其规西门豹祠西原上为寿陵,因高为基,不封不

① 《后汉书·明帝纪》。

② 龚国祥、张三夕:《浅谈汉魏薄葬思想》,《武汉师范学校学报》1984年第6期。

③ 魏鸣:《魏晋薄葬考论》,《南京大学学报》1984年第6期。

④ 《三国志魏书·武帝纪》,《宋书》卷一五《礼志二》"禁石碑"。

树”[1]。建安二十五(220)年,崩于洛阳,遗令“天下尚未安定,未得遵古也。葬毕,皆除服,其将兵屯戍者,皆不得离屯部。有司各率乃职,敛以时服,无藏金玉珍宝”[2]。二月丁卯,葬高陵。一句“天下尚未安定,未得遵古也”之语,充分显示出曹操本人薄葬之缘由,如若天下安定,民丰殷实,曹操会薄葬吗?种种迹象表明,曹操的丧葬观也同儒家的传统思想密不可分。如预建寿陵制度沿袭汉制,规视西门豹祠西原为寿陵时,曾谈到汉之陪陵制度[3],陵上也曾立有祭殿,存置衣服车马。《晋书》卷二十《礼志中》“古不墓祭,皆设于庙,高陵上殿屋皆毁坏,车马还厩,衣服藏府”可以证明。在此之前,给起兵时的旧土人民,“为存者立庙,使祠其先人”,大言“魂而有灵,吾百年之后何恨哉”[4]!为笼络人心,曹操非常重视丧祭的功能。202年“遣使以太牢祀桥玄”[5],204年“临祀(袁)绍墓,哭之流涕,慰劳绍妻,还其家人宝物,赐杂缯絮,廪食之”[6]。210年“令死者家无基业不能自存者,县官勿绝廪,长吏存恤抚循”[7]。也就是说,曹操的薄葬措施有不得已而为之的迹象,战乱的时局给他留下极为深刻的印象,对此《蒿里行》一诗表露得淋漓尽致,“铠甲生虮虱,万姓以死亡。白骨露于野,千里无鸡鸣”。其之所以一反亳县曹氏宗族的厚葬传统,与此关系重大。

曹魏建国,行“薄葬”之国策,也在于文帝曹丕丧葬观念的变化和自己的垂范作用。从《终制》中可以看出,曹丕是无神论者,其曰:“夫葬也者,藏也,欲人之不得见也。骨无痛痒之知,冢非棲(栖)神之宅,礼不墓祭,欲存亡之不黩也,为棺椁足以朽骨,衣衾足以朽肉而已。”“自古及今,未有不亡之国,亦无不掘之墓也。”“盖舜葬苍梧,二妃不从,延陵葬子,远在嬴、博,魂而有灵,无不之也,一涧之间,不足为远。”

---

① 《三国志魏书·武帝纪》,《宋书》卷一五《礼志二》“禁石碑”。
② 《三国志魏书·武帝纪》,《宋书》卷一五《礼志二》“禁石碑”。
③ 令曰:“古之葬者……《周礼》冢人掌公墓之地,凡诸侯居左右以前,卿大夫居后,汉制亦谓之陪陵,其公卿大臣列将有功者,宜陪寿陵,其广为兆域,使足相容。”
④ 《三国志·魏书·武帝纪》。
⑤ 《三国志·魏书·武帝纪》。
⑥ 《三国志·魏书·武帝纪》。
⑦ 《三国志·魏书·武帝纪》。

故即位不久，令有司拆毁其父高陵上祭殿，自己的“寿陵因山为体，无为封树，无立寝殿，造园邑，通神道”，为监督执行，附言“若违今诏，妄有所变改造施，吾为戮尸地下，戮而重戮，死而重死”①，并以此诏藏之宗庙，及死自殡至葬，皆以终制从事。

曹操、曹丕的薄葬在曹魏之时及西晋一朝，是有一定影响的，如曹丕妻郭皇后的外甥孟武欲厚葬其母，因郭皇后劝其“以首阳陵为法”而止②。曹丕的异母兄弟中山恭王曹衮亦遗令“务奉诏书”③，还有左将军徐晃、衮州刺史司马朗、光禄勋高堂隆、左仆射徐宣、丞相主簿贾逵、太常韩暨、仆射王观、尚书令裴潜、议郎沐并。西晋一朝的晋宣帝司马懿、晋景帝司马师、安平王司马孚、司徒石苞、征南大将军羊祜、杜预、太保王祥、谏议大夫庾峻、凉州刺史张轨、名士皇甫谧、儒士徐苗、散骑常侍夏侯湛以及晋文帝妻王皇后、晋武帝妻杨皇后、竹林七贤，乃至东晋一朝明帝司马绍、成帝司马衍妻杜皇后、车骑将军庾冰、散骑常侍孔愉、颜含、国子祭酒杜夷等皆遗诏或遗命薄葬，可以说是古代丧葬史中的变革时期。

当然，施行薄葬的原因还在于当时人们对儒家“孝道”行厚葬的反省，以及对行厚葬悲剧——盗墓的恐惧。

魏晋继汉，仍以“孝道”治天下，虽然玄风罕畅，魏晋风度卓然，但“礼教”的作用，并未从丧葬领域中消失，像“竹林七贤”之一阮籍，母丧中作乐饮酒而遭时议就是一例，但对于尊儒是否非行厚葬才体现为孝，有了不同的看法，曹丕就认为不能像春秋时华元、乐莒一样对宋文公“生则纵其惑，死又益其侈”④，而谨奉父诏薄葬终制才能为孝。还有以上所言的许多恪守儒家经典的大臣名士，都在孝与“薄葬”之间找到了另外一种适意的凭借。然而，由于这些进步的或者说有一定社会意义的认识，仅仅是在魏晋时期亦儒亦玄的世风中，得到了有识之士的共鸣。在民间，由于丧葬是表现孝情伦理最佳的机会，因此，放弃超

---

① 《三国·魏书·文帝纪》。
② 《三国志》卷五《魏书·后妃传》。
③ 《三国志》卷二《魏书·中山恭王衮传》。
④ 《晋书》卷四九《阮籍传》。

乎经济财力的丧葬是很难办到的,像夏方、吴逵等就是这样的人。

对于盗墓悲剧的深刻反省,汉文帝以山为陵表现得较为曲隐。一方面为薄欲简制寻找出一种标新的薄葬归宿,另一方面对盗墓风气有所警觉,采取以石为椁、因山为体的办法防止,但最终仍没有逃脱盗掘的厄运。相对曹操对盗墓的认识非常深刻,原因在于他本人曾率吏士盗发过汉梁孝王墓①,因此曹操自己行薄葬的原因之一,实犹恐被盗发。曹丕在终制中大讲,“汉氏诸陵无不发掘”“祸由乎厚葬封树”的道理,本质是为佐证其简制薄葬的合理性,但又何尝不是对盗墓的恐惧。

薄葬的特点,就魏晋而言,一是短丧,二是不封不树,三是明器减少。

曹操正月庚子死,二月丁卯葬,为时一月。明帝当月葬高平陵,蜀帝刘备诏以短丧;亮上言于后言曰:“乃顾遗诏,事惟大宗,动容损益,百寮发哀,满三日除服,到葬期后复如礼,其郡国太守、相、都尉、县令长,三日便除服。”《晋书·礼志中》载:“文帝之崩,国内服三日。武帝亦遵汉魏之典,既葬除丧。”“文明皇后崩及武元杨皇后崩,天下将吏发哀三日止。”皇甫谧“朝死夕葬”,子遵遗命。庾峻“敕子珉朝卒夕殡,幅巾布衣,葬勿择日”。可见,行短丧亦成为一种时尚。

不封不树,除帝王外,许多大臣名士亦行之,以上所言夏侯湛、王祥、石苞、皇甫谧等都是如此。

明器减少,如《晋书·礼志中》所言“汉礼明器甚多,自是皆省矣”,如王祥遗令“勿作前堂、布几延、置书箱镜奁”。石苞“不得饭晗、不设床帐明器”。皇甫谧十脆“平生之物,皆无自随,唯齐《孝经》·部,示不忘孝道”。徐苗言明“榆棺杂砖,露车载尸,苇席瓦器而已”。

虽然这些薄葬特点比较明显,但并不能说整个魏晋时期的先民,都行薄葬,相反仍有不少人遵循旧俗,未从晋制,这就是魏晋薄葬的不彻底性。其表现有三,即区域性、阶段性和新的葬制出现。

薄葬的区域性非常明显,不管是文献或是考古材料,都反映出了

---

① 《后汉书·袁绍传》中绍讨伐曹操檄文。

这个问题。三国时期，曹魏多讲薄葬，吴蜀较少涉及；两晋时期京畿地区多讲，而边远地区少言。考古材料反映出的信息是东吴、蜀地及河西一带，一直沿袭汉代的厚葬风俗。蜀地三国时仅有诸葛亮少数人提倡薄葬，刘备虽有短丧之诏，但死后却与妻合葬惠陵，一切都按汉制而建。① 由于标榜汉室传统，加上偏居西南，受战乱较少，此地发现的蜀汉墓仍是多室、双室、单室并存。四川忠县发现的15座墓，除3座盗扰外，出土陶器229件，模型明器56件，陶俑100件，瓷器52件，铜器27件，铁器14件，钱币3000余枚，埋葬习俗和东汉差别不大。② 吴地，孙权葬蒋陵，景帝葬定陵，末帝孙皓行厚葬是有口皆碑的史实。目前在南京已发现的几十座东吴墓③，前后室墓仍然常见，随葬品种类不减东汉，有名的安徽马鞍山朱然墓④，出土钱币就达6000多枚。河西一带，从魏晋至十六国时期，墓葬除地表上保留有覆斗形或馒头形的封土外，绝大多数为斜坡墓道，而且有砾石堆砌的方形茔域。较大的墓门上砌出门楼和照墙，有的高达十几米，上砌仿木结构的斗拱、门阙，并嵌彩绘或雕刻的小砖。墓室内绘壁画或小砖画，墓形多室或前后室多见⑤，充分说明了汉末战乱以后，此地政治、经济稳定而行厚葬风俗的状况。

阶段性突出，主要指的是曹魏——西晋——东晋历史发展脉络中，薄葬呈减弱的趋势，厚葬逐步回升，如短丧，至西晋泰始元年“诸将吏遭三年丧者，遣宁终丧”。封树制度中，自曹操碑禁开始，就不绝如缕。曹魏时的将作大匠毋丘兴、太中大夫田豫、豫州刺史贾逵，两晋之时的扶风王司马骏、尚书郎束皙等皆有立碑。东晋碑禁虚流，元帝大

① 《三国志》卷三四《蜀书·二主后妃子传》。

② 四川省文物管理委员会：《四川忠县涂井蜀汉崖墓》，《文物》1985年第7期。

③ 蒋赞初：《关于长江下游六朝墓葬的分期和断代问题》，载中国考古学会编《中国考古学会第二次年会论文集(1980)》，文物出版社1982年版。蒋赞初：《长江中游六朝墓葬的分期和断代——附论出土的青瓷器》，载中国考古学会编《中国考古学会第三次年会论文集(1981)》，文物出版社1984年版。中国社会科学院考古研究所：《新中国的考古发现和研究》，文物出版社1984年版，第527—576页。

④ 安徽省文物考古研究所、马鞍山市文化局：《安徽马鞍山东吴朱然墓发掘简报》，《文物》1986年第3期。

⑤ 张小舟：《北方地区魏晋十六国墓葬的分区与分期》，《考古学报》1987年第1期。

兴三年“自是后禁又渐颓，大臣长吏，人皆私立”①。考古中也见晋之墓地表柱，如洛阳出土的将军柱，题铭“晋故散骑常侍骠骑将军南阳堵阳韩府君神道”②。河南博爱县亦发现一晋代表柱③。新制的出现，如有新“故事”、“凶门柏历”、新的明器制度等等。曹魏禁碑的严厉，却导致了墓内立石的盛行，加速了墓志的定型。汉明器的减省，却导致了以牛车为中心、瓷器为大宗的随葬模式形成。尤其是大家族墓地的流行，彻底打破了“薄葬”的束缚。

所以，厚葬与薄葬的相互转化在汉晋时期表现得非常突出。一般而言，朝代更替时，社会秩序不稳定，加上战争的摧残，表现出薄葬的色彩，考古发现的墓葬也较少。相反，政权稳定时期经济繁荣之时，自然厚葬有基。厚葬与薄葬的相互转化有历史因素、经济因素、思想因素、个人因素等多种原因造成。总的来讲，厚葬是汉晋时期的主流，既有经济繁荣时期的厚葬，也有经济衰退时期的厚葬。汉文、魏晋薄葬都带有一定的局限性，但毕竟是整个丧葬流程的发展方向，因此，在丧葬史上占有重要的地位。

[原刊于《郑州大学学报(哲学社会科学版)》1998 年第 5 期]

---

① 《宋书》卷十五《礼志中》。

② 汤淑君:《晋故骠骑将军韩寿墓道表》,《中原文物》1994 年第 2 期。

③ 刘习祥、张英昭:《博爱县出土的晋代石柱》,《中原文物》1981 年第 1 期。

魏晋时期丧葬礼制的承传与创新

东汉末年，天灾兵祸并行。至曹魏建国，中原一片荒凉，经济上的凋敝，加上掘墓之风盛行，曹操不得已下诏行令薄葬。东吴偏安，较中原少见左右南北冲杀，经济复苏较快，故薄葬少取。蜀汉仍保持原有风貌，无大改观。西晋建国，时间虽短，但上层贵族聚敛有方，行一朝奢侈之风，丧葬虽有简约，遗令"素棺、敛以时服"者多见，但行令约束力硕减，终成晋制。东晋虽居江左，融吴俗，承晋制，丧葬礼制颇有发展。关于古代丧葬礼制的研究，杨树达的《汉代婚丧礼俗考》[①]最有代表性，辑录了有关沐浴饭含、衣衾缠尸、棺椁、发丧、受吊、送葬、从葬之物、葬期、坟墓、祔葬、赙赗、丧期、居丧之礼等部分的资料，并在《三礼》中找到了渊薮，但对魏晋的丧葬礼制几无涉及。近人虽有阐述，仍拘于片鳞。本文试图运用文献及考古材料，对魏晋时期上层统治者丧葬礼俗的整体概况，粗线条地加以总结和描述，以祈同仁教正。

一、行汉俗无改

招魂葬。《后汉书·邓晨传》："（建武）二十五年卒，诏遣中谒者备公主官属礼仪，招迎新野主魂，与晨合葬于北芒。乘舆与中宫亲临丧送葬。"至魏晋之时，由于战乱横行，人死尸骨皆无，故招魂葬盛之。西晋东海王司马越死，尸为石勒所焚烧，"裴妃为人所略，卖于吴氏，太

① 杨树达：《汉代婚丧礼俗考》，商务印书馆1933年版。

兴中，得渡江，欲招魂葬越”。帝未许，“裴氏不奉诏，遂葬越于广陵。太兴末，墓毁，改葬丹徒”①。故太兴元年夏四月，“戊寅，初禁招魂葬”②。

挽歌送葬。《晋书·礼志中》：“汉魏故事，大丧及大臣之丧，执绋者挽歌。新礼以为挽歌出于汉武帝役人之劳歌，声哀切，遂以为送终之礼。”崔豹《古今注·间乐》：“《薤露》、《蒿里》，并丧歌也，出田横门人。横自杀，门人伤之，为作悲歌……至孝武时，李延年乃分二章为二曲：《薤露》送王公贵人，《蒿里》送士大夫庶人。使挽柩者歌之，世亦呼为挽歌。”刘昭注引应劭《风俗通》曰：“挽歌，执绋相偶和之音。”尚秉和考证，周时即有挽歌③。《庄子》：“绋讴所生，必于斥苦。”司马彪注曰：“引绋所以有讴歌者，为人有用力不齐，故促急之也。”挚虞以为：“挽歌因倡和而为摧怆之声，衔枚所以全哀，此亦以感众。虽非经典所载，是历代故事。”④东晋时有“羊昙善唱乐，桓尹能挽歌，及山松《行路难》继之，时人谓之‘三绝’。时张湛好于斋前种松柏，而山松每出游，好令左右作挽歌，人谓‘湛屋下陈尸，山松道上行殡’”⑤。

鼓吹助丧。《晋书·礼志中》：“汉魏故事，将葬，设吉凶卤薄，皆以鼓吹。”《后汉书·礼仪志》刘昭注引丁孚《汉仪》，永平七年阴太后出殡，有“黄门鼓吹”。《续汉书·百官志四》注云：“案大驾卤薄，五校在前，各有鼓吹一部。”《北堂书钞》卷一三〇引西晋孙毓《东宫鼓吹赋》：“鼓吹者，盖古之军声，振旅献捷之乐也。施于时事，不常用。后因以为制，用之道路焉。”肖亢达考：“黄门鼓吹包括了武乐。”“它所以称为‘黄门鼓吹’，只是因为由皇家乐队——黄门乐人演奏。”⑥桓温之死“赐九旒鸾辂，黄屋左纛，輼辌车，挽歌二部，羽葆鼓吹，武贲班剑百人”⑦。石苞死，“及葬，给节、幢、麾、曲盖、追锋车、鼓吹、介士、大车，

① 《晋书·东海王越传》。
② 《晋书·元帝纪》。
③ 尚秉和：《历代社会风俗事物考》，岳麓书社 1991 年版，第 229 页。
④ 《晋书·礼志中》。
⑤ 《晋书·袁瑰传附袁山松传》。
⑥ 萧亢达：《汉代乐舞百戏艺术研究》，文物出版社 1991 年版。
⑦ 《晋书·桓温传》。

皆如魏司空陈泰故事”①。

法赙甚多。《汉书·何并传》:“(何并)疾病,召丞掾作先令书,曰:‘告子恢,吾生素餐日久,死虽当得法赙,勿受。’”《后汉书·羊续传》:“续,中平六年卒。旧典,二千石卒官赙百万。”赙赗之礼,本为自天子达于庶人的助丧行为,至此,由于等级身份不同,皇戚、近臣、高级官吏去世,往往由天子、朝廷厚加赙赗。两汉受赙钱最多的是中山简王刘焉:“永元二年薨。自中兴至和帝时,皇子始封薨者,皆赙钱三千万,布三万匹;嗣王薨,赙钱千万,布万匹。是时窦太后临朝,窦宪兄弟擅权,太后及宪等,东海出也,故睦于焉而重于礼,加赙钱一亿。”②两晋承此风,王祥死,“诏赐东园秘器,朝服一具,衣一袭,钱三十万,布帛百匹”③。郑冲死,“赐秘器,朝服,衣一袭,钱三十万,布百匹”④。何曾死“赐东园秘器,朝服一具,衣一袭,钱三十万,布百匹”⑤。石苞死,赐“秘器,朝服一具,衣一袭,钱三十万,布百匹”⑥。羊祜、杜预、司马孚、王沈、荀觊、荀勖、贾充、魏舒、唐彬、山涛、郑袤、卢钦、侯史光、刘颂、傅咸、庾峻、周处、索袭、桓温、蔡谟、王峤、诸葛恢、荀嵌、忠敬王遵、谢安等均得到了赙钱和衣帛布匹,得赙钱最多的是桓温,死时赐钱200万,葬时又赐500万。仅这些人所得钱数,估算近9000万,从一个侧面反映出晋之商品货币经济状况。

沿用“故事”。汉献帝去世,魏明帝“命司徒、司空持节吊祭护丧,光禄、大鸿胪为副,将作大匠、复土将军营成陵墓,及置百官群吏,车旗服章丧葬礼仪,一如汉氏故事”⑦。“故汉献帝夫人节薨,……及葬,车服制度,皆如汉氏故事”⑧。晋宣帝死,“天子素服临吊,丧葬威仪依汉霍光故事”⑨,景帝死亦然。安平献王司马孚薨,“诸所施行,皆依汉东

① 《晋书·石苞传》。
② 《后汉书·中山简王刘焉传》。
③ 《晋书·王祥传》。
④ 《晋书·郑冲传》。
⑤ 《晋书·何曾传》。
⑥ 《晋书·石苞传》。
⑦ 《三国志·魏书·明帝纪》注引《献帝传》。
⑧ 《三国志·魏书·三少帝纪》。
⑨ 《晋书·宣帝纪》。

平献王苍故事"[1]。桓温死,"一依太宰安平献王、汉大将军霍光故事"[2]。谢安死,"依大司马桓温故事"[3]。甚至前秦王猛死,"谒者仆射监护丧事,葬礼一依大将军霍光故事"[4]。可见汉之葬制对魏晋时期的影响多么强烈。

当然,也有其他"故事",如上述已讲到的"汉魏故事,将葬,设吉凶卤薄,皆以鼓吹";"汉魏故事,大丧及大臣之丧,执绋者挽歌"。还有"汉魏故事无五等诸侯之制,公卿朝士服丧,亲疏各如其亲"[5],等等。

持节护丧制。"三月庚寅,山阳公薨,帝素服发哀,遣使持节典护丧事。"[6]"帝变服,率群臣哭之,使使持节行司徒太常和洽吊祭,又使持节行大司空大司农崔林监护丧事"[7]。王导"咸康五年薨,时年六十四。帝举哀于朝堂三日,遣大鸿胪持节监护丧事"[8]。贾充太康三年死,"大鸿胪护丧事"[9]。李胤太康三年薨,"诏遣御史持节监丧致祠"[10]。刘毅太康六年卒,"使者监护丧事"[11]。纪瞻死,"遣御史持节监护丧事"[12]。贺循大兴二年卒,"遣兼侍御史持节监护"[13]。使用者,身份等级极高。

祭墓之风。《汉书·张良传》载:"及良死,并葬黄石。每上冢伏腊祠黄石。"《后汉书·桥玄传》:"(曹操)及后经过玄墓,辄悽怆致祭。"《太平御览》卷八百六十引桓谭《新论》:"孔子,匹夫耳,而卓然名著,至其冢墓,高者牛羊鸡豚而祭之,下及酒脯寒具,致敬而去。"《资治通鉴》卷五四:豫章徐稚,"虽不应诸公之辟,然闻其死丧,辄负笈赴吊。

---

① 《晋书·宗室·司马孚传》。
② 《晋书·祖温传》。
③ 《晋书·谢安传》。
④ 《晋书·符坚载记》。
⑤ 《晋书·礼志中》。
⑥ 《三国志·魏书·明帝纪》。
⑦ 《三国志·魏明帝纪》注引《献帝传》。
⑧ 《晋书·王导传》。
⑨ 《晋书·贾充传》。
⑩ 《晋书·李胤传》。
⑪ 《晋书·刘毅传》。
⑫ 《晋书·纪瞻传》。
⑬ 《晋书·贺循传》。

常于家豫炙鸡一只,以一两绵絮渍酒中暴干,以裹鸡,径到所赴冢隧外,以水渍绵,使有酒气,斗米饭,白茅为藉,以鸡置前,醊酒毕,留谒则去,不见丧主”。

晋之墓祭以谒陵拜祭等级最高。“及宣帝,遗诏‘子弟群官皆不得谒陵’,于是景、文遵旨。至武帝,犹再谒崇阳陵,一谒峻平陵。”①“逮于江左,元帝崩后,诸公始有谒陵辞告之事。”一般庶民至官吏,亦是“人情所趋,遂成习俗”②。石苞遗令薄葬,“又断亲戚故吏设祭”③,反证出祭风之盛。杜预“过密县之邢山,山上有冢,问耕父,云是郑大夫祭仲,或云子产之冢也,遂率从者祭而观焉”④。陕妇人死,刘曜“设少牢以祭其墓”⑤。

立碑之俗,不绝如缕。东汉盛行墓前立碑,魏晋之时,提倡节葬,曹操诏令禁碑,晋武帝亦认为:碑表私美,助长虚伪侈靡之弊,应予禁断。然由于其勒名示后,颂扬显宗之功用,仍有采用。《晋书·束皙传》载:“年四十卒,元城市里为之废业,门生故人立碑墓侧。”陆云死,“门生故吏迎丧葬清河,修墓立碑,四时祠祭”⑥。孙绰“少以文才垂称,于时文士,绰为其冠。温、王、郗、庾诸公之薨,必须绰为碑文,然后刊石焉”⑦。“东海王越屯许,路经荥阳,过(嵇)绍墓,哭之悲恸,刊石立碑,又表赠官爵”⑧。范平卒,“有诏追加谥号曰文贞先生,贺循勒碑纪其德行”⑨。“吴国内史虞潭为太伯立碑”,“阐制其文”⑩。陶侃死,“遗令葬国南二十里,故吏刊石立碑画像于武昌西”⑪。扶风王骏死,“西土闻其薨也,泣者盈路,百姓为之树碑,长老见碑无不下拜,其遗爱

① 《晋书·礼志中》。
② 顾炎武:《日知录》。
③ 《晋书·石苞传》。
④ 《晋书·杜预传》。
⑤ 《晋书·列女传》。
⑥ 《晋书·陆云传》。
⑦ 《晋书·孙楚传附孙绰传》。
⑧ 《晋书·忠义·嵇绍传》。
⑨ 《晋书·儒林·范平传》。
⑩ 《晋书·文苑·庾阐传》。
⑪ 《晋书·陶侃传》。

如此”①。这些碑刻有的立于墓侧，也有的未立于墓侧，但魏晋之时仍有墓碑存在可以确认。《宋书》卷十五《礼志二》：“晋武帝咸宁四年，又诏曰：‘此石兽碑表，既私褒美，兴长虚伪，伤财害人，莫大于此。一禁断之。其犯者虽会赦令，皆当毁坏。’至元帝太兴元年，有司奏：故骠骑府主簿故恩营葬旧君顾荣，求立碑。诏特听立。自是后，禁又渐颓。大臣长吏，人皆私立。义熙中，尚书祠部郎中裴松之又议禁断，于是至今。”因此不能认为考古材料发现得较少，就认为：“魏晋之世，禁止厚葬及在墓前树碑立阙。至此，东汉盛极一时的墓碑顿时趋于消失。”②

继续行五服之制、三年丧制。《晋书·礼志中》言：“汉礼，天子崩，自不豫至于登遐及葬，丧纪之制，与夫三代变易。魏晋以来，大体同汉。”魏武至晋武帝，俱行短丧。“太元二十一年，孝武帝崩，孝武太后制三年之服。”“惠帝太安元年三月，皇太孙薨。有司奏，御服齐衰朞。”但又据天子无服之殇行成人之制，而绝朞。“兴宁元年，哀帝章皇太妃薨”，“制缌麻三月”。隆安四年，孝武太皇太后李氏崩，“同于为祖母后齐衰朞”。皇帝尚此，百姓包括门生义故更不例外。刘殷“七岁丧父，哀毁过礼，服丧三年，未曾见齿”③。王延“九岁丧母，泣血三年，几至灭性”④。许孜“年二十，师事豫章太守会稽孔冲……冲在郡丧亡，孜闻问尽哀，负担奔赴，送丧还会稽，蔬食执役，制服三年”⑤。韩阶曾为“刺史、谯王承辟为议曹祭酒，转西曹书佐。……及承遇祸，阶、延亲营殡敛，送柩还都，朝夕哭奠”⑥。嵇绍死，“门人故吏思慕遗爱，行服墓次。毕三年者三十余人”⑦。郭龉为师郭荷“服斩衰，庐墓三年”⑧。

至于因丧去官、吊丧、奔丧、会葬、合葬、归葬、家庭葬等俱从汉俗。杨鸿年《汉魏制度丛考》辑“因丧去官条”，《后汉书》《安帝纪》、《左雄

---

① 《晋书·扶风王司马骏传》。
② 徐吉军、贺云翱：《中国丧葬礼俗》，浙江人民出版社1991年版，第109页。
③ 《晋书·孝友·刘殷传》。
④ 《晋书·孝友·王延传》。
⑤ 《晋书·孝友·许孜传》。
⑥ 《晋书·忠义·韩阶传》。
⑦ 《晋书·忠义·嵇绍传》。
⑧ 《晋书·隐逸·郭瑀传》。

传》、《皇甫嵩传》、《鲁恭传》、《鲍永传》、《阴识传》、《周举传》、《陈蕃传》、《朱俊传》，《三国志》《刘馥传》、《贾逵传》、《裴潜传》中有很多因父母、祖父母、伯叔、兄弟、姐妹、老师等举丧去官或不到官的例子。《晋书》中所载的张华、王戎、和峤、范晷、王坦之、袁悦之、顾众、虞预、王恭、李密、刘演、桓云、刘颂、曹志等也都曾因忧去职，有力地说明了两晋之时服丧制度的严格性。

吊丧，自东周而盛，至晋不衰。《礼记·檀弓上》："子夏丧其子而丧其明，曾子吊之。"两汉时期，上至天子，下至平民百姓，吊祭炽盛。亲族、好友吊丧意在示悼，天子凭吊，除示悼之外，又显德政。霍光、王凤、班超、桓荣、赵慧、梁商、李通、邓彪、祭遵、来歙、楚王英、马廖、张禹等死后均受到帝王素服临吊。曹魏时钟繇、郭嘉、典韦等死后均受到曹操临吊。两晋之时像安平献王司马孚等宗室成员及羊祜等功臣贵族死后，也得到帝王素服临哭。作为吊丧之惯例，晋之有"吊丧须执孝子之手"和"吊丧必先主人先哭客乃哭"之礼俗，《世说新语》《伤逝篇》、《风操篇》及《任诞篇》，《晋书》《阮籍传》、《顾荣传》有记。因此名士之间吊丧备受重视。如王祥死，"奔赴者非朝廷之贤，则亲亲故吏而已，门无杂吊之宾"①。王育"妻丧，吊之者不过四五人，然皆乡间名士"②。

会葬，自东周时兴，至魏晋时更是炫门耀祖的重要标志。《三国志·魏书·陈群传》注引《傅子》："（群祖父）寔亡，天下致吊，会其葬者三万人。"《三国志·魏书·诸夏侯曹传第九》注引《魏氏春秋》："先是，司空赵俨薨，大将军兄弟会葬，宾客以百数。"《三国志·魏书·武帝纪》注引皇甫谧《逸士传》："及袁绍与弟术丧母，归葬汝南，（王）儁与公会之，会者三万人。"《晋书·周处传》载："后（周）筵丧母，送者千数，（王）敦益惮焉。"曹摅死，"故吏及百姓并奔丧会葬，号哭于路，如赴父母焉"③。

---

① 《晋书·王祥传》。
② 《晋书·忠义·王育传》。
③ 《晋书·良吏·曹摅传》。

归葬，即归先人之墓或旧茔，这是家族墓地兴起后的一种葬俗，杨树达在《汉代婚丧礼俗考·归葬》中举出 47 例。魏晋时沿袭不改。《三国志·魏书·典韦传》，韦死"遣归葬襄邑"。《三国志·魏书·庞德传》注引王隐《蜀记》："钟会平蜀，前后鼓吹，迎德尸丧还葬邺。"《三国志·魏书·高柔传》载高柔诣蜀迎父丧，"辛苦荼毒，无所不尝，三年乃还"。《三国志·吴书·周瑜传》，瑜死，"丧当还吴，又迎之芜湖，众事费度，一为供给"。《三国志·吴书·孙休传》注引《吴录》曰："晋太康中，吴故少府丹杨戴颙迎亮丧，葬之赖乡。"《三国志·吴书·虞翻传》："在南十余年，年七十卒，归葬旧茔，妻子得还。"《晋书·王祥传》载二子王烈与王芬，"亦同时而亡。将死，烈欲还葬旧土，芬欲留葬京邑。祥流涕曰：'不忘故乡，仁也；不恋本土，达也。惟仁与达，吾二子有焉'"。《晋书·羊祜传》载，羊祜死，"求葬于先人墓次"。更有甚者，因未归葬不适意，而致退婚。《三国志·魏书·王脩传》注引王隐《晋书》曰：王脩孙王裒与同县管彦为友，"男女各始生，共许为婚，彦果为西夷校尉。裒后更以女嫁人"。彦弟馥问裒，裒曰："吾薄志毕愿，山薮自处，姊妹皆远，吉凶断绝，以此自誓。贤兄子葬父于帝都，此则洛阳之人也，岂吾欲婚之本指邪？"馥曰："嫂，齐人也。当还临淄。"裒曰："安有葬父河南，随(妻)(母)还齐！用意如此，何婚之有。"遂不婚。

其他葬俗，如饭含、沐浴、棺椁、朝夕奠、送丧、大小祥、衣衾、明器等在王祥、石苞、皇甫谧等人的终制或遗诏中均有反映，此不赘述。

二、晋制的确立

《晋书·礼志上》："及晋国建，文帝又命荀顗因魏代前事，撰为新礼，参考今古，更其节文，羊祜、任恺、庚峻、应贞并共刊定，成百六十五篇。"挚虞曰："以丧服最多疑阙，宜见补定。""顗为百六十五篇，篇为一卷，合十五余万言，……如此，所减三分之一"。又以"所陈惟明堂五帝，二社六宗及吉凶王公制度，凡十五篇。有诏可其议"。"后虞与傅咸缵续其事，竟未成功"。"逮于江左，仆射刁协、太常荀崧补缉旧文，光禄大夫蔡谟又踵修其事云"。有关魏晋之丧葬礼制，"虽然大体同汉”,但仍有创新之举。

创立“不封不树”之制,这是实行薄葬的重要内容之一。从曹魏至东晋皆行之。曹丕终制“寿陵因山为体,无为封树,无立寝殿,造园邑,通神道”①。陈思王曹植和中山恭王曹衮也依父兄终制。其后有司马懿“于首阳山为土藏,不坟不树”,景、文二帝谨奉成命。“江左初,元、明崇俭,且百度草创,山陵奉终,省约备矣。”②王祥遗令“勿起坟陇”③,石苞终制“不得起坟种树”④。皇甫谧《笃终》曰:“无种树木、削除,使生迹无处,自求不知。”基本上可以断定,魏晋时期,“不封不树”之制自上而下是实行过的。

新“故事”的诞生。《三国志·魏书·后妃传》注引《汉晋春秋》:“初,甄后之诛,由郭后之宠,及殡,令被发覆面,以糠塞口,遂立郭后,使养明帝。帝知之,心常怀忿,数泣问甄后死状。郭后曰:‘先帝自杀,何以责问我?……’明帝怒,遂逼杀之,敕殡者使如甄后故事。”这种“故事”实为特殊之例。又,景帝崩,“丧事制度又依宣帝故事”⑤,实为薄葬。《晋书·礼志中》:“魏氏故事,国有大丧,群臣凶服,以帛为绶囊,以布为剑衣。”“升平四年,故太宰武陵王所生母丧,表求齐衰三年,诏听依昔乐安王故事,制大功九月。兴宁三年,故梁王蓬又所生母丧,亦求三年。《庚子诏书》依太宰故事,同服大功。”可谓“谨按周礼,则缌麻三月,若奉晋制,则大功九月”,实劝人尽孝也。东晋元帝姨广昌乡君丧,中丞熊远上表:“咸宁二年武皇帝故事云‘王公大臣薨,三朝发哀,逾月举乐,其一朝发哀,三日不举乐’,此旧事明文。”贺循议曰:“咸宁诏书虽不会经典,然随时立宜,以为定制。”这就是“故事”的本质。赐葬中的新“故事”,有石苞死,依“魏司空陈泰故事”⑥。陈骞死,又依“石苞故事”⑦。据《三国志·魏书·陈泰传》:“景元元年薨,追赠司

① 《三国志·魏书·文帝纪》。
② 《晋书·礼志中》。
③ 《晋书·王祥传》。
④ 《晋书·石苞传》。
⑤ 《晋书·礼志中》。
⑥ 《晋书·石苞传》。
⑦ 《晋书·陈骞传》。

空，谥曰穆侯。”“咸熙中开建五等，以泰卓勋前朝，改封温为慎子。”丁穆死，“赙赐一依周虓故事”①。这两种故事虽依汉故事所创，但包含有等级礼制的存在，即不同的身份享受不同的“故事”。

凶门柏历之制。《晋书·礼志中》载：“有司奏，大行皇后陵所作凶门柏历门，号显阳端门。诏曰：‘门如所处。凶门柏历，大为烦费，停之。’案蔡谟说，以二瓦器盛始死之祭，凿于木，裹以苇席，置庭中，近南，名为重，今之凶门是其象也。”范坚又曰：“凶门非礼，礼有悬重，形似凶门。后人出之门外以表丧，俗遂行之。”琅琊悼王焕年二岁死，“加以成人之礼，诏立凶门柏历，备吉凶仪服，营起陵园，功役甚重”。孙霄上疏谏曰：“凶门柏历，礼典所无，天晴可不用，遇雨则无益，此至宜节省者也……凡有丧事，皆当供给材木百数、竹薄千计，凶门两表，衣以细竹及材，价值既贵，又非表凶哀之宜，如此过饰，宜从粗简。”②《南史》卷二十七《孔琳之传》：“凶门柏装，不出礼典，起自末代，积习生常，遂成旧俗，爰自天子达于庶人。……凡人士丧仪，多出闾里，每有此须，动十数万，损人财力，而义无所取。至于寒庶，则人思自竭，虽复室如悬磬，莫不倾产单财，所谓‘葬之以礼’，其若此乎？谓宜一罢凶门之式。”《南史》卷二《宋本纪中第二》大明二年十二月己亥，“制诸王及妃主庶姓位从公者，丧事听设凶门，余悉断”。《宋书》卷十五《礼志二》：“宋文帝元嘉十七年七月壬子，元皇后崩。兼司徒给事中刘温持节监丧。神虎门设凶门柏历至西上阁。”可见，凶门柏历是两晋南朝盛行的一种丧仪，对丧家来讲，以表丧事在身，对死者来说，以示魂主待殡。

陪葬、合葬与家族葬制，考古材料中有充分反映，与秦汉时期有显著不同，表现出“晋制”的特征。如三国曹魏薄葬，魏武帝高陵、文帝首阳陵，至今地表未见任何痕迹，不见陪葬墓。蜀汉一国，刘备行汉礼葬于惠陵，但一朝一君，未见有臣续于墓侧。孙吴诸帝除有妻妾合葬外，因为诸多大臣将相各行丧事，似未行汉之陪葬制度。但西晋文帝的崇

---

① 《晋书·丁穆传》。
② 《晋书·元四王传》。

阳陵、武帝的峻阳陵有陪葬墓区①,较之汉时的排列更加主次尊卑分明。东晋十一陵和其他豪族一样采取了聚葬的形式,此时重臣和官吏不陪葬的原因是门阀世家大族的发展,表现在丧葬礼制上,则是以分墓区抗衡皇权。考古中已经发现的南京象山王氏茔地②,老虎山颜氏茔地③,就是如此。

合葬之制,肇于新石器时期,汉时夫妇合葬一墓盛行,至东汉晚期出现的家庭多人合葬,可以看作是家族聚葬形式在一个墓穴里的缩小。魏晋时期继承发展,洛阳发现的西晋裴祗墓④、江苏宜兴的周玘墓⑤,亦是如此。但是,应注意到南北地域的习俗差异。据现在的考古材料表明,这种家庭的多人合葬墓南方地区,除南京附近有报道外,其他区域比较少见,这和北方地区广泛存在的情况,形成了强烈反差。其原因一方面是经济发展的程度不同,即南方开发较晚,另一方面也应该注意到唐长孺《读陶渊明赠长沙公诗序论江南风俗》中所言,“在对待宗族情谊上,南北风俗厚薄不同”,“父子兄弟分居或异炊之俗在北方人看来是逾越正常礼俗的行为,因而常加非议”,“宗族甚至弟兄情谊疏阔是江南风俗”,可谓“昭穆既远,已为路人”,生则如是,何言死葬一墓。

家庭墓地制度自东周时期兴起后,长久不衰。魏晋时期典型的家庭墓除上述的王氏、颜氏、周氏墓地外,河北、陕西、新疆、甘肃等地都有不少发现⑥。这些墓群反映的社会问题主要是:聚族而葬已成为世家大族的风尚,皇族亦然。世家大族的家庭墓正是士族门阀政治经济制度的折射与翻版,鲜明地显示出高门显贵穷奢极欲、腐化堕落的生活状况。

墓葬形制演变的单室化进程。虽然魏晋多行“不封不树”的薄葬

---

① 中国社会科学院考古研究所洛阳汉魏故城工作队:《西晋帝陵勘察记》,《考古》1984年第12期。

② 南京市文管会:《南京人台山东晋兴之夫妇墓发掘报告》,《文物》1965年第6期。

③ 李蔚然:《南京老虎山晋墓》,《考古》1959年第6期。

④ 黄明兰:《西晋裴祗和北魏元暐两墓拾零》,《文物》1982年第1期。

⑤ 罗宗真《江苏宜兴周墓墩古墓清理简报》,《文物参考资料》1953年第8期。

⑥ 中国社会科学院考古研究所:《新中国的考古发现和研究》,文物出版社1984年版。

政策，然墓葬形制仍承袭了汉制，洛阳地区清理的魏晋墓群，大型墓仍然保持双室的布局，但明显已有单室化的趋势，这是新变化。像初步认定的晋武帝峻阳陵及晋文帝崇阳陵经钻探都是单室墓，说明以前后双室，前、中、后三室等多室区分墓主的等级原则，已趋于衰减。这一点在江左发现的两晋墓，表现得尤为清楚。像老虎山颜镇之墓，人台山王兴之墓、王丹虎墓、王闽之墓、夏金虎墓①，南京富贵山晋恭帝陵墓②等都是砖砌单室券顶墓。那么，能够代表墓主身份等级的墓形特点是中原地区多见石门，以带多层台阶的宽斜坡墓道为代表，南方的单室墓以墓内各种附设建筑为代表，如甬道、石门、直棂窗、小龛、排水沟、祭台等等，当然墓室的大小高低也是通用的判断标准之一。

明器制度的新主题。“古者天子诸侯葬礼粗备，汉世又多变革。魏晋以下世有改变，大体同汉之制。而魏武以礼送终之制，袭称之数，繁而无益，俗又过之，豫自制送终衣服四箧，题识其上，春秋冬夏，日有不讳，随时以敛，金珥珠玉铜铁之物，一不得送。文帝遵奉，无所增加。及受禅，刻金玺，追加尊号，不敢开埏，乃为石室，藏玺埏首，以示陵中无金银诸物也。汉礼明器甚多，自是皆省矣。”“宣帝豫自于首阳山为土藏，不坟不树，作《顾命终制》，敛以时服，不设明器。”“景帝崩，丧事制度又依宣帝故事。”③晋之明器制度经历了魏晋之际的薄葬之后，不但汉代以来流行的庖厨、家畜、家禽模型明器趋于衰减，而且铜器罕见，漆器数量亦显著减少。但新兴起了以牛车为中心，包括男女侍俑、武士俑、镇墓兽在内的随葬模式，尤其是南方长江流域的瓷制明器成为器皿随葬的主流。从三国时期的瓷质壶、罐、碗、灯、钵、盂、羊、虎子，到西晋时期的壶、扁壶、唾壶、碗、洗、砚、薰、镇墓兽、谷仓罐，再到东晋时期的盘口壶、鸡首壶、方壶、香薰、水注、唾壶、虎子，无一不反映出当时士族及贵族人物的真实生活。

如上所述，不难看出魏晋丧葬礼制的总体特点，由于承袭了两汉

---

① 南京市文管会：《南京人台山东晋兴之夫妇墓发掘报告》，《文物》1965 年第 6 期。

② 南京博物院：《南京富贵山东晋墓发掘报告》，《考古》1966 年第 4 期。

③ 《晋书·礼志中》。

时期的特征，主要体现于阶级性、等级性、礼法性、宗教性等方面，但是等级性、礼法性较之两汉时期更加突出，这就是《宋书·恩倖传》中所讲的“周、汉之道，以智役愚，台隶参差，用成等级；魏晋以来，以贵役贱，士庶之科，较然有辨”。社会有等级、礼法存在，丧葬礼俗自然有这些属性。

（原刊于《文史哲》1999 年第 1 期）

论秦汉魏晋时期的家族墓地制度

《周礼·地官·大司徒》说:“以本俗六安万民……二曰族坟墓。”郑注曰:“族,犹类也,同宗者,生相近,死相追。”这就是说,商周时期存在一种族葬制或称为族坟墓制度。而《汉书》《后汉书》中常讲“丧归旧茔”“归茔”“丧还乡里”等等①,说明两汉时期(至魏晋)存在着一种家族墓地制度。二者的关系如何?家族墓的发展轨迹怎样?是一个值得探讨的问题。

一、族坟墓与家族墓

族坟墓是原始氏族社会“公共墓地”制的遗留,它可以分为公墓制与邦墓制两部分。

公墓由冢人掌管,是王室、国君等贵族的墓地,即《周礼·春官·冢人》所讲:“先王之葬居中,以昭穆为左右。凡诸侯居左右以前,卿大夫居后,各以其族。”邦墓地由墓大夫掌辖,“墓大夫,掌凡邦墓之地域为之图,令国民族葬,而掌其禁令,正其位,掌其度数,使皆有私地域。”郑玄注:“古者万民墓地同处,分其地,使各有区域得以族葬。”邹衡认为,宝鸡斗鸡台西周墓、长安沣西西周墓、浚县辛村卫国墓、北京房山黄土坡燕国墓、三门峡上村岭虢国墓地都属于族坟墓②,继而分成公墓

① 杨树达:《汉代婚丧礼俗考·归葬篇》,商务印书馆1933年版。
② 邹衡:《商周考古》,文物出版社1979年版。

等级——卫国墓、虢国墓和邦墓等级——斗鸡台墓、沣西墓。考古发掘表明,东周时期的洛阳中州路墓群为邦墓地[①],而燕下都的虚粮冢和九女台墓区[②]、魏国的河南辉县固围村墓区[③]、秦雍城陵区及芷阳陵区[④]等都是各国的公墓地。

对于这些结论,学术界似已成为定论,几无异议。然而,不同家系或支族的坟墓,不管是在哪一种族坟墓地里,都有共存的现象,这种现象可追溯到古老的氏族墓地。元君庙墓地被认为是"每一个坑代表一个家族,隔开的两个区代表两个氏族,整个墓地合成一个部落"[⑤],在确信埋葬制度是社会制度投影的前提下,认定这是财产公有制的平等结局。然而,到了国家诞生的前夕,氏族分化,家系形成,统治机关已被特殊的家族所垄断,墓葬群里出现了大墓,虽然还不易确定出是什么家族的代表,但等级和不平等的财产关系已十分明显。

商周行礼制,族坟墓作为凶礼的一部分,起着调节人与人的相互关系,尤其是统治与被统治所谓合理的道德伦理关系。虽然血缘关系已转化为地缘结合,但统治阶级为维护社会秩序的正常运转,"氏族公共墓"的形式保留,似乎更有利于宗法等级序列的确立,掩盖根本对立的阶级关系。于是,不管是殷墟墓群或是西周沣西墓地都发现了属于不同族的"家族墓"。而这里"家族"的含义和东周以后以家庭为单位直系家族的最大不同,是同宗同族聚葬、同氏聚葬。因此在一些有关西周墓地的报道中,尽管也使用了"家族"的概念,显然和秦汉时期的不同。

如众所知,"族坟制"彻底崩溃的标志是墓地可以自由买卖[⑥]。其

---

① 中国科学院考古研究所:《洛阳中州路(西工段)》,科学出版社 1959 年版。

② 河北省文物管理处:《河北易县燕下都 44 号墓发掘报告》,《考古》1975 年第 4 期;河北省文化局文物工作队:《1964—1965 年燕下都墓葬发掘报告》,《考古》1965 年第 11 期;河北省文化局文物工作队:《河北易县燕下都第十六号墓发掘》,《考古学报》1965 年第 2 期。

③ 中国科学院考古研究所:《辉县发掘报告》,科学出版社 1956 年版。

④ 马振智:《试论秦国陵寝制度的形成发展及特点》,《考古与文物》1989 年第 5 期。

⑤ 张忠培:《元君庙墓地反映的社会组织》,《中国北方考古文集》,文物出版社 1990 年版。

⑥ 俞伟超:《古史分期问题的考古学观察》,《先秦两汉考古学论集》,文物出版社 1985 年版。

实，在土地公有制度破坏的过程中，政治上的君权独立以及贵族势力的加大，首先影响到了墓地制度，即独立王陵和贵族家族墓的出现，但他们并不一定在冢地买卖上有过什么商品行为，因为土地所有权本身就归他们所有。如河北平山县中山王陵，相比较于以往的公墓制度的最大变化是以一个国君为主的家族埋葬方式出现。同样湖北荆门清理的战国墓群，也是一个两代人的贵族家族墓地①。辉县的琉璃阁墓地，也是魏国一个以几代家庭为中心的家族墓地②。那么"在封建制度中，正好显示王权就是私有财产的权力，显示出王权中隐藏着一般权力的秘密，也隐藏着各个国家集团的权力秘密"③。并且在包山楚简里的土地纠纷中，已有了"葬于他人之田"的诉讼④，有力地说明了冢地的自由买卖应该是家族墓地盛行标志之一。

因此，家族墓和族坟墓的最大区别，在于以家系为中心的独立墓地存在，不再受宗法观念的限制，转以私人权力或财产关系而选定墓穴。家族墓取代族坟墓的首创者，应该是君王贵族，即公墓制的破坏和家族墓的产生共同兴起，其发生的时间正是奴隶制崩溃、封建生产关系确立的东周时期。地主土地私有制的建立及小农经济为基本特征的生存方式⑤，又推动了中下层阶级家族墓的普遍产生。

二、秦汉时期的家族墓的广泛兴起

"决定古代墓地形态的因素，主要有两个方面：一是人们的血缘或亲属关系的形态，一是土地所有制或财产关系的形态。此外，风俗习惯或信仰方面的因素，在其表现形式上当然要起极大作用。"⑥按照这

---

① 宋治民：《战国秦汉考古》，四川大学出版社 1993 年版。

② 宋治民：《战国秦汉考古》，四川大学出版社 1993 年版。

③ 《马克思恩格斯全集》第 1 卷，人民出版社 1956 年版，第 381 页。

④ 贾继东：《浅议包山楚简对楚国法制研究的意义》，《中国文物报》1995 年 11 月 5 日。

⑤ 高敏：《春秋战国时期土地制度的变化》，《秦汉魏晋南北朝土地制度研究》，中州古籍出版社 1986 年版。

⑥ 俞伟超：《古史分期问题的考古学观察》，《先秦两汉考古学论集》，文物出版社 1985 年版。

种理论，俞伟超认为"从商代的氏族墓地经周代族坟墓，到汉武帝以后个体家庭或嫡长制家族的私有茔地，说明了墓地制度从公社所有制到私有制的变化。这个变化比耕地所发生的同样变化，要晚三四百年。西汉晚期以后出现的大家族墓地，证明我国的大土地所有制也是按照古代社会的基本规律而发生起来"①。但是，我们同样也不能忽略政治变革的影响，西汉时期相比较于战国晚期，按理来说，应该是家族墓的发展时期，相反，由于受"法尊古礼"的国策影响，西汉中期形成的一系列"汉制"中，家族葬并没有提到议事日程上来，虽然土地买卖已经自由发生，但西汉时期并没有更深地波及冢地，故得以在商周以来旧有的冢地基础上，继续埋葬死者。那么，秦末汉初是否还存在东周时期已渐废弛的"昭穆"制度（族坟墓），这是一个有争议的问题。

一些学者认为，高祖长陵、惠帝安陵、景帝阳陵三陵的排列形式，符合"左昭右穆"的格局②，也就是古代族坟墓的沿袭，从武帝茂陵居陵区最西端开始就不再符合"父为昭，子为穆"的排列方式。但李毓芳又根据史料及特殊历史时期的变故，得出西汉一朝帝陵基本遵循昭穆排列的结论，而宣帝杜陵、文帝灞陵未入咸阳兆域区是个人好恶的结果③。可不管如何，旧有的"公墓"制度废弛是显而易见的，因为横亘咸阳原的9座汉陵，不可能再形成像虢国墓地那样的未见其他族人成员葬入的公墓区，武帝茂陵居陵区西首的含义，已有功大伟绩、西居尊位的象征。由于汉初行礼乐制度，秦俗周制杂用，丧葬中又有不少周制因素，如棺椁制度、用鼎制度等。这就是说，西汉帝陵，既未有严格的"公墓"制度，又保留了相当的祖孙血缘辈份的排列方式，又充满了表达个人权力、欲望的陵区排列。

东汉一朝，帝陵在洛阳城北、东南分区埋葬，排列情况不详。但殇帝康陵附葬和帝慎陵，冲帝怀陵附葬顺帝宪陵，已明显带有家族葬的痕迹。

---

① 俞伟超：《古史分期问题的考古学观察》，《先秦两汉考古学论集》，文物出版社1985年版。

② 北京大学考古专业：《战国秦汉考古》，1974年铅印本。

③ 李毓芳：《西汉陵墓封土渊源与形制》，《文博》1987年第3期。

诸侯王、列侯一级的埋葬方式亦是如此。像河南永城县北约30公里处的梁国王室墓，在芒砀山及周围的保安山、僖山、黄土山、夫子山、铁角山、马山、桃山等上，分布有西汉初至王莽篡位（9年）梁怀王刘揖、梁孝王刘武、梁恭王刘买、梁平王刘襄、梁贞王毋伤、梁敬王刘定国、梁夷王刘遂、梁荒王刘嘉等的陵墓①，虽然可以称为梁王刘氏家族墓，但并不是典型的直系家族墓葬群，更何况陵墓区内也夹杂有其他非王室成员的墓，类似的情况还有江苏徐州的楚王陵区、河北定县东汉中山王陵区。

但是，正因为诸侯王、列侯级别的墓主拥有一定的政治权力和雄厚的经济基础，在一部分人当中，也容易产生家族聚葬行为。如河北满城县陵山上发现了中山靖王刘胜夫妇的墓，另有18座积石为封的小墓分布于山脚下，封土上圆下方，长宽10—20米，残高3—5米，被认为是刘胜的子孙或媵妾的附葬墓②。那么，陵山就是刘胜的家族茔地。比较典型的汉初家族墓是湖南长沙马王堆发现的轪侯夫妇及其子的墓，墓1和墓2分别是轪侯夫妇异穴合葬，墓3为其子，封土压在墓1的下面，等于说附葬于其母脚下③。

中小型秦汉家族墓的兴起，可以说是在帝王陵“唯墓独尊”的影响下，摆脱了“邦墓”同宗族葬的形式，首先出现了自由埋葬的同姓家族聚葬区。如山东临沂金雀山周氏家族墓④，安徽芜湖贺家园曹姓家族墓⑤，洛阳烧沟墓群中的郭氏、赵氏、商氏、吴氏、肖氏等家族墓⑥，河南陕县刘家渠东汉墓群中的羊氏、唐氏、刘氏家族墓⑦，以及洛阳金谷园

---

① 安金槐：《芒砀山西汉时期梁国王陵墓群考察记》，《文物天地》1991年第5期。

② 中国社会科学院考古研究所、河北省文物管理处：《满城汉墓发掘报告》，文物出版社1980年版。

③ 湖南省博物馆、中国科学院考古研究所：《长沙马王堆一号汉墓》，文物出版社1973年版；湖南省博物馆、中国科学院考古研究所：《长沙马王堆二、三号汉墓发掘简报》，《文物》1974年第7期。

④ 临沂市博物馆：《山东临沂金雀山周氏墓群发掘简报》，《文物》1984年第11期。

⑤ 安徽省文物工作队、芜湖市文化局：《芜湖市贺家园西汉墓》，《考古学报》1983年第3期。

⑥ 李宗道：《洛阳烧沟清理西汉墓葬》，《文物》1959年第9期。

⑦ 黄河水库考古工作队：《河南陕县刘家渠汉墓》，《考古学报》1965年第1期。

西汉中期以后的左氏、唐氏、樊氏、郑氏、郭氏、王氏、闫氏等家族墓[①]。这种在一个大墓地内,出现了若干不同姓氏、以家族为单位的茔地现象,可以追溯到战国晚期。如陕西凤翔高庄秦墓中 M6 的陶缶上戳印"隐成吕氏缶容十斗",M47 的陶缶上"北园王氏缶容十斗"[②],不仅姓氏不同,里居也不相同,但又葬在同一个大的茔域内,充分表明了邦墓地中以血缘关系为纽带,按嫡庶、长幼、亲疏等宗法关系,整齐有序地划定茔域的格局已被打破,而是按照社会地位和财力大小进行埋葬。这种情况在汉初陕西临潼床单厂墓群中得到继承[③],M2 的缶铭"王氏九斗",M5-1、M5-2 的缶铭"宜春杨氏十斗"、"陵里李氏一石"。西安北郊龙首原上清理的西汉早期墓群中,M7 陶缶铭"寺工王氏十斗",M10"田氏十斗",M49 为"杜氏",M89 为"冯氏廿斗"。那么这里面就存在一个问题,就是这些西汉早期至中期大茔地内不同姓氏的家族墓地是公有冢地,还是私有冢地?该时期的家族墓是否一定反映私有冢地性质呢?

按以上所言,战国湖北荆门包山楚墓简文中已有了"葬入他人之田"的民事诉讼,说明私田用于埋葬是存在的。但是注意一下汉代早期每个大茔域的分布情况,又不难判断这些冢地可能都属于公共葬地。如汉长安城东南龙首原上,西汉早中期的墓不少,但分布规划仍有规律可循,基本未见同期打破的现象。一般早中期的墓靠近原顶或原坡上部,而中晚期的墓靠近坡下。说明这条东西长 10 余里的高塬是一处按时间行葬事的公共墓地。又根据古人高地置葬的特点,以及汉代文献中所载"韩信虽为布衣时,其志与众异,其母死,贫无以葬,然乃行营高敞地,令其旁可置万家,余视其母冢,良然"[④]。韩信连葬资都无,何言买冢地?故推断秦汉之际,山林川泽虽归少府所辖,但汉城东南龙首原上不宜耕作,便形成了一处大的茔域,南城墙外距汉城覆

① 中国科学院考古研究所洛阳发掘队:《洛阳西郊汉墓发掘报告》,《考古学报》1963 年第 2 期。

② 雍城考古队:《陕西凤翔高庄秦墓地发掘简报》,《考古与文物》1981 年第 1 期。

③ 陕西省考古研究所配合基建考古队:《陕西临潼骊山床单厂基建工地古墓葬清理简报》,《考古与文物》1989 年第 5 期。

④ 《史记·淮阴侯列传》。

盎门不远的大、小白杨村就发现了不少西汉时期的墓[①]，有力地说明了“贫者就近埋葬”的习俗。而同时期的墓，由于埋葬时间相近，坟冢犹存，故后来打破者甚少，表现出规划整齐的特点，但绝对不是昭穆排列的邦墓形式。

随着以后“名田制”的迅速发展，地主土地私有制两种形态分野的明朗化，土地兼并之风横行于世，国有公田大量减少，小农土地私有制遭到破坏，地主的大土地私有不可避免，故未有私田葬茔者只有继续在以前的“公众”坟茔中埋葬，考古发掘中就会多发现晚期墓打破早期墓的现象。相反，有财势的家族集团可占有或购买其他高敞的“形胜吉地”，或者分割国有的公共山地进行家族葬。

目前，考古调查和发掘的大家族墓地主要有：陕西华阴东汉弘农杨氏墓群[②]，华阴东汉司徒刘崎家族墓群[③]，河北无极东汉至北魏的甄氏墓群[④]，安徽亳县曹操宗族墓群[⑤]，陕县刘家渠羊氏、唐氏、刘氏三组家族墓[⑥]，及陕西曲江池净水厂 M16—M21 一组东汉家族墓[⑦]。前四者都属于世家大族茔地（特权地主墓地），而后二者包括烧沟发现的众多姓氏的家族墓，反映出的是与特权地主分庭抗礼的豪强地主——庶民地主阶层的墓地，这种大家族墓地的等级划分和高敏分析秦汉地主土地私有制的两种状况是吻合的。主要差别在于墓域的大小、墓葬的规模大小和埋葬礼制的等级不同[⑧]。

据《金石录》《隶释》所载，华阴弘农杨氏墓地的 7 座墓，有汉安帝时的太尉杨震及其子杨统、杨著、杨馥四碑。简报中认为居东头的墓 2

---

① 陕西省考古研究所：《西安北郊大白杨秦汉墓葬清理简报》，《考古与文物》1987 年第 2 期。

② 陕西省文物管理委员会：《潼关吊桥汉代杨氏墓群发掘简记》，《文物》1961 年第 1 期。

③ 杜葆仁、夏振英、呼林贵：《东汉司徒刘崎及其家族墓的清理》，《考古与文物》1986 年第 5 期。

④ 孟昭林：《无极甄氏诸墓的发现及有关问题》，《文物》1959 年第 1 期。

⑤ 安徽省亳县博物馆：《亳县曹操宗族墓葬》，《文物》1978 年第 8 期。

⑥ 黄河水库考古工作队：《河南陕县刘家渠汉墓》，《考古学报》1965 年第 1 期。

⑦ 陕西省考古研究所配合基建考古队：《西安净水厂汉墓发掘简报》，《考古与文物》1990 年第 6 期。

⑧ 高敏：《秦汉魏晋南北朝土地制度研究》，中州古籍出版社 1986 年版，第 34—47 页。

年代最早,为杨震之墓(126),居最西的墓4最晚,系杨彪的墓(225)。王仲殊在此基础上,排出剩下5座墓主的两种参考意见①。然而值得注意的是,有几座墓都是3人以上的合葬墓,是否存在家庭直系合葬,应该考虑在内。据华阴、潼关屡出的杨氏墓志所考②,杨氏聚族葬一直持续到北魏时期,两汉时最盛。“乘朱轮者十人,位在列卿,爵为通侯,总领从官,与闻政事”③。东汉时“四世太尉”④,“势倾天下”。

河北无极甄氏墓地,东西、南北各长2—2.5公里,排列有36座封土大墓,其中一墓出有东汉晚期甄谦买地券,另一墓出曹魏正始四年墓志,可说明其年代。据《太平寰宇记》记载:此地有王莽时司空甄丰、司徒甄邯、光禄大夫甄阜以及曹魏甄氏诸墓。

安徽亳县曹氏宗族墓,在南北长5公里,东西宽3—4公里的范围内,清理出曹姓墓数座,其中曹园村M1、M2出有铜缕、银缕玉衣,有学者推测是曹操之父曹嵩、祖父曹腾或曾祖父曹节的墓⑤。华阴司徒刘崎家族墓,虽不及上述之气势,但宋时赵明诚《隶释·天下碑录》中载有“汉司徒刘崎神道碑”。《简报》中也认为刘崎家族至宋时墓地上还有标记存在⑥。

以上四处可以说都属于有权势者的家族墓,而后两处的家族墓,虽然在布局和埋葬方式上和前四处一样反映出了东汉大土地所有制及封建家族关系强化的特点,但相比较而言,缺乏的是茔域和墓葬没有特权的标志。

关于家族墓的具体排列方式,徐苹芳指出,一是父子兄弟一行顺排(东汉—东魏),二是前后左右按长幼辈分排列(流行于两晋—北魏),三是坟院式(魏晋—唐代,主要在甘、青、新地区)⑦,似乎两汉时

① 王仲殊:《汉潼亭弘农杨氏冢茔考略》,《考古》1963年第1期。

② 杜葆仁、夏振英:《华阴潼关出土的北魏杨氏墓志考证》,《考古与文物》1984年第5期。

③ 《汉书·杨恽传》。

④ 《后汉书·杨震传》。

⑤ 田昌五:《读曹操宗族墓砖刻辞》,《文物》1978年第8期。

⑥ 杜葆仁、夏振英、呼林贵:《东汉司徒刘崎及其家族墓的清理》,《考古与文物》1986年第5期。

⑦ 徐苹芳:《中国秦汉魏晋南北朝时代的陵园和茔域》,《考古》1981年第6期。

期仅仅存在一种父子一行排列的形式，其实在族坟墓崩溃到西汉中期以后家族墓的兴盛，至东汉一次性排列形式的固定，其间也经历了许多变化形式。

如咸阳杨家湾清理的4号、5号墓①墓主身份，《咸阳杨家湾汉墓发掘简报》中推测是周勃、周亚夫父子的墓，那么，其平面分布，根据墓道方向，就是父子相背的形式。

1987年陕西杨陵饲料厂清理了一组西汉中期的墓②，其中M34与M37为竖穴土洞墓，M35、M36为斜坡洞室墓，随葬器物中的五铢钱，前两墓和后两墓比较明显有差别，前者的"五铢"的"五"字交股较直，后者"五"字呈弯曲状，表明年代早晚之分。随葬陶器中除M36为壶、罐组合外，其余3墓均是釜、盆、罐的组合，伴有铜盆出土，器物造型特征一致，说明4墓的埋葬习俗相同。根据其分布情况，结合人骨架的性别特征，判定M34与M37属于夫妇并穴合葬，M36、M37是后代的附葬墓，这种长辈居前，晚辈居后的家族排列形式，还多少保留有周礼中"先王墓居中"的情况。

1988年，山东济宁师专清理了25座西汉中、晚期的墓③。其排列方式M15、M16、M25等东西向的墓，出土有武昭宣时期的五铢钱，年代相近；M4、M10、M13等南北向的墓已见西汉晚期的磨廓和剪轮五铢钱，时间定在元成哀平时期；M5、M23、M24南北向的墓出王莽钱货泉、大泉五十、大布黄千等，年代定在新莽时期。也就是说该墓地的上下年代延续了100余年。其中M7、M10、M21分别出郑元、郑广、郑翁孺铜印。《山东济宁师专西汉墓群清理简报》中说"推断这三座墓之间的地段当是郑氏墓地"。从墓葬布局看，M21主人郑翁孺应为长辈，南北向M7、M10的主人郑元、郑广可能是后辈中的同辈。就是说，这种长辈居前，晚辈并排埋葬的布局在西汉中晚期较为常见。

---

① 杨家湾汉墓发掘小组：《咸阳杨家湾汉墓发掘简报》，《文物》1977年第10期。

② 陈国英、孙铁山：《陕西省饲料加工厂周、汉墓葬发掘简报》，《考古与文物》1989年第5期。

③ 济宁市博物馆：《山东济宁师专西汉墓群清理简报》，《文物》1992年第9期。

能够佐征的材料，还有山东临沂金雀山清理的6座周氏墓群①。6座墓均出五铢钱，年代为西汉中晚期无疑。M12有双棺，东棺有“周少翁”印一枚，西棺为其妻。M10与M11、M13与M14两组墓分别是夫妇并穴合葬，M11出有“周宽信”印，M14出土有“周宽之”印。可见5座墓3对夫妇，都为周姓，名字中有“宽”字的应为同辈，有“少”字的为另外一辈。仔细对比各墓中所出铜钱及随葬品，呈西早东晚的趋势，即M10、M11、M13、M14比M12、M15略早，从而证明为宽字辈兄弟并排埋葬、而晚辈居后的排列方式。

在西汉晚期的墓葬群中，关中地区仍然存在二墓相背的埋葬方式，如净水厂M35与M36②。这种现象在洛阳地区的墓中也有存在。有人说这种相背的墓可以理解为父子两代人的聚葬，以示区别于“并穴”“同穴”合葬的形式。秦都咸阳清理了东汉前期的两组墓甲M8与M9③，其中M9的墓道被M8打破，成“十”字形，说明M8晚于M9。关键是M9有两个洞室，西室居墓道正中，为砖筑券顶，东室偏东为土洞，可以理解为夫妇同墓不同室的合葬形式。《西安净水厂汉墓发掘简报》中说M8比M9的下葬时间相去不远，是否理解为父辈兄弟或父子聚葬的另外一种形式，有待于考古进一步验证。

烧沟汉墓群中，报道存在一种“隔山葬”④，即两座墓并排，中间用小洞打通连接在一起，很容易理解成夫妇并穴合葬的形式。仔细观察墓葬材料，发现不是单人葬并穴，而是多人葬并穴。如M28A为双棺室，M28B也是双棺室“前堂后室”的单穹窿顶墓。其他的还有M1028A(双)和M1028B(单)，M1004A(双)和M1004B(单)，M1009A(双)M1009B(双)。读表六七—墓葬总表⑤，相通之墓随葬品大体相同，那么，这一类的墓应是家族的聚葬之形式，或兄弟同辈，或父子两代人。

---

① 临沂市博物馆：《山东临沂金雀山周氏墓群发掘简报》，《文物》1984年第11期。

② 陕西省考古研究所配合基建考古队：《西安净水厂汉墓发掘简报》，《考古与文物》1990年第6期。

③ 咸阳秦都考古工作站：《秦都咸阳汉墓清理简报》，《考古与文物》1986年第6期。

④ 中国科学院考古研究所：《洛阳烧沟汉墓》，科学出版社1959年版。

⑤ “墓葬总表”是指“《洛阳烧沟汉墓》表六七一”。

东汉时期的华阴弘农吊桥杨氏墓地，东西排列，东早西晚；华阴刘崎墓地，南北排列，北早南晚（M1 居最南端，出“刘崎之印”和“司徒”之印章）；西安市净水厂 M16—M21 为南北向排列，也是北早南晚（包括多人合葬 M18）。刘家渠墓地虽然有羊氏、刘氏、唐氏 3 个以上的家族墓群，但从平面分布来看，各个家族墓仍属于南北向的排列为主。需要指出的是，西安净水厂 M1—M21 这排家族墓之前，还有一座大型墓 M30，室内至少合葬 4 人，随葬品中既有东汉中期偏晚的壶、罐，也有东汉晚期的壶、罐，说明了合葬时间持续较长。比较 M30 和 M16（最北头的墓）随葬品，器物造型又有共同特征，从而说明 M30 的墓主（中堂的骨架）有可能是该家族的长辈。这种排列方式和杨陵饲料厂家族墓中长辈居前的排列当有一定的内在联系。

通过以上讨论，广大中原地区普遍流行的家族墓排列形式，大约脱胎于族坟墓中“长辈居前”的排列方法，经过了父子两代相背或左右聚葬的格式，最后在东汉晚期形成了一次性排列的模式。但是，河西地区东汉晚期坟院式的家族墓形式是有别于中原地区的地方性特征①，这种吸收内地墙垣结构形成的聚葬模式，就是西北地区魏晋——唐代坟院式茔域的先声。

三、魏晋时期的家族墓特点

目前，已发现的魏晋家族墓有东汉时期延续下来的河北无极甄氏墓地、华阴杨氏墓地以及西北地区的坟院式墓地②。新形成的有江苏宜兴西晋周氏墓地③、南京老虎山东晋颜氏墓地④、南京象山东晋王氏

---

① 嘉峪关市文物清理小组：《嘉峪关汉画像砖墓》，《文物》1972 年第 12 期。

② 敦煌文物研究所考古组：《敦煌晋墓》，《考古》1974 年第 3 期；甘肃省敦煌县博物馆：《敦煌佛爷庙湾五凉时期墓葬发掘简报》，《文物》1983 年第 10 期；甘肃省文物管理委员会：《酒泉泉下河清第 1 号墓和第 18 号墓发掘简报》，《文物》1959 年第 10 期；甘肃省博物馆：《酒泉、嘉峪关晋墓的发掘》，《文物》1979 年第 6 期。

③ 华东文物工作队清理小组：《江苏宜兴周墓墩古墓清理简报》，《文物参考资料》1953 年第 8 期。

④ 南京市文物保管委员会：《南京老虎山晋墓》，《考古》1959 年第 6 期。

茔域①、南京戚家山谢氏茔域②。

除甘肃酒泉、敦煌发现的东汉晚期—魏晋时期的拥兵自保的豪强大族茔地和新疆吐鲁番阿斯塔那、雅尔湖等地发现的主要属于麴氏高昌至唐代的坟院茔地外,其余的家族墓墓主身份都是两晋时期门阀制度中有代表性的世家大族。像周氏家族自周宾、周鲂、周处到周玘、周札"四世显著","一门五侯"③,直至王敦灭族。"建业旧山"有光禄大夫颜含家族墓。象山王氏墓有东晋初年尚书仆射王彬的家人(子兴之夫妇,女丹虎,孙闽之及王彬继室夏金虎的墓)。据王兴之墓志"葬于先考散骑常侍尚书左仆射、特进卫将军、都亭肃侯之墓左"及王丹虎墓志"葬于白石,在彬之墓右"来判断,王彬的墓也绝对葬于此地。

这些墓群所反映出的社会问题主要有三:一是聚族而葬已成为世家大族的风尚,甚至皇族亦然④。究其原因是东汉末年战乱后,出于生计及政治上的因素,家族及祖业的地位越发变得重要起来。

二是反映出世族地主土地私有制发展的极盛状况。象山王氏家族墓,7 墓占地 5 万平方米,宜兴周氏 6 墓占地 5.7 万平方米,河北无极甄氏墓地占 5 平方公里之多,经王去非、赵超考证"(南京)象山西南至东南附近地区为琅琊临沂王氏家族南渡后占有和归葬之处,应该是可以确定的了"⑤。那么,这种状况正是世族地主土地所有权(含冢地)打上了王侯权贵的政治烙印,"其土地所有权不完全是经济性的,而是混杂有社会的政治因素,把土地所有权也人格化了,被佩戴上了官吏、贵族的官阶、爵位的品级勋章"⑥,可以说,世家大族的家族墓正是士族门阀政治经济制度的折射与翻版。

三是反映出高门显贵穷奢极欲、腐化堕落的生活状况。这些家族

---

① 南京市文物保管委员会:《南京人台山东晋兴之夫妇墓发掘报告》,《文物》1965 年第 6 期;南京市文物保管委员会:《南京象山东晋王丹虎墓和二、四号墓发掘简报》,《文物》1965 年第 10 期;南京市博物馆:《南京象山 5 号、6 号、7 号墓清理简报》,《文物》1972 年第 11 期。

② 南京市文物保管委员会:《南京戚家山东晋谢鲲墓简报》,《文物》1965 年第 6 期。

③ 《晋书·周处传》。

④ 罗宗真:《六朝考古》,南京大学出版社 1994 年版。

⑤ 王去非、赵超:《南京出土六朝墓志综考》,《考古》1990 年第 10 期。

⑥ 杜葆仁、夏振英、呼林贵:《东汉司徒刘崎及其家族墓的清理》,《考古与文物》1986 年第 5 期。

墓的排列方式，西晋周氏墓地和东晋颜氏茔域继承了汉统，作一行排列，前者自北而南，共4代人入葬[①]，后者自西而东，3代人入葬[②]；东晋王氏墓地按前后左右，长幼尊卑来排列，基本上是沿用了传统的昭穆葬法；敦煌、酒泉及吐鲁番坟院内的墓葬基本上是向左、向右呈斜行排列，或呈横行排列。

其实，东晋王氏茔地的排列方式，除长幼嫡庶、昭穆排列的因素外，还受"风水"葬地选择因素的影响[③]，否则，夏金虎墓不会另排。河西及新疆发现的坟院内左右纵横的排列方式，是在中原修筑茔垣的影响下，吸收了当地的民族文化因素而形成的。

中原地区有茔域标志的墓地，始于东周时期，目前河北平山县中山王墓的兆域铜版上标明的"中宫垣""内宫垣"可看作是最早的文字记载。而陕西发现的秦雍城、芷阳陵区多用隍沟围绕墓室，其作用除排水保护墓穴以外[④]，应当是茔域的封沟[⑤]。秦始皇时改制成两重围墙的陵园布局，西汉时改为单墙，至东汉改用"行马"取代，但这种墓穴外建茔墙的传统却在一些大中型墓中保存下来。如江苏邳县彭城相缪宇墓，有墓园，南半部呈方形，北半部呈梯形，面积250平方米，周围有石砌的墓垣[⑥]。河北定县北庄中山简王刘焉墓[⑦]，坟丘四周有石块做围墙。安徽宿县褚兰发现的汉画像石墓M1的墓垣平面呈长方形，东西长9.8米、南北宽6.5米，墙体由基、壁、顶三部分组成[⑧]。典型的是汉魏洛阳城西东汉墓园遗址，整体呈长方形，东西190米、南北135米，四周有夯筑土垣，园内西区修造墓主的坟冢，东区营建祭殿，年代

---

① 华东文物工作队清理小组：《江苏宜兴周墓墩古墓清理简报》，《文物参考资料》1953年第8期。

② 南京市文物保管委员会：《南京老虎山晋墓》，《考古》1959年第6期。

③ 李蔚然：《论南京地区六朝墓的葬地选择和排葬方法》，《考古》1983年第4期。

④ 马振智：《试论秦国陵寝制度的形成发展及特点》，《考古与文物》1989年第5期。

⑤ 即茔域的界限和标志。

⑥ 南京博物院、邳县文化馆：《东汉彭城相缪宇墓》，《文物》1984年第8期。

⑦ 河北省文化局文物工作队：《河北定县北庄汉墓发掘报告》，《考古学报》1964年第2期。

⑧ 王步毅：《安徽宿县褚兰汉画像石墓》，《考古学报》1993年第4期。

为桓灵时期①。

东汉晚期河西地区虽有不少汉墓发现,但葬俗基本同于中原。而酒泉、嘉峪关等地发现的汉魏壁画墓,实开河西壁画墓之风气。而正是此时,出现了围墙式的坟院家族墓,充分反映出东汉末年至曹魏时期河西四郡经济稳定的状况及地方豪强割据一方的现实。即便是十六国时期的墓葬,仍然沿袭西晋的传统②。说明了西北地区和中原的密切联系,又说明了中原战乱,避乱去河西的中原人带去了诸多汉统,修筑墓垣和聚族而葬都是其中的内容,以后又传入新疆吐鲁番地区。

值得注意的是敦煌城东南辛店台、佛爷庙以及吐鲁番地区的魏晋至唐代的家族坟院③,尽管受酒泉地区坟院排列的影响及长幼尊卑的区分,但从墓葬形制的大小和随葬品多少(有的小墓仅仅是在墓道底挖一容尸的墓穴,位置也在大墓的前方或两侧)来分析,有可能是围绕有财力和权势的墓主展开,以他们为中心,构筑成一个个带宗族性质的坟院。

因此,秦汉魏晋家族墓的历史,就是豪强地主至士族地主、庶族地主的发展史,不但有鲜明的政治性,也强烈地反映出经济制度中土地私有的变化历程。

(原刊于《考古与文物》1999 年第 2 期)

---

① 中国社会科学院考古研究所洛阳汉魏城队:《汉魏洛阳城西东汉墓园遗址》,《考古学报》1993 年第 3 期。

② 张小舟:《北方地区魏晋十六国墓葬的分区与分期》,《考古学报》1987 年第 1 期。

③ 敦煌文物研究所考古组:《敦煌晋墓》,《考古》1974 年第 3 期;甘肃省敦煌县博物馆:《敦煌佛爷庙湾五凉时期墓葬发掘简报》,《文物》1983 年第 10 期;甘肃省文物管理委员会:《酒泉泉下河清第 1 号墓和第 18 号墓发掘简报》,《文物》1959 年第 10 期;甘肃省博物馆:《酒泉、嘉峪关晋墓的发掘》,《文物》1979 年第 6 期;《三国—宋元考古(上)》,北京大学考古专业讲义,1974 年。

试论汉晋时期合葬礼俗的渊源及发展

合葬，指的是夫妻（妾）及家庭内部成员同墓（或同域）的埋葬方式。《礼记·檀弓上》云："合葬非古也，自周公以来，未之有改也。"孔疏："合葬之礼非古昔之法，从周公以来始有合葬，至今未改。"其实，商周时期的夫妻合葬大都是并（异）穴合葬，即《檀弓下》所讲的"卫人之祔也离之"。那么，这里就牵涉一个名称的界定问题。

杨树达先生谓"子孙从其父祖葬为祔葬，所谓归葬旧茔是也"，"女从其夫葬为合葬"①。《汉书·哀帝纪》言："昔季武子成寝，杜氏之殡在西阶下，请合葬而许之。祔葬之礼，自周兴焉。"西晋荀岳墓志载："夫人刘氏，永安三年卒，四月十八日乙酉附葬。"荀岳死后"陪祔晋文帝陵道之右"②。士孙松墓志（西晋）又说："新妇前产二子……祔于其母焉。"③可见祔葬的含义主要指的是合葬，但也有陪葬之含义。因此，为行文方便，我们在探讨夫妇异穴合葬和同墓穴多人葬的合葬墓时，不再用"祔葬"一词，以免引起混乱。

一、新石器时代合葬墓的性质与夫妻合葬墓的出现

新石器时代早期的裴李岗墓地，除单人葬以外，已有个别双人合

---

① 杨树达：《归葬篇》，《汉代婚丧礼俗考》，商务印书馆 1933 年版。

② 蒋若是：《从"荀岳""左棻"两墓志中得到的晋陵线索和其他》，《文物》1961 年第 10 期。

③ 河南省文化局文物工作队第二队：《洛阳晋墓的发掘》，《考古学报》1957 年第 1 期。

葬。仰韶文化时期的半坡墓地发现1座女性4人合葬墓和1座男性2人合葬墓。陕西华阴横阵、华县元君庙、渭南史家墓地流行大集体埋葬坑。如横阵墓地中有15座墓,分别套在3个大坑内,1号大坑内套5个小方坑,各坑内骨架数目不等,最多12具,少者4具。经鉴定,每一墓穴内男女老少都有。元君庙墓地大多为二次合葬,少数为一次葬与二次葬俱有,个别墓为一次多人合葬。

龙山时期的庙底沟墓地,清理了145座墓,主要是单人葬,但华阴横阵村出现了成年男女合葬墓。山东大汶口文化中,多发现一些合葬墓,其中有同性合葬,也有异性合葬,经鉴定有4座是男女一次入葬。黄河上游的马家窑文化基本和中原相同①。但其后的齐家文化的合葬墓②,以成年男女合葬墓为主,男子仰身直肢,女子为侧身屈肢。皇娘娘台不止一次发现过一男二女合葬墓,男居中,二女分列左右而屈其旁。

从以上材料看出,黄河流域的新石器文化合葬墓的发展轨迹是:单人葬→多人合葬→成年男女合葬。

仰韶文化的合葬墓性质不但涉及原始社会的婚姻状况,也与文化的性质有关。张忠培先生认为元君庙的多人二次葬,反映出生前的社会组织,一个墓坑代表一个家庭,隔开的两区代表两个氏族,整个墓地合成一个部落,反映了母系氏族组织③。这样,成年男女二人合葬可能就是父系社会的标志。大汶口文化晚期和齐家文化都显示出以男子为中心的男尊女卑的观念,表明在公元前2300年左右,黄河流域进入父系制。

而汪宁生先生认为,仰韶文化的多人二次葬只是为了送死者去"永久休息地",是一种宗教行为和信仰(凡是亲骨肉,彼此的骨肉永

① 以上新石器时代的合葬墓均参见中国社会科学院考古研究所:《新中国的考古发现和研究》,文物出版社1984年版。

② 甘肃省博物馆:《甘肃省文物考古工作三十年》,载文物编辑委员会编:《文物考古工作三十年》,文物出版社1979年版。

③ 张忠培:《元君庙墓地反映的社会组织》,《中国北方考古文集》,文物出版社1990年版。

远不分离），和母系家庭不相干[1]。与这种观点相近的还有灵魂观说[2]、风俗说[3]，基本上都对用合葬墓推断社会形态的演进加以否定。

那么，合葬墓究竟能不能反映婚姻形态、生活方式及社会性质？这关系到用汉晋时期合葬墓、家族墓材料揭示社会、家庭关系的依据能否成立。

据统计，已发掘的大汶口文化墓葬已有2000余座，其中合葬墓近200座，已发表50座，这些合葬墓可以划分为同性合葬（多人、双人合葬）、异性合葬（多人、成年男女合葬）、成人与孩子合葬三大类[4]。齐家文化除成年男女合葬一穴外，也有并排二穴葬的形式，其中一墓稍前、一墓稍后，深浅有差别，可以推断为男女异穴合葬。

从墓葬形制和随葬品判断，流行于大汶口文化中期以后的成年男女合葬墓，采取了男左女右的形式，男性的随葬品多于女性，且其中多生产工具，女性的随葬品以纺轮和装饰品为主。结合当时生产力的发展水平，可知男耕女织的局面已具雏形。但女性侧身屈肢的现象，无论如何不能纯粹用“男耕女织”的平等关系来说明。应该说，男子居于支配地位，而女子成为“无足轻重的附属品”。有的学者干脆将此定成妾殉夫的形式[5]。

不过，由于氏族社会血缘关系的传承，成年男女合葬不会一下全部取代以往的埋葬方式，相反保留了大多数的单人葬，并用墓坑的大小、随葬品的多少来显示男性的尊严和地位。何况若不是一次性杀殉合葬，男女死亡时间有早有晚，合葬一穴的可能性较小。于是，就产生了男女异穴合葬方式，用以表示婚姻关系。

所以说，合葬墓现象固然和灵魂观念与习俗的形成有关系，但与社会生产关系和血缘关系亦密不可分。否则，单纯用习俗或信仰去解释阶级社会的合葬及家族墓，就得不出一种合理的结论。那么，仰韶

① 汪宁生：《仰韶文化葬俗和社会组织的研究——对仰韶母系社会说及其方法论的商榷》，《文物》1987年第4期。

② 邵望平：《横阵仰韶文化墓地的性质与葬俗》，《考古》1976年第3期。

③ 杜正胜：《考古学与中国古代史研究——一个方法学的探讨》，《考古》1992年第4期。

④ 何德亮：《论大汶口文化的合葬墓》，《华夏考古》1994年第3期。

⑤ 黄展岳：《中国古代的人牲人殉》，文物出版社1990年版。

时期的多人合葬墓,应该是氏族的反映,但又存在着区域性和阶段性的差别①。

二、商周时期的异穴合葬和同穴合葬

商周时期,统治阶级的最高集团是由部落首领和氏族贵族发展而来,虽然氏族血缘关系随着国家的建立遭到了相当程度的破坏,但以家庭为中心的血缘关系仍然是维系社会的纽带。尤其是宗法制度的施行和礼制的形成,明确了上下等级和臣属关系,在一定程度上也明确了妻子作为正室的地位。那么,家庭关系在丧葬中的表现方式,就是夫妻多采用异穴合葬,而侍妾之属往往被殉葬。

在殷墟发现了大量异穴合葬墓。仅大司空村和殷墟西区的1102座墓中②,异穴合葬者就占201对,即402座。其特征就是两座墓葬在随葬品组合(觚、爵、簋、盘、鬲等)和墓葬形制上大体相同,葬式都是仰身直肢或一仰一俯,且男子多俯身③。差别是男性墓穴较深,一般靠前,女性反之。另外,殷墟南区刘家庄发现了一椁两棺的合葬墓④,河北罩城台西也发现了男女合葬墓⑤。后者的埋葬方式为男左女右,男性50岁,女性侧身屈肢,近成年,随葬品多在女性附近。同一墓地还发现了1座同性合葬墓,所葬二人均为大约50岁的男子,共用一木棺,中间用木板隔开。总的来看,商代盛行夫妻异穴合葬,这是一夫一妻为主的家庭形式在丧葬中的反映,这种习俗还在王陵区的葬制上有

---

① 张忠培:《中国父系氏族制发展阶段的考古学观察》,《中国北方考古文集》,文物出版社1990年版。

② 马得志、周永珍、张云鹏:《一九五三年安阳大司空村发掘报告》,《考古学报》第九册,科学出版社1955年版。中国社会科学院考古研究所安阳工作队:《1969—1977年殷墟西区墓葬发掘报告》,《考古学报》1979年第1期。

③ 孟宪武:《殷墟南区墓葬发掘综述——兼谈几个相关的问题》,《中原文物》1986年第3期。

④ 安阳市博物馆:《安阳铁西刘家庄南殷代墓发掘简报》,《中原文物》1986年第3期。

⑤ 中国社会科学院考古研究所:《新中国的考古发现和研究》,文物出版社1984年版,第237、238页。

所反映[①]。

西周时期的长安张家坡墓地[②]、河南浚县辛村墓地[③],也都存在这种合葬现象。比较清楚的异穴合葬是宝鸡茹家庄弜伯及夫人的合葬墓[④]。因此,这种异穴聚葬应该是秦汉时期异穴合葬、同坟异穴合葬、同穴异室合葬、同穴异棺合葬的前身。

东周时期,由于社会形态的变化,引起了一系列变革,表现在埋葬制度上,就是"族坟制"已开始崩溃,宗亲关系不再占主导地位。相反,由于封建的自给自足经济观念的加强,以个体家庭为单位的经营方式变得重要起来,夫妇关系成为协调社会、家庭秩序的重要方面。反映到墓葬上,就是异穴合葬非常兴盛,同穴合葬也得到了新的发展,洞室墓的出现又为同穴、同室合葬提供了一个广阔的天地。

王侯贵族也采取异穴合葬,并固定成为一种习俗。如河北平山县中山王夫妇墓[⑤],河南辉县固围村魏王夫妇墓[⑥],秦雍城陵区 4 号陵园的 M4 及 M9、8 号陵园和 12 号陵园[⑦],山西长治分水岭韩国墓地 M35 与 M36[⑧],安徽淮南蔡家岗赵家孤堆 M1、M2[⑨],河南信阳长台关 M1、M2[⑩],湖北江陵望山 M1、M2[⑪],荆门包山 M1、M2[⑫] 等,都属于夫妇异穴合葬的形式。

---

① 宋镇豪:《试论殷墟武官大墓的年代和性质》,《文博》1988 年第 1 期。

② 中国社会科学院考古研究所沣西发掘队:《1967 年长安张家坡西周墓葬的发掘》,《考古学报》1980 年第 4 期。

③ 郭宝钧:《浚县辛村》,科学出版社 1964 年版。

④ 卢连成、胡智生:《宝鸡弜国墓地》,文物出版社 1988 年版。

⑤ 河北省文物管理处:《河北省平山县战国时期中山国墓葬发掘简报》,《文物》1979 年第 1 期。

⑥ 中国科学院考古研究所:《辉县发掘报告》,科学出版社 1956 年版。

⑦ 陕西省雍城考古队:《凤翔秦公陵园钻探与试掘简报》,《文物》1983 年第 7 期;《凤翔秦公陵园第二次钻探简报》,《文物》1987 年第 5 期。

⑧ 山西省文物管理委员会、山西省考古研究所:《山西长治分水岭战国墓第二次发掘》,《考古》1964 年第 3 期。

⑨ 安徽省文化局文物工作队:《安徽淮南市蔡家岗赵家孤堆战国墓》,《考古》1963 年第 4 期。

⑩ 河南省文化局文物工作队:《信阳长台关发掘一座战国大墓》,《文物参考资料》1957 年第 9 期;《信阳长台关第 2 号楚墓的发掘》,《考古通讯》1958 年第 11 期。

⑪ 郭德维:《江陵楚墓论述》,《考古学报》1982 年第 2 期。

⑫ 湖北省荆沙铁路考古队包山墓地整理小组:《荆门市包山楚墓发掘简报》,《文物》1988 年第 5 期。

同葬一穴的墓例，有陕北清涧李家崖一座夫妇同椁异棺合葬墓[①]，河南淅川下寺 M2 同椁异棺合葬墓[②]，洛阳西工区 M31 同椁异棺合葬墓[③]，郑州二里岗一座双棺合葬空心砖墓[④]等。

至此，我们可以推论，先秦时期夫妇采用异穴合葬的方式，一方面受旧的宗法礼仪约束，另一方面主要是因为死亡的时间不同，加上竖穴土圹墓又不易二次开挖合葬，故没有采取同穴合葬的形式。但棺椁制度的发展，尤其是洞室墓的出现，为同穴合葬提供了空间条件。

所以，新石器时代的多人合葬墓，其性质主要是体现了氏族内部成员平等的观念，大家都埋葬于公共墓地，生前为一个氏族，死后仍为一个氏族，故不分男女实行二次葬。但成年男女的合葬，除要考察其婚姻的形式外，也要注意到妻妾殉夫的情况。商周时期采用异穴合葬形式及同穴夫妇合葬的兴起，可以说是向家庭内部成员的合葬迈出了第一步。

三、秦汉魏晋时期的合葬形式

秦汉魏晋时期正是夫妇异穴合葬向同穴合葬过渡的时期，因此有很多夫妇合葬方式。

秦汉墓一般可分为四个等级，即帝王陵、诸侯王和列侯级别（郡守及二千石）的墓、中小地主及官吏的墓和平民墓。不同的等级，对异穴合葬有不同的继承及发展。

帝王陵和诸侯王及列侯级别的墓，主要继承了商周以来的异穴合葬形式。《史记·外戚世家》中，集解引《关中记》云："汉帝后同茔，则为合葬，不同陵也"。即同茔域而异坟、异穴。除汉高祖长陵为帝、后合葬一个陵园外，从景帝阳陵开始，帝、后各自有自己的陵园、封土、墓

---

① 陕西省考古研究所陕北考古工作队：《陕西清涧李家崖东周、秦墓发掘简报》，《考古与文物》1987 年第 3 期。

② 中国社会科学院考古研究所：《新中国的考古发现和研究》，文物出版社 1984 年版，第 308 页。

③ 中国科学院考古研究所：《洛阳中州路（西工段）》，科学出版社 1959 年版。

④ 河南省文化局文物工作队：《郑州二里冈》，科学出版社 1959 年版。

穴,但后陵的规模略小于帝王①。一般帝王陵在西、后陵在东,这种布局显然和雍城陵区2号和3号陵园中西为国君、东为国君夫人的埋葬习俗有关,与《论衡·四讳篇》所讲“夫西方,长老之地,尊者之位也。尊长在西,卑幼在东”相符。《尔雅·释宫》也说“西南隅谓之奥”,疏:“西南隅为最深隐,故谓之奥,而祭祀及尊者常处焉”。另外,根据“事死如事生”的原则,帝王陵域和汉长安城的宫殿布局也有吻合之处,汉长安城长乐宫和未央宫建成后,帝后多居长乐宫(东宫),而帝王在未央宫(西宫)布政施令。

诸侯王、列侯级别的墓也沿袭了这种异穴合葬的格局,如河北满城中山靖王刘胜夫妇墓②,河南永城市夫子山东麓的M1和M2、铁角山的M1和M2③。这三处大型的夫妇并穴葬崖墓,都建在半山腰处,南北向,墓门皆向东,后二处的山顶上还保存有夯土台的遗迹。安徽阜阳双古堆汝阴侯夫妇墓④,在共有的东西长100米、南北长60—70米、高20米的土台之上,堆起两个尖顶冢,以示异穴合葬。长沙马王堆轪侯夫妇墓(M1、M2)⑤、广西贵县罗泊湾M1和M2、北京大葆台燕王刘旦夫妇墓⑥、江苏高邮天山广陵王夫妇墓⑦等,也都是如此。

一般中小型墓包括中小地主及平民墓,这类墓在中原地区西汉中期以前多采用异穴合葬,中期以后大都同室埋葬。而边远地区由于洞室墓出现较晚,故异穴合葬一直沿用到西汉晚期以后,如山西朔县西汉晚期的并穴木椁墓⑧就是一例。

夫妇合葬由异穴到同室埋葬,其间经历了诸多变通形式,下面就

① 刘庆柱、李毓芳:《西汉诸陵调查与研究》,《文物资料丛刊》第6期,文物出版社1982年版。

② 中国社会科学院考古研究所、河北省文物管理处:《满城汉墓发掘报告》,文物出版社1980年版。

③ 安金槐:《芒砀山西汉时期梁国王陵墓群考察记》,《文物天地》1991年第5期。

④ 安徽省文物工作队等:《阜阳双古堆西汉汝阴侯墓发掘简报》,《文物》1978年第8期。

⑤ 中国社会科学院考古研究所:《新中国的考古发现和研究》,文物出版社1984年版,第427—430页。

⑥ 北京古墓发掘办公室:《大葆台西汉木椁墓发掘简报》,《文物》1977年第6期。

⑦ 文物编辑委员会:《文物考古工作十年》,文物出版社1990年版,第107—108页。

⑧ 屈盛瑞:《山西朔县西汉并穴木椁墓》,《文物》1987年第6期。

几种过渡形式加以总结和探讨。

同坟异穴合葬，即同一个坟堆，但在封土下开挖了两个墓穴，各葬夫、妇。这是对商周时期异穴合葬的沿袭，在西安、江陵、临沂等地均有存在。如陕西临潼床单厂西汉早期的 M5①，M5－1 为男性，M5－2 为女性，女性位置靠后，均为一棺一椁，均随葬陶鼎、盒、壶各 2 件。在墓室的北壁各开挖一头龛，头龛相通，表示夫妇在冥间的亲情关系。同墓地的 M4，在长方浅坑内开挖两个墓穴，M4－1 为男性，坑较大；M4－2 为女性，坑较小，以示女性地位略低于男性。广州汉墓群里的 M1113 和 M1114（图 1）②，也是同埋于一个坟丘之下，M1113 靠前，M1114 靠后，中间隔了宽 0.36 米的生土墙，时代属西汉早期。这种埋葬方式在广西合浦县③、云南昭通桂家院子也有发现④，说明分布范围很广。

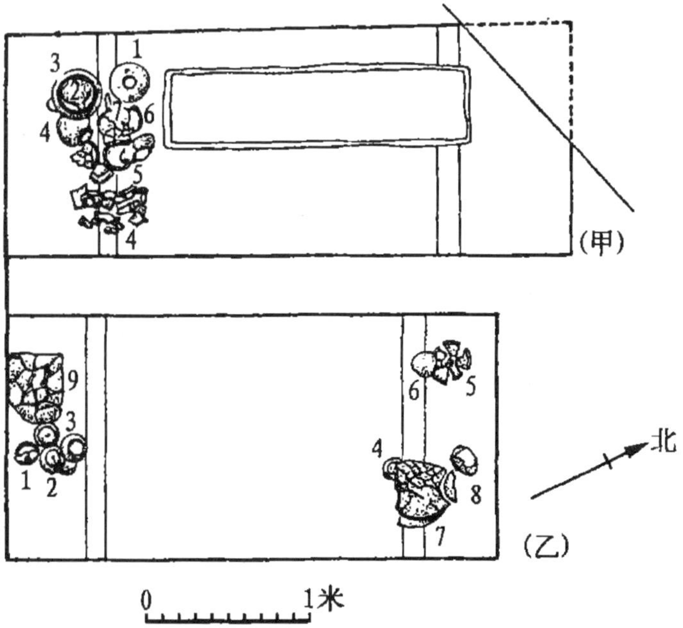

图 1　广州 M1113、M1114 号汉墓平面图

① 陕西省考古研究所配合基建考古队：《陕西临潼骊山床单厂基建工地古墓葬清理简报》，《考古与文物》1989 年第 5 期。

② 广州市文物管理委员会、广州市博物馆：《广州汉墓》，文物出版社 1981 年版。

③ 广西壮族自治区文物考古写作小组：《广西合浦西汉木椁墓》，《考古》1972 年第 5 期。

④ 云南省文物工作队：《云南昭通桂家院子东汉墓发掘》，《考古》1962 年第 8 期。

同坟同穴异室合葬是洞室墓兴起后的一种埋葬方式。如陕西眉县常兴汉墓西汉早期 M144①,土冢无存,斜坡墓道的一侧并列了两个土洞室,等宽等高,推测是夫妇合葬的一种形式。这种葬制在山西朔县西汉晚期至东汉早期的墓群里,发展成为双墓道、双墓室土洞墓②(图 2)。四川昭化宝轮院东汉时期的 M19、M20 也是单室并列,共用一个墓道③。在天津市静海县东滩头墓地发现了一个带三条墓道的回廊式墓室④,此墓除夫妇合葬外,肯定还有其他家庭成员的合葬。一条墓道附两个墓室的夫妇异室合葬,在东汉和魏晋时期的墓中比较常见。

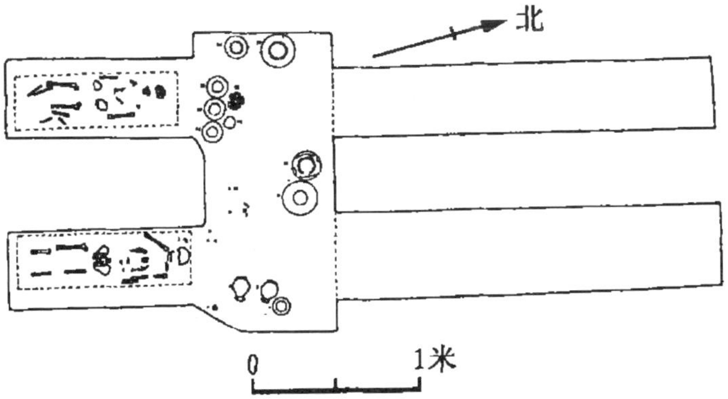

图 2　山西朔县 2M5 号汉墓平面图

同穴隔梁葬是指同一墓室内停放相隔的二棺,它出现于东周时期,流行于西汉早期和中期,在洛阳烧沟墓群中常见。如烧沟 M312 为一座长方竖井墓道的洞室墓⑤,室内停放双棺,在两棺之间用两块空心砖隔开(图 3)。报告中说"此种现象其他墓中亦曾发生,其用意不能确立"。现在可以分析它是同室合葬的一种形态,既有夫妇同葬一室

① 陕西省考古研究所宝鸡工作站、宝鸡市考古工作队:《陕西眉县常兴汉墓发掘报告》,《文博》1989 年第 1 期。

② 平朔考古队:《山西朔县秦汉墓发掘简报》,《文物》1987 年第 6 期。

③ 张彦煌等:《四川昭化宝轮院屋基坡崖墓清理记》,《考古通讯》1958 年第 7 期。

④ 中国社会科学院考古研究所:《新中国的考古发现和研究》,文物出版社 1984 年版,第 19 页。

⑤ 中国科学院考古研究所:《洛阳烧沟汉墓》,科学出版社 1959 年版。

的含义，又遵循了传统的“异穴合葬”礼俗。

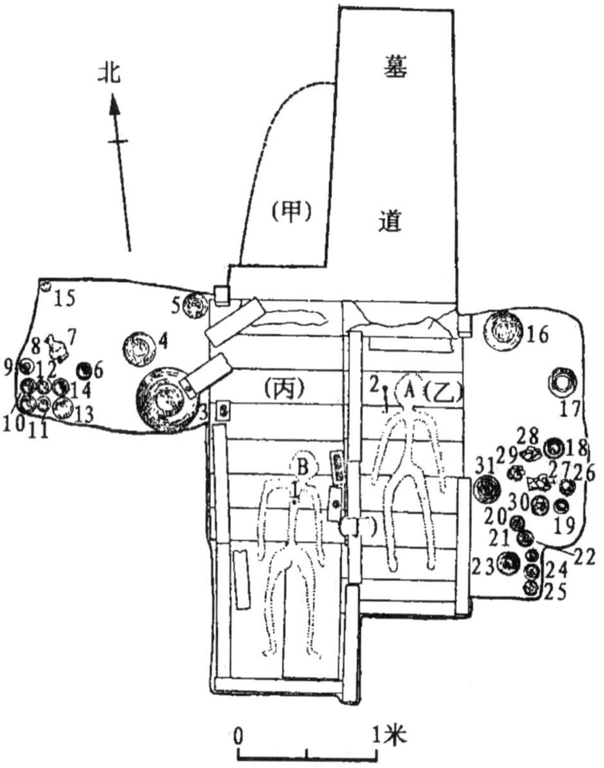

图3 洛阳烧沟 M312 号汉墓平面图

平顶“两次造”空心砖合葬墓，主要见于洛阳地区西汉早、中期墓群中，如洛阳烧沟2号汉墓①（图4）。后死者行合葬时，就在先死者的洞室旁构筑墓室，这使得墓室后部不整齐，二棺长度不一，长方竖井墓道的下部成为袋状。

由此可见，中小型墓的夫妇同室合葬从异穴到同室有很多变化形式，并首先在中原地区的西汉中期墓葬里固定下来，边远地区在西汉晚期以后才开始流行。相反，诸侯王、列侯等贵族官吏的墓，由于崇尚大型土坑木撑的形式，大约在新莽以后才流行同室（砖室）合葬，帝王

① 中国社会科学院考古研究所：《新中国的考古发现和研究》，文物出版社1984年版，第412、413页。

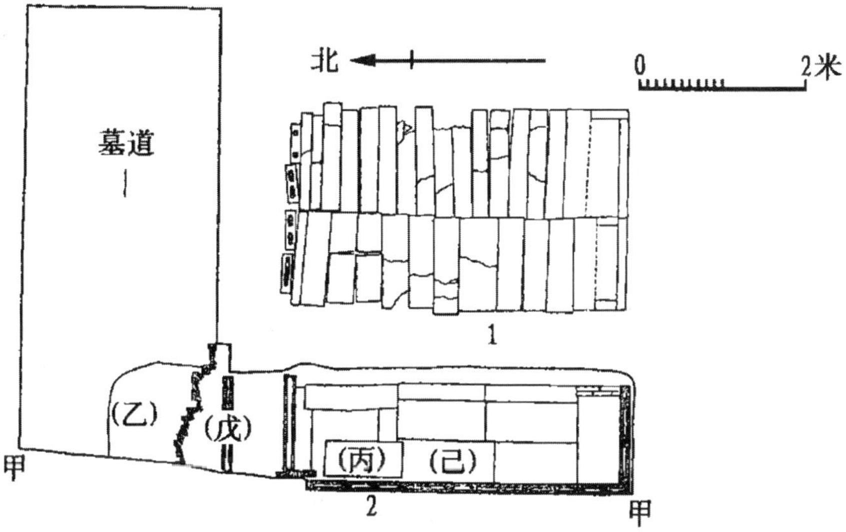

图4 洛阳烧沟2号汉墓

1. 墓室上盖图 2. 墓葬东剖面图

陵则更晚。

文献记载两汉帝陵为合葬，如《汉书》记载"孝文窦皇后崩，合葬霸陵"，"孝宣王皇后永始元年崩，合葬杜陵"等。《后汉书》中记光烈阴后"永平七年崩，合葬原陵"，明德马皇后"合葬显节陵"，顺烈梁后"合葬宪陵"，和熹邓后"合葬顺陵"等。西汉时期的大型土圹木椁合葬墓大多是异穴，到东汉时期，由于普遍兴起砖室墓，东汉帝王陵多使用"黄肠石"，使同室合葬成为可能。如《后汉书·礼仪志》载太皇太后或太后崩后"合葬，羡道开通，皇帝谒便房"。《后汉书·董卓传》说"及何后葬，开文陵，卓悉取藏中物"。但《后汉书·皇后纪·灵思何皇后》又云："有司乃奏追尊王美人为灵怀皇后，改葬文昭陵，仪比敬、恭二陵。"《和帝纪》云：永元九年九月甲子，"追尊皇妣梁贵人为皇太后，冬十月乙酉，改葬恭怀梁皇后于西陵"。这就是说，西汉时期同茔不同陵的帝后合葬形式在东汉仍有延续，但东汉已有同陵合葬的形式。

魏晋时期，除曹魏武宣卞皇后"合葬高陵"外，文帝甄皇后在明帝时"改葬朝阳陵"，文德郭皇后"葬首阳陵西"，文明帝郭皇后"葬高平陵西"，基本上都是同茔不同陵。西晋时期，宣穆张皇后"葬洛阳高原陵”,“景怀夏侯皇后葬峻平陵”,“景献羊皇后祔葬峻平陵”,“文明皇后合葬崇阳陵”,武元皇后“葬于峻阳陵”,武悼皇后“还葬峻陵”。从记载看有异陵,也有同陵。根据崇阳陵和峻阳陵①的情况,西晋帝陵同茔不同陵的合葬方式较多。

东晋帝陵已发掘了3座(1座未定),其中晋穆帝永平陵和恭帝冲平陵都是先挖掘一个大竖穴坑,然后在坑内砌砖室,下葬后封闭,没有发现重新开挖合葬的迹象。据文献记载,元帝永昌元年(322年)崩,元敬虞皇后“永嘉六年”(312年),葬建平陵,合葬的可能性大。成帝的杜皇后、康帝的褚皇后、哀帝的王皇后、废帝的孝庾皇后(先葬敬平陵,后合葬于吴县吴陵)、简文帝王皇后、孝武帝王皇后、安帝王皇后都是死于帝王之前而后才合葬,故同陵同穴的可能性较大。冲平陵中虽无棺痕,但有长3米、宽1.5米的红色漆皮范围,若是双棺合葬,漆痕宽度应不止1.5米。

一般达官贵人及平民墓也是如此,如洛阳元康九年(299年)晋贾皇后乳母徐氏墓②,为砖砌单室单人墓。而永宁二年(302年)士孙松墓为士孙松与二子合葬,未见其夫。但只要有可能,即使是男方先死,仍要合葬,如东晋王兴之夫妇墓。《晋书·王沈传》亦载,王沈先卒,“后沈夫人荀氏卒,将合葬,沈棺椁已毁,更赐东园秘器”。

四、汉晋时期多人合葬墓的探讨

家庭(带家族性质)的多人合葬出现于东汉时期,可以说是同时期流行的家族聚葬形式的缩小,或是夫妇同室合葬的扩大。这种多人合葬墓和家庭聚葬一样反映出家族(门阀)势力的兴起,也是土地私有制的发展在墓葬制度上的表现。

大约在新莽前后,首先在中原地区兴起了“穹庐(窿)顶”墓,这种

① 中国社会科学院考古研究所洛阳汉魏故城工作队:《西晋帝陵勘察记》,《考古》1984年第12期。

② 河南省文化局文物工作队第二队:《洛阳晋墓的发掘》,《考古学报》1957年第1期。

墓的特点就是在原有券顶砖室墓基础上,加大前室的面积,并形成正方形,墓顶砌成穹窿顶。据洛阳烧沟中小型墓的材料,其高度可达2米多,形成前堂、后室,若在前堂的两侧再掏挖出侧室,就构成了有墓道、封门、甬道、前堂、后室、左右侧室的多室墓。墓室高度的增加,有利于后人进入墓室祭享,因此,在前堂往往置有案、盘、耳杯一类奠器。多室墓的出现,为家庭多人合葬带来了方便。

这类汉墓发现非常多,但由于保存不好,或缺乏文字证明,大多简报中仅指出其多人合葬的性质。下面就一些典型墓葬材料加以初步的解释和研究:

1987年在西安市净水厂发掘了一批汉墓①,笔者参加了发掘及整理,现将其中M18的详细材料转录如下。

该墓为斜坡墓道土洞墓,方向180度,用砖封门,共葬8人。前堂葬1人,后室葬3人,南北侧室各葬2人(图5)。

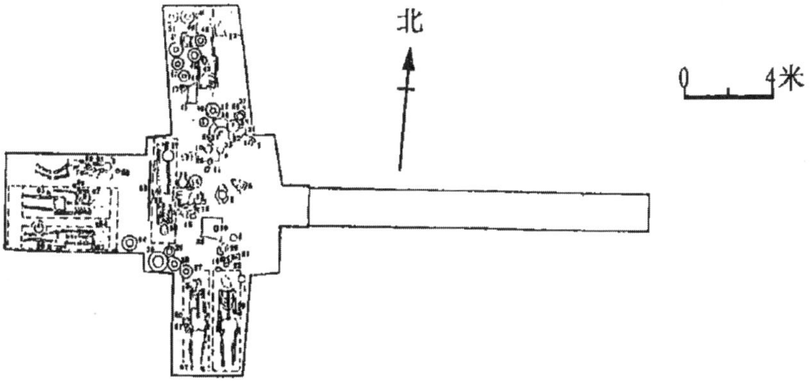

图5 西安净水厂18号汉墓平面图

1号人骨位于南侧室东侧,头向北,仰身直肢,下有棺痕及白灰面,人头东侧有一铜镜,双手握钱。2号人骨位于南侧室之西,头向北,头西有1件铜镜,双手握钱,左手处有铜顶针及玛瑙珠。3号人骨位于后室之南侧,头向东,棺下有枕木及白灰面,足下有1个圆形漆盒,内装

① 陕西省考古研究所配合基建考古队:《西安净水厂汉墓清理简报》,《考古与文物》1990年第6期。

铜镜,左手握1枚铜顶针,左侧有铁削1件,胸部及手中见有钱。4号人骨位于后室中间,头向东,葬具情况同于3号人骨,腰部有1件铜刀,有肛门塞1对,双手握钱。5号人骨位于后室之北侧,头向东,仰身屈肢,面向4号人骨,头骨后有铜镜、铁削各1件,右手处有顶针、戒指、耳环、耳坠、耳塞,胸及手部放钱。6号人骨位于前堂西北,头向南,仰身直肢,有棺痕及白灰面,脚部有漆盒,双手握钱,棺左有铁杖1件,杖旁放1件铁削。7号人骨位于北侧室之西,头向南,仰身直肢,人骨架西侧放有釉陶壶、罐、盒、瓢、方盘等。8号人骨位于北侧室之东,残留有人头骨及胸、颈骨,无随葬品。

从人骨架的位置等判断,后室葬有1男2女,中间为男性,3号人骨属正房配偶,5号人骨为妾或侍婢。南侧室为夫妻,1号人骨为男性,2号人骨为女性,男左女右。其他人骨经初步鉴定,6号和7号为男性,8号可能是迁葬而来。这个墓中至少埋葬了两代人,这可以从铜镜及陶器特征的年代差别上得到佐证。后室出"长宜子孙"连弧纹镜,南侧室出尚方三兽镜,前者在关中地区流行于东汉中期稍后及东汉晚期偏早,后者流行于东汉晚期;陶器及五铢钱大都具东汉中晚期的特点,后室的埋葬年代稍早于南侧室。封门砖较乱也表明,该墓有多次合葬行为。有人认为汉代家庭中主要有三种形式,"一是夫妻子型,这种情况在边郡最为突出;二是父母妻子型和父母兄弟型;三是残破型,主要指母子型,叔伯侄型、兄弟型等"①。M18属于第二种家庭结构。这种合葬,体现了父辈生前居于正堂,死后也埋入后室,儿媳之辈生前居偏室,死后则埋入侧室,生时儿女满堂,死后亦归葬一墓。

5、7、8号人骨架均无棺木,表明地位相对低下,可能为奴仆之属,因此该墓对研究东汉晚期的阶级关系也具有一定的价值。

净水厂发现的其他多人合葬墓,还有M30葬4人、M36葬3人。另外还见有西安十里铺东汉墓中葬8人。洛阳烧沟墓群的多人合葬墓也多见于东汉中晚期,其中M1035合葬7人。但是洛阳和西安的合葬墓,都只随葬1个明器灶,说明了大家庭群居的生活方式。

---

① 黄金山:《论汉代家庭的自然构成与等级构成》,《中国史研究》1987年第4期。

四川境内发现的这类墓葬也很多，只不过砖室（土洞）墓改成了崖墓。罗二虎同志在《四川崖墓的初步研究》①中列举了从东汉永平八年至刘宋元嘉十九年的40座纪年墓材料，几乎都与多人合葬有关。成都天迴山M3总长32米，内置14棺②（图6）。宋代洪适《隶释》卷十三载一段石刻文字，可对此给予解释："维兮本造此穿者，张宾公妻、子伟伯、伯妻孙陵在此右方曲内中"，"维兮张伟子长仲，以建初二年六月十二日，与少子叔元俱下世，长子元益为之祖父穿中造内。栖柱作崖棺，葬父及弟叔元"。此即四代人的合葬墓。

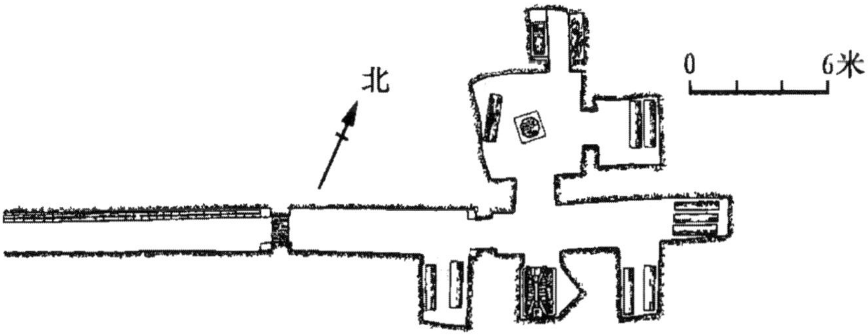

图6　成都天迴山3号汉墓平面图

至于《汉书·韦玄成传》所言"不胜父子恩，愿乞骸骨，归葬父墓"之语，恐为"聚葬"之形式，因为还未见到西汉时家庭多人合葬的实例。但《后汉书·皇后纪·灵帝宋皇后》载："（后）父酆，执金吾。（光和元年）后自致暴室，以忧死……父及兄弟并被诛。诸常侍、小黄门在省闼者，皆怜宋氏无辜，共合钱物，收葬废后及酆父子，归宋氏旧茔皋门亭。"合葬一室的可能性极大。

魏晋时期，受战乱和经济力量减弱及"薄葬"之风的影响，像西汉时期的大型诸侯王和列侯级别的墓不再出现，但又因宗族势力的发展和门阀政治的形成，继续了西汉时期形成的聚葬和合葬之风。

---

① 罗二虎：《四川崖墓的初步研究》，《考古学报》1988年第2期。

② 刘志远：《成都天迴山崖墓清理记》，《考古学报》1958年第1期。

典型的墓例是洛阳周公庙西晋裴祗墓①,该墓由墓道、前堂、后室、北侧室及连接北侧室的东侧室构成(图7)。据墓志记载:“晋大司农关中侯裴祗,字季赞,河东闻喜人也。春秋六十有七,元康三年七月四日癸卯薨,十月十一日己卯安厝。大夫人东莞东武伏氏,夫人秦国陈仓马氏。”志石背刻文“太夫人柩止西箭(筒),府君柩止北箭西面,夫人柩止北箭东面,女惠庄柩止北箭东入”。明确地记载了合葬成员的辈分及所葬方位,这也证明了对西安净水厂M18合葬辈分的推断。士孙松墓为前、后室布局,据墓志所云“晋前尚书郎北地傅宣故命妇秦国士孙松,字出兰,翊军府军之子”,“新妇前产二子”,“皆年二岁不育,缘存时之情,用违在园之义,遂以祔于其母焉”。属母子合葬。

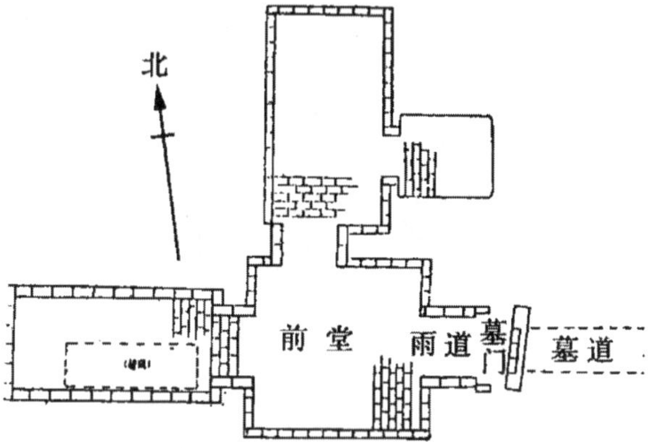

图7 洛阳西晋裴祗墓平面图

江苏宜兴周玘墓②是一个前堂后室并带左右二侧室的墓,简报中考证为周玘及其二子周勰、周彝的合葬墓。南京西岗西晋墓为前堂后室带左右三侧室墓,后室葬1男1女,左侧二室分葬1女和1男1女,右侧室葬1男1女,即3对夫妇和1名女性,具体为何关系,有待探讨。

1983年在北京石景山区发现了1座单室砖墓③,平面呈长方形,由墓道、甬道、墓室构成。据墓志文所记,此墓系永嘉元年(307年)四

---

① 黄明兰:《西晋裴祗和北魏元暐两墓拾零》,《文物》1982年第1期。

② 华东文物工作队清理小组:《江苏宜兴周墓墩古墓清理简报》,《文物参考资料》1953年第8期。

③ 文物编辑委员会:《文物考古工作十年》,文物出版社1990年版,第9页。

月廿日迁葬至此,葬姑(4个月零14天)、叔(2个月零16天)、侄(18个月零17天),这种叔、姑、侄不同性别和辈分的两代人同葬一墓,比较少见。

齐东方同志提出三国魏晋时期“因祔葬(合葬)而出现的多室墓既不反映时代的早晚,也与等级制度无关”①的意见是对的,但是说裴祇和士孙松的墓为一临时性的墓,有停柩待葬之意,则值得商榷。因为“安厝”之意,不一定都是待葬之意。如荀岳墓志讲“安厝于河南洛阳县之东,陪祔晋文帝陵道之右”②,肯定不是“虚葬”。再说士孙松墓,原简报中称“属于大型墓仅墓9、墓22(士孙松墓),墓9出城北与墓1前后相应,距离仅40米,同为南向平行。根据汉、魏以来家族合葬之习惯,二墓似有同茔同宗之可能”。也就是说,20世纪50年代清理的晋都城周围的墓群中,邙山南坡以南,洛河以北,西至涧河,也存在家庭性质的茔地。如《晋书·王祥传》曰:“及疾笃,著遗令训子孙曰……‘西芒上土自坚贞,勿用甓石,勿起坟陇。’”西邙之上有西晋时期的家族茔地是可以肯定的,那么裴抵与士孙松葬于此,未必就是虚葬待迁。

值得注意的是,东汉至魏晋时期,黄河流域乃至辽河都可见到多人的合葬,如山东禹城车站汉墓③、陕西潼关吊桥弘农杨氏墓④、河南陕县刘家渠汉墓(M101)⑤、河南偃师县东汉肥致墓⑥、河北石家庄市北宋村M2⑦、内蒙古乌拉特前旗汉墓⑧、北京怀柔城北东汉晚期墓⑨、辽宁大连市营城子汉墓M4⑩、辽阳魏晋墓⑪、甘肃酒泉魏晋墓M4⑫

---

① 齐东方:《三国两晋南北朝时期的祔葬墓》,《考古》1991年第10期。

② 蒋若是:《从“荀岳”“左棻”两墓志中得到的晋陵线索和其他》,《文物》1961年第10期。

③ 山东省文物管理委员会:《禹城汉墓清理简报》,《文物参考资料》1955年第6期。

④ 陕西省文物管理委员会:《潼关吊桥汉代杨氏墓群发掘简记》,《文物》1961年第1期。

⑤ 黄河水库考古工作队:《河南陕县刘家渠汉墓》,《考古学报》1965年第1期。

⑥ 河南省偃师县文物管理委员会:《偃师县南蔡庄乡肥致墓发掘简报》,《文物》1992年第9期。

⑦ 河北省文物管理委员会:《石家庄市北宋村清理了两座汉墓》,《文物》1959年第1期。

⑧ 《内蒙古乌拉特前旗清理古墓一座》,《文物参考资料》1954年第4期。

⑨ 北京市文物工作队:《北京怀柔城北东周两汉墓葬》,《考古》1962年第5期。

⑩ 许明纲:《旅大市郊营城子区清理了古墓两座》,《文物参考资料》1956年第1期。

⑪ 王增新:《辽阳市棒台子二号壁画墓》,《考古》1960年第1期。

⑫ 甘肃省博物馆:《酒泉、嘉峪关晋墓的发掘》,《文物》1979年第6期。

等,都发现了3具以上的人骨架。汉代南方地区除四川境内的崖墓外,合葬墓大都是夫妇同室合葬,《广州汉墓》报告中41座东汉墓,未见一例3人以上的合葬。魏晋之间,南方地区除南京附近见多人葬外,其他地区亦几乎不见北方的大型多人合葬墓。这种南北差异的原因,一是因为经济发展的程度不同,即南方开发较晚;二是在对待宗族的情谊上,南北风俗厚薄不同,"父子兄弟分居或同居异炊之俗在北方人看来是逾越正常礼俗的行为,因而常加非议",而"宗族甚至弟兄情谊疏阔是江南风俗"①。

总结以上合葬墓的发展史,有如下特点:

第一,合葬始于氏族社会,妻妾殉夫的男女成年合葬墓,是一夫一妻制在冥间的最初表现形式。夫妻异穴合葬是因土坑墓不易合葬而长期作为主要合葬方式。

第二,在西汉时期形成的夫妇同穴合葬是由异穴到同穴演变过程中出现的葬俗,"男尊妇卑"的观念并没有因为合葬一室而消失,女性的棺椁次于男性,随葬品较少,或偏于炊饮、装饰之器;若是异穴合葬则表现为墓室大小、深浅、前后位置,以及坟丘大小不同等。

第三,家庭多人合葬墓的兴起,正是因为土地私有制的发展和家族血亲关系的加强。在埋葬方式上接受了家族聚葬的影响,因而出现合葬。而北方和南方的差异,主要是由不同的习俗决定的。

第四,合葬墓本身和等级观念的关系不太密切,纯粹的夫妇合葬并不影响墓葬的等级划分。多人合葬墓说明的是家庭(族)内部的血亲关系,归根结底是财产关系在东周以后对宗亲关系影响的淡化和对家庭直系关系影响的增强。

(原刊于《考古》1999年第10期)

---

① 唐长孺:《读陶渊明赠长沙公诗序论江南风俗》,《华东师范大学学报》丛刊,1986年。

简论坡形墓道

坡形墓道，又称斜坡墓道。它的相对词是竖井墓道或竖穴墓道。坡形墓道在商代产生后，一直被沿用至近代。它的存在和发展，与土葬制度有着密切的关系。汉唐明清时期，它和洞室构成“地下建筑”，象征着地上的住室和宅院。需指出的是，坡形墓道在汉唐时期被广泛使用之前，经历了一个不断“下嫁”的过程，也就是说存在着性质的变化，即由最高统治者专用的东、西、南、北四面坡形墓道，到一般平民使用单一的坡形墓道。这种变化从商代到西汉时期非常清楚。下面就坡形墓道的名称、特点、发展变化、性质和作用等方面作一点简单的分析，求正于同志们：

一、坡形墓道的古代名称

坡形墓道或斜坡墓道，都是我们今天的考古学术语，古代人并不这样称呼，而称为“隧”或“羡”（Yán）。《辞海》中释“隧”有三个意思：一是指“隧道”、地道；二是指道路；三是指墓道。《辞源》中释“羡”通“埏”，指墓道。文献中记载这种称谓的有《左传·僖公廿五年》《国语·周语》中，晋文公定周襄于郏，“请隧以葬”，遭到周王拒绝。贾谊《新书·审微》中释曰：“古代周礼，天子葬用隧，诸侯具下。”《史记·卫康叔世家》载：“（共伯弟）和以其赂赂士，以袭攻共伯于墓上，共伯入未釐侯羡自杀，卫人因葬之釐侯旁，谥曰共伯。”《后汉书·礼仪志》刘昭注引《汉旧仪》：“武帝坟高二十丈，明中高一丈七尺，四周二丈，内梓棺柏黄肠题凑，以次百官藏毕，其设四通羡门，容大车六马，皆藏之内方，外陟车石。”《南史·豫章文献王嶷传》云：“上数幸嶷第，宋长宁陵隧道出第前路，上曰：‘我便是入他家墓内寻人’”。《左传》《国语》成书于东周时期，可见称坡形墓道为“隧”，应始于西周时期或稍前，“羡”的称呼应在东周以后。

斜，《辞源》中释“斜”为不正之意，《礼乐记》中就有“中正无邪”，释文“邪字又作斜”。坡，《辞源》中释为地形倾斜的地方。《说文》中有“阪也”之意，又可写作“坂”。可见，斜坡二字在汉代尽管已有，但不表示墓道之意，今天考古学中称“隧”“羡（埏）”为坡形墓道或斜坡墓道，概取其形而命名也。

二、考古材料中反映出的坡形墓道概况

目前，考古材料中发现最早的坡形墓道是安阳殷墟的商代晚期大墓[①]，益都苏埠屯也发现两座[②]。其次，依据考古发现，扼要举例。西周时期有宝鸡茹家庄1号墓[③]、北京琉璃河燕侯墓[④]、河南浚县辛村卫侯墓[⑤]。东周时期的有洛阳“王城”中部的几座战国时期墓[⑥]、易县燕下都城内的23座大墓[⑦]、辉县固围村魏国王室墓[⑧]、河北中山王墓[⑨]、秦人的东陵[⑩]和西陵[⑪]。秦统一后的秦始皇陵[⑫]和上焦村的17座陪葬墓都有坡形墓道[⑬]。西汉帝陵，除文帝灞陵（崖墓）可能为一条外，余

① 中国社会科学院考古研究所：《新中国的考古发现和研究》，文物出版社1984年版。
② 中国社会科学院考古研究所：《新中国的考古发现和研究》，文物出版社1984年版。
③ 中国社会科学院考古研究所：《新中国的考古发现和研究》，文物出版社1984年版。
④ 中国社会科学院考古研究所：《新中国的考古发现和研究》，文物出版社1984年版。
⑤ 中国社会科学院考古研究所：《新中国的考古发现和研究》，文物出版社1984年版。
⑥ 中国社会科学院考古研究所：《新中国的考古发现和研究》，文物出版社1984年版。
⑦ 中国社会科学院考古研究所：《新中国的考古发现和研究》，文物出版社1984年版。
⑧ 中国社会科学院考古研究所：《新中国的考古发现和研究》，文物出版社1984年版。
⑨ 中国社会科学院考古研究所：《新中国的考古发现和研究》，文物出版社1984年版。
⑩ 王学理：《咸阳帝都记》，三秦出版社1999年版，230页。
⑪ 中国社会科学院考古研究所：《新中国的考古发现和研究》，文物出版社1984年版。
⑫ 中国社会科学院考古研究所：《新中国的考古发现和研究》，文物出版社1984年版。
⑬ 中国社会科学院考古研究所：《新中国的考古发现和研究》，文物出版社1984年版。

均为带四面坡形墓道的竖穴土圹墓[①]。比西汉十一陵要早的太上皇陵,也有四面坡道[②]。比帝陵低一级的诸侯王、列侯墓(崖墓系列除外),如杨家湾四、五号墓[③]、石家庄张耳墓[④]、山东临沂刘疵墓[⑤]、长沙马王堆汉墓[⑥]、象鼻嘴1号墓[⑦]、陡壁山曹娱墓[⑧]、阜阳双古堆汝阴侯墓[⑨]、广西罗泊湾1—2号墓[⑩]、广东南越王墓[⑪],等等,都带有坡形墓道,它们的年代属于西汉早期。需指出的是,西汉中期兴起了一种"凿山为穴"的崖墓,以满城汉墓为代表[⑫],都有一条长斜坡墓道。汉代中小型墓使用坡形墓道的情况,各地区不尽相同。以关中、洛阳地区为代表,关中地区在西汉早期已发现有的汉墓使用了坡形墓道,如西安龙首原汉墓M68、M69[⑬],洛阳地区从东汉早期才开始流行坡形墓道[⑭],这种情况反映出了关中、洛阳地区的历史、地理条件的差异程度。

东汉帝王陵目前没有详细的材料,推测可能是带有四面坡道或者是一条坡道。从西汉晚期开始,二千石以上官职的大墓,一般只设一条坡形墓道,如定县北庄汉墓[⑮]、汉司徒刘崎的家族墓[⑯]及汉太尉杨震家族墓[⑰],不见两条坡形墓道的墓。

---

① 中国社会科学院考古研究所杜陵考古队:《1982—1983年西汉杜陵的考古工作收获》,《考古》1984年第10期;刘庆柱、李毓芳:《西汉十一陵》,陕西人民出版社1987年版。

② 中国社会科学院考古研究所栎阳发掘队:《秦汉栎阳城遗址的勘探和试掘》,《考古学报》1985年第3期。

③ 中国社会科学院考古研究所:《新中国的考古发现和研究》,文物出版社1984年版。

④ 中国社会科学院考古研究所:《新中国的考古发现和研究》,文物出版社1984年版。

⑤ 临沂地区文物组:《山东临沂西汉刘疵墓》,《考古》1980年第6期。

⑥ 中国社会科学院考古研究所:《新中国的考古发现和研究》,文物出版社1984年版。

⑦ 中国社会科学院考古研究所:《新中国的考古发现和研究》,文物出版社1984年版。

⑧ 中国社会科学院考古研究所:《新中国的考古发现和研究》,文物出版社1984年版。

⑨ 安徽省文物工作队、阜阳地区博物馆、阜阳县文化局:《阜阳双古堆西汉汝阴侯墓发掘简报》,《文物》1978年第8期。

⑩ 广西壮族自治区文物工作队:《广西贵县罗泊湾一号墓发掘简报》,《文物》1978年第9期;广西壮族自治区文物工作队:《广西贵县罗泊湾二号汉墓》,《考古》1982年第4期。

⑪ 广州象岗汉墓发掘队:《西汉南越王墓发掘初步报告》,《考古》1984年第3期。

⑫ 中国社会科学院考古研究所:《新中国的考古发现和研究》,文物出版社1984年版。

⑬ 西安市文物保护考古所:《西安龙首原汉墓(甲编)》,西北大学出版社1999年版。

⑭ 中国科学院考古研究所:《洛阳烧沟汉墓》,科学出版社1959年版。

⑮ 中国社会科学院考古研究所:《新中国的考古发现和研究》,文物出版社1984年版。

⑯ 杜葆仁、夏振英、呼林贵:《东汉司徒刘崎及其家族墓的清理》,《考古与文物》1986年第5期。

⑰ 王仲殊:《汉潼亭弘农杨氏冢茔考略》,《考古》1963年第1期。

魏晋以后至明清时期,下至平民百姓,上至帝王将相,除竖穴土坑墓外,只要用坡形墓道,就只有一条。而唐代带有多天井的长斜坡墓道,两壁往往绘制有壁画,如贞观四年李寿墓①。

在本文的题头中,我们曾提到了竖井墓道,它的存在时间也很长,始于新石器时代②,流行于战国时期,盛于汉唐时期。考古材料证明:使用竖井墓道的墓主身份一直比较低,属于社会的中、下层阶级(新石器时代除外)。但是,它既然和坡形墓道在很长一段时间内共存,说明了什么问题呢?

关于南方楚墓使用坡形墓道的情况,本文没有涉及,楚的先君熊渠说:“我蛮夷也,不与中国之号谥”。“楚汉别俗”,楚墓使用坡形墓道有一定的特殊性,这在楚墓分类问题中,已有同志谈到了③。

三、东汉以前坡形墓道反映的等级差别

对于殷墟王陵区的论述,杨锡璋先生在《商代墓地制度》④一文中说:“西北冈的大墓并不一定全都是属于王陵的,可能只有几座带四条墓道的大墓,其形制和规模才够得上王陵。其余四座,因只有两条或一条墓道,规模又小,可能属于王的配偶或其他人的”。这段精辟的论述,在以后的考古发现中又得到了印证。西周、东周王陵还未发现,情况不明,但同时期诸多的王侯墓,仅使用 2 条或 1 条坡形墓道,已说明了这个问题。东周时期,使用坡形墓道的等级还比较严格,否则就如同周襄王说晋文公“伯父用隧,是二天子也”。这种等级制度,商代已经形成,周代已定为礼制,秦汉为之延用。

三个等级是:第一,带四面坡形墓道的王陵;第二,带有两条坡形墓道的诸侯王或王的配偶墓;第三,带有一条坡形墓道的墓,墓主身份复杂,秦汉时期为中、下层阶级所使用。

---

① 中国社会科学院考古研究所:《新中国的考古发现和研究》,文物出版社 1984 年版。

② 谢端琚:《试论我国早期土洞墓》,《考古》1987 年第 12 期。

③ 郭德维:《楚墓分类问题探讨》,《考古》1983 年第 3 期。

④ 杨锡璋:《商代的墓地制度》,《考古》1983 年第 10 期。

在第一个等级内，存在着几个问题。商代末期益都苏埠屯发现的四面坡形墓道的墓，是一个特殊的历史现象。薄姑氏君本应使用两条坡道才合乎其一个方国君王的身份，但由于商代末期各种矛盾激化，政治腐败，商朝和各方国的隶属关系越来越松弛，薄姑氏君僭越使用四面坡道，表明了他的地位可以和商王抗衡，从而说明了商王朝大厦将要倾覆的政治形势。

秦人的"西陵"主要属春秋时期，"东陵"属战国时期。在西陵中，秦公大墓还多使用两面坡道，到东陵时发生了变化，开始使用四面坡道。这种情况和秦人本身变化有关。据文献可知，秦惠文王是秦国第一个称王的，他卒于公元前311年，"葬公陵"，称王的含义，就在于和周天子平起平坐，公元前256年，秦灭东周政权，俨然以"秦天子"自论，所以秦东陵中使用四面坡道也就不足为奇了。

西汉帝陵中，有诸多同茔不同陵的夫妇合葬陵墓。勘探表明，这些帝后陵有可能采用四面坡道的葬制。我们知道，刘邦的父母(太上皇和太上皇后)陵分别使用的是四、二条坡道，基本合乎葬制，但以后帝后也使用四面坡道，表明了帝后地位的升高。历史也表明了西汉诸多帝后参政、议政、听政的权力越来越大。

可见，遵守礼规的条件是受权力制约的，一旦权力增大，便有僭越情况发生，四面坡道的使用过程，正说明了这个历史规律。

第二个等级是属于王公、诸侯等级别的墓。战国时期，关东诸国纷纷称王，但由于东周天子还依然存在，也只有"挟天子以令诸侯"。在使用葬制上，还多使用两面坡道，中山王陵最具有代表性。

第三个等级的身份复杂，相同的是都使用一条坡道。它包含了两种情况，一种情况是墓主的身份和第一、二个等级有交叉。例如，战国时期洛阳"王城"内出有"天子"圭的墓，看其随葬品及墓葬规模，等级要高，但仅墓的南端带有一条长40米的坡道，说明了该地区周礼的束缚性较强。到了秦代，秦始皇陵的上焦村十七座陪葬墓，都有一条坡道和壁龛，墓向朝西，推测死者可能是被赵高处死的秦公子、公主及始皇原来的某些近臣。这种情况表明，若按其原来身份正常死亡，埋葬规格要高，由于处于强制杀戮下的殉葬，一条坡道足矣。

西汉初年发现的十余座诸侯王、列侯级别墓，除张耳墓用两条坡道外，余均是带有一条坡道的竖穴木椁墓，按照他们的身份，应该和张耳墓一样。历史表明，张耳属六国后裔贵族，比其他十余个诸侯的身份，可谓资格要老，使用两条坡道无可厚非。其他诸侯王、列侯的身份和东周时期的诸侯身份相比，又有着本质的不同，前者属于汉王朝的一个封国，用人权力在中央，封侯是为了采邑。而东周时期的诸侯不仅有经济大权，也有军事大权。这种权力结构，注定了汉初诸侯王、列侯一般使用一条坡道。当然，这也和坡形墓道的地位下降有关系，下面就要论及。

另一种情况代表了普通性，即秦汉时期发现的一些中小型墓葬，都使用了一条坡道。坡形墓道的广泛使用，表明了它的原有使用制度从商代到汉代经历了一个“下嫁”的过程。西汉早期发现的小型墓的斜坡墓道长一般不超过 10 米。造成这种状况的原因有二，一方面是天子、诸侯、大臣已从商周之时追求用鼎制度的习俗中脱离出来，新向往的是盛大的丧葬仪式、蛟龙玉匣和梓宫、便房、黄肠题凑等礼制，坡形墓道的数目，除西汉天子应用四条以示权力外，诸侯王、列侯一级的墓主是否一定使用一条坡道，已不受重视。另一方面是在“事死如生”的大背景下，一般中小地主也力求死后进入“天堂”，建造坟墓自然向高一级模仿。再说，坡形墓道便于上下出入，挖掘省力省时，这样，在西汉中期它的使用逐渐普及开来。

四、坡形墓道的发展和变化

从商代到秦代，坡形墓道的发展一直和竖穴土坑墓紧密结合在一起。各个时期、不同地区发现的坡形墓道，长短不一，宽窄不一，这种情况和该时期墓主本人的政治、经济情况有关。如商代的版图较小，以后是越来越大，社会财富积累是越来越雄厚。所以，商王陵南北通长 100 米的墓道在商代是首屈一指的，但和始皇陵比起来，又不可相提并论。

秦始皇陵上焦村陪葬墓的发现，打破了传统的坡形墓道和竖穴土圹相连的格局,出现了坡形墓道和土圹洞室相连的结构,从此为地下模仿地上的建筑模式提供了空间场所。坡形墓道的作用也就更加形象化,成为墓主灵魂的出入通道。

两汉时期,各地的汉墓中还多发现坡形墓道和竖井墓道并用的墓例,时代大约在西汉中期以后,如西安净水厂 M55①,这种并用的结构是不是唐代"天井制度"的前身,还有待于探索。

汉代坡形墓道中还有两种情况,一种是阶梯斜坡,一种是带二、三层台的斜坡,二者或共存一墓。前者一般出现在东汉时期,关中地区仅发现户县一例②,洛阳地区存在较多。这种阶梯斜坡的作用对上下出入、开挖墓室乃至后代合葬都带来了方便,所以它的使用一直延续到清朝。墓道两壁带二、三层台的作风,和墓室的多台阶结构是相互联系的。资料表明,战国时期中山国墓葬 M6③,南北墓道有上、下两层台阶,壁上有柱洞,所以说,阶梯墓道和设置二、三层台阶的作风,很明显和仿地上建筑有关,下面还要论及这个问题。

魏晋以后至明清,所有使用坡形墓道的陵、墓都只有一条坡道。这一方面和坡形墓道的地位下降相关,另一方面也因为许多帝陵"依山为葬",穿凿多余的坡道不实用,也不方便。再说东汉以后,上陵之礼形成,王侯将相重视的是陵寝制度、祠堂祭祀,是否用四条、两条坡形墓道的重要性,早已为人所忽略。

坡形墓道的发展过程中,应注意的一个问题是它的方向。考古资料证明,商周之时除王陵外,南北向居多。秦的西陵、东陵以东西为主,汉代是杂乱无章,东西南北皆有。唐代以向南为主,以后各朝代的墓葬没有统一方向。但如果是一个家族墓群,往往有一个固定的墓向。

商代王陵区的 12 座墓平面图表明,四面的坡形墓道以南墓道最

① 陕西省考古研究所配合基建考古队:《西安净水厂汉墓发掘简报》,《考古与文物》1990 年第 6 期。

② 祁振西:《陕西户县的两座汉墓》,《考古与文物》1980 年第 1 期。

③ 河北省文物管理处:《河北省平山县战国时期中山国墓葬发掘简报》,《文物》1979 年第 1 期。

长;二条坡形墓道的仅见南北方向,一条的仅见南向。西周时期的強伯墓带一条南向坡道,燕侯墓带南北向的二条坡形墓道。战国时期的魏王墓都是带南北向的二条坡道,中山国王陵也是同样,从而说明了商周之时尚南北,又以南向为主。

我们知道,古代先民们很早就树立了对死后力求“仿生”的观念。到东周时期,形成了“事死如生”的礼制,正如荀子所讲:“礼者,谨于治生死也。”“丧礼者,以生者饰死者也,大象其生以送其死也。”“故圹垅,其貌象室屋也。”由此可见,四面坡形墓道和二面坡形墓道的陵墓是模仿了当时的城址或宫殿。一条南向的坡形墓道和古代宫殿、房子建筑南面设门有关。

已发现的商代盘龙城遗址①,1 号宫殿基址是南边设门。西周的凤雏大型建筑基址也坐北朝南,南面设门②。东周的曲阜鲁城中间,也有贯穿南北的中轴线③。所以地面建筑和地下墓葬的相似,不是偶然的巧合,而是存在着相互印证的关系,四出的坡道象征着四面设门的城址或宫殿。二条坡道表示出了中正的南北中轴线,故绝对不见三条坡形墓道的陵墓。一条南向的坡道,隐喻了南向的重要性,当然也和房屋向南向阳、取光便利有关。

至于秦西、东陵东西向的问题,很多同志在论述别的问题时已谈到了,主要的佐证材料有一点,就是“秦人西来说”④。秦人九次迁都的最后三次,是雍城→栎阳城→咸阳城,很明显有一个东移的过程,预示着秦人势力的发展方向。秦西陵中的坡形墓道都以东墓道较长,就含有这样的道理。

汉代墓向之所以杂乱无章,主要和汉代的迷信思想有关,人死后要“相地而葬”,古称“堪舆之术”。汉代人选择墓地的条件一般是在高地,高地附近还多有湖泊、河流,表明了一种“头枕高山,脚踩河川”的迷信思想。当然,江河湖海不一定都处于脚踏的位置,而是说明这

① 中国社会科学院考古研究所:《新中国的考古发现和研究》,文物出版社 1984 年版。
② 中国社会科学院考古研究所:《新中国的考古发现和研究》,文物出版社 1984 年版。
③ 中国社会科学院考古研究所:《新中国的考古发现和研究》,文物出版社 1984 年版。
④ 赵化成:《寻找秦文化渊源的新线索》,《文博》1987 年第 1 期。

种阴阳五行的迷信思想和墓主追求“五福”是一致的。这种状况，决定了汉代墓葬不可能有一个统一的墓向，但东汉时期开始广泛流行的家族墓地，往往有固定方向。如弘农吊桥家族墓地的方向朝南。

唐代墓葬南向的规律和仿古及迷信有关，这里不再赘述。至于以后朝代的墓向，情况大体同于汉代。

五、坡形墓道和竖井墓道的关系

竖井墓道是相对于坡形墓道而言的，它一般是和洞室墓联系在一起，极少发现和土圹墓室相连在一起的墓葬。

竖井墓道出现的时间虽然始于新石器时代，但商代西周墓葬中不见。大约在战国时期中原地区开始兴起，产生的原因当然和一直盛行的土圹墓有密切关系，因为土圹挖深后，随便向四方任何一方掏成洞室，即成洞室墓，原来的竖穴变成了竖井墓道。东周时期，“事死如生”的呼声很高，天子、诸侯的陵墓多“写仿宫室”，中小贵族也一改过去竖穴土坑葬的习俗，改挖洞室放棺，以像生前居住的房屋，竖井墓道便成了出行所用的通道。战国时期存在的平行式、直线式、偏洞式墓葬，就是洞室墓开始兴起后，方向、位置不统一的“原始性”表现，到了汉代中期以后，统一成为直线式。

唐代至明清，竖井墓道一直存在，但它也一直和斜坡墓道并行使用。

所以说，竖井墓道是出现在社会中下阶层坟墓中的一种墓道，它的存在和使用是对坡形墓道的一个补充。一旦坡形墓道“下嫁”到一般平民都能使用时，竖井墓道在这个阶层的地位就黯然失色。

六、坡形墓道的性质和作用

在上述的诸问题中，亦多亦少涉及了这个题目。首先分析一下帝王陵四面坡道的含义。殷王陵、秦东陵、始皇陵、西汉帝陵的四面坡道，固然和出土方便有关，但决不排斥它也是王的一种埋葬礼制。《尚书·舜典》:“辟四门、明四目、达四聪。”《汉书·梅福传》:“犹如帝王在,开四聪近直言之路。”《皇贤》曰:“汉家之葬,方中百步,已穿筑方城,其中开四门、四通,足放六马。”可见开四门、四通,无疑是王权无所不在的象征。在论述墓道方向时,曾提到了王陵的葬制是模仿了城址或宫殿,那么坡形墓道的性质也和它们有密切的关系。考察一下坡道内的随葬品,可以发现殷王陵俨然是一座“地下宫殿”,坡道内有执戈的护卫奴隶、有饲养犬马的奴隶。这种状况在始皇陵中,更是反映得淋漓尽致,地宫四周的围墙以及通向地宫的四面坡道,不正是秦咸阳宫的再现吗?

《吕氏春秋·安死篇》说:“其设阙庭,为宫室,造宾阼也,若都邑。”四条坡道的正道(始皇陵是东坡道)成为墓主灵魂的出走通道,由此可见,如果说商王陵四面坡道象征着城址或宫殿还显得原始、模糊的话,到秦汉之时的帝陵布局,已表现得非常明朗。

其次,着重探讨一下一条或二条坡道在发展过程中表现出来的性质和作用。

殷墟武官大墓的坡道中埋有人和马,人和马又分别和铜戈、马饰同出①,可见这种殉葬形式十分注重它们原有的实用性,这一点同殷王陵相同。东周时期,洛阳“王城”出“天子”圭的墓中发现了壁画,但内容不清。西汉晚期,壁画墓兴起,但未见墓道内作壁画,不过,存在着和隋唐墓道壁画起同等作用的随葬品。西安市东郊沙坡清理的“利成”汉墓②,已说明了这个问题,墓道“外藏椁”箱内有骑马仪仗俑和侍俑,这是车骑出行的场面,墓道自然成为出行的通道。这个结论,从另外的一个侧面也可证明。如战国时期的中山国墓 M6,带有南北两条坡道,坡道为上下两层,壁上有柱洞,洞内土坯垒砌,抹草泥,做成假柱,和墓室壁柱洞结构相同,这种情况表明了南北墓道象征前后楼阁通道和象征地下宫殿的墓室联系在一起。此种状况,在杨家湾四、五号汉墓中表现得很突出。所以说,城址宫殿建筑的通道是在平面上布

---

① 中国社会科学院考古研究所:《新中国的考古发现和研究》,文物出版社 1984 年版。

② 郑洪春:《陕西新安机砖厂汉初“积炭墓”发掘报告》,《考古与文物》1990 年第 4 期。

局的，而坡形墓道是通过上下立体层次来说明问题的。

总结以上墓道的性质和作用，不外乎有三：一是为筑墓人取土方便、上下容易；二是作为墓主灵魂出走的通道；三是权力的象征，主要指四面坡道，二面或一面的坡道也反映了生前的居住情况。

补记：此文是我读研究生期间的作文，时隔十余年，虽然增加了不少有关“坡形墓道”的新考古材料，但并没有影响该文的观点和结论。如在山西天马——曲村遗址，发掘了西周至春秋时期的晋侯墓地[《文物》1993(3)、1994(1)、1994(8)、1995(7)]。推测M64的墓主是晋穆侯，使用了一条坡道，之前的M8(晋献侯)、M1(晋僖侯)同样都使用了一条坡道，合乎周礼规定。但是两周之际的晋文侯(M93)和晋穆侯的次夫人(M63)却使用了南北向的两条坡形墓道，这种“僭越”的行径和晋文公“请隧以葬”的记载相吻合。

[原刊于《郑州大学学报(社会科学版)》2000年第5期]

温明、秘器与便房考

一、温明释义

温明,作为古代丧葬礼具的一种,最早见于《汉书·霍光传》,“光薨,上及皇太后亲临光丧……赐金钱、缯絮,绣被百领,衣五十箧,璧珠玑玉衣,梓宫、便房、黄肠题凑各一具,枞木外臧椁十五具。东园温明,皆如乘舆制度”。对于温明的解释,东汉人服虔曰:“东园处此器,形如方漆桶,开一面,漆画之,以镜置其中,以悬尸上,大敛并盖之。”据此,有学者认为,扬州一带出土的几件汉代漆面罩,应当是《汉书·霍光传》里记载的温明①。但是,在查找了正史文献中温明的使用情况,综览考古发现,把江苏扬州、淮阴、连云港等地一带出土的西汉晚期至东汉早期漆面罩定为温明(据统计,扬州等地出土的漆面罩十几件,可分为素面、彩绘、纱、漆绘四种形式,使用者墓主身份均为中下层官吏或中小地主)②,不能令人完全信服。理由如下:

第一,从文献记载来看,温明是皇帝、王侯、大臣和高级贵族使用的葬器,扬州等地发现的新莽前后的墓主身份达不到使用的级别。

第二,如果服虔说可信,开一面,形如漆桶的温明是殓尸以前悬挂在尸体之上的用品,“大殓并盖之”,埋葬时,未必一定就是罩在死者头部的东西。

---

① 孙机:《“温明”不是“秘器”》,《文物》1988 年第 3 期。

② 邹厚本:《江苏考古五十年》,南京出版社 2000 年版,第 261—264 页。

第三,温明作为葬具来记述,《汉书》中仅见《霍光传》一处,《后汉书》中未见,《三国志·魏书》中有一处,《晋书》《魏书》《南史》《北史》中多见。记载最晚下限是在《旧唐书》。由此可见,温明的使用年代跨度比较长,仅仅以扬州等地出土的汉代漆面罩作为温明的实证,还不足于证明就是汉唐文献记载的温明,因为魏晋南北朝隋唐考古的王陵发现中没有见到类似于汉代漆面罩的实物可以印证。

从考古材料看,河北省满城县发掘的西汉中期中山靖王刘胜夫妇的墓使用了文献记载的帝王级别可用的金缕玉衣,推测其他方面的随葬规格也应当近于帝王之制。那么,这两座没有被盗过的墓中会不会有温明之物呢?查《满城汉墓发掘报告》,刘胜墓出土的草叶纹铜镜在棺外的漆奁内,窦绾墓出土的三件铜镜,一件在棺外,两件在棺内而分置于漆奁和墓主左手,完全没有置镜其中的漆面罩的功能,反证出铜镜、漆面罩与温明之间没有必然的联系。如果刻意套东汉服虔“形如方漆桶。开一面,漆画之,以镜置其中”的解释,棺内盛放铜镜的漆奁倒是与温明有相像之处,但是这种随葬现象普遍存在于两汉时期大中小墓葬中,不应该是具有帝王等级身份专用的温明。

参照文献记载,可以排除“温明”是金钱、缯絮、璧珠、玉衣、梓宫、便房、黄肠题凑、饭含之具、衣衾等的可能性,也不会是《后汉书·礼仪志》所载的具体的下葬明器。

那么,汉代“温明”究竟指的是何物?

“温”作为古汉语使用,主要有四种含义,即暖、和气、温习、温病;“明”字有八种含义,即明亮、明白、证明、明确、英明、视力、次、明代①。鉴于此,葬具温明之“温”的含义大概主要和温暖、和气相关。但是温明之“明”的含义是否和明亮相近呢?孙机先生说:“殓尸时罩以温明,或表示为死者送去光明。”如果不刻意去迎合服虔的解释,笔者意为温明之“明”的含义,也许和明器之“明”有一定的关联。《礼记·檀弓上》说:“孔子曰:之死而致死之,不仁而不可为也;之死而致生之,不

① 古汉语常用字字典编写组:《古汉语常用字字典》,商务印书馆1982年版,第174、254页。

知而不可为也。是故竹不成用,瓦不成味,木不成斫,琴瑟张而不平,竽笙备而不和,有钟磬而无簨虡。其曰明器,神明之也。”又说:“仲宪言于曾子曰:夏后氏用明器,示民无知也。殷人用祭器,示民有知也。周人兼用之,示民疑也。曾子曰:其不然乎!其不然乎!夫明器,鬼器也。祭器,人器也。夫古之人胡为而死其亲乎?”《礼记·檀弓下》说:“孔子谓为明器者,知丧道矣,备物而不可用也。哀哉!死者而用生者之器也。不殆于用殉乎哉!其曰明器,神明之也。涂车刍灵,自古有之,明器之道也。”由此推论,明器虽为死者的随葬之物,但隐喻的是为死者神明所贡献的物品。温明之语,不仅仅是给死者送去光明,重在于温和死者的神明。至此,西汉时期温明的含义也许是一种泛指,即包含各种随葬明器(东园处制作)在内的东西。这样解释,似乎也可理顺《霍光传》所说的“东园温明,皆如乘舆制度”。但是,魏晋至隋唐文献记载的温明总是与秘器连带在一起使用,如果完全理解为泛指明器的含义,又不好解释为何与专指棺具的秘器(见下文分析)一起赏赐贵族大臣。

笔者的理解,是东汉时期温明的含义发生了变化。因为,东汉洛阳城中有温明殿的存在,如《后汉书·五行志》曰:“灵帝光和元年六月丁丑,有黑气堕北宫温明殿东庭中”。另外,河北邯郸也有温明殿,如“时光武居邯郸宫,昼卧温明殿”①。正因为首都洛阳城有温明殿的存在,有关东汉时期丧葬的文献记载中也就没有出现温明秘器的称谓,大约是忌讳所致。温明长时期忌讳不用,至东汉晚期服虔对它的解释出现偏差也在所难免。

从魏晋至唐代,20余人被赐予温明秘器,此时温明的含义已经与秘器本身紧密相关,有人认为秘器是温明秘器的简称,此言有一定的道理,但不全面,“温明秘器”应当是最高级别的葬棺。

① 《后汉书·耿弇传》。

二、“秘器”是何物？

从文献看，西汉时期东园秘器并不轻易赐予高官显贵，除霍光死时有“梓宫、便房”以外，《汉书》中记载的几例是董贤、翟方进、孔霸使用此礼，即“及至东园秘器，珠襦玉柙，豫以赐（董）贤”、“赐（翟方进）乘舆秘器”、“赐（孔霸）东园秘器钱帛”。东汉时期，开始普遍赐予达官显贵“秘器”。《后汉书》中记载的有：和熹邓皇后、孝崇匽皇后、蔡茂、冯勤、梁竦、梁商、刘恺、胡广、杨赐、盖勋、王允、单超、戴凭、袁逢。《后汉书·礼仪志》载：“东园匠，考工令奏东园秘器，表里洞赤，虡文画日、月、鸟、龟、龙、虎、连壁、偃月、牙桧、梓宫如故事。”

魏晋至隋唐时期，被赐予“东园秘器”的有60余人，被赐予温明秘器的有20余人。另外，《魏书》《于栗烈传》《彭城王勰传》里又载：“给东园第一秘器。”

毫无疑问，秘器就是棺木。按上述文献记载，秘器包括梓宫、梓棺、梓器、画梓寿器、朱寿器、珠画特诏秘器等称谓。它们有别于或规格高于《后汉书·礼仪志》说的“诸侯王、公主、贵人皆樟棺，洞朱，云气画。公、特进樟棺黑漆”。

关于梓宫，《汉书·霍光传》注引服虔曰：“棺也。”师古曰：“以梓木为之，亲身之棺也。为天子制，故亦称梓宫。”《后汉书·虞延传》李贤注引《陈留风俗传》云：“沛公起兵野战，丧皇妣於黄乡。天下平，乃使使者梓宫招魂幽野，有丹蛇在水，自洗濯，入于梓宫，其浴处仍有遗发，故谥曰昭灵夫人，因作园陵、寝殿、司马门、钟簴、卫守。”《太平御览》卷550引《风俗通》说：“梓宫者，礼，天子敛以梓器，宫者，存时所居，缘生事亡，因以为名。凡人呼棺，亦为宫也。”梓宫之名，作为天子敛尸的葬具，至明清时期称谓都未改变。

魏晋至隋唐时期的温明秘器，应当是梓宫的另一种称谓，或者称为“第一秘器。”

至于说唐代中晚期以后为什么不见了温明秘器的叫法，大约和开元礼的出台有关，至此以后，仅仅保留了梓宫的称谓。

三、“便房”考

对于“便房”的考证，主要有三种，一种认为是墓中的前室或外椁箱的前室①，我们在整理陕西新安机砖厂汉初积炭墓报告时，也同意这种意见②；一种认为是外椁箱③；一种认为是内椁与棺房的总称或就是楩椁、四注椁的异名④。

《汉书·霍光传》中对便房的解释是，服虔认为：“便房，藏中便坐也。”而颜师古认为：“便房，小曲室也。如氏（淳）以为楩木名，非也。”很明显，东汉人服虔、三国魏人如淳、唐代人颜师古对便房的解释不同。颜师古的讲法和唐高宗时便房的含义相一致。“时司农卿韦机兼领将作、少府二司，高宗以恭陵玄宫狭小，不容送终之具，遣机续成其功。机于埏之左右为便房四所，又造宿羽、高山、上阳等宫，莫不壮丽”⑤。如淳认为“便房”之“便”，为“楩椁”之“楩”演绎而来，如《盐铁论》说：“今富者绣墙题凑，中者梓棺楩椁，贫者画荒衣袍，缯囊缇橐。”服虔理解为藏中便坐，和唐代司马贞《史记索隐》对《史记·万石君列传》“子孙有过失，不谯让，为便坐，对案不食”所述的“便房”相同。其实，东汉时期对“便坐”的理解还有不同的认识，1991年河南偃师南蔡庄乡发现了肥致碑，碑文说：“建宁二年大（太）岁在己酉，五月十五日丙午直建，孝苌为君设便坐，朝莫（暮）举门恂恂，不敢解殆（懈怠），敬进肥君，馔顺四时所有。”⑥此处的“便坐”之意，确实接近于晋武帝泰始四年，“文明王皇后崩，将合葬，开崇阳陵，使太尉司马望奉祭，进皇

① 鲁琪：《试谈大葆台西汉墓的“梓宫”、“便房”、“黄肠题凑”》，《文物》1977年第6期。

② 郑洪春、韩国河：《试论汉初“利成”积炭墓》，《考古与文物》1990年第4期。

③ 俞伟超：《汉代诸侯王与列侯墓葬形制分析——兼论“周制”、“汉制”与“晋制”的三阶段性》，载中国考古学会编：《中国考古学会第一次年会论文集》，文物出版社1980年版。

④ 单先进：《西汉“黄肠题凑”葬制初探》，载中国考古学会编：《中国考古学会第三次年会论文集》，文物出版社1984年版；秦建明：《“便房”考》，《文博》1999年第2期。

⑤ 《旧唐书·狄仁杰传》。

⑥ 刘昭瑞：《论肥致碑的立碑者及碑的性质》，《中原文物》2002年第3期。

帝密玺绶于便房神坐"[①]的"便房神坐"。因此,三个不同时期的人物服虔、如淳、颜师古对便房的理解各有偏差。

便房究竟是什么?可以从两方面来考虑。一方面是文献记载的便房明显有两层含义,一层是和上述三种意见相关联的内涵,一层是《狄仁杰传》里表述的便房就是墓道耳室。另一方面应当注意到汉唐时期墓葬制度有过几次重大改变,墓葬形制也不断发生变化,各时代对便房的理解自然会有一定的差异。

从考古材料看,殷后期至西汉时期最高王陵或帝陵的墓葬形制基本上都是带四出斜坡墓道的竖穴土圹墓[②],棺椁为木结构建筑。东汉帝陵的情况不清楚,西晋时期的帝陵已经成为使用单斜坡墓道的洞室墓,东晋北魏隋唐亦然。帝陵在何时从四条斜坡墓道的竖穴土圹改变为单斜坡墓道的洞室(砖或石)?推测是在东汉时期完成。东汉时期已经发掘的二千石以上官吏或贵戚的墓都是单斜坡墓道的洞室墓。对中小墓葬而言,洞室的使用就是取代了木椁。因此,不管认为"便房"是墓中的前室、外椁箱的前室、外椁箱、内椁与棺房的总称,还是梗椁、四注椁的异名,都是西汉时期墓葬形制的反映。至东汉时期,洞室墓内如果继续使用"便房"这种葬制,自然会出现一些变化或被赋予一些新的内容,这就是《晋书·礼志中》和《旧唐书·狄仁杰传》的记述。也就是说,便房的内涵,在两汉时期指的是椁室的总称;东汉至魏晋时期演变为用于祭祀的空间(可能在椁内,也可能在椁外);隋唐时期成为墓道的耳室。

从以上温明、秘器、便房的考述当中,我们发现研究汉唐时期的墓葬制度必须用动态的眼光去看问题,也不能绝对认为东汉人(如服虔)解释西汉时期的典章礼仪就一定准确,同时要注意考古材料与文献材料的契合与印证。

(原刊于《文史哲》2003 年第 4 期)

---

① 《晋书·礼志中》。

② 韩国河:《简论坡形墓道》,《郑州大学学报(社会科学版)》2000 年第 5 期。

有关河南安阳“曹操高陵”的几个问题

2009 年岁末，河南省文物局公布了安阳西高穴 2 号大墓发掘的阶段性成果，认为这个汉魏时期的大墓属于曹操的高陵，对于这个墓主的定性，社会各界展开了激烈的讨论，充分反映了大家对历史考古文化的高度厚爱和关注。下面就该墓的年代、墓主及相关随葬品的释读、汉魏薄葬习俗的演进谈一点自己的看法，不当之处，请各位同仁教正。

一、西高穴 2 号墓年代的判定

从考古学研究的角度看，对历史时期墓葬的相对年代判定，如果没有确切的纪年铭文，如墓志、镇墓文、印章等确证的物证外，一般可以从三个方面进行推断，墓葬形制、随葬器物组合以及典型器物的类型学分析。其中，铜钱和铜镜是推断汉唐时期墓葬相对年代的标准器物。

资料显示，西高穴 2 号墓是一座带长斜坡墓道、附 4 个耳室的双砖室墓，方向 110°，墓道长近 39. 5 米，宽 9. 8 米，墓道两壁分别有 7 个台阶。墓室墓圹平面呈前宽后窄的梯形，东面最宽处宽 22 米，西面 19. 5 米，东西长 18 米，整个墓葬占地面积 740 平方米左右。

根据目前的钻探和研究，东汉的帝陵一般是带一条南向斜坡墓道的石(砖)室墓①,墓道宽度在10米左右②,带有多层台阶。已经清理的洛阳东汉晚期皇帝早殇女墓墓道宽度仅2米,但墓室的横宽达11.7米,长度为12米③。洛阳发掘的曹魏正始八年(247年)墓,有学者认为是曹魏的陵墓之一④,这是一座斜坡墓道的前后双室墓,前室为四面结顶(四角攒尖),后室为拱券。墓道长23.5米,宽2.7—2.8米,有五级台阶。已经钻探的西晋武帝峻阳陵是一座带斜坡墓道的单室墓,墓道长36米,宽10.2米,墓室宽3米,明显窄于墓道。文帝崇阳陵也是如此,墓道长46米,宽11米,墓室宽3.7米(地铺有砖)⑤。北魏宣武帝景陵也已经发掘,是一座带斜坡墓道的单室砖墓,墓室四壁略外弧,四角攒尖顶,南北6.73米,东西6.92米,墓道长40.6米,宽2.7—2.8米。至此,不难看出东汉至北朝时期的双室陵墓主要流行于东汉至曹魏时期,带多层台阶宽10米左右的墓道主要也流行于汉晋时期,墓室为直边垒砌出四角攒尖式的顶主要流行于东汉晚期至西晋时期。这样,对照西高穴2号墓的墓型特征,其相对年代定在东汉晚期至曹魏时期比较合适。

无独有偶,死于魏青龙二年(234年)的汉献帝葬在河南修武县,《帝王世纪》说汉献帝禅陵"不起坟,深五尺,前堂方丈八尺,后堂方丈五尺,角广六尺"。这种前后室的墓型正是汉魏之际流行的大墓形制。

另外,根据文献记载和出土的遗物证明,西汉帝陵多用"黄肠(枋木芯)题凑"葬制,东汉帝陵的建筑材料多用条石(被称为"黄肠石"),当然,一些高级的大墓往往用特制的砖替代"黄肠石"垒砌墓室,可称为"黄肠砖"。究其变化的原因,除墓葬形制(洞室)的变化外,主要和砌墓便利有关,一方面用石头太费工费时,另一方面又不易加工出"楔

① 韩国河:《东汉帝陵有关问题的探讨》,《考古与文物》2007年第5期。

② 洛阳市第二文物工作队、偃师市文物管理委员会:《偃师白草坡东汉帝陵陵园遗址》,《文物》2007年第10期。

③ 中国社会科学院考古研究所洛阳汉魏城队:《汉魏洛阳城西东汉墓园遗址》,《考古学报》1993年第3期。

④ 罗宗真:《魏晋南北朝考古》,文物出版社2001年版,第77页。

⑤ 中国社会科学院考古研究所洛阳汉魏故城工作队:《西晋帝陵勘察记》,《考古》1984年第12期。

形”等状的特殊券墓石材。西高穴 2 号墓所用近 50 厘米长的大砖，也可视为东汉“黄肠石”的变形和延续。

西高穴 2 号墓出土的器物组合，因为被盗掘了多次，很难进行判断。根据中原汉晋时期墓葬的典型陶器的变化组合，即西汉早期流行仿铜陶礼器鼎、盒、壶、钫，西汉中期开始出现仓、灶、井等模型明器，西汉晚期开始流行案、盘、耳杯等祭奠器，大约在东汉中期开始流行家禽家畜俑类，东汉晚期盛行舞乐百戏和奴仆俑类，曹魏西晋时期明器制度经历了薄葬风潮，不但汉代以来流行的仓厨、家畜、家禽模型明器趋于衰减，铜器、漆器数量亦显著减少。但新兴起了牛车、男女侍俑、武士俑、镇墓兽以及瓷制明器在内的随葬模式。看一下西高穴 2 号墓盗扰后出土的陶灶、耳杯、盘、壶、罐、托盘、盆等器物，明显具有东汉晚期的风格，但是石牌上记录的“香囊”“唾壶”“帐具”“镜台”等又充满了曹魏西晋时期的风尚。该墓还出土了一面铁镜（因文物保护未进行清洗），虽然不知道镜背为何纹饰，但铁镜流行的主要时期也在东汉中晚期至曹魏时期。出土的几枚铜钱，都是五铢钱，从字形上看，“五”和“铢”字的上部都和钱穿等平，“铢”的“金”字四点较长，“朱”字上下笔画呈圆折，体现出东汉五铢的特征。

还有，该墓出土的画像石风格明显不同于南阳和许昌，这种减地线刻的技法可从东汉中晚期山东的画像石特征中去寻找，篇幅所限不再展开述论。

以上，通过对墓葬形制、随葬器物的分析，西高穴 2 号墓的相对时代定为汉魏（魏指曹魏）时期比较符合。

二、西高穴 2 号墓墓主及相关随葬品的释读

目前，发掘者认为西高穴 2 号墓墓主是魏武帝曹操，并公布了六个方面的证据，即王侯级别（出土石圭石璧）、汉魏特征、“因高为基，不封不树”、鲁潜墓志所证及“西门豹祠西原上”、“魏武王常所用”石牌、60 岁左右的男性尸骨等。因为公布的资料比较简略，所以带来了较大的争议。实际上判断墓主为曹操的基本学术推理是：以文献考古

资料为基础,综合其他学科的知识正推得出的结论。

如果反推,这座墓不是曹操的墓,就必须解释石牌上铭文"魏武王"所指的对象是谁。查对文献,因为有后赵建武十一年(345 年)鲁潜墓志(记录魏武帝陵西北角的方位)的存在,其后和"魏武王"相关的人物均不具备对应条件,更何况随葬品指示的相对年代也横亘在时段当中。现在要做出的解释是:为什么带有"魏武王"的石牌要出现在墓葬当中?从时间上讲,曹操建安十八年(213 年)被封魏公,216 年晋爵为"魏王",220 年中正月庚子死后谥号为"武王"(二月丁卯,葬高陵),同年十月曹丕代汉,称太祖武皇帝。这样来看,这批石牌的制作时间只能是 220 年正月庚子至二月丁卯之间。从出土的石牌铭文字体分析,第一,似乎不是一位书写者刻铭,第二,少数铭文有匆匆草写之嫌。后者的表现为字体潦草,刻画浅显且波磔不够规范,如"白绦画卤薄于(遊?)观食厨各一具"等,这些特点正是短时间埋葬所致。

大家知道,《后汉书 · 礼仪志下》明确记载了东汉时期皇帝死后的一系列丧葬礼制,涉及墓圹、棺椁、随葬品等,"东园武士执事下明器。筲八盛,容三升,黍一,稷一,麦一,粱一,稻一,麻一,菽一,小豆一。瓮三,容三升,醯一,醢一,屑一。黍饴。载以木桁,覆以疏布。甒二,容三升,醴一,酒一。载以木桁,覆以功布。瓦镫一。彤矢四,轩輖中,亦短卫。彤矢四,骨,短卫。彤弓一。卮八,牟八,豆八,笾八,形方酒壶八。槃匜一具。杖、几各一。盖一。钟十六,无虡。镈四,无虡。磬十六,无虡。埙一,箫四,笙一,篪一,柷一,敔一,瑟六,琴一,竽一,筑一,坎侯一。干、戈各一,笮一,甲一,胄一。挽车九乘,刍灵三十六匹。瓦灶二,瓦釜二,瓦甑一。瓦鼎十二,容五升。匏勺一,容一升。瓦案九。瓦大杯十六,容三升。瓦小杯二十,容二升。瓦饭槃十。瓦酒樽二,容五斗。匏勺二,容一升"。随葬明器可谓繁多。虽然西高穴 2 号墓出土了对应上述记载的一些"名""物",如铁甲、铁剑、铁镞、陶灶、耳杯、盘、壶、罐、托盘、盆等,但仍然缺乏不少内容(被盗是一个原因),主要和曹操薄葬遗令"敛以时服,无藏金玉珍宝"有关,如上述说用缣帛画一具"卤薄"和"食厨"随葬了事,颇有今日画车、画楼埋葬之风范,薄葬之形象跃然纸上。再观察铭文石牌的形状,刻有"魏武王"字样的石牌都是"圭"状,其他的名物牌都是六边形。前者多书铭"常所用挌虎"大刀、大戟、短矛,意在强调随葬魏武王生前所用武器之显贵,故用"圭"状制作;后者多是衣饰杂物,以六边形牌刻铭,可能是实物、明器或者只是书写物名而葬。这样看来,《晋书·礼志中》所讲"(魏武)豫自制送终衣服四箧,题识其上"也不是虚言。

至于为什么随葬了金银铜铁珠玉之物,主要是合葬及行葬者所致(另文求证)。

另外,铭文中有"丹绡襜襦一"。查《輶轩使者绝代语释别国方言》所载:"汗襦……自关而东谓之甲襦。陈魏宋楚之间谓之襜襦,或谓之襌襦。"也可以视为与魏武家族为亳州人的佐证。

三、汉魏薄葬习俗的演进

笔者在《魏晋时期丧葬礼制的承传与创新》①中认为:"创立'不封不树'之制,是魏晋实行薄葬的重要内容之一。"追溯"不封不树"的原因,主要是和厚葬带来的社会流弊,甚至是直接遭到盗掘有关系,这一点在成书于战国末年的《吕氏春秋》中已经有了充分表述,"自古及今,未有不亡之国也;无不亡之国者,是无不扣之墓也。"对此,经受了秦末汉初动荡的汉文帝刘恒首先倡导了薄葬之风,一是强调不要厚葬,"当今之时,世咸嘉生而恶死,厚葬以破业,重服以伤生,吾甚不取。"二是诏令短丧,"已下,服大红十五日,小红十四日,纤七日,释服。"三是主张"治霸陵皆以瓦器,不得以金银铜锡为饰,不治坟,欲为省,毋烦民"。② 比较而言,这三层薄葬的内涵都被其后的刘秀和曹操有不同程度的继承。

从考古发现看,刘秀原陵和曹操高陵的薄葬仍然是一种相对程度的薄葬,刘秀的原陵除了修建有大规模的陵寝建筑外,汉明帝还为其

① 韩国河:《魏晋时期丧葬礼制的承传与创新》,《文史哲》1999 年第 1 期。
② 《史记·孝文本纪》。

修筑了高大的封土[1]；曹操的高陵修建时不仅有园寝建筑，发掘表明墓穴内也随葬了不少物品，不同的是没有了高大的封土。因此，真正意义的薄葬（三层内涵的实施），应从曹魏建国开始，即曹丕终制说“寿陵因山为体，无为封树，无立寝殿，造园邑，通神道”[2]，其后“（晋）宣帝豫自于首阳山为土藏，不坟不树，作《顾命终制》，敛以时服，不设明器”[3]。

那么，从薄葬习俗层面对西高穴 2 号墓曹操高陵的评价是：承前（汉制）启后（晋制）。除不为封树，墓葬形制构成要素简化之外，突出的表现是“汉礼明器甚多，自是皆省矣”。

（原刊于《中国文物报》2010 年 2 月 12 日）

---

① 洛阳市第二文物工作队：《洛阳邙山陵墓群的文物普查》，《文物》2007 年第 10 期。

② 《三国志·魏书·文帝纪》。

③ 《晋书·礼志中》。

动态解析曹操高陵

2009年年底,河南安阳县安丰乡西高穴二号墓被认定为曹操高陵,毫无疑问,曹操高陵的发现对于广义历史学的研究提供了一个划时代的文化宝库。然而,曹操墓的认定也带来了不少的质疑和商榷,作为两次参与过"曹操高陵论证会"的考古学者,我在之前的文章《关于河南安阳"曹操高陵"的几个问题》中,重点考证了二号墓的年代、墓主的认定和汉魏薄葬习俗等方面的内容。关于年代,我以为"其相对年代定在东汉晚期至曹魏时期比较合适","至于为什么随葬了金银铜铁珠玉之物,主要是合葬及行葬者所致",进而认为"汉礼明器甚多,自是皆省矣"。这里想再作一点补充,并从学术探讨的角度对曹操高陵的疑惑给予动态释读。

一、关于曹操高陵的合葬

曹操高陵的认定证据除墓葬形制和随葬品器物特征外,最关键的是出土了带有"魏武王"铭文的石牌与发现了后赵时期《鲁潜墓志》,无独有偶,《三国志・魏书》中记载的高陵位置也与之相吻合。因此,一些"质疑者"瞄准了石牌和《鲁潜墓志》,大肆渲染其时代的真实性。大家知道,学术的探讨必须建立在实事求是基础之上,把不诚实的考古资料作为前提,任何探讨都失去了意义。这是超出学术研究范围的议论,相信随着二号墓考古资料的公开发表、科学的历史调查和时间的考验,这些"质疑者"不是问题的问题都会迎刃而解。

从学术的眼光看，目前，考古发现的曹操高陵遇到的最大问题之一是《三国志》中明确记载卞皇后与曹操合葬，卞氏死时 70 岁或 71 岁，但是二号墓出土的两具女性尸骨的年龄鉴定最大者与之相差 20 余岁，根本无法对应。根据考古钻探，围绕一、二号墓的周围发现了陵园墙，陵园呈方形，面积 8934 平方米，北、南、东三面均发现有陵园墙，东墙外面还有一条壕沟。西北部分布着陪葬墓。陵园内有两座大墓，二号墓专家已推断为曹操墓，一号墓经过发掘基本上排除了是卞氏墓的可能性（根据观察，我认为是一座未建成的废弃墓）。两汉时期帝陵合葬有三种模式，"同茔不同陵"（两个相近陵园）、"同茔同陵"（一个陵园内两个并穴墓）和"同陵同穴"。据东汉时期的文献记载，大多帝王帝后采取的是同陵同穴合葬，也就是说卞氏很有可能合葬到二号墓中，因为二号墓严重被盗，很多人骨重要的信息消失殆尽（是否还有其他人骨已被盗出成为未知），如果墓葬中发现的两个女性中有卞氏的可能，年龄鉴定的拟合是必须进行的一个环节。卞氏如果不在二号墓中，就要寻找另外的卞后陵园或墓葬。

当然，如果说二号墓存在有卞氏的合葬，二号墓显示的时代信息就是公元 220 年下葬了曹操，公元 230 年又合葬了卞氏，那么，二号墓的年代自然就跨越了东汉曹魏两个朝代，里面的随葬品应当可以分成两组，年代上有 10 年的差别（不过，陶器 10 年的差别很难判断）。这样，二号墓出土了金器、玛瑙等似乎违背曹操遗令"敛以时服，无藏金玉珍宝"的贵重随葬品就有了合适的解释，即不是曹操本人的随葬品。从目前的考古发掘情况看，二号汉墓墓道的两侧存在两类不同的磬状坑和长（方）坑，一号墓墓道两侧只有长（方）坑，预示出二号墓使用年代的前后不同，这些坑究竟是一次同时使用或者是两次不同时使用，有待于考古发掘的最后判定。

二、关于随葬品的世俗化倾向

二号墓曹操高陵出土了许多盆盆罐罐，不乏猪圈、水井等生活化的随葬品，随葬器物石牌铭文中，赫然写着"木墨行清（厕所）""竹簪""竹翣""黄蜜金""白蜜银""亿巳钱""樗蒲"等极其世俗化的用品和游戏物类。对于曹操高陵的随葬品，与当时约三种人的意见相关：一是皇帝的赏赐物，二是曹操本人认为要随葬的东西，三是曹氏家室及明器制作者的物品。文献中记载曹操多次得到了汉献帝的赏赐，如"改授金玺，赤绂、远游冠"，这部分随葬品因为曹操本人遗诏"敛以时服，无藏金玉珍宝"的约束可能没有放入墓室。曹操本人"豫自制送终衣服四箧，题识其上"[①]的意见可能和石牌铭文上的"白绮裙""丹绡襜襦""黄绫袍"等记载相关。至于曹氏家室及明器制作者的意思大概分成两层，一层是表现曹操魏王身份的，一层就是当时社会民众随葬普及化的东西，也就是任何人在来世中都需要的物品。如是，出土的鼎、圭、璧等就代表了曹操的"帝(王)位"特征，而案、几、杯、盘、罐、壶等生活用器则成为一个时代随葬思想在曹操墓中的印记。

值得注意的是，曹操高陵的随葬品埋葬出现了三种形式，一种是实用器埋葬，如铁镜、铁甲、铁剑、铁镞、铁帐架等，包括石牌铭文所提到的"魏武王常所用挌虎大戟"等；一种是仿实物制作的明器类，出土的大多属陶器类都属于此；一种是墓中没有真正的实物或明器出土，只是标明了来世中可以使用这些东西，类似于今日农村丧葬中埋放大额存款折的现象，如"竹簪五千""亿巳钱五万""白缣画卤薄于(或游)观食厨各一具"。可见，"汉礼明器甚多，自是皆省矣"[②]的记载决不是虚言，考古发现曹操高陵的薄葬特点也与文献记载相符。

三、今后考古调查中应注意的问题

根据文献的记载，曹丕即位以后对高陵进行了几次大的干预，从公元220年"二月丁卯"开始，"魏武葬高陵，有司依汉立陵上祭殿"。曹丕在同年十月"及受禅，刻金玺，追加尊号，不敢开埏，乃为石室，藏玺埏首，以示陵中无金银诸物也"[③]。也就是说，除原先修建的陵园墙

① 《晋书·礼志中》。
② 《晋书·礼志中》。
③ 《晋书·礼志中》。

和祭殿以外，又在墓道上或墓道前修建了一座石头房子。那么，这个房子是否是带有画像的石头建筑，值得进一步勘察。之后不久，曹丕为了羞辱投降变节的于禁，“欲遣使吴，先令北诣邺谒高陵。帝使豫于陵屋画关羽战克、庞德愤怒、禁降服之状。（于）禁见，惭恚发病薨”[①]。可见，陵物建筑中有壁画的存在。“至文帝黄初三年，乃诏曰：‘先帝躬履节俭，遗诏省约。子以述父为孝，臣以系事为忠。古不墓祭，皆设于庙。高陵上殿皆毁坏，车马还厩，衣服藏府，以从先帝俭德之志’”[②]。这是一次很大的破坏，但并不是拆除了所有的陵园建筑，陵园墙的发现已经证明了这一点。

再者，曹操遗令：“古之葬者，必居瘠薄之地。其规西门豹祠西原上为寿陵，因高为基，不封不树。周礼冢人掌公墓之地，凡诸侯居左右以前，卿大夫居后，汉制亦谓之陪陵。其公卿大臣列将有功者，宜陪寿陵，其广为兆域，使足相容”[③]。据勘察，考古队在陵园的后（西）侧已经探出了一座东向的墓。前些时，洛阳公布的曹魏时期的曹休墓也是一座东向的墓，20 世纪 70 年代清理的亳县曹氏宗族墓中也不乏东向。说明墓葬的东向成为曹魏区别于东汉、西晋帝陵的显著特征，这一点对今后洛阳曹魏帝陵的发现以及曹操陵园陪葬墓的判断都具有重要参考价值。顺言之，如果出于学术研究及文物保护的需要，对高陵陵园内已经遭到破坏的小型陪葬墓不妨选定一两座再进行科学的发掘，以求得精确的历史信息。

还有，众所周知，西门豹祠是一个重要参考坐标，也值得进一步考古勘探发掘验证。

最后，我想说的是，随着考古工作的进一步深入，文献记载的汉魏时期曹操高陵陵园的诸多组成要素会逐渐浮现出来，曹操高陵的证据链条将更加清晰。

（原刊于《中国社会科学报》2010 年 9 月 7 日）

---

① 《三国志·魏书·于禁传》。
② 《晋书·礼志中》。
③ 《三国志·魏书·武帝纪》。

三国时期墓葬特征述论

历史上三国时期多指从 220 年曹丕废汉献帝始,263 年蜀国灭亡,265 年司马炎建立西晋,280 年东吴投降西晋,至此三国时代统一。毫无疑问,这一时期承接了两汉和西晋(东吴晚期与之并行)两个时段,为汉晋文化的过渡阶段。20 世纪 50 年代以来,全国各地公布的三国时期墓葬资料颇为丰富,据不完全统计有近百座,其中有明确纪年的墓葬近 20 座,为研究该时期的墓葬特征、文化属性等方面提供了弥足珍贵的资料。

一、曹魏墓葬的特征

目前所发现的曹魏墓的资料较为丰富,最有代表性的为河南安阳西高穴曹操墓①、洛阳曹魏“正始八年”墓②、曹休墓③和山东东阿县曹植墓④,

① 河南省文物考古研究所等:《河南安阳市西高穴曹操高陵》,《考古》2010 年第 8 期。

② 洛阳市文物工作队:《洛阳曹魏正始八年墓发掘报告》,《考古》1989 年第 4 期。亦有学者提出此墓时代为西晋早期。朱亮、李德方:《洛阳魏晋墓葬分期的初步研究》,载叶万松主编:《洛阳考古四十年——一九九二年洛阳考古学术研讨会论文集》,科学出版社 1996 年版。

③ 严辉:《曹操墓与曹休墓的比较与研究》,《中国文物报》2010 年 9 月 17 日第 5 版。

④ 刘玉新:《山东省东阿县曹植墓的发掘》,《华夏考古》1999 年第 1 期。

此外，在陕西西安[1]、湖北襄阳[2]、洛阳东郊[3]与偃师[4]、甘肃嘉峪关[5]、辽宁瓦房店[6]、青海互助[7]、甘肃武威[8]等地均有发现。

曹魏时期的墓葬多为砖室墓，一般由墓道、甬道、前室、过道、后室几部分组成，通常在甬道或前室的两侧分别有侧室或耳室。墓道基本为长斜坡，甬道为拱券，主墓室平面呈方形，大多为穹隆顶结构，也有少量的券顶和四角攒尖顶。现依据墓室的多少将曹魏墓葬分为三型：

A 型。多室墓。墓室主要分前、中、后三室，甬道的东西两侧各有一耳室，前室和中室平面基本呈方形，四边略弧，顶部为四隅券进式穹隆顶，后室平面呈纵长方形，为双层券顶。如湖北襄阳城的三国多室墓（图 1）[9]。

B 型。双室墓。墓室分前室和后室，目前所发现的曹魏墓葬多属此类。前室平面呈方形，顶部为四边券进式穹隆顶，前室两侧各有一耳室，前后室之间有过道，后室为纵长方形，券顶。如洛阳曹魏正始八年墓（图 2）[10]。此外，有的墓室顶部为四角攒尖顶，如安阳西高穴曹操墓。

C 型。单室墓。仅有一座墓室，墓室平面基本呈方形，顶部为穹隆顶。如青海互助县高寨魏晋墓 M1（图 3）[11]。

---

① 俞伟超：《西安白鹿原墓葬发掘报告》，《考古学报》1956 年第 3 期；西安市文物保护考古所：《西安三国曹魏纪年墓清理简报》，《考古与文物》2007 年第 2 期；西安市文物保护考古所：《西安东汉墓》，文物出版社 2009 年版。

② 襄樊市博物馆：《湖北襄阳城内三国时期的多室墓清理报告》，《江汉考古》1995 年第 3 期。

③ 洛阳市文物工作队：《洛阳市东郊两座魏晋墓的发掘》，《考古与文物》1993 年第 1 期。

④ 中国社会科学院考古研究所河南第二工作队：《河南偃师杏园村的两座魏晋墓》，《考古》1985 年第 8 期。

⑤ 嘉峪关文物清理小组：《嘉峪关汉画像砖墓》，《文物》1972 年第 12 期。

⑥ 大连市马圈子汉魏晋墓地考古队：《辽宁瓦房店市马圈子汉魏晋墓地发掘》，《考古》1993 年第 1 期。

⑦ 青海省文物考古研究所：《青海互助县高寨魏晋墓的清理》，《考古》2002 年第 12 期。

⑧ 武威地区博物馆：《甘肃武威南滩魏晋墓》，《文物》1987 年第 9 期。

⑨ 襄樊市博物馆：《湖北襄阳城内三国时期的多室墓清理报告》，《江汉考古》1995 年第 3 期。

⑩ 洛阳市文物工作队：《洛阳曹魏正始八年墓发掘报告》，《考古》1989 年第 4 期。

⑪ 青海省文物考古研究所：《青海互助县高寨魏晋墓的清理》，《考古》2002 年第 12 期。

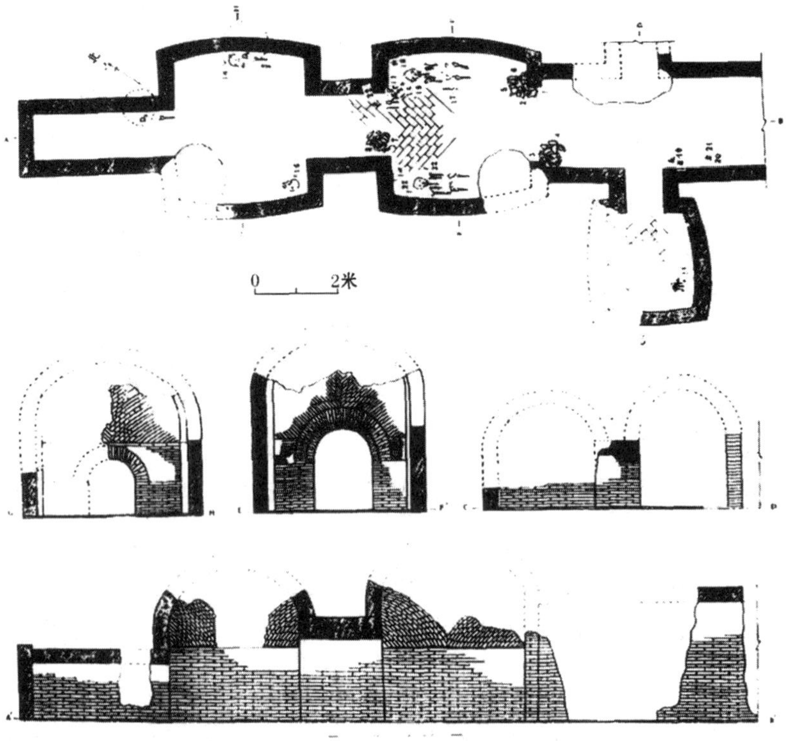

图1　A型曹魏墓(湖北襄阳城三国多室墓)

在随葬品方面,曹魏墓同东汉墓相比,陶器组合基本沿用了东汉时期的特征,在形制方面也并无太大变化,只是在制作上较为粗糙。鼎、壶、钵、奁盒、案、碗、耳杯、灶、井以及家禽家畜俑等东汉时期常见的组合依然存在,新出现的器物有多子槅、空柱盘、四系罐、双系罐、男女仆俑、帷帐等(图4),而西晋时期颇为流行的牛车、盘口壶、鸡首壶、牛形镇墓兽等几乎不见。镜类中常见有长宜子孙镜、位至三公镜、凤纹镜、神兽镜、龙虎镜、变形四叶纹镜,其中位至三公镜是西晋时期最为流行的镜类,由东汉双头龙凤镜演变而来①。铜钱多为东汉五铢,也见有少量的货泉、大泉五十等,河南偃师杏园村M6出土有宽廓五铢,发掘者认为这种钱币与东汉晚期、西晋时期的五铢钱差别较大②。

① 徐苹芳:《三国两晋南北朝的铜镜》,《考古》1984年第6期。
② 严辉:《曹操墓与曹休墓的比较与研究》,《中国文物报》2010年9月17日。

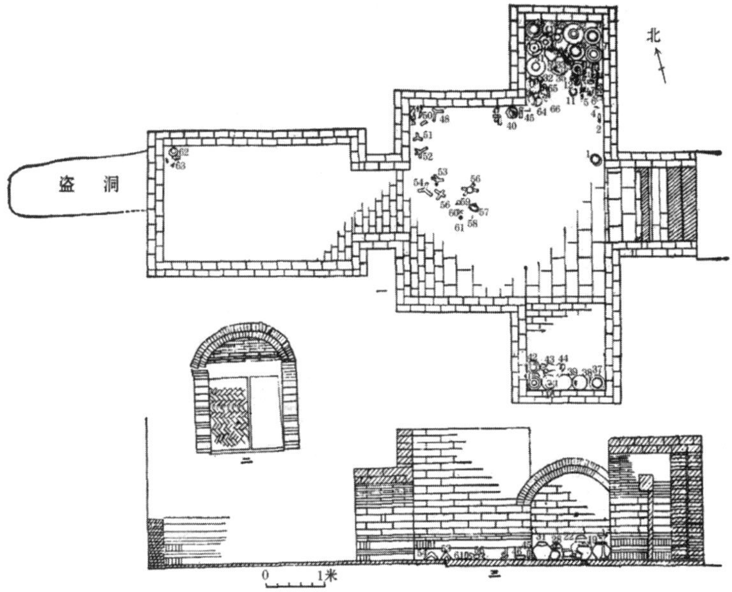

图 2　B 型曹魏墓（洛阳曹魏正始八年墓）

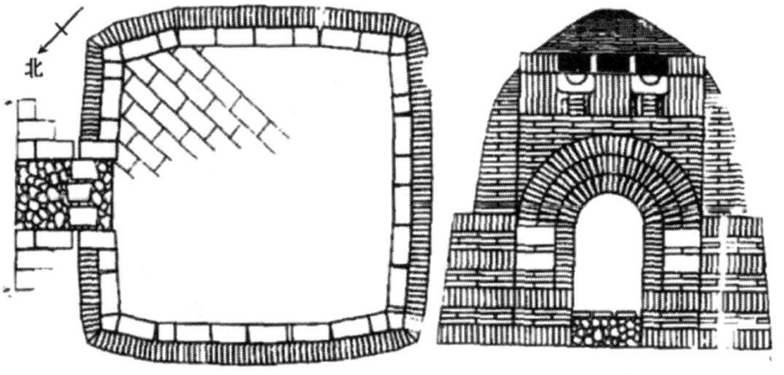

图 3　C 型曹魏墓（青海互助县高寨魏晋墓 M1）

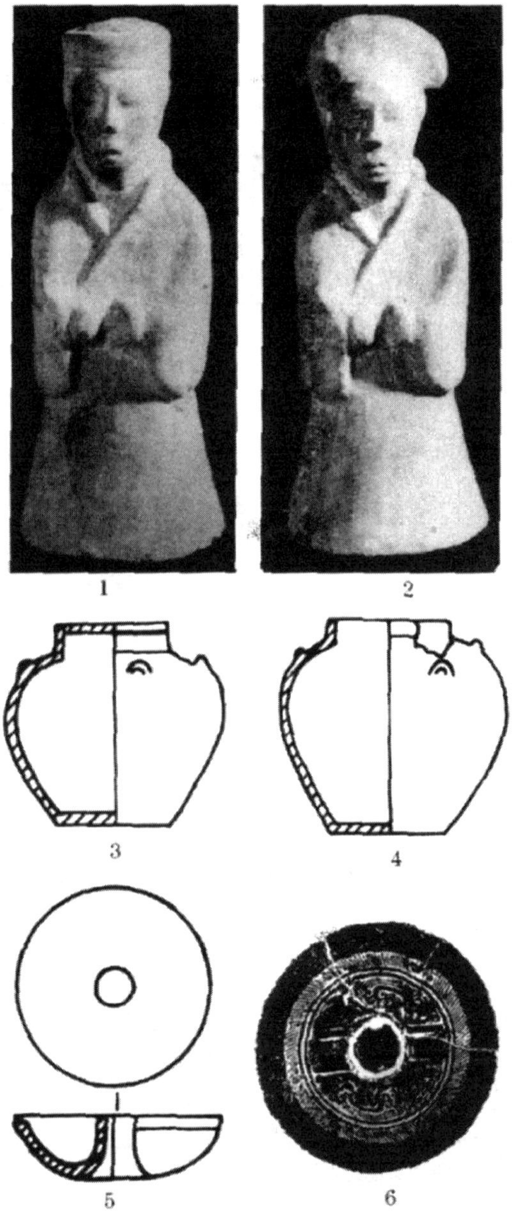

图4　曹魏墓葬中新出现的器物

1. 男俑（洛阳正始八年墓）　2. 女俑（洛阳正始八年墓）　3. 四系罐（东阿县曹植墓）　4. 双系罐（东阿县曹植墓）　5. 空柱盘（东阿县曹植墓）　6. “位至三公”镜（洛阳东郊 M178）

二、东吴墓葬的特征

三国时期墓葬材料最为丰富者为东吴墓葬，墓葬分布较为广泛，北至安徽，南至湖南及两广地区。据目前发现的墓葬材料来看，主要集中于湖北武昌①、江苏南京②以及安徽马鞍山③一带。此外，江西也发现了数座东吴墓葬④。

目前发现的东吴墓形制多样，但大多没有公布墓道材料。资料详细者如江夏流芳东吴墓⑤和南京江宁上坊孙吴墓⑥，为我们提供了少有的宝贵资料。这两座墓的墓道呈长斜坡状，与曹魏墓几无区别。东吴墓中常发现有排水设施，通常位于甬道中部，祭台也较为普遍，多见

---

① 鄂城县博物馆：《湖北鄂城四座吴墓发掘报告》，《考古》1982 年第 3 期；鄂城县博物馆：《鄂城东吴孙将军墓》，《考古》1978 年第 3 期；湖北省文物管理委员会：《武昌莲溪寺东吴墓清理简报》，《考古》1959 年第 4 期；湖北省文物考古研究所：《湖北赤壁古家岭东吴墓发掘报告》，《江汉考古》2008 年第 3 期；武汉市博物馆、江夏区文物管理所：《江夏流芳东吴墓清理发掘报告》，《江汉考古》1998 年第 3 期。

② 南京市博物馆、江宁县博物馆：《南京东善桥“凤凰三年”东吴墓》，《文物》1999 年第 4 期；南京市博物馆：《江苏南京邓府山吴墓和柳塘村西晋墓》，《考古》1992 年第 8 期；南京市博物馆：《江苏南京市北郊郭家山东吴纪年墓》，《考古》1998 年第 8 期；李蔚然：《南京六朝墓葬》，《文物》1959 年第 4 期；南京博物院、南京市博物馆：《南京栖霞山甘家巷六朝墓群》，《考古》1976 年第 5 期；南京博物院：《江苏溧阳孙吴凤凰元年墓》，《考古》1962 年第 8 期；南京市博物馆：《南京郊县四座吴墓发掘简报》，《文物资料丛刊(8)》，文物出版社 1983 年版；南京市博物馆：《南京唐家山孙吴墓》，《东南文化》2001 年第 11 期；南京市博物馆等：《南京窑岗村 30 号孙吴墓发掘简报》，《东南文化》2009 年第 1 期。

③ 安徽省文物考古研究所、马鞍山市文化局：《安徽马鞍山东吴朱然墓发掘简报》，《文物》1986 年第 3 期；马鞍山市文物管理所：《安徽省马鞍山市东吴朱然家族墓发掘简报》，《东南文化》2007 年第 6 期；马鞍山市博物馆：《安徽马鞍山寺门口东吴墓发掘简报》，《东南文化》2007 年第 3 期；安徽省文物考古研究所：《安徽马鞍山市佳山东吴墓清理简报》，《考古》1986 年第 5 期。

④ 秦光杰：《江西南昌市郊吴永安六年墓》，《考古》1965 年第 5 期；江西省博物馆：《江西南昌东汉、东吴墓》，《考古》1978 年第 3 期；江西省历史博物馆：《江西南昌市东吴高荣墓的发掘》，《考古》1980 年第 3 期；唐昌朴：《江西南昌东吴墓清理简记》，《考古》1983 年第 10 期；李希朗：《江西吉水富滩东吴墓》，《南方文物》1996 年第 3 期；夏金瑞、施昌康：《信丰县小甲背东吴墓清理简报》，《南方文物》1984 年第 2 期。

⑤ 武汉市博物馆、江夏区文物管理所：《江夏流芳东吴墓清理发掘报告》，《江汉考古》1998 年第 3 期。

⑥ 南京市博物馆、南京市江宁区博物馆：《南京江宁上坊孙吴墓发掘简报》，《文物》2008 年第 12 期。

于前室内。现根据其平面形状可将其大致分为二型。

A 型。平面呈双“凸”字形,该型墓基本由甬道、前室、过道和后室组成,通常在前室内设有祭台,砖砌而成,多位于前室靠近过道的两侧,也有将其砌在耳室内的,后室见有棺床。根据前室平面形状的不同可将其分为二亚型。

Aa 型。前室为横前堂,后室呈纵长方形,前后室的顶部多为双层券顶,也见有单层券顶。如湖北鄂城东吴孙将军墓(图 5)①。

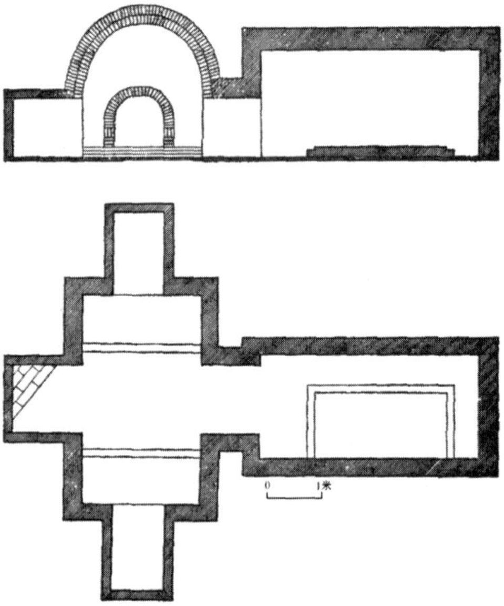

图 5 Aa 型东吴墓(鄂城东吴孙将军墓)

Ab 型。前室呈方形,后室为纵长方形。根据前室顶部的结构变化将其分为二式。

Ⅰ式。前室顶部为四边券进式穹隆顶,后室为券顶,如南京市北郊东吴纪年墓 M6②。有的穹隆顶棱角较为明显,形成四角攒尖顶,如江苏金坛县方麓东吴墓(图 6)③。

① 鄂城县博物馆:《鄂城东吴孙将军墓》,《考古》1978 年第 3 期。

② 南京市博物馆:《江苏南京市北郊郭家山东吴纪年墓》,《考古》1998 年第 8 期。

③ 常州市博物馆、金坛县文管会:《江苏金坛县方麓东吴墓》,《文物》1989 年第 8 期。

Ⅱ式。前室顶部为四隅券进式穹隆顶，后室多为券顶。如南京江宁上坊孙吴墓(图7)①。

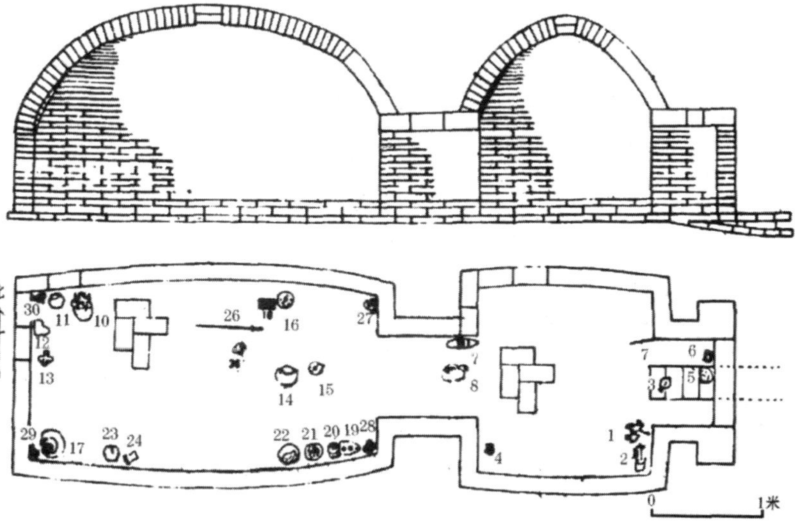

图6　Ab型Ⅰ式东吴墓(江苏金坛县方麓东吴墓)

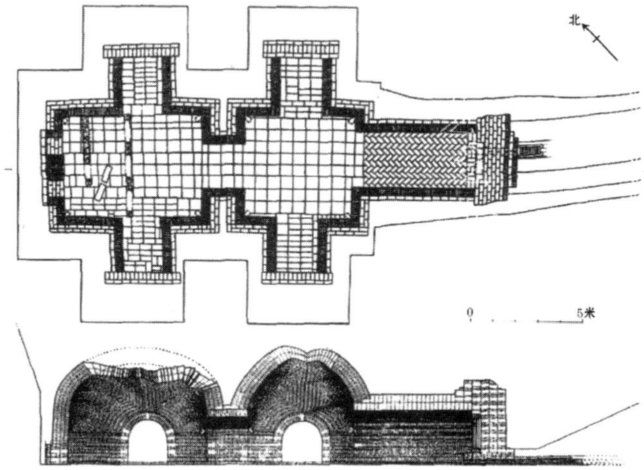

图7　Ab型Ⅱ式东吴墓(南京江宁上坊孙吴墓)

① 武汉市博物馆、江夏区文物管理所:《江夏流芳东吴墓清理发掘报告》,《江汉考古》1998年第3期。

B型。平面呈凸字形。墓葬由封门、甬道和墓室组成,墓室平面为纵长方形,顶部多为双层券顶,如安徽马鞍山市佳山东吴墓清理简报(图8)①。

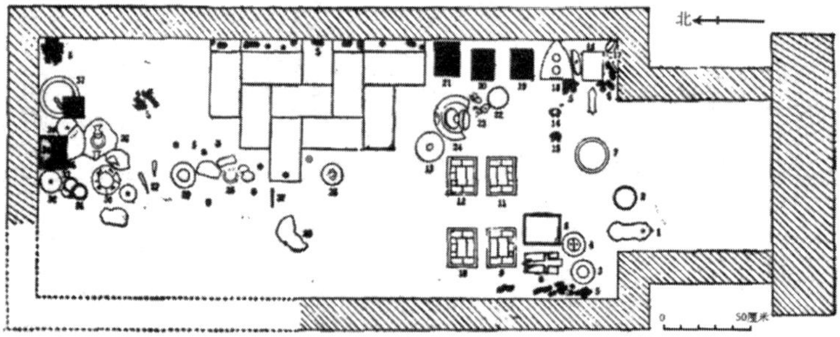

图8 B型东吴墓(安徽马鞍山市佳山东吴墓)

随葬品主要有三类。第一类为漆器,自东周时期漆器就成为该地区较有特色的一类随葬品,从其器物的种类和形制上看,同汉代没有太大区别。第二类为陶瓷器,家禽家畜俑、仓、灶、井、案、耳杯等沿袭了东汉的风格,其中青瓷器作为随葬品在数量上已经超过了陶器。以朱然墓为例,青瓷器有33件,而陶器则只有18件,青瓷器的种类多为生活实用器,常见的有碗、盘、盏、壶、灯、罐、熏等②,与东汉时期相比,大量出现并开始流行的器型有四系罐、双系罐、盘口壶、多子槅、牛车、牛形镇墓兽等(图9)。第三类为青铜器,大多保存不好,其中铜镜和铜钱数量较多,且保存状况良好,铜镜多为神兽镜(图9,6),还见有少量的简易博局纹镜。铜钱方面,种类繁多,除数量最多的东汉五铢外,还有大泉当千、直百五铢、定平一百、太平金百、太平百钱、大泉五百等。杨泓先生曾对朱然墓出土的钱币作了较为详细的研究,大泉五百和大泉当千为孙权所铸;直百五铢为蜀钱,传为刘备接受刘巴建议而铸;至于太平百钱和定平一百,杨泓先生认为这两种钱为三国时期的

① 安徽省文物考古研究所:《安徽马鞍山市佳山东吴墓清理简报》,《考古》1986年第5期。

② 安徽省文物考古研究所、马鞍山市文化局:《安徽马鞍山东吴朱然墓发掘简报》,《文物》1986年第3期。

钱币，而非之前所说的西晋时期赵廞和李雄据蜀时所铸[①]。东吴最具特色的器物是堆塑罐（图9,7），也有学者称之为魂瓶[②]，堆塑罐是由该地区东汉早期的五联罐发展而来，到了东吴时期堆塑内容达到繁荣，其中的佛像更是研究我国早期佛教的重要资料。

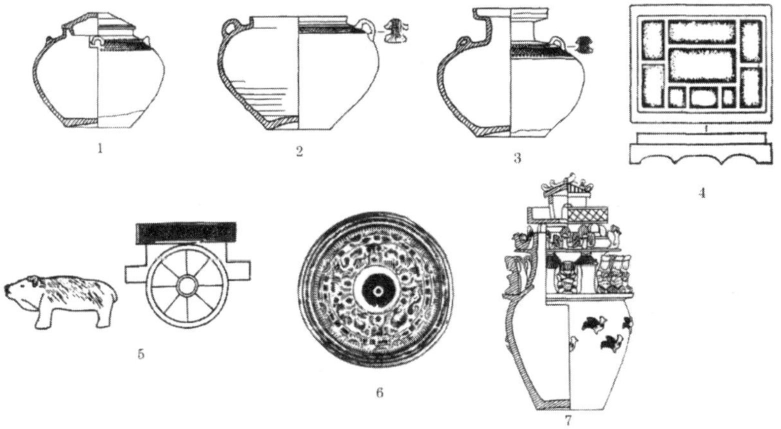

图9　东吴墓葬新出现的器物

1. 四系罐（南京江宁上坊孙吴墓）　2. 双系罐（南京江宁上坊孙吴墓）　3. 盘口壶（南京江宁上坊苏吴墓）　4. 多子槅（安徽马鞍山市佳山东吴墓）　5. 牛车（鄂城东吴孙将军墓）　6. 神兽镜（安徽马鞍山东吴朱然墓）　7. 堆塑罐（南京市东善桥“凤凰三年”东吴墓）

三、蜀汉墓葬的特征

蜀汉墓葬目前发现不多，公布的材料有四川崇庆县五道渠蜀汉墓[③]、四川凉山西昌蜀汉墓[④]、四川忠县涂井蜀汉崖墓[⑤]、巴县白市驿蜀

---

① 杨泓：《三国考古的新发现——读朱然墓简报札记》，《文物》1986年第3期。

② 张拯亢：《绍兴出土古物调查记》，《文澜学报》1936年三卷二期；江苏文管会：《南京六朝墓出土文物选集》，上海美术人民出版社1959年版。

③ 四川省文物管理委员会：《四川崇庆县五道渠蜀汉墓》，《文物》1984年第8期。

④ 凉山州博物馆：《四川凉山西昌发现东汉、蜀汉墓》，《考古》1990年第5期。

⑤ 四川省文物管理委员会：《四川忠县涂井蜀汉崖墓》，《文物》1985年第7期。亦有学者讨论崖墓时代应该在蜀汉与六朝时期。见钟治、韦正：《忠县涂井崖墓的时代与相关问题》，《东南文化》2008年第3期。

汉砖室墓[①]和四川新繁魏晋时期的墓葬[②]、陕西城固蜀汉墓[③]等。目前发现的蜀汉墓葬中大多为崖墓,也有少量的砖室墓。

罗二虎先生曾对四川地区的崖墓进行了系统的研究[④]。蜀汉时期的崖墓形制多样,同东汉中晚期相比,大中型墓葬的比例减小,小型墓的比例较大,且墓葬中基本见不到画像;西晋时期的墓葬规模进一步缩小,主要流行单室墓和刀形墓,墓中出现了棺床。蜀汉时期的崖墓起到了承上启下的作用。

现根据其墓室数量的多少将其分为三型。

A 型。多室墓,由墓道、甬道、前室、后室组成,有的后室加宽,中部以岩壁隔开形成两后室,也有的墓葬将后室加深形成中、后两室,这类墓葬的代表为四川忠县涂井 M9(图 10)[⑤]。

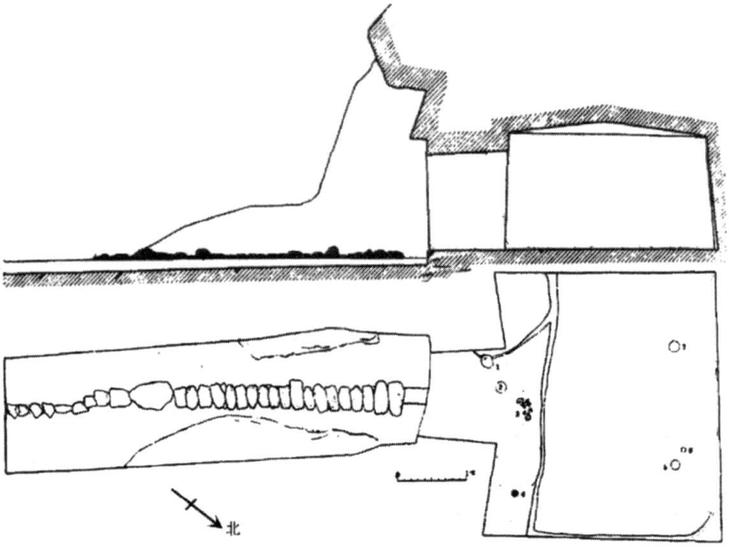

图 10 A 型蜀汉崖墓(四川忠县涂井 M9)

B 型。双室墓,由墓道、甬道、前室和后室组成,前、后室均呈横长

---

① 李国良:《巴县白市驿发现蜀汉砖室墓》,《四川文物》1994 年第 5 期。

② 匡远滢:《四川新繁发现魏晋时代的墓葬》,《文物参考资料》1955 年第 8 期。

③ 王寿芝:《陕西城固蜀汉墓葬清理记》,《考古与文物》1992 年第 3 期。

④ 罗二虎:《四川崖墓的初步研究》,《考古学报》1988 年第 2 期。

⑤ 四川省文物管理委员会:《四川忠县涂井蜀汉崖墓》,《文物》1985 年第 7 期。

形，弧形顶，有的墓中见有贯穿墓道、甬道及前室的排水沟，如四川忠县涂井 M5①。（图 11）

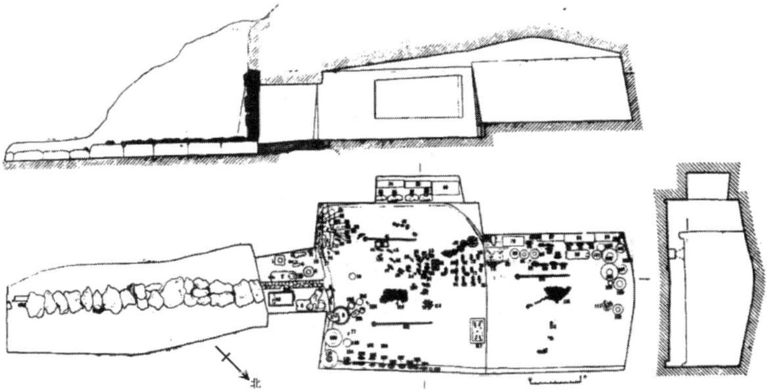

图 11　B 型蜀汉崖墓（四川忠县涂井 M5）

C 型。单室墓，墓葬由墓道、甬道和墓室三部分组成，墓室平面呈横长方形，弧形顶，四壁上凿刻有编织纹，个别墓道正中修有排水沟，如四川忠县涂井 M4②。（图 12）

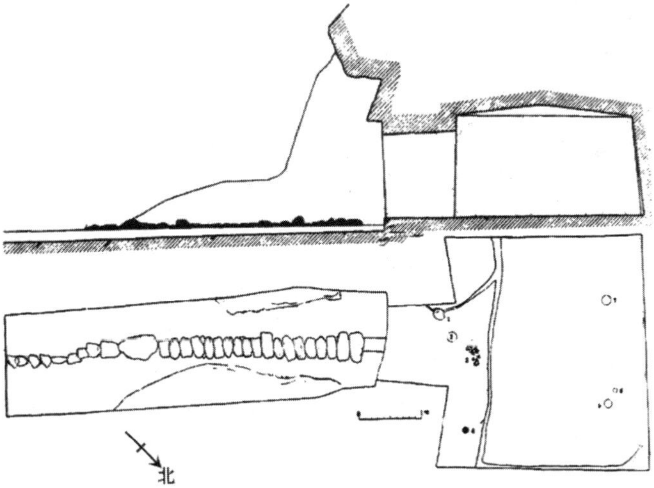

图 12　C 型蜀汉崖墓（四川忠县涂井 M4）

① 四川省文物管理委员会：《四川忠县涂井蜀汉崖墓》，《文物》1985 年第 7 期。

② 四川省文物管理委员会：《四川忠县涂井蜀汉崖墓》，《文物》1985 年第 7 期。

蜀汉时期的墓葬也发现有少量的砖室墓，这类墓葬的平面呈凸字形，由墓门、甬道和墓室组成，墓室呈长方形，券顶，如四川崇庆县五道渠蜀汉墓（图 13）①。有的墓葬的甬道中还有一条砖砌的三角形排水沟，如四川凉山西昌的蜀汉墓②。蜀汉时期的砖室墓同东汉中晚期相比，墓葬规模减小，墓内的设置也减少，如壁龛、排水沟等设施均不见。

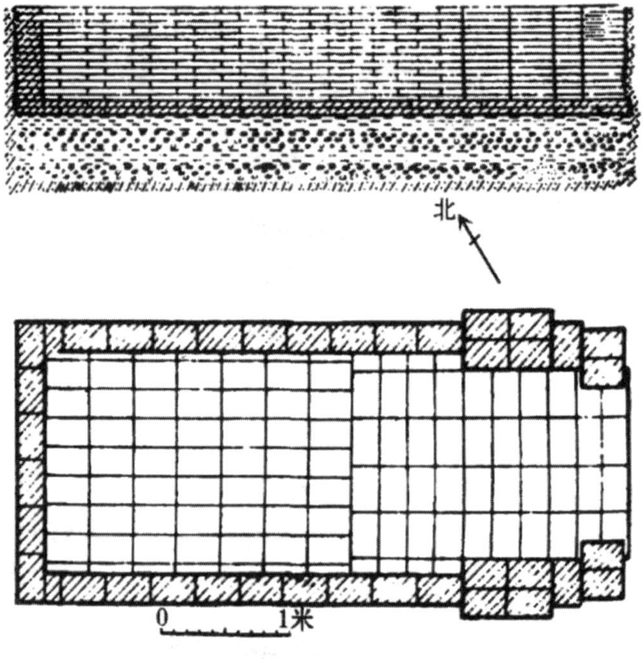

图 13　四川崇庆县五道渠蜀汉墓

随葬品可分为陶器、瓷器和铜器三大类。陶器中的生活实用类器物与东汉晚期相差无几，主要有敞口罐、敛口罐、广口罐、甑、釜、壶、盆、钵、碗、碟等，新出现了双系罐和四系罐，模型明器有灶、井、屋、水塘等，但不见仓。俑类在蜀汉墓葬中仍占有相当大的比例，但从整体上看其种类少于东汉晚期，家禽家畜俑类仍然盛行，乐伎俑、牵马俑、庖厨俑、持箕俑、持铲俑、武士俑等大体沿袭了东汉晚期的风格，但从

① 四川省文物管理委员会：《四川崇庆县五道渠蜀汉墓》，《文物》1984 年第 8 期。

② 凉山州博物馆：《四川凉山西昌发现东汉、蜀汉墓》，《考古》1990 年第 5 期。

制作上看,部分器物略显粗糙、形制较小,此外不见西王母俑。有的抚琴俑、吹箫俑、持镜俑等的额前眉际有类似佛教的“白毫相”,这是该时期新出现的特点(图 14:1、2)。瓷器均为青瓷器,且多为实用器,常见的器型有碗、碟、坛、洗、盘口壶、四系罐、唾壶、蛙式水盂等,其中与东汉晚期相比,新出现的器型为盘口壶、四系罐、唾壶、蛙式水盂(图 14:3—6)。铜器有釜、锅、甑、灯、案、洗、马、耳杯、摇钱树等,其中摇钱树是该地区的特色,东汉早期开始出现,一直流行至东汉晚期。此外还有大量的铜钱出土,铜钱除有东汉五铢、货泉、半两钱外,新出现了直百五铢、蜀五铢、太平百钱、定平一百和平五铢。

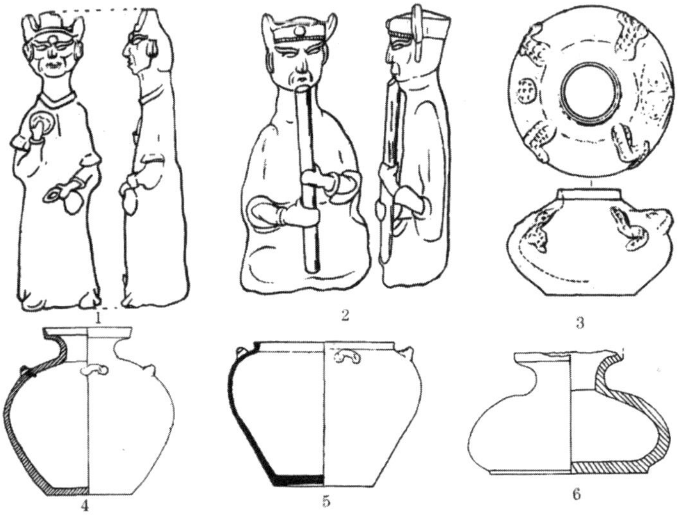

图 14　蜀汉墓葬新出现的器物

1. 持镜俑(四川忠县涂井 M5:66)　2. 吹箫俑(四川忠县涂井 M5:127)
3. 盘口壶(四川忠县涂井 M13:17)　4. 四系罐(四川忠县涂井 M6:6)
5. 唾壶(四川忠县涂井 M6:2)　6. 蛙式水盂(四川忠县涂井 M9:16)

四、三国时期墓葬构筑特点

三国时期墓葬的建筑特点同东汉时期相比有了较大的改变,突出表现在曹魏和东吴地区,而蜀汉地区多为崖墓,风格保持了东汉时期的特点,只是在规模方面明显缩小。

目前发现的三国砖室墓一般由斜坡墓道、甬道、前室、过道和后室组成，其中前室的平面形状多为方形，前后室中部有较长的过道，后室基本为纵长方形。这与东汉时期的横前堂有了很大的变化，也是向西晋时期方形墓室的过渡。此外，长过道在东汉时期也较为少见，东吴墓葬中普遍存在有棺床，一般位于后室的一侧。

该时期墓壁的砌法和地砖的铺法均有一定的特色，大致可分为两种，一为横砌至起券处，另一种为自底部开始，有二至四组三横一丁，其上为横砌至起券处。前一种砌法为东汉时期常见，而后一种砌法则是三国时期的特色。地砖多为斜向铺成人字形，这种铺法普遍见于东吴墓葬中，曹魏墓葬也有发现，如青海互助县高寨 M1①。

三国墓葬的建筑方面的最大创新在于对墓顶的改造。东吴中后期普遍存在的四隅券进式穹隆顶，根据目前的考古资料，最早有明确纪年的四隅券进式的墓葬为朱然墓②。这种新砌法从四角开始砌券，每道券自角向两面墙作 45°倾斜，在每角各砌成一个 1/4 壳顶，逐渐向中央聚拢形成穹顶，四角的交碴线在四面墙壁的中央，做人字形咬合，这种砌法比以前的四边券进式整体性更强，也更加坚固③。四隅券进式仅见于东吴地区，曹魏地区和蜀汉地区均未发现这种砌法的墓葬。曹魏墓葬的顶部构造主要是四边券进式穹隆顶和四角攒尖顶，其中西高穴曹操墓便是四角攒尖顶，这种构造来自于穹隆顶的变形，也有学者将其归为穹隆顶的一类④。四角攒尖顶在东汉晚期已有发现，如洛阳烧沟 M1029⑤。

五、三国时期区域间文化因素的交流及对晋制的影响

三国时期各地区之间的交流比较频繁，这与当时的政治、军事局

---

① 青海省文物考古研究所：《青海互助县高寨魏晋墓的清理》，《考古》2002 年第 12 期。

② 安徽省文物考古研究所、马鞍山市文化局：《安徽马鞍山东吴朱然墓发掘简报》，《文物》1986 年第 3 期。

③ 傅熹年：《中国古代建筑史》第二卷，中国建筑工业出版社 2003 年版。

④ 黄晓芬：《汉墓的考古学研究》，岳麓书社 2003 年版。

⑤ 中国科学院考古研究所：《洛阳烧沟汉墓》，科学出版社 1959 年版。

势有较大关系,这种交流和融合促进了晋制的形成。

三国之间交流较为频繁的是吴蜀两地,这也符合史实。在蜀汉墓葬中发现的大量青瓷器同东吴几无区别,如青瓷盘口壶、唾壶、蛙式水盂、四系罐等。铜钱更能反映两国之间的经济往来,两地均发现有该时期两国铸造的钱币,如直百五铢、定平一百、太平百钱等。曹魏统治地区也发现了较多的东吴文化因素,如铺地砖的人字形排列,随葬器物中有四系罐、双系罐等。到了西晋中期,多子槅、牛形镇墓兽、牛车等器型成为中原地区晋墓的典型器物,该时期晋制已经成熟。

所谓的晋制,这里仅指墓葬制度。这种晋制形成于西晋中期,李梅田先生曾对晋制的特点作了总结,即墓葬形制为长斜坡墓道带甬道的单砖室墓,墓室四壁微弧,墓顶为穹隆顶,墓室四角砌有角柱,以墓道的长短、墓道台阶的多少、有无石门等作为区别身份的标准。随葬品方面,典型的器物有空柱盘、盘口壶、鸡首壶、虎子、牛形镇墓兽、武士俑、牛车等,铜镜最有特色的是“位至三公”镜①。在随葬制度方面,西晋时期讲究薄葬,关于薄葬的特点,笔者曾对此作过总结,即短丧、不封不树和明器减少等②。

三国时期是墓葬制度从“汉制”向“晋制”的转化过渡时期,从墓葬形制方面来看,三国时期多流行带斜坡墓道的双砖室墓,前室呈方形,多为穹隆顶,后室为纵长方形。此外,单室砖墓也有发现,如曹植墓③。方形前室是对东汉晚期横前堂的重要变革,直接影响到晋墓墓室的平面形状。此外,墓室四壁微弧在三国墓葬中也有发现,如甘肃武威南滩的曹魏墓④。

从随葬器物上来看,西晋时期的部分典型器物在三国墓葬中已经出现,空柱盘在曹植墓中可以见到,而盘口壶、虎子、牛形镇墓兽、武士俑、牛车则多见于南方的东吴墓和蜀汉墓中。铜(铁)镜方面,曹魏墓葬中的镜类较多,其中就有位至三公镜、变形四叶纹镜,东吴墓则主要

① 李梅田:《中原魏晋北朝墓葬文化的阶段性》,《华夏考古》2004 年第 1 期。

② 韩国河:《秦汉魏晋丧葬制度研究》,陕西人民出版社 1999 年版。

③ 刘玉新:《山东省东阿县曹植墓的发掘》,《华夏考古》1999 年第 1 期。

④ 武威地区博物馆:《甘肃武威南滩魏晋墓》,《文物》1987 年第 9 期。

是神兽镜。

从葬制上来看,西晋的薄葬主要承接于曹魏,目前所发现的曹魏时期的大型墓葬,包括新发现的曹操墓在内均没有封土,而在同时期的东吴墓和蜀汉墓中则发现有数座墓葬存在封土,如朱然墓[①]、巴县白市驿蜀汉墓[②]。从随葬品的数量上来看,东吴墓的随葬品极其丰富,特别是制作精美的青瓷器在这一时期更是盛行,模型明器的数量不但没有减少,反而制作得更为精细,很多器物表面施釉,或者制作成青瓷器,较为典型的墓葬是安徽马鞍山佳山东吴墓[③],这座墓葬的总长仅有4.3米,墓葬上却有封土存在,随葬品也十分丰富。

综上所述,晋制的形成主要源自于中原地区的曹魏墓葬,突出表现在墓葬的形制和葬俗方面,同时东吴墓葬中的很多随葬品种类被中原地区所接纳,成为西晋墓中典型的器物组合。

附记:从曹操高陵的发现来看,“晋制”表现的一些因素可以在东汉晚期的墓葬文化中去寻找,也就是一些学者所说的“前三国”时期。这是汉魏考古中值得研究的一个时期。另外,西晋265年至280年的墓葬材料因限于篇幅本文并未涉及,可参见张小舟先生的《北方地区魏晋十六国墓葬的分区与分期》一文。

(此文与朱津合著,原刊于《中原文物》2010年第6期)

① 南京市博物馆、江宁县博物馆:《南京东善桥“凤凰三年”东吴墓》,《文物》1999年第4期。

② 李国良:《巴县白市驿发现蜀汉砖室墓》,《四川文物》1994年第5期。

③ 安徽省文物考古研究所:《安徽马鞍山市佳山东吴墓清理简报》,《考古》1986年第5期。

第二编
文物研究篇

陕西出土文物集萃·概说

陕西是中国古代文明的发祥地之一,历史上有11个王朝在此建都,素称“帝王之乡”。其中,尤以西周、秦、西汉、唐四个朝代最为有名,相应发现的考古遗存也特别的多,如岐山凤雏的宗庙建筑遗址、发掘历10年之久的秦公一号大墓、被誉为“世界第八大奇迹”的秦兵马俑、中国最早的咸阳秦宫壁画、西汉灞桥古纸、唐陵石刻、西安何家村的金银器、轰动世界的扶风法门寺地宫等。这些灿烂的文化,不仅是考古学上的重要收获,也是研究中国古代历史非常珍贵的实物资料。

古代墓葬,一直是考古发掘中的重要内容之一,本《集萃》中所记述的器物,尤多来自墓葬内的随葬品,包括金银器、铜器、铁器、铅器、玉石器、瓷器、陶器、陶俑等。在对这些器物概说以前,不妨观察一下它们存在的社会背景及反映出的墓葬等级差别。

一

古代人坚信灵魂不死,这一点决定了他们的生死观。荀子曰:“礼者,谨于治生死者也”,“丧礼者,以生者饰死者也,大象其生以送其死也”，“厚其生而薄其死”，“是奸人之道而倍叛之心也”①。寥寥数语，道出古人治死的态度是“事死如事生”，从而导致了中国数千年的厚葬之风，这是一个最广阔的、最富有深厚内涵的社会背景。

商周之时，厚葬似仅限于贵族，由于宗法等级观念的约束，僭越现象极少，一般平民的墓穴不但坑浅窄小，而且随葬品也寡少简陋。

东周时期，礼崩乐坏，周天子大权旁落于诸侯，各诸侯、贵族的埋葬规格自然也僭越升高。战国早期的湖北随县曾侯乙墓就是一例②，使用了九鼎八簋天子之制。当时“国弥大，家弥富，葬弥厚”③，“美垄墓所以文明也”④。厚葬成为时髦。由于经济财力所限，一般官吏平民虽然无力营建高大的坟丘，也无财随葬精美的青铜礼乐器，但崇尚厚葬的观念并未改变。明器的产生，为他们创造了最为有利的条件。“孔子谓为明器者，知丧道也……不殆于用殉乎哉！其曰明器，神明之也。涂车刍灵，自古有之，明器之道也。孔子谓为刍灵者善，谓为俑者不仁，殆于用人乎哉！”⑤可见，明器即鬼神之器，是专门为随葬而做的器物。《孟子·梁惠王上》说：“始作俑者，其无后乎！为其象人而用之也。”于是，仿铜的陶礼器普及于众，秦墓中出土的成套铜礼器微型化，竟可握于一掌，可见抗衡下的衰败程度。另外，陶制的人俑、牛车模型、仓、灶用具等也纷纷加入随葬行列，平民们梦想的“事死如生”成为现实，用有限的家庭财力，收到了事半功倍的厚葬效果。

历史发展到秦汉时期，上自皇帝，下至平民，皆以厚葬为荣，并且把它作为衡量人能否“行孝”的一个重要尺度。于是“子为其父，妇为其夫，竞相仿效”，甚至不惜竭家尽业治丧。《后汉书·崔骃传》载崔寔为其父起冢茔立碑颂后，穷困潦倒，只好“酤酿贩鬻”为生。更有甚者，不惜坐国没官建造冢茔，厚葬之风令人叹为观止。

蜚声中外的秦兵马俑坑、铜车马坑都是秦始皇本人的陪葬坑，仿

① 《荀子·礼论篇》。
② 湖北省博物馆：《曾侯乙墓》，文物出版社 1989 年版。
③ 《吕氏春秋·节葬》。
④ 《管子·侈靡篇》。
⑤ 《礼记·檀弓下》。

佛就是他生前守卫京师的宿卫军和出行车马仪仗的再现！汉代皇帝也不甘落后，“即位一年而为陵，天下贡赋三分之，一供宗庙，一供宾客，一充山陵”①。汉成帝“听邪臣之计，去高敞初陵，捐十年功绪，改作昌陵，反天地之性，因下为高，积土为山，发徒起邑，并治宫馆，大兴徭役，重增赋敛，征发如雨，役百乾谿，费疑郦山，糜敝天下，五年不成而后反故”②。东园匠令，专门主管皇家丧葬器物的制作。《西京杂记》说：“汉帝送死，皆珠襦玉匣，匣形如铠甲，连以金缕。武帝匣上皆缕为蛟龙鸾凤龟鳞之象，世谓为蛟龙玉匣。”1968 年发掘的中山靖王刘胜夫妇的墓中，各出了一套保存完整的“金缕玉衣”，证明了文献记载决不是妄言！武帝陵内还有“梓棺柏黄肠题凑，以次百官藏毕。其设四通羡门，容大车六马，皆藏之内方。外陟车石，外方立，先闭剑户，户设夜龙、莫邪剑、伏弩，设伏火”，且“多藏金钱财物，鸟兽鱼鳖牛马虎豹生禽，凡百九十物，尽瘗藏之”，致使“茂陵不复容物”③。

达官贵人也上行下效。霍去病死时“上悼之，发属国玄甲，军阵自长安至茂陵，为冢象祁连山”④。霍光死时，赐他“梓宫、便房、黄肠题凑各一具”⑤，哀帝也“令将作为贤起冢茔义陵旁……门阙罘罳甚盛”⑥。

中小官吏和平民也竭力厚葬。洛阳烧沟清理的 225 座中小型两汉墓⑦，出土陶器达 4700 余件，其他器物 2000 多件，钱币 11000 多枚。就这还是被盗后的统计数字。汉代厚葬可谓名副其实！

厚葬直接导致了盗墓之风，许多帝王陵、诸侯王墓不得不依山为陵。汉文帝灞陵就是一例，他一方面治灞陵皆瓦器，不得以金钱铜锡为饰，另一方面“以北山石椁”，然后发出“岂可动哉”的感慨⑧，防盗之

① 《晋书·索琳传》。
② 《汉书·谷永传》。
③ 《后汉书·礼仪志》刘昭注引《汉旧仪》。
④ 《汉书》。
⑤ 《汉书·霍光传》。
⑥ 《汉书·佞幸传·董贤》。
⑦ 中国科学院考古研究所：《洛阳烧沟汉墓》，科学出版社 1959 年版。
⑧ 《汉书·文帝记》。

作用不言而喻。盗墓的兴起对厚葬无疑是一个沉重的打击。魏晋之时,这种风气稍有收敛,许多帝王将相采取"潜埋"之法,秘不示人。然而,这种"节葬""秘葬"仅仅是昙花一现,隋唐大统一时期,厚葬又死灰复燃,并迅速走向高潮。

《旧唐书·玄宗本记》载:"自古帝王皆以厚葬为诫,以其无益亡者,有损生业故也。近代以来,共行奢靡,递相仿效,浸成风俗。既竭家产,多至凋敝。且墓为真宅,自便有房。今乃别造田园,名为'下帐',又冥器等物,皆竞骄侈,失礼违令,殊非所宜。"昭陵被盗时"见宫室制度宏丽不异人间"。① 1955—1961 年,在西安郊区发掘的 175 座中小型隋唐墓里共出土陶俑 775 件②,陶器 240 件(残破者不计其内),铜器 123 件,其他器物 193 件,钱币 185 枚,墓志 18 方。基本符合《唐会要》记载的埋葬状况"王公百官,竟为厚葬,偶人像马,雕饰如生","风俗流行,下兼士庶",皇帝下诏禁止"事竟不行"。

隋唐以后,历代帝王仍奢侈厚葬,但都未逃脱被盗掘的厄运。虽然"祸由乎厚葬封树"的原因世人皆知③,可"事死如生"的观念和厚葬的风俗始终是古代人生活中一个重要的组成部分。

中国的墓葬文化兴盛就是在这样的社会背景下成长起来的,虽然带来了盗墓这个畸形儿,但却为我们研究古代的历史文化提供了丰厚的遗产。

二

在历史的长河中,虽然各种身份的人都崇尚厚葬,但由于身份不同,等级不同,所治的冢茔大小相异,随葬品的种类、数量、质量也有差别。

金银器,由于它本身的贵重,商周至隋唐一直是高级贵族的专用

---

① 《新五代史·温韬传》。

② 中国科学院考古研究所:《西安郊区隋唐墓》,科学出版社 1966 年版。

③ 《三国志·魏书·文帝纪》。

品。

《吴越春秋》载:“阖闾有子女怨王,乃自杀,阖闾痛之甚,葬于阊门外,凿地为池,积土为山,文石为椁,金鼎、银樽、珠玉之宝皆以送女。”《史记·齐太公世家》《正义》《括地志》云:“晋永嘉末,人发之(齐桓公墓),初得版,次得水银池,有气不得入,经数日,乃牵犬入中,得金蚕数十簿、珠襦、玉匣、缯彩、军器不可胜数。”发掘材料证明,秦公一号大墓出土了金鸟、兽、带钩、泡等①,湖北曾侯乙墓出土了金盏、勺、杯、器盖等②,其他一些大墓内还多发现鎏金银、错金银的器物,战国时期楚国还以金版、银币为货币③。总之,战国时期的中原及其他诸国,极少有金银器皿发现。属于金银作工的器物,主要还是铜质或铜锡合金胎质的金银错器物,严格地讲还不属于金银器的范畴④。

秦汉之时,金银制造技术得到了很大发展,秦始皇葬骊山“以黄金为凫雁”⑤。同时期的临潼上焦村秦公子、公主的墓出土了一件刻有“少府”铭文的银蟾蜍⑥。汉代更有“蜀广汉主金银器,岁各用五百万”的记载。陵墓内所出土金银器很少。河北获鹿县西汉墓出土了一件银盆,腹上錾刻有“五官”二字,表明它是王室用具,齐东方同志考证它“不像是铸造而成的,似乎又采用了抛光技术”⑦。出土金银器的墓例,还有中山靖王刘胜墓里,除出有金缕玉衣、金饼外,还出土了一件银盒。西安南郊沙坡出土一件錾有“日利”铭文的金灶⑧,推测它也是西汉贵族墓里的随葬品,因为同地点发掘了列侯级别的“利成”汉墓⑨,说明西汉时期的金银器使用仅限于皇室和高级贵族,由于它本身的贵重,加上盗掘破坏,所以墓葬内发现也寥寥无几。

---

① 韩伟、焦南峰:《秦都雍城考古综述》,《考古与文物》1988年第5、6期。
② 湖北省博物馆:《曾侯乙墓》,文物出版社1989年版。
③ 中国社会科学院考古研究所:《新中国的考古发现和研究》,文物出版社1984年版。
④ 韩伟:《海内外唐代金银器萃编》,三秦出版社1989年版。
⑤ 《史记·秦本纪》。
⑥ 中国社会科学院考古研究所:《新中国的考古发现和研究》,文物出版社1984年版。
⑦ 齐东方:《稀世之珍,富丽堂皇》,《中国文物报》1992年5月10日。
⑧ 王长启等:《介绍西安市珍藏文物》,《考古与文物》1989年第5期。
⑨ 郑洪春:《陕西新安机砖厂汉初积炭墓发掘报告》,《考古与文物》1990年第4期。

东汉时期，纯银的器皿在墓葬中屡有发现，如长沙五里牌 M9，长沙五一街 M7，器类有碗、调羹等。可见两汉时期的金银器用途已趋向生活用具。

魏晋至隋代，金银器数量猛增。这一时期既是政治、经济上的大融合，也是文化交流的高峰期。由于少数民族入侵中原，佛教东渐，许多东西表现出外来文化或中、外文化相结合的特点，金银器就是这样。如果说齐景帝修安陵出土的金花饰、小动物等反映的特点还不明显的话①，隋代李静训墓出土的大量金银器已烙上了鲜明的外来特征，如金项链、银高足杯、波斯萨珊银币等②。

唐代金银器，除窖藏发现外，作为葬具的金棺银椁有几处发现，如江苏镇江③、陕西临潼④、扶风法门寺⑤。不用说这些东西是宗教的专用品，不是一般人能享用的。西安郊区隋唐墓里出土的金银器仅限于钗、簪之类，是妇女头上的装饰品，和文献记载的“金钿明汉月”相符，大型的贵族墓才出有成批的金银器。如本《集萃》所收录的韦氏家族墓出土的金银器，还有浙江临安吴越王钱镠之母的墓也出土了成批的金银器⑥。

所以说，唐代的金银器使用仍限于皇室及高级贵族，但头饰一类的金银器已开始走向民间富户。宋代以后，出现了专营的银铺，民间使用银器繁荣，但金器还是很少见。金银器的随葬，鲜明地反映出了等级差别。

铜器，从它产生起，就和墓葬结下了不解之缘。最早是些小型工具或饰物，大约从二里头文化开始，墓葬内就随葬有青铜容器和兵器。

---

① 南京博物院：《江苏丹阳胡桥南朝大墓及其砖刻壁画》，《文物》1974 年第 2 期。

② 陕西省考古学会编：《陕西考古重大发现》，陕西人民出版社 1986 年版。

③ 丹徒县文教局、镇江博物馆：《江苏丹徒丁卯桥出土唐代银器窖藏》，《文物》1982 年第 11 期。

④ 临潼县博物馆：《临潼唐庆山寺舍利塔基精室清理记》，《文博》1985 年第 5 期。

⑤ 俞伟超：《汉代诸侯王与列侯墓葬的形制分析》，载中国考古学会编：《中国考古学第一次年会论文集》，文物出版社 1980 年版。

⑥ 明堂山考古队：《临安县唐水邱氏墓发掘报告》，《浙江省文物考古学刊》，文物出版社 1981 年版。

商周铜器以礼器为重，一般平民不能享用。特别是用鼎制度，在贵族与平民之间有严格的区分规定，实际上就是天子、诸侯、卿大夫、士等级制度的对应关系，即“天子九鼎，诸侯七、卿大夫五、元士三”①，所以一般平民墓仅出一些小件的铜器，绝对不见礼乐青铜器。东周时期，虽有松弛，但基本上保持“礼不下庶人”。洛阳中州路清理的中小型东周墓，出土有刀、剑、镞、带钩等②，关中秦出土有鍪、甗、蒜头壶、镜等实用铜器③。铜器新器类的产生对传统的青铜礼乐器随葬是一个很大的冲击，并以此为转折点，铜的生活用具开始占有主导地位。

秦汉之时，铜器素面极多，富豪权贵新向往的是“银口黄耳”的漆器，追求的是“梓宫、便房，黄肠题凑”等天子一级使用的埋藏制度④，大墓内虽有青铜器出土，但比起商周之时已逊色不少。常见的器物有鼎、壶、钫、盆、鉴、鋗洗、樽、盘、卮、杯、鐎斗、鍪、甑釜、炉、博山炉、漏壶、案、灯、镜、钱币等。除刘胜夫妇墓出土“楚大官糟锺”“长乐饮官锺”“鸟篆文壶”“错金博山炉”“长信宫灯”等宫廷、王府的专用品外，“各地的贵族、官僚以及一般的中小地主阶级，都相当普遍地使用青铜器，这可以从大量汉墓的发掘工作中得到说明”⑤。

魏晋以后，瓷器兴盛，成为隋唐墓中时髦的随葬品，取代了以往以铜器、漆器等为主的代表墓主身份地位的作用。小型隋唐墓中能出三两件瓷器已非常难得，但在贵族墓内却有成批出土，它和天王俑、镇墓俑、仪仗俑等组合在一起，鲜明地表示出墓主等级。

铁器的使用明显有一个下嫁的过程。东周时期，铁器刚刚开始普及，根据雷从云同志的统计材料，主要分布于14个诸侯国⑥，大多是墓葬内的随葬品，有兵器、手工业工具和农具。观察出有铁器墓的墓主

---

① 《公羊·桓公二年》何休注。

② 中国科学院考古研究所：《洛阳中州路（西工段）》，科学出版社1959年版。

③ 尚志儒：《秦国小型墓的分析与分期》，《陕西省考古学会第一届年会论文集》，《考古与文物》编辑部，1983年。

④ 俞伟超：《汉代诸侯王与列侯墓葬的形制分析》，载中国考古学会编：《中国考古学第一次年会论文集》，文物出版社1980年版。

⑤ 王仲殊：《汉代考古学概说》，中华书局1984年版。

⑥ 雷从云：《三十年来春秋战国铁器发现述略》，《中国历史博物馆馆刊》1980年第2期。

身份，如凤翔秦公大墓、山东临淄郎家庄一号墓、燕下都44号墓等，都是些贵族墓，大约相当于诸侯、卿大夫一级，反映出铁器刚刚出现后的稀有性、珍贵性，自然先成为高级贵族的墓内享用品。以后随着冶铁业的迅速发展，汉代普遍用铁，两汉的中小型墓内，就大量出现了随葬铁农具、铁工具的现象。魏晋以后，铁器成为家用品，对死后随葬的吸引力不大，仅仅是见一些铁刀、剪刀等随身用品。

和墓主身份有关的还有玉器和陶俑。新石器时代就出有精美的玉器，商代更多。妇好墓出土了755件玉器，性质可区分为礼器、仪仗、工具、生活用具、装饰品、杂器六类，说明贵族经常用玉作为装饰随葬。等级越高，出土的玉器越精美。如洛阳金村古墓出土的著名金链玉佩[①]，随县曾侯乙墓出土的折卷龙形"玉缨"。两汉之时，标志墓主身份的是玉衣，它是皇帝和高级贵族所穿戴的敛服，有金缕、银缕、铜缕三级之分，据说可防止尸体不腐。其他的一些小件玉器作为装饰品或实用品已比较普及，汉代人还讲究佩玉，"君子无故，玉不去身，君子与玉比德焉"[②]。

陶俑，它产生后到秦代被赋予了一项专门任务，组成一个强大的军阵，守卫始皇陵。从此，它和墓主的等级区分有了割不断的联系。"汉承秦制"，汉景帝阳陵、咸阳杨家湾汉墓都发现了用于随葬的军俑群[③]。但西安任家坡汉陵丛葬坑出土的宫廷侍女俑[④]，已透露出新的气息，以后侍从俑、奴婢俑增多，军俑逐渐消退。南北朝时，战乱四起，披甲的人俑、马俑再次兴起，说明军俑的使用和社会的安定与否密切相关。

隋代墓葬等级比较严格，划分出的三个等级是"三品以上""七品以上""八品以下达于庶人"[⑤]，品位越高使用的俑越多，如大业四年(608)西安的李静训墓，出土俑数约7013件。唐代基本上继承了隋代

① 梅原末治：《洛阳金村古墓聚英》，小林出版部1944年版。
② 《礼记·玉藻》。
③ 杨家湾汉墓发掘小组：《咸阳杨家湾汉墓发掘简报》，《文物》1977年第10期。
④ 王学理、吴镇烽：《西安任家坡汉陵从葬坑的发掘》，《考古》1976年第2期。
⑤ 《通典》卷八六。

的格局，新增加了三彩俑。

三

《集萃》记述的10件银器都是西安东郊国棉五厂M65、M29出土的，因同出有墓志，可知确切纪年是718年和732年。无疑，对唐代金银器的研究具有标尺性的作用。

按照韩伟、陆九皋先生的四期说①，这批银器属于第二期（684—755），属盛唐时期。器形有三足壶2、盒3、蚌盒2、则（匕）2、银饰品1，性质主要是药具或妆奁器。

两件银壶，整体上都由盖、身、足三部分组成，但装饰面划分的手法不一样。其中一件器身作十二等分（图1），每一部分内錾成萱草、鸾鸟纹。韩、陆二先生讲“这种九瓣以上区分装饰面的做法，在第一期以后不见”，第二期“不再有以十二或十四瓣划分装饰面的器物”②。那么，这件三足银壶就有两种可能，一种是第一期制作的器物，使用期延长至第二期；一种是第二期可能还存在这种十二瓣分区的特征，作为一种过渡性的装饰手法延续。

图1 鎏金錾花三足银壶

图2 鎏金錾花三足银壶

另一件三足壶（图2）的器身装饰花纹是第二期常见的石榴花结、忍冬纹、鸳鸯、奔兽，画面为适合纹图样，不可能早于第一期。

① 韩伟、陆九皋：《唐代金银器》，文物出版社1985年版。
② 韩伟、陆九皋：《唐代金银器》，文物出版社1985年版。

西安南郊何家村出土过一件属于第二期的素面三足壶(小药具)[①],和前一件十二等分的三足壶形相近,不过没有多瓣等分。那么,综合第一期金银器的特点:器体较厚重,九瓣以上的任意等分,装饰区为S或U字形。参照属于第一期的人物八棱金杯下有单独的忍冬纹装饰、蔓草花鸟纹八棱金杯上鸾鸟单独站立出现的构图,推论这件十二瓣的三足壶应该属于第一期的遗物,和另一件三足壶分属于两个时期制造。何家村发现的素面三足银壶正是这种壶发展到二期后的简单化表现。以后第4期耀县柳林背阴村出土的一件春秋人物三足壶和镇江市博物馆藏的一件童子乐舞三足壶[②],不但器形相异,纹饰风格也相差甚远。

三件银盒,除一件素面,其他两件正背面均錾有花纹。一件(图3)正反面錾双鸳立于缠枝莲叶之上;另一件(图4)正面錾双鹿卧于山林之中,上空一鸟飞翔图,反面錾僧人扶杖牵象图。双鸾立于缠枝莲叶图案是第二期常见的装饰花纹,卧鹿一般见于第三期,僧人牵象图是罕见的一个画面。由此可见,这两件银盒既有第二期的典型特点(包括造型),又开启了第三期的图案结构(卧鹿),同时又有浓郁的外来文化装饰风格。

图3　錾花银盒

图4　鎏金錾花银盒

两件蚌盒的发现,可以说对以往发现的金银蚌盒断代有至关重要的意义。韩伟先生指出,在第四期的金银器中"出现一股强烈的复古

① 陕西省博物馆革委会写作小组、陕西省文管会革委会写作小组:《西安南郊何家村发现唐代窖藏文物》,《文物》1972年第1期。

② 韩伟:《海内外唐代金银器萃编》,三秦出版社1989年版。

倾向”,包括纹饰复古、器形复古、形制和纹饰均复古三种类型。《海内外唐代金银器萃编》(以下简称《萃编》)一书中收录了9件蚌盒,均归结为第四期器物。

首先看一下出土的两件蚌盒特征,一件(图5)正反两面均錾双鸳衔授立于缠枝莲莲叶之上(及双飞鸟);另一件(图6)正面錾双雁交颈相吻,下饰缠枝莲叶;反面为双雁对吻,下饰缠枝莲叶及双飞鸟。都是Ⅱ期典型的图案装饰。综合Ⅰ—Ⅳ期金银器的构图特点,《萃编》中收录的3个蚌盒根据其图案结构、特征,推断可能属于二期的器物。如飞禽唐草纹蚌盒、柿状花结蚌盒、飞鸿山岳纹蚌盒。原因是,上述两个蚌盒的出土,证明第二期已开始使用蚌盒。其次,这3个蚌盒上的花纹装饰是第二期流行的图案装饰。如果说这几个蚌盒是花纹、形状均复古,那么出土的两个蚌盒又成了孤例,只能比较真品后才能最后定论。

图5 錾花錾花银蚌盒

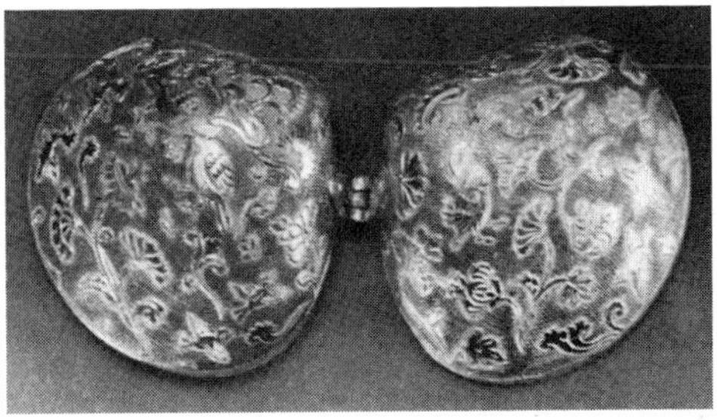

图6 錾花錾花银蚌盒

两个银则(匕),一个素面,一个錾鸿雁衔绶主题纹饰。《萃编》收录的Ⅰ期银勺花纹主要有:卷草折枝花、卷草瑞鸟图。鸿雁衔绶图案的出现,无疑增加了一个新类型。

这批金银器的装饰特点主要是采用了满地装构图,采取适合纹样、平视式纹样等,组成了一个个精美的画面,以银质白底为本色,以鎏金錾纹的方法,体现出了银器的庄重与华贵。图案比例适当,既不零碎,又不繁缛;动静结合,格调明快。双鸳并立或双雁交颈相吻,使人体验到一种清新、祥和的氛围。特别是银盒上飞鸟、树林、卧鹿、山岳、云头构成的一组画面,把人的思绪不知不觉曳入了一处静谧的森林之中,一派大自然的风光!这种手法正是盛唐时期中国传统工艺的应用。相反,这件盒反面饰的僧人扶杖牵象图明显又透露出外来文化的作风，也许它和胡人俑、骆驼、马俑一样，正反映出丝路之源唐代长安城内中西文化交流繁荣的盛况。

四

商周之时的铜器制作比较凝重、庄严，纹饰古拙、繁缛、神秘怪异。如西周早期的勾连云雷纹鼎（图7），西周中期的永盂（图8）、卫簋（图9）。

图7　勾连云雷纹铜鼎

图8　永盂

图9　卫簋

汉代的鼎、盘、匜、甗、熏炉、温酒炉、铜镜、灯等多以实用器为主，装饰为素面，器形变化和同时期的陶器类同。其中铜鼎、铜鍪、铜钫、彩绘镜、龙形镇（压袖）等都是见于西汉墓内的铜器，东汉消失殆尽。

北郊汉墓出土的铜弦枘比较少见（图10、图11），出土时还有少量弦线缠绕痕迹。参照南方楚墓和马王堆汉墓出土乐器——瑟的构造①，分析定名它是瑟的弦枘，这4个弦枘可构成一个25弦的瑟。瑟的发现，在关中汉墓里还是第一次。

图10　铜弦枘

图11　铜弦枘

铜压袖和熊足灯（图12、图13）是两种少见的艺术品，龙和熊的形态铸造相当传神。龙身盘屈，龙头昂起，一幅冲天而起的姿态，相反，

① 湖南省博物馆、中国科学院考古研究所：《长沙马王堆一号汉墓》，文物出版社1973年版。

熊头低垂，一副负重、耐劳的模样，两汉时期，常是用人、雁足、龙凤等为体做成灯，所以说，这种东西的制作是汉代先民们的一项重要发明。其包含了汉代人对灯带来光明的重视程度，从侧面也透露出对死后黑暗的恐惧心理。

图12　铜压袖

图13　熊形陶灯

图14　铜温酒炉

温酒炉，应该是汉代贵族的享用品。这件炉炉身（图14）采用透雕工艺，浮雕出四灵图案，栩栩如生，和空心砖上、壁画内所表现的四灵一样，说明了汉代人对主四方之神的敬仰。四神的作用不仅影响到了汉人的生活和葬俗，也渗透到国家的政治制度之中，东汉首都洛阳城南郊营建四神灵台就是最有力的证据①。

汉代铜镜由于在墓葬断代方面有重要作用，所以学术界对它的研究比较深入。

西汉前期常见的铜镜是有“地纹”的蟠螭纹镜或蟠虺纹镜（图15），镜钮一带呈桥状或弓状，弓面多有凸起的三弦，所以也称作“三弦钮”。很明显，这类镜同战国时期的同类镜相比较区别不大。从西汉中期开始，大量流行草叶纹镜和星云纹镜。四乳草叶纹镜（图16）出现的最早年代可以追溯到西汉早期，镜钮由弦钮变成半圆形，钮座周围

① 王仲殊：《汉代考古学概说》，中华书局1984年版。

图 15 蟠虺纹铜镜

图 16 四乳草叶纹铜镜

有一方框，四周多环绕铭文带。星云镜（图 17）也称百乳鉴，指的是镜的背面有许多乳丁，乳丁之间用曲线相连接，它的镜钮往往也改圆形为博山炉式（连峰式），整体观来，如同星云密布，故名它的下限时间同草叶纹镜一样，关中汉墓多见于西汉中期。日光镜和昭明镜是两种铭文镜，从西汉中期到东汉早期汉墓里经常有出土，可见这两种镜的制造在当时也比较多，只不过日光镜在王莽时期前后的墓里，直径越来越小，有的仅有几厘米，推测是明器。凤鸟连弧纹镜、四龙镜是东汉时期的镜类，后者纹饰呈浅浮雕状。流行的时间大约在东汉中晚期。

图 17 星云纹铜镜

图 18 鎏金铜碗

图 19 提梁铜罐

唐代的鎏金铜碗（图 18）和提梁铜罐（图 19）因与金银器、瓷器共出，从形状上不难判断，这两件是仿金银器的产物，时代属盛唐时期。

剪刀、镊子、锁(图20、图21、图22)是唐代日常生活中的实用品,用它们来随葬,进一步体现出了“事死如生”的细致程度。

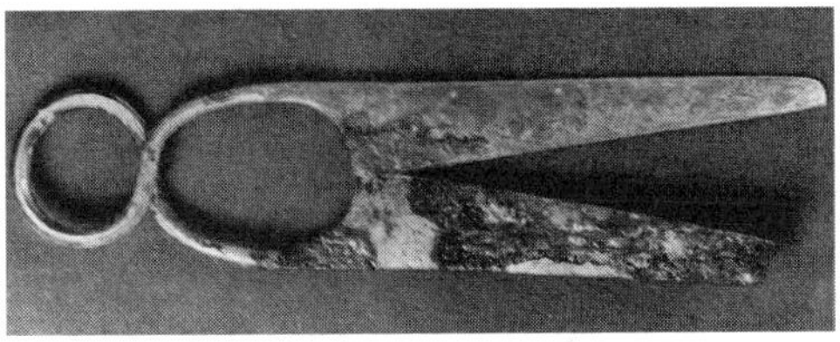

图20 铜剪刀

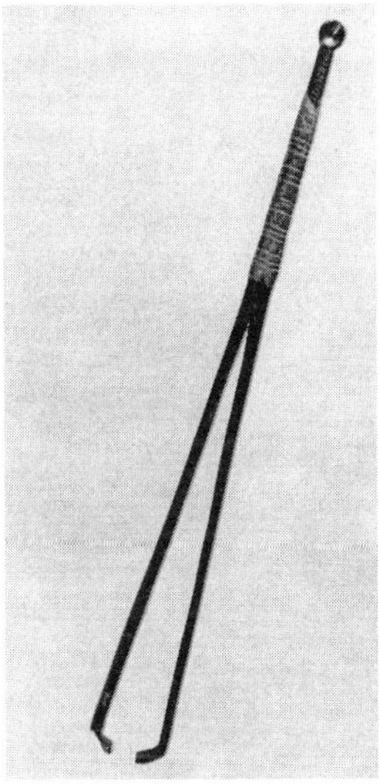

图21 铜镊子

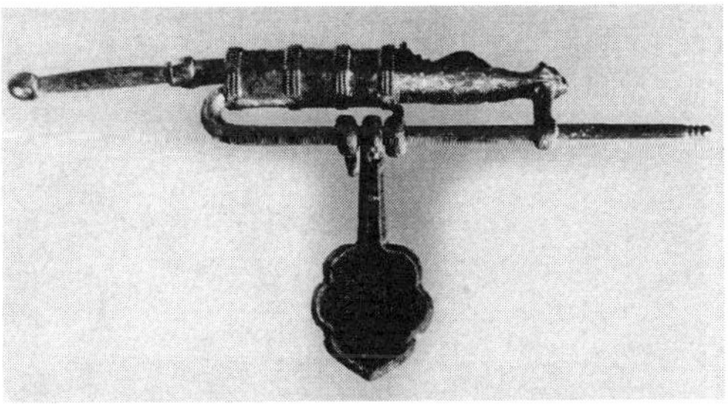

图22 铜锁

狮形铜饰和兔形铜饰(图23、图24)作为两件艺术品非常逼真、生动。狮子是唐代人喜爱的动物之一,这种外来的动物具有两极的品性。一方面它的威武与勇猛成为辟邪、镇墓的象征,另一方面它的驯服与温顺成为生活装饰的点缀。兔子往往和月宫的故事联系在一起,它的美丽及善良自然成为汉唐时期崇尚的一种美德。

图23 铜狮形饰

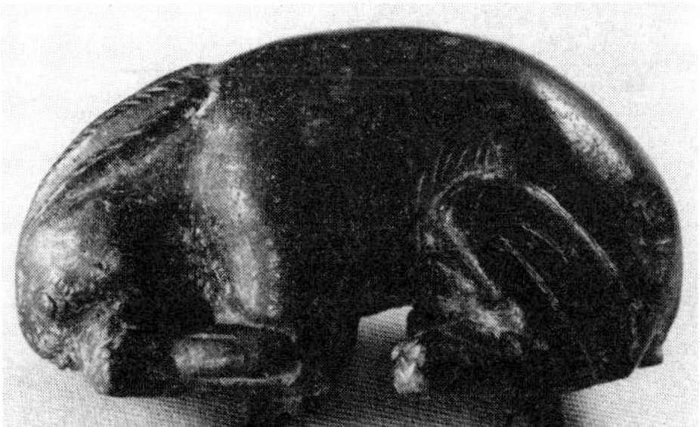

图24 铜兔形饰

需要指出的是金背镜(图25)和银背镜(图26)的发现是罕见的,它和金银平脱镜的流行时代大体一致，属于贴金、贴银镜类。《旧唐书·高季辅卷》载："太宗曾赐金背镜一面，以表其清鉴焉。"这两面菱花形的镜的花纹一致和传世河南洛阳出土的贴银壳鸟兽花枝镜类似。应该属盛唐时期的作品。

图 25　鎏金银背铜镜

图 26　錾花银背铜镜

五

由于隋唐时期的瓷器、三彩器、釉陶器的界限不易区分，再加上它们之间有相通的造型特点，一起概述更加方便明了。

图 27　瓷四系罐

图 28　瓷子母盏盘

四系罐(图 27)是隋代典型的瓷器之一，初唐时仍有遗留，釉色呈青灰色，和南方的陶瓷工艺相近。

子母盏盘(图 28)盛于隋代，初唐虽有遗留，但组合有变。安阳隋代墓里出土的子母盏盘上扣合了几个青瓷碗，而这件盘内安放有小碗、小碟、小杯等，属唐时的产品。高足盘本身，隋代的圈足较粗，初唐的圈足变成喇叭状。

烛台(图29)为插烛所用,隋代已见,但器形有差异。《西安郊区隋唐墓》M586出的隋代烛台器物分为上下两部分,上为烛盘,下为带长颈的台座,台座上无盘,而这种烛台上下连为一体,底座圈足较矮,呈喇叭状,盛唐以后少见。

黑色釉的注子(图30)是812年的瓷器,属中晚唐时期。它的变化是时代越晚,流越长。

图29 青绿釉烛台

图30 瓷注子

唾盂,又称唾壶、渣斗,隋至唐代都有出土(图31),它的变化是从盘口到碟状口,短颈、圈足或假圈足向圈足发展。主要是其盘状口到晚唐时变成斜直状的大碟形。

图31 瓷唾盂

图32 白瓷碗

其余的瓷器,除一件白瓷碗(图32)为国棉四厂M10出土无纪年外,其他都有确切纪年。根据同出的金银器分析,这些瓷器的形状模仿了金银器。如瓷樽类同于同出的三足银壶。瓷铛和西安何家村出土的单柄银铛类似①,单耳杯和西安沙坡出土的6字形环柄素面银柄杯类似②,腹部有一凸棱的瓷碗和何家村Ⅰ期的素面银碗相同③,之所以这样推论,是因为这些盛唐时期的瓷器器形,在初唐时期的金银器中也有类似的器形,如何家村出土Ⅰ期的双狮纹单柄金铛,沙坡出土Ⅰ期的鸿雁衔绶带九曲莲瓣纹银碗,何家村出土Ⅰ期的掐丝团花金杯。也就是说,这批瓷器和同出的金银器一起组成一套饮食器或药具,为墓主服务。

从瓷色上看,有青、白、绿、黄、黑等多种颜色,以青、白为主,"南青北白"的局面虽然比较突出,但交流也比较繁荣。

图33　三彩罐

图34　三彩碗

器身饰有多彩的三彩器有两件,一件是三彩罐(图33),似一带流的罐,另一件为三彩碗(图34)。其中碗的形状和瓷碗一样显然是模仿了金银器。两件三彩的胎质为白,以白粘土做胎的现象始于南北朝时期,唐代继承下来。三彩的颜色有黄、绿、酱、蓝等彩,是盛唐时盛行的一种工艺品。各种颜色互相浸润,效果斑驳陆离,姿态万千,自然生动,华丽怡人。一般来讲,蓝彩少见,赭红、浅黄、浅绿常见,蓝彩的出现,标志着三彩器的施釉工艺更加成熟。三彩器一开始烧制都是小型器物如碗、钵之属,盛唐以后,逐渐对大型器物施釉,出现了三彩马、骆驼、武士俑等。这种创作工艺很快就传播到南亚、中亚、西欧、北非,成

① 西安市文物管理委员会:《西安市东南郊沙坡村出土一批唐代银器》,《文物》1964年第6期。

② 陕西省博物馆革委会写作小组、陕西省文管会革委会写作小组:《西安南郊何家村发现唐代窖藏文物》,《文物》1972年第1期。

③ 陕西省博物馆革委会写作小组、陕西省文管会革委会写作小组:《西安南郊何家村发现唐代窖藏文物》,《文物》1972年第1期。

为中外交流的见证物。

玉器从新石器时代开始就被赋予一定的特殊用途，如祭祀品等，生产工具的制作只是很少的一部分。以后逐渐发展以玉比德，“润泽以温，仁之方也；䚡理自外，可以知中，义之方也；其声舒扬，专以闻远，智之方也；不桡而折，勇之方也；锐廉而不枝，絜之方也”①。商周时代，玉器和社会等级、权力及道德等方面紧密地结合起来。

西周之时的玉器，陕西屡有发现，其风格和同时期的青铜器作风类似，但动物的雕刻工艺比商代有了很大进步，不管是扁平雕还是圆雕，手法更加洗练，极富有写实作风，曲线的转折回旋韵律感很强。

春秋战国时期，玉器用于礼仪、祭殉的很多，武器工具类已基本绝迹。关中秦墓曾多见一些素面玉石圭，而关东诸国墓葬中，璧、璜、佩为常见类型。装饰品及实用品增多，如笄、觿环、管、玦、镯、韘、带钩、玺印等。殉葬的玉衣雏形已有发生，如洛阳中州路出土的战国早期覆面玉石片②。这一时期，随着青铜工艺制作的进步，玉器也以精美细致见长。雕琢工艺有剪影式、细垂直式、阴线刻琢、剔地、压地的浅浮雕等，形成了多层次的效果。

秦汉时期，是中国玉雕发展史的转折点，类型可分为礼器、葬玉、装饰品、随身饰品、镶嵌的实用品、艺术品六大类，突出的器类是葬玉及装饰品，雕琢工艺趋于博大豪放，镂空技术更加普遍。整体构思精巧，装饰稳重，饱满而匀称，形成了和战国相异的典雅、圆润、绚丽、优美的风格，至西汉中晚期而臻于极盛。东汉时期进一步向“圆润、柔和、整饬、稳定”方向发展，同时在个别品类上如殉葬用的蝉、猪中出现风格相反的简练粗豪作风作为补充。

图 35　鸡心玉佩

M170 出土的西汉鸡心佩(图 35)上尖下圆，显然是从战国时期扁漏斗形的环(韘)发

① 《说文解字》。

② 中国科学院考古研究所：《洛阳中州路(西工段)》，科学出版社 1959 年版。

展而来。其中小件的鸡心佩和湖南长沙咸家湖曹嫘墓的类同①,表明了时代的一致性。另一件透雕饰较为复杂,双螭曲屈圆劲,不对称但均衡,繁缛而不失稳定,显出较早的特点。

玉蝉、玉猪是汉墓中常见的两种随葬品(图36、图37、图38、图39)。蝉为口啥,猪为握手。考其随葬原因,可能和蝉能“蜕变复活”象征人灵魂再生;猪为六畜之首,代表财富。

图36 玉蝉

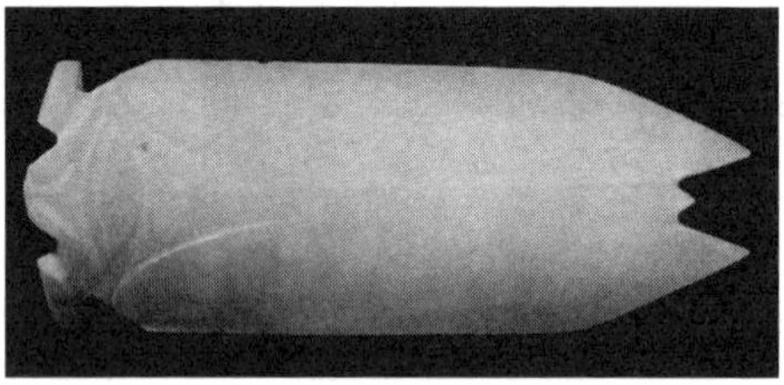

图37 玉蝉

图38 玉猪

图39 玉猪

玉璧(图40)上的穀纹是汉代常见的一种装饰手法,从穀纹派生出勾云穀纹、蒲纹,这件玉璧和满城中山靖王刘胜墓的玉璧类同②,属同时代的产物。

图40 玉璧

玉印,始于战国,汉玉印的字体风格同战国明显有区别。西汉早、中期常见覆斗形钮,字体匀称生动遒劲。

玉带钩,比较常见,和铜带钩相同,这件小带钩(图41)工艺特征简练明快,

① 长沙市文化局文物组:《长沙咸家湖西汉曹嫘墓》,《文物》1979年第3期。

② 中国社会科学院考古研究所、河北省文物管理处:《满城汉墓发掘报告》,文物出版社1980年版。

可能属于明器,或者是卡在带上供挂物之用。

唐代的玉器,用于葬仪中的较少,随身饰品、实用品、艺术品等较多,雕琢精美,其特点和金银器、瓷器的风格一样,趋于华丽开放,这件玉兔(图42)整体雕琢流畅,以突出兔子惹人喜爱的习性。玉笄磨得光滑细腻,似实用品。

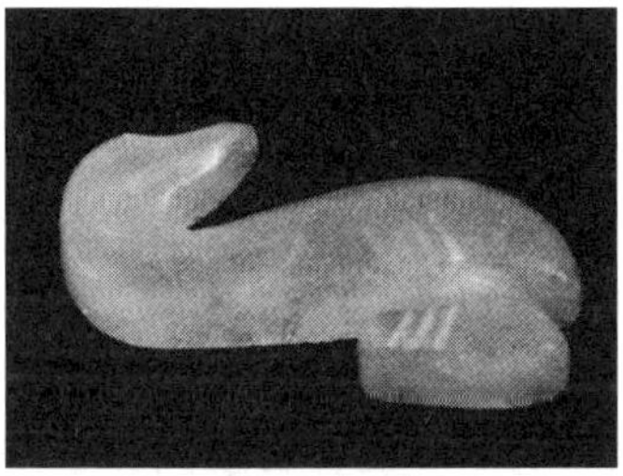

图41 玉带钩

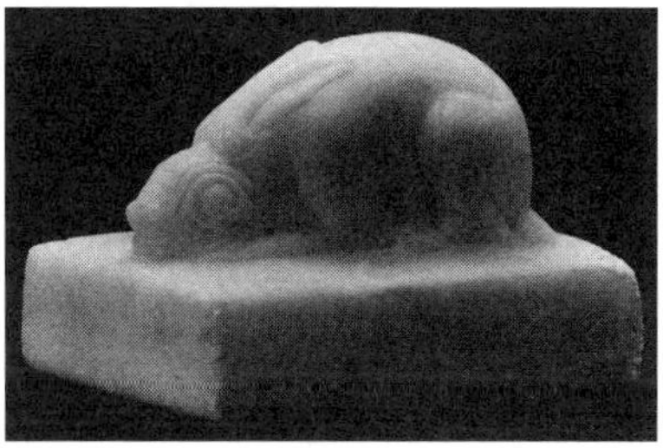

图42 兔形玉镇

六

陶器,主要为西安北郊汉墓出土,其次为东郊汉墓出土。属于隋唐时期的为一件兽足砚和一件长颈瓶。从器形上看,兽足砚是隋至唐初流行的一种器形,常称为百足砚。而唐的长颈瓶,其形状可能也模仿了同时期的金银器或瓷器。如《萃编》P155—P156选辑的两个Ⅳ期的银瓶。

汉墓内出土的陶器按照装饰可分成素面陶器、彩绘陶器、软釉陶器三种。

素面陶器,主要有方仓、灶、炉、灯、钩、缶、熏炉、锺等器形。这些器物自身有鲜明的时代特征,造型工艺也独具一格,并反映出了一些社会现象及问题。

我们知道,古代人生活中大量使用的是陶器,一直到瓷器产生后,才逐渐衰退下来。历史发展到两汉时期,陶器中出现了一些新类型、新装饰,绝对不见于商周时期。如东周时期的秦墓中最早出现了贮藏粮食的囷,无疑反映出了秦人重视农业生产的状况。一般来讲,圆体的仓体称为囷,方形的仓体称为仓。《考工记》注称"圜曰囷,方曰仓,穿地曰窌”。这一点在实物资料的铭文中得到了反证。如临潼上焦村Ml6的陶仓自铭为“囷”[①],洛阳烧沟汉墓的圆形仓也自铭为“囷”[②],相反,杨家湾四号汉墓出土的装有粮食的房仓,虽没有自铭为“仓”,但从京师仓“华仓”“京师仓当”的铭文[③],再参照京师仓的复原图,显而易见这种房仓就是模拟了真正的贮粮房仓,所以命名为“仓”是没有问题的。不管是囷或仓,都集中反映出了一个时代对农业重视的程度。需要指出的是,这种房形仓具有鲜明的时代特点,其使用年限似仅限于汉初至西汉中期。墓内随葬仓(囷)的习俗始于东周,盛于秦汉,魏晋以后少见。

图43 陶灶

灶和炉都应是炊具,但二者在汉墓中流行的时间不一样,灶出现于东周时期,而炉的出现大约在东汉时期。灶有圆体灶和方体灶之分。圆体灶最早多置三个火眼,以后逐渐减成一个。东汉时期的圆体灶都是一个大的火眼。方体灶本身有时代特征,在关中的汉墓里,流行的时间是汉初至西汉中期,其他时期未见。这种有挡墙的方体灶(图43)制作非常科学,三穴集中在一起,呈等腰三角形分布,上置成套的釜甑厨具,不但有利于节约燃料(集体受热),也可以加速做饭的速度。另外两边挡墙的存在有利于清洁卫生,烟囱位于拐角处,并修成壶状或罐状,显然汉代先民已懂得了抽风原理。整体制作非常科学,反映出了当时农村生活的基本状况,以后器形之所以转化为单孔灶,可能和随葬品制作简略有关。

灯,是照明具。汉的陶灯类似于以往的豆,但区别明显。因为陶灯模仿了同时期的铜灯,相比较于豆,盘浅、柄细且实。

---

① 秦俑考古队:《临潼上焦村秦墓清理简报》,《考古与文物》1980年第2期。
② 中国科学院考古研究所:《洛阳烧沟汉墓》,科学出版社1959年版。
③ 陕西省考古研究所:《西汉京师仓》,文物出版社1990年版。

缶,是典型的秦因素遗传。《史记·李斯列传》载“击瓮叩缶,弹筝搏髀,而歌呼呜呜”的秦声,为中原各国所耻笑。秦人不得已“弃叩缶击瓮而就郑卫”。可见这种小口、广肩、平底的缶是秦人生活中常见的一种陶器。汉统一后,由于建都关中,所以秦文化因素仍有传承,但器形本身已有些变化,原来的斜平角逐渐变得浑圆,器身饰绳(弦)纹的作风减退。引人注目的是这种“秦式缶”器身肩部往往刻有或朱书文字。如凤翔高庄秦墓的缶就刻有“隐成吕氏缶容十斗”“北园王氏缶容十斗”①。临潼床单厂汉代早期墓有“陵里李氏一石”等刻文②,不但指明了墓主的姓氏,也指出了生前所在的里居,至于“十斗”“一石”等容量是否准确,不能定论。有人试验后,按照秦的量制折算,认为基本合乎标准。

钟、罄都是乐器,成套出土。它们标志着墓主的身份和地位,说明“汉承秦制”“糅以周礼”的讲法是有一定根据的,它们的流行时间是汉代早期,中期以后少见。

彩绘陶器有鼎、盒、壶、钫、仓、罐、盆等。彩绘陶始于新石器时代,仰韶文化时非常兴盛,龙山文化兴起后,这种彩绘作风一度销声匿迹,到了战国时期,礼崩乐坏,墓葬内的彩绘陶再度兴起,并以仿铜的陶礼器为中心,标志着墓主的身份和地位。彩绘的内容在汉时以云纹为大宗,辅助有仿青铜器纹饰的三角纹(锯齿纹)、弦带纹等。个别的彩绘陶上描绘有其他内容。如房形仓上画几个方框,表示仓窗,左右画两个对称的“十”字,表示檩头,有的在檐头上画出瓦当图案。还有的画一些图像纹,如龙、凤、虎、扶桑树等。

鼎、盒、壶、钫这套仿铜彩陶器,兴盛于西汉时期,东汉时期绝迹。这一方面和汉代先民的思想意识转变有关,即追求仓、灶等标志私人财富和案、盘、耳杯一类祭奠器的使用。另一方面也和新器类的兴起有关系。如从西汉中期开始兴起的软釉陶器及当时人崇尚的漆器等,

---

① 雍城考古队:《陕西凤翔高庄秦墓地发掘简报》,《考古与文物》1981年第1期。

② 陕西省考古研究所配合基建考古队:《陕西临潼骊山床单厂基建工地古墓葬清理简报》,《考古与文物》1989年第5期。

所以，新莽以后的墓葬内陶器，以壶、罐最多，这时期的壶已不再是礼器，而是盛粮食或饮料的盛贮器。

彩绘陶器的变化和素面陶器一样，呈现出了时代的特点。关中汉墓内的陶鼎，一开始器身剖面呈卵形，对应双附耳较直，盖有三钮或三乳饰，底附三蹄状足，到西汉晚期以后鼎盖变浅，腹加深，对应双附耳外撇加长，三蹄状足变为三兽形足。

钫的变化是一开始器身较薄、易碎，最大径靠近腹下，以后升至中腹，颈变短，胎厚。

壶，汉初多有盖，中期以后消失。敞口变为杯口，圈足变成假圈足，最大径经历了下——中——肩——下的过程。

彩绘的艺术特点常见连续、旋转的手法，使一种图形重复出现。一般来讲，壶盖、盒盖、鼎盖多饰卷云纹，钫盖内饰重“回”字形纹。鼎身、壶腹、盒身、钫腹多饰流畅的卷云纹、勾云纹，上下用弦带纹分成区间。壶颈、钫颈多饰倒三角形的锯齿纹，间有云气纹。云纹是秦汉时期常见的装饰内容，如云纹瓦当。它的存在和秦汉时期的神仙学说兴盛可能存在某种联系。这是一个值得探讨的问题。

从颜色上看，以红、白二色为主，间有其他颜色，如黑、青、蓝等。这种浓淡不一的间绘，成功地表现出了一种色彩斑斓的艺术效果。

整个彩绘用笔如行云流水，没有顿笔、停笔现象。卷云如漩涡，流云似吹风，红色鲜艳夺目，白色庄重严谨，每个线条都婉转自如，起伏成行，构图巧妙，独具匠心。这种复杂的层次，深刻的意境，表现出了汉代匠师们高超的艺术成就。

软釉陶器，是汉代陶器中的一枝艺术奇葩。之所以称为软釉陶，是因为釉中多含氧化铅成分，烧成温度较低（800°C），有吸水性、釉层易剥落，有人也称铅釉陶。器形主要有鼎、盒、钫、壶、仓、奁、罐、盆、灶等。

釉陶器作为汉代制陶业（专为随葬而作的明器）的一项重要发明，和以前的釉陶制作密不可分。商周之时的釉陶，有人称为“硬釉陶”

“原始瓷器”①。这种釉是一种石灰釉，含氧化铁成分。关于汉代釉陶的来历，一般认为是受到了西亚地区的影响才开始制作的②，或者说是中西文化交流的结晶。持反对观点的认为汉代的软釉陶是一脉相承下来的产品。

关中西汉早期墓中可以确认出软釉陶的墓有两例，一是《集萃》记述的170号墓出的釉陶仓，一是新安机砖厂汉初积炭墓，出了釉陶罐③。这两座墓虽说都划为西汉早期，但属于早期的后段，即武帝初年的墓。武帝通西域的最早时间是前138年，所以，仅凭这两处的釉陶出现还不能否定“西亚釉陶说”。

釉陶的出现，和汉代厚葬之风有密切关系，其颜色以黄、绿为主，光洁明亮，煞是喜人，刚出土的效果可比于青铜礼器，所以，它的出现对仿铜陶礼器是一个很大冲击，并很快成为随葬品的主流，西安北郊清理的西汉中晚期汉墓里，出釉陶的墓占80%以上。

釉陶的上釉方法因器形而异，主要有蘸釉及刷釉两种。凡是蘸釉的釉层较厚，容易剥离，刷釉的常见于壶、钫等。个别的呈“蜡泪状”，当是釉层下流所致。

釉陶器也有一定的组合，如西安净水厂M55出有成套的三鼎、五仓、九壶的釉陶器④，这些组合同仿铜陶礼器一样，标志着墓主身份。釉陶的器形变化和素面、彩绘陶相同。

釉陶最突出的艺术成就在于它的装饰图案。器身装饰采取模印或雕刻，后者少见。浮雕的内容主要有山峦、飞禽走兽，人物射猎、飞龙升天等。M170仓体模印的二足鹿头和一熊比较罕见。

山峦形态主要见于奁盖，俗称博山炉盖。山密之间遍布虎、鹿、奔兽，另外在其他器身上也浅浮雕或线刻出重叠的山峰，这种图案的宗旨在于体现出大自然的境界，和汉代人“天人合一”的思想有息息相通

---

① 中国社会科学院考古研究所：《新中国的考古发现和研究》，文物出版社1984年版。

② 王仲殊：《汉代考古学概说》，中华书局1984年版。

③ 郑洪春：《陕西新安机砖厂汉初积炭墓发掘报告》，《考古与文物》1990年第4期。

④ 陕西省考古研究所配合基建考古队：《西安净水厂汉墓清理简报》，《考古与文物》1990年第6期。

之处。

飞禽走兽,主要是凤鸟、龙、虎、豹等神话动物或现实动物,显然和“神仙”学说有关。狩猎图案和武帝时期兴起的游猎之风有源。

釉陶仓上的纹饰别具一格。中间线刻的三角形锯齿纹和变形螭纹具有同时期陶器及铜镜上的综合特点,证明它是较早的器物装饰。仓盖上浮雕双龙图,檐头上模印瓦当纹清晰,特别是双鹿头和下部的人熊浮雕,大概包含着某种寓意。鹿和龙一样是人们追求仙、善、祥瑞的吉祥物,而大肚腆出、双眼圆睁的人熊,给人一种恐惧感,推测和文献记载中的“黄金四目”的方相氏有关,意为镇墓避邪,其他鼎、仓、奁的足部往往也制成屈蹲熊的形象,看样子十分吃力,和上述的人熊相异,可能是借寓熊有力气之意。

汉唐陶俑大多来自当时生活的原型,所以容易和现代人的思想发生共鸣。这次记述的陶俑有动物俑,包括牛、马、骆驼、狗、凤鸟龟座俑、翼兽俑等;人俑包括跽坐俑、骑马人俑、高髻女俑、环髻女俑和天王俑。关于这些俑的造型艺术已有很多学者谈到了,这里主要谈一下它们的时代特征。

牛,汉代墓葬出有很多牛俑,1986 年新安机砖厂汉初积炭墓出土的陶牛,是典型的秦川牛形象,特点是脊平而肢体匀称。唐代的牛俑比起汉代牛俑,体格上更加彪悍,和盛唐气象相吻合。中唐以后,社会经济衰败,出土的陶牛形体变小,有的呈跪卧状。

马,汉唐时期都很重视。汉代著名的有茂陵出土的鎏金铜马①,甘肃武威出土的马踏飞鸟②,唐代的昭陵六骏举世闻名③。长沙马王堆出的帛书《相马经》是当时人对养马技术的总结,相好马就要“欲得兔之头与肩,欲得狐周草与其耳与其肫,欲得鸟目与颈膺,欲得鱼之鬐与……得兔与狐,鸟与鱼,得此四物,毋相其余”。唐墓出土的马,整体肥硕,马头显小,正合乎“兔之头”,一匹骇马形象,从造型上看,唐马比

① 《西安鎏金铜马等珍贵文物在茂陵出土》,《陕西日报》1982 年 5 月 28 日。

② 甘肃省博物馆:《武威雷台汉墓》,《考古学报》1974 年第 2 期。

③ 孙中家,林黎明:《中国帝王陵寝》,黑龙江人民出版社 1987 年版。

汉马的姿态要多,仰头、俯头、嘶鸣、静立、飞奔、卧伏、空鞍、载物、牵引、慢行,应有尽有。从时间上看,唐代马的造型又有早晚区别,早期的马多昂首或勾头,晚期的马头多下垂或制成跪卧状,并且形体变小,四蹄所踏的底座往往镂空。

狗,汉代的陶狗站立状、蹲立状较多,造型为昂首、竖耳、尾巴上翘,充满了生气,而唐代的陶狗多呈跪卧状或伏睡状,主要表现出狗的温顺驯服的一面。

图 44　凤鸟龟座陶俑

最引人注目的是两件汉代陶俑——凤鸟龟座俑和翼兽俑(图 44、45)。以往的汉墓中很少发现,关中尚属首次。

这两件陶俑均有彩绘,出土时已剥落,时代属西汉早期。翼兽俑姿态是昂首、张口,前肢扑地,后腿曲蹬,做狂啸怒吼状,神态栩栩如生。时代比这早的翼兽战国时期的中山王墓也有出土①,质地为铜,M1 东库出土错银双翼 2,西库出土 2。中山王墓的翼兽和汉墓的翼兽相比,整体上表现的神态和气势是一致的,但造型上稍有差别,前者整个作为一个艺术品出现,而后者翼兽的肩部有一长方插孔,显然是附属物。战国早期的曾侯乙墓也出土了两件铜怪兽②,作为罄架的底座,形状集龙首、鹤颈、鸟身、鳖足为一体。其中龙首长舌由口侈出,卷曲下垂,舌面上铸有“曾侯乙作持用终”七字,身体两翼张开微微上翘,做轻拍状。对照观察汉墓的翼兽形态,其头似

图 45　陶翼兽俑

① 河北省文物管理处:《河北省平山县战国时期中山国墓葬发掘简报》,《文物》1979 年第 1 期。

② 湖北省博物馆:《曾侯乙墓》,文物出版社 1989 年版。

龙非龙，似虎非虎，应该属于想象中的神兽。《急就篇》云“射魃辟邪除群凶”。颜师古注“射魃、辟邪皆神兽名”。《十洲记》云“聚窟洲有辟邪、天鹿”，推断这种翼兽可能就是古代人想象中的辟邪。不妨再观察一下两汉时期的玉辟邪形象，特别是南北朝时期石刻的天禄、辟邪形态，似乎出于一个艺术家的构思和设计，那么西汉墓的这些翼兽俑就是以后石辟邪(天禄)的前身。这一点如果推论无误的话，又可反证文献记载始皇陵前有石刻的可靠性。《西京杂记》载“五柞宫有五柞树，皆连三抱，上枝荫覆数十亩。其宫西有青梧观，观前有三梧桐树。树下有石麒麟二枚，刊其胁为文字，是秦始皇骊山墓上物也。头高一丈三尺，东边者前左脚折，折处有赤如血，父老谓其有神，皆含血属筋焉”。林剑鸣、张文立两位先生考证始皇陵上的石刻应该有石麒麟、石辟邪、石虎、石人、石马等①。这个结论是可信的。

凤鸟龟座俑(图44)，凤鸟立于龟身，乌龟踞伏，扭脖，伸头，张口做咬状。从凤鸟的颈部凹槽分析，它也是一种负物的底座。南方的楚墓中，常见一种虎座鸟架鼓，凤鸟立于虎身。推测这两种俑的用途相近。从这一点可以窥视到汉初习俗受楚文化影响的一些脉象。

汉唐墓葬内人俑随葬的繁荣，是社会文明发展的一种标志，比商周时期的人牲人殉制是一个质的进步，但两者在某种意义上又有相通之处，因为人俑的形象大多是奴婢、侍从、臣妾之属。反之，人俑的大量制作，又是当世人对现实生活的肯定与向往，力求在冥间继续享受人间的富贵与欢乐。陶俑，其实就是当时生活原型的缩影。

西汉早期的女性跽坐俑(图46、47、48)眉清目秀、神态安详，原通身有彩绘。和西安任家坡汉陵同时期的女跽坐俑相比较②，不但大小相近，发型、服饰、形态也接近一致，推测可能出自同一个地方烧造。任家坡的女俑被认为是宫廷侍女的形象。那么，出这件跽坐俑的墓主身份应该属于较高的等级。

---

① 林剑鸣、张文立：《秦陵墓上石刻探微》，《文博》1986年第5期。

② 王学理、吴镇烽：《西安任家坡汉陵从葬坑的发掘》，《考古》1976年第2期。

图 46　跽坐陶俑

图 47　跽坐陶俑

图 48　跽坐陶俑

唐代男俑、女俑西安近郊墓葬内出土很多,风帽、幞头男侍俑是初、盛唐时常见的俑类。幞头胡俑是盛唐时期新出现的类型,它反映出胡人客居中原的历史状况。高髻、环髻女俑的形象,是唐代妇女时髦的发型。

天王俑的出现是佛教文化的一种折射反映,它既是神,又能通灵镇墓避邪。初唐的天王俑和武士俑相近,区别在于是否持盾。盛唐以后的天王俑和镇墓兽一样,形态开始变得狰狞可怕,脚下踏有小鬼,这种情况和当时的密宗流行有关。所以说唐代不仅在政治、思想上受外来佛教影响较深,连顽固的丧葬习俗也渗透了宗教因素,也正是这种大规模的吸收与融合反映出了唐代文明兴盛与开放的程度。

七

最后谈谈壁画。

至目前为止,我们能见到的最早宫室壁画是秦都咸阳 3 号宫殿遗址内发现的①,墓室壁画最早的属西汉中晚期②。屈原的《楚辞 · 天

① 刘庆柱:《试谈秦都咸阳第三号宫殿建筑遗址壁画艺术》,《考古与文物》1980 年第 2 期。

② 中国社会科学院考古研究所:《新中国的考古发现和研究》,文物出版社 1984 年版。

问》中记载了楚先王庙内的壁画景观，已故的孙作云先生推论：主室天棚上画有天象图及天上神怪图（九层天图、日中乌、月中蟾蜍、群星图、嫦娥奔月、王子乔羽化升仙、风神飞廉）。墙壁上"大地图"（鲧禹治水、昆仑山、蛟龙图、雄虺九首图等），还有人类起源及历史人物图。王延寿的《鲁灵光殿赋》记载汉鲁灵光殿内"图画天地，品类群生，杂物奇怪，山神海灵，写载其状，托之丹青，千变万化，事各缪形，随色象类，曲得其情"。推测有飞禽走兽、神仙、驾龙帝王、九首人皇、伏羲女娲等图像。另外，文献中记载，汉武帝在甘泉宫内画天地太一诸神。很明显，汉代墓室壁画的内容比较接近于文献记载的宗庙壁画，和秦宫壁画内反映现实生活的车马仪仗图、百戏图等截然不同。这种差别应该是生和死的差别。宗庙和墓室都是生者对冥冥先祖、死者哀"葬"之地，希望死后的阴间也有晴朗的天空和静谧的月光（天象图），希望来世的生活中与仙人、仙物共存。

西安交通大学壁画墓最突出的艺术成就在它的天象图。古人对天象的认识很早，商代已对二十八宿有所发现，最早记载的二十八宿图是曾侯乙墓内出土的。秦汉时代，阴阳五行学说兴盛，占星术、杂占广为流传，科学和迷信揉在一起。最古老的神话传说也被曳入对天象的认识。月中玉兔、蟾蜍、太阳九乌的故事，老孺皆知，正是这些美丽的神话，激发了汉代艺术家的丰富想象力，他们笔下的壁画才显得逼真和生动传神。西安交大发现的天象图，对研究古代天文学史具有重要意义。

（原载于陕西省考古研究所、西安市文物管理处：《陕西新出土文物集萃》，陕西旅游出版社 1993 年版）

陕西发现的汉代“裸体俑”综述

20世纪50年代至今，陕西发现了不少“裸体俑”，性别有男有女，并且明显地表现出男女性器官的细部①。这种现象不但引人注目，也常常使人发生疑问。因此，对它的性质和作用的探讨也显得十分必要。

一、在陕西发现的“裸体俑”

到目前为止，在陕西发现的“裸体俑”主要在三个地点出土：一是在汉长安城西北区的手工作坊出土的，共报道了三批②，性别有男有女，因残破者多，推测高度在50厘米；二是在帝王陵区出土的，已报道了三批③，均为男性，高约50—60厘米；三是在西安东郊沙坡汉墓出土的，报道的有两批④，“利成”汉墓男俑高60厘米，女俑高54厘米，另一汉墓中的男女俑高约40厘米。这些“裸体俑”的共同特点是没有双臂，但臂处有孔，俑的全身有彩绘，头发、冠、眉涂成黑色。

---

① 杨泓：《中国古文物中所见人体造型艺术》，《文物》1987年第1期。

② 俞伟超：《汉长安城西北部勘查记》，《考古通讯》1956年第5期；周苏平、王子今：《汉长安西北城区陶俑作坊遗址》，《文博》1985年第3期；毕初：《汉长安城遗址发现裸体陶俑》，《文物》1985年第4期。

③ 咸阳市博物馆：《汉平陵调查记》，《考古与文物》1982年第4期。

④ 尔东：《西安东郊西汉墓出土一批裸体陶俑》，《文博》1985年第3期；郑洪春：《陕西新安机砖厂汉初积炭墓发掘报告》，《考古与文物》1990年第4期。

二、是否为裸体直接随葬？

传统礼俗和考古材料证明，这些“裸体俑”原来着有衣饰，后因腐朽致裸。

裸体随葬不是古代先民的埋葬习俗。古代人很重视礼仪，衣饰又是礼仪中很重要的组成部分。《礼记·檀弓上》说：“葬也者，欲人弗得见也。是故衣足以饰身，棺周于衣，椁周于棺，土周于椁。”可见衣棺之备，是人之常情也。东周时期，明器出现，墓葬中模仿人的明器称作俑，俑的出现是社会进步的产物，它取代的是被殉葬的奴隶或是“从死从葬”的妻妾、近臣和侍臣①。《孟子·梁惠王》载仲尼曰：“始作俑者，其无后乎？为其象人而用之也。”郑玄注云：“与生人相对偶，有似于人。”《礼记·檀弓》注：“俑，偶人也，有面目机发，有似于生人。”可见俑是模仿生人而作，生人指的是一般的普通人。普通人着衣，偶也应着衣或刻画出衣饰，这是约定成俗的事情。

“汉承秦制，糅以周礼。”汉朝建立后，惠帝命叔孙通制礼仪制度，以收“礼仪三百，威仪三千”的效果，衣饰穿戴成为汉代很重要的礼节。《盐铁论·散不足》说“桐人衣纨绨”，指的就是穿衣木俑。现在发现的无臂“裸体俑”，就是为穿衣而设计的。考古发掘时，在个别俑的身上曾发现附着丝织物的残迹。阳陵、杜陵发现的“裸体俑”和兵器、生产工具、车马器、装饰品、货币同出，从而反证了这些俑原来是着衣而葬。否则，直接裸体随葬，不仅和执兵器或生产工具组成的“画面”不相协调，也和“事死如生”的埋葬礼俗相悖，更不是当初设计制作者的本来愿望和意图。

《七国考·魏丧制》引《西京杂记》说：“魏有裸葬之俗。”汉墓中也多发现裸体俑的造型。如西安十里铺东汉墓的小铜人②、江苏涟水西

① 尚志孺：《先秦从死从葬制度初探》，《陕西省文博考古科研成果汇报会论文选集》，1981年。

② 雒忠如：《西安十里铺东汉墓清理简报》，《考古通讯》1957年第4期。

汉墓的三个环抱裸戏俑①,等等,所有这些都是个别现象,并不是大众习俗。陕西发掘的所有西汉墓中,除这三处地点出土的“裸体俑”外,其他汉墓中还未见到。

三、“裸体陶俑”的制作年代

考古发现最早的“裸体俑”,截至目前是阳陵从葬坑出土的。这组大型俑坑,分布在景帝陵东南,北距王皇后陵300米。文献记载,王皇后死于公元前126年,时处汉武帝时期,由此推断,这组俑坑的年代应在武帝初期,和“利成”汉墓发现的“裸体俑”年代相近或稍早。更早的材料还未发现。由此可以推断,从武帝时期开始,用着衣“裸体俑”的陪葬习俗,一直延续到西汉末年,王莽以后绝迹。汉长安城西北作坊区多次发现的“裸体俑”,简报中推测作坊兴盛期在西汉晚期,从现有的考古材料看,制作兴盛期当在西汉中期。

四、“裸体俑”制作的社会根源和意图

汉初之时,黄老之学十分流行,这和当时人们厌恶战争,追求安定生活有关系。“清静无为”“无为而治”的思想深入人心。但是儒家思想的影响也在不断增长,在长期的发展过程中,它吸收了法家、道家、阴阳家和各种学说,形成了“今文经”和“古文经”两种派别。今文经派就是利用孔子的“托古改制”、“微言大义”来宣传儒家神学,里面已夹杂了大量的谶纬迷信成分。汉武帝时,董仲舒提出了“天人感应”学说,把封建统治秩序神圣化、永恒化、合理化。这一点很受汉武帝赏识。于是,“独尊儒术”的局面形成了。“三纲”“五常”的礼教成为伦理道德原则,讲究“孝悌”成为上自皇帝下自平民做人的一个重要衡量尺度。在“事死如生”的社会大背景下,形成了一种厚葬之风。正如《晋书·索綝传》中所说:“天子即位一年而为陵,天下贡赋三分之,一

① 南京博物院:《江苏涟水三里墩西汉墓》,《考古》1973年第2期。

供宗庙，一供宾客，一充山陵。”世人也以“厚葬为德，薄终为鄙”。主作陵内器物的“东园匠令”自然会模拟君王、王后等生前生活的原型，把一切都模仿入葬，以供死者冥中之用。汉武帝茂陵内“金银财物、鸟兽鱼鳖牛马虎豹生禽，凡百九十物，尽瘗藏之，又皆以后宫女置于园陵”①，正是这种状况的反映。所以说，在汉武帝时期出现这种“裸体俑”的从葬坑，是有一定社会根源的。

至于“裸体”无臂的原因，笔者认为一方面和南方楚地用木俑随葬习俗有关；另一方面也和这些俑要表现的姿态有关。

以刘邦为首的西汉统治者是楚人当政，他们对死后的认识，多少都和楚地的固有风俗有联系。“利成”大墓制作的“楚制”椁，就是一例②。南方的江淮流域，不论是战国楚墓，或者是汉初的诸侯王、列侯墓，多采用木俑随葬，这和当地用料和传统习俗有关。刘邦一伙人当政后，多少也把楚地的风俗带入了关中。陶俑的制作一方面继承了秦俑皆用泥塑的规律，另一方面也糅进了楚地木俑构造的某些方法和技巧，这种南北制作工艺的融合，致使“裸体俑”出现。

另外，依据这些俑的性质不同，设计制造者也力求表现出俑的各种姿态，用活动的手臂表现是再合适不过的。不管是上举、平伸、后甩、下垂、持物等形象，均能很容易地表现出来，身上再罩以不同的衣饰，形象更是栩栩如生。这就是裸俑无臂的原因。

五、“裸体俑”的性质和作用推断

我们在“利成”汉墓报告中讲过，墓道“外藏椁”内有骑马仪仗俑，“出土于正藏椁箱内的男女陶俑当是侍俑，出土于‘外藏椁’中陶牛身旁的俑当是牵牛仪仗俑”。25个骑马人俑是仪仗俑的性质，这是毋庸置疑的，但后者讲的侍俑和牵牛仪仗俑还显得有些笼统。

---

① 《晋书·索綝传》。

② 郑洪春、韩国河：《试论汉初“利成”积炭墓》，《考古与文物》1990年第4期。

根据马王堆三号墓记载“车骑”情况①的简75号:“牛、牛车各十,竖十人。”第76号:“马竖五十人,衣布。”第77号:“右方车十乘,马五十匹,副马二匹,骑九十八匹,辎车一辆,牛车十匹,牛十一,竖十一人。”《史记·货殖列传》有“通邑大都……牛车千两”。牛车乃是一般的车,但是汉初之时,由于情况不同,“其后诸侯唯得衣食租税,贫者或乘牛车。”②这里把牵牛的人称“竖”“衣布”。木牍第61号:“右方女子明童凡百八十人,其八十八美人,廿人才人,八十人婢。”江陵168号汉墓出土的竹简载:“大奴良等廿八人,大婢益等十八人”,及“田者男女各四人,大奴大婢各四人”③。可见,主要称为奴或婢。《方言》中说:“臧甬(俑)侮获,奴婢曰获,自关而东,陈魏齐楚之间,保庸谓之甬,秦晋之间,骂奴婢曰侮。”归结之,西汉初,把这些侍从俑称为童、奴、婢。当然,侍从俑中还有一些身份较高的家吏,如家丞、谒者等。“利成”汉墓的正藏椁内曾出有几块彩绘俑。如陕新M1:67,呈跽坐状,长衣着履,衣为白色。从衣饰上和马王堆二、三号墓的陶俑相比较,身份要比“裸体俑”高,其性质属家吏或谒者之类。

通过以上阐述,“利成”汉墓的牵牛“裸体俑”应称为“御奴”或“御婢”。但正藏椁内的男女“裸体”侍俑该如何称谓呢?根据“右方女子明童凡百八十人,其八十人美人,廿人才人,八十婢”的记载,女性“裸体俑”属侍婢或高一级的才人、美人亦无不可。因为从汉武帝起,西汉帝王后宫美女满室,这恐怕也是随葬“裸体”女俑的一个社会原因,这里的女俑是不是还有歌舞侍俑,已无从考证。“裸体”的男俑,从形体构造可知,他们不是宦者,又不是家吏侍臣,是作何而用呢?从椁箱的出土物来看,这些“裸体”男俑应和内藏的家禽、家畜有关。这些动物在转世后饲养无疑要靠这些人(包括一部分“裸体俑”)。所以说,他们的身份应是童或僮。

---

① 湖南省博物馆、中国科学院考古研究所:《长沙马王堆二、三号汉墓发掘简报》,《文物》1974年第7期。

② 《汉书·高五王传》。

③ 纪南城凤凰山一六八号汉墓发掘整理组:《湖北江陵凤凰山一六八号汉墓发掘简报》,《文物》1975年第9期。

阳陵、杜陵、平陵附近发现的男性“裸体俑”和以上俑的性质有不同之处。马王堆 M3 竹简 32 号:“执长桱矛八人,皆衣绀冠。”33 号:“执短铩六十人,皆冠画。”38 号:“执短戟者六十人,皆冠画。”第 55 木牍:“右方男子明童凡六百七十六人,其十五人吏,九人宦者,二人偶人,四人击鼓、铙、铎,百九十六人从,三百人卒,百五十人奴。”①对应的阳陵发现的“男裸体俑”,和兵器同出的,他们身份应为属从或卒,和锛、凿、锯等同出的,应为奴。

六、“裸体俑”出土的价值和艺术特征

陕西发现的“裸体俑”不仅是考古学上的一项重要发现,在中国美术雕塑史上也具有很重要的意义。

衣着“裸体俑”的随葬打破了关中地区单一的用泥塑表示衣饰容貌的传统格局,使得随葬品的内容更富有生活气息,这是随葬品内容的一大变革。但这种现象仅仅在和皇室有关系的墓中才表现出来,无疑又给“裸体俑”的价值赋予了一定的政治色彩。从意识形态方面来讲,它是一种宗教迷信,是“事死如生”的一个侧面反映,和公元前四五世纪的古希腊人体雕塑艺术相比,含义不同,意义也不同。它不是古希腊人体雕塑艺术真善美的凝结,而是统治阶级伦理道德观念的反映,是一大群被压迫、被奴役人的形象。但是,从客观效果上讲,这种表现人体自然美的“裸体俑”又具有很重要的研究价值。

“裸体俑”的艺术特征可从三方面来考虑:

第一,继承了先秦以来的写实技巧,刻画出各部位的骨骼和肌肉组织。如“利成”汉墓出土的男俑,形体修长,各部位比例准确,雕刻细致,线条流畅,很富有真实感。女俑雕刻得也细腻入微,线条优美,自然逼真,只是有些苗条有余,而丰满不足,但大体又不失人体造型的比例,这可能和汉代先民的审美观念有关。

---

① 湖南省博物馆、中国科学院考古研究所:《长沙马王堆二、三号汉墓发掘简报》,《文物》1974 年第 7 期。

第二，从姿态和表情上讲，生活气息愈来愈浓。从秦兵马俑肃穆的军阵，到任家坡汉陵的斑斓彩绘俑群[①]。再看一看这批面带微笑的"裸体俑"群，不禁使人耳目一新，淋漓畅快。这是艺术赋予了陶俑活的生命。如果说，某些"裸体俑"冷峻、平板的气象，使人感到出自一模的话，那么，成群的"裸体俑"出现，截然和秦兵马俑是两个不同的生活画面。从整体到个体，这些俑不愧是汉代雕塑大师的杰作。

第三，从装饰手法上看，体涂粉红色，白中透红，富有质感；面部涂红，发冠涂黑是常见的装饰手法。和临潼出土的汉彩绘俑[②]十分相似，给人一种红光满面、神采奕奕的精神气象。

(原刊于《西北大学学报》1993 年第 1 期)

---

① 王学理、吴镇烽：《西安任家坡汉陵从葬坑的发掘》，《考古》1976 年第 2 期。

② 赵康民：《临潼出土的汉彩绘陶俑》，《文博》1985 年第 2 期。

奈良新出三角缘神兽镜的论争

1998年1月9日,日本奈良县橿原考古学研究所公布了新近调查的黑塚古坟的材料。该古坟引人注目的随葬品是出土了32面直径22—24.5厘米三角缘神兽镜和一面直径13.5厘米的画文带神兽镜。这是继1953年京都府椿井大塚出土32面三角缘神兽镜之后,又一次考古大发现。其重要性不仅仅是牵扯到《三国志·魏书》倭人条里记载的邪马台国方位问题——畿内或是北部九州,在某种程度上,也反映出秦汉魏晋南北朝时期与中国密切进行国际交流的关系。

黑塚古坟位于奈良县天理市柳本町,形制为前方后圆,全长约130米,后圆部直径约72米、高约11米,前方部高约6米。1961、1989年有过两次调查,这一次调查主要是发掘了后圆部上的埋葬主体。发掘表明,竖穴石室没有被盗。石室长约8.3米,宽约0.9—1.3米,高约1.7米,木棺已朽,只留下黏土棺床。从痕迹推断,棺为割竹形(半竹筒形),长约6.2米,宽约1米。石室内出土的遗物可分成两部分,棺内的头部位置有画文带神兽镜1面(13.5厘米),两胁处有铁刀剑类。棺外的32面三角缘神兽镜主要集中于石室北部,呈U字状绕棺木排列,光面皆面内(棺)。棺西侧16面,东侧15面,北侧1面。石室南部出土有铁甲胄、工具类及残陶片(土师器)。另外,棺内棺外都有施朱现象。初步识别表明,32面三角缘神兽镜中有六神四兽镜(与之同范的镜有德岛县宫谷古坟、京都内里古坟)、波文带盘龙镜(同范的有京都椿井大塚、大阪和泉黄金塚、爱知县奥津社古坟)、三面五兽镜(同范的有群马县三本木、香川县奥3号、兵库县权现山51号、静冈县连福寺古坟)。铭文中已判明的有“张氏作”镜及“上有神守及龙虎,身有文章口=巨”等字样。该古坟的年代为古坟前期,3 世纪后半期至 4 世纪初期。

资料公布及现场说明会的举行,立即引起考古、历史学术界的大争论。主要论点是:

第一,大和的中心部(奈良盆地的东南部)发现了邪马台国卑弥呼使臣从魏国领回的三角缘神兽镜(特铸说或卑弥呼镜论),不仅填补了大和一直未大量出土的空白,也有力地说明了 3 世纪前半期的邪马台国就在畿内,以后的大和政权就是邪马台国的继续,此次大量出土的三角缘神兽镜,正是初期大和政权成立的标志之一。

第二,此次发现的众多三角缘神兽镜,仅仅是数量的增加,仍不能说明其就是从魏国领回“铜镜百枚”的一种,应该是国产镜。

第三,邪马台国在九州,以后迁之大和。这次大和境内发现的大量随葬铜镜的作风是北部九州随葬铜镜习俗的继承。

第四,墓主身份可能是王族将军(樋口)、与管理铜镜分配有关的大臣。甚至有学者认为是出使魏国的使者难升米的墓。

第五,三角缘神兽镜的用途,依据内外不同的放置方式,许多研究者更加强调它的辟邪功能(魔镜或咒具、保魂),但仍不能忽视其政治意义、神仙宗教的渡来及权利和财富的象征。

三角缘神兽镜的研究由来已久。王仲殊先生著文认为日本发现的大量大型三角缘神兽镜是吴国工匠东渡日本制作的产品。根据这一次的发现,对王先生的论点可以作如下补充:

第一,截至目前的材料,该种铜镜的发现数目接近 500 枚,远远超出了受赐“铜镜百枚”的记载,魏镜说愈加难行。更何况日本学者的研究表明,大量的三角缘神兽镜制作时间前后近 50 年。即使是福永氏解释为倭人魏晋时期 4 次朝贡的(每次领回百余枚、正好 400 多枚)结果,已经是对为什么单纯特铸魏之年号“景初”“正始”镜用意的否定。还有大和盆地与黑古坟塚年代相近的古坟许多都未进行发掘,将来出土数目继续增加的可能性极大。

第二,黑古坟塚的棺内只出土了一面直径较小、但制作精致的画文带神兽镜，毫无疑问它是中国境内制造的镜（前期的古坟中已出土约60面）。这种大小镜分开埋葬的模式（尤其是重视中国镜的随葬位置），正如王先生分析1994年京都大田5号古坟出土的“青龙三年”（235年）方格规矩四神镜是邪马台国受赐的铜镜一样，该枚镜也极有可能是魏晋皇帝的赏赐镜。

第三，菅谷氏一再指出三角缘神兽镜钮的制作不好，根本不能用于悬挂。这次发现的也不例外，它们都不是实用品，为葬仪所用。从这一结论出发，大和初期政权给各地豪族、近臣赏赐或配置铜镜的时间可能是继位、庆功之时，更有可能是死亡之时的恩赐，即埋葬时的特定赏赐。它的作用不仅仅是对死者个人及家族地位和权势的肯定，也是密切君臣关系的一种重要手段，可以说是初期大和政权政治生活中的一项重要改制。有可能是参照了中国汉晋时期丧葬礼制中的王侯大臣死时，皇帝赐予“法赙”（钱帛）及大量埋葬用品的结果。当然，此论成立的前提是从死到葬必须有一定的间隔时间，以等待赐品的到来。《魏书》倭人条里有“始死，停丧十余日”的记载，更何况还有“一大率”之类的中介官吏可以代表倭王行使下赐的权力，时间上不会有太大的问题。

第四，通观日本境内“尚大镜”制作习俗的缘起，可追溯至福冈县的平原遗迹发现的日本国产的4面大型内行花文镜（其实是仿云雷连弧文镜），直径达46.5厘米，时代为弥生中后期。其制作的动机显然和57、107年的两次东汉朝贡有关，因为《洛阳烧沟汉墓》公布的东汉早期至中期的新流行铜镜就是云雷连弧文镜。因此，到了3世纪的中后期，邪马台国及初期的大和政权继承这种“尚大镜”的习俗，发扬和吸收了弥生时期的铜铎、铜剑、铜矛等的冶铸技术，并募集或求得中国大陆工匠的参与，以纪念239年的朝贡为契机，制成了这种用于改制的三角缘神兽镜。

（原刊于《中国文物报》1998年7月8日）

日本发现的三角缘神兽镜源流述论

一、日本三角缘神兽镜的发现与研究

什么是三角缘神兽镜?《日本考古学用语辞典》(180页,斋藤忠编,日本学生社1998年出版)说:三角缘神兽镜属于神兽镜,是一种缘部断面呈三角形的镜。主要在前期古坟中发现,其中包含有"陈是作竟(镜)"的铭文镜。樋口隆康在《古镜》(1979年版)中指出:关于三角缘神兽镜的名称必须满足如下几个条件:1.直径超过20厘米的大镜;2.镜的外区纹带由复线波纹带和其内外的锯齿纹带组成;3.内区的最外部有一个由铭文、兽纹、唐草纹、波纹、锯齿纹、半圆方形带组成的副圈纹带;4.主纹区由四个或六个乳丁等分,其间配置有神人和仙兽纹样;5.图像的配置分求心式和同向式两种;6.铭带的铭文如下格式。

K 式　吾作明竟(或是陈是作镜)甚大好上有仙人不知老

Q a式　尚方作竟佳且好　明而日月世少有刻

R a1式　吾作明竟甚大好　上有东王公西王母

R a2式　陈是作竟甚大好　上有王父母

R b2式　张氏作竟真巧　仙人王乔赤松子

R c式　吾作明竟甚大工　上有王乔赤松师子　天鹿

R c式　吾作明竟甚大好　上有神守及龙虎身有文章

U 式　新作大(明)竟　幽律三刚　配德君子　清而且明　铜出徐州　师出洛阳

这种镜类即便是在古坟中发现,大多也是较早的古坟,镜铭比较流行。在中国,这类镜子还没有明确的发现例。由于它和其他神兽镜等铸成技术相异,究竟是日本国自己生产的镜,还是中国专门为日本铸造的镜?或是中国的工匠来日本铸成的镜?议论不一。另外,关于三角缘神兽镜的形式和系谱问题,究竟是神兽镜和画像镜的结合?还是四神兽带镜和陈是作镜类的继承?也没有定论。

到目前为止,日本已经发现此类镜子500余枚(不论制作精美与否);中国境内,合乎以上六条标准的三角缘神兽镜还没有发现。

日本国内最早对此类镜展开系统研究的应为富冈谦藏先生,1918年他死后,其弟子梅原末治把他的谈话和笔记整理成《再论日本出土的支那铜镜梗概》《画像镜考》《关于本邦仿制的古镜》三文(《古镜的研究》,丸善株式会社,1920年)。富冈先生的考证是从分析铜镜铭文开始的,他主张"半肉雕式神兽镜"(即后来称为的三角缘神兽镜[①])就是三国魏的镜,并且是魏王朝赐给卑弥呼使者百枚铜镜的一类。进一步认为,这类镜由于大部分在畿内的古坟出土,"最妥当的理解是,指所谓倭人的酋长和魏展开交通的卑弥呼或者有势力女性的大和朝廷,应相当于邪马台国"。这样,三角缘神兽镜=卑弥呼镜(魏镜)=邪马台国大和说的公式也由富冈先生倡导成立了。这些观点,都被梅原末治先生所继承[②]。

20世纪50年代,以京都府山城町椿井大冢山古坟出土了32面三角缘神兽镜为契机,京都大学的小林行雄先生提出了著名的"同范镜论"[③]和"传世镜论"(《古坟时代的研究》青木书店,1961年),其后一

① 最早注意到"三角缘"特征的是高桥健自先生。见《关于王莽时代的镜》《考古学杂志》9—12,1919年。之后,梅原末治:反论高桥健自的观点,把"三角缘"和"神兽镜"的用语连接在一起,即"半肉雕三角缘神兽镜"。见《关于所谓王莽镜的疑问——读高桥健自《〈关于王莽时代的镜〉》《考古学杂志》10—3,1919年。

② 梅原末治:《汉三国六朝纪年镜集录》冈书院,1931年。《关于本邦古坟出土同范镜的一、二考论》《史林》30—3,1945年。

③ 小林行雄:《由同范镜看古坟时代的研究》《考古学杂志》38—3,1952年。《同范镜论再考》,《古代文化》27,1957年。

连串研究[1],支持了魏镜论和邪马台国大和说。

与此同时,持反论的学者也大有人在,如森浩一先生就主张"三角缘神兽镜的大部分都是仿制镜,担当制作的是当初在日本国内制作镜的归化系工人"(《日本古代文化——坟文化的成立和发展诸问题》《古代史讲座》第三卷,1962年)。其他的还有同型镜说(网干善教,1975年)、吴镜说(高坂好,1968年)、非中国镜说(古田武彦,1979年。奥野正男,1980年。菅谷文则,1980年和1991年[2])等。

但是,认为三角缘神兽镜是中国镜观点的学者阵营也不断在扩大和补充,如樋口隆康[3]、近藤乔一[4]、田中琢[5]、岸本直文[6]、福永伸哉[7]等。

1998年1月9日,日本奈良县僵原考古研究所公布了黑冢古坟的发掘材料,随葬品中有33面直径22—24.5厘米的三角缘神兽镜和1面直径13.5厘米的画文带神兽镜。这是继1953年京都府椿井大冢出土32面三角缘神兽镜之后又一次考古大发现。其重要性不仅仅是牵扯到《三国志·魏书》倭人条里记载的邪马台国方位问题——畿内或是北部九州,在某种程度上,再一次反映出3—5世纪倭政权与中国王朝之间密切的文化交流关系。

涉及三角缘神兽镜综述性的研究和评述,可以参考西田守夫先生的《三角缘神兽镜的形式系谱诸说》(《东京国立博物馆纪要》6,1971年)、八贺晋先生的《仿制三角缘神兽镜的研究》(《学丛》6,1984年)、田中琢先生的《三角缘神兽镜研究略史》(田中琢、佐原真编《论苑考

---

① 小林行雄:《三角缘神兽镜的研究·型式分类编》《京都大学文学部纪要》13,1971年。《仿制三角缘神兽镜的研究》,《辰马考古资料馆考古学研究纪要》1979年。

② 菅谷文则:《围绕三角缘神兽镜的诸问题》,《日本古代史》(下),(日本)光文社,1980年。菅谷文则:《日本大和镜》,(日本)同朋社出版,1991年。

③ 樋口隆康:《三角缘神兽镜的性质》,(日本)《古代思索》39,1985年。

④ 近藤乔一:《三角缘神兽镜的仿制》,(日本)《考古学杂志》59—2,1973年。近藤乔一:《三角缘神兽镜》,(日本)东京大学出版会,1988年。

⑤ 田中琢:《日本列岛出土的铜镜》,《三角缘神兽镜之谜》,角川书店,1985年。《卑弥呼的镜和景初四年镜》《谜镜—卑弥呼镜和景初四年镜》,(日本)同朋社出版,1989年。

⑥ 岸本直文:《三角缘神兽镜制作的工人群》,《史林》72—5,1989年。

⑦ 福永伸哉:《三角缘神兽镜的系谱和性质》,《考古学研究》27—3,1991年。

古学》,1991 年)和上野武先生的《三角缘镜是“卑弥呼镜”论争的回顾》(《战后五十年古代史发掘总论》,朝日新闻社,1996 年)等。

为什么说三角缘神兽镜是魏镜呢? 主要理由如下:

第一,三角缘神兽镜的纹饰特征大部分是魏镜(北方镜)的特点。第二,镜铭中有“景初三年”“正始元年”的魏国纪年年号。第三,这种镜是魏国赐给卑弥呼使者百枚铜镜之一,与文献记载相符,可以说是专门为邪马台国特铸的镜,故在中国境内一面也没有出土。第四,镜铭中之所以铸有“景初四年”的年号,是因为“景初三年”6 月卑弥呼的使者朝见后,魏王得知使者次年归国,急着准备赐给使者的答谢礼品,故提前铸出了次年“景初四年”的年号镜。第五,铭文中“至海东”的意思是指广州地区,不是海的东方神仙栖居之地,也不是指日本列岛。第六,铜镜上特铸景初三年的意味,还包括景初二年魏国消灭了盘踞辽东的公孙氏政权,又恰逢偏远的邪马台国来朝,故铸“景初三年”“景初四年”“正始元年”的镜以示历史纪念意义。

二、中国——汉魏两晋铜镜的研究和相关三角缘神兽镜的讨论

众所周知,铜镜的起源、制作、生产组织、制作方法、流通、使用、信仰、礼仪、仿制、废弃、随葬等方面,不但有经济层面的含义,也有社会、政治、文化、艺术乃至宗教方面的意义,因此,从它的诞生之时起,就受到了应有的重视。

今天,汉魏两晋铜镜作为考古的研究对象,主要来自它在断代方面的意义。与此同时,许多学者也注意到它在宗教及艺术研究方面的作用。作为研究成果集中体现在考古发掘报告、简报以及相关的地方省市铜镜图录、研究论文和著书。

例如《洛阳烧沟汉墓》考古报告集中对两汉时期洛阳地区的铜镜变化特征,给予了结论性总结①。118 面铜镜和 9 面铁镜被分成 14 个

① 中国科学院考古研究所:《洛阳烧沟汉墓》,科学出版社 1959 年版。

型,分别为蟠螭纹镜(流行于西汉初—武帝)、草叶纹镜(武昭时期)、百乳镜(武昭时期)、日光·昭明镜(武帝—东汉初)、变形四螭纹镜(西汉晚—东汉初)、规矩镜(西汉末—东汉中)、四乳镜(西汉末—东汉初)、云雷连弧纹·长宜子孙镜(东汉初—东汉末)、夔龙·凤纹镜(东汉中—东汉晚)、变形四叶纹镜(东汉晚)、变形四凤镜(东汉中—东汉晚)、人物画像镜(此枚镜为东汉灵帝之时,但此类铜镜的流行时期为东汉中—南朝齐)、三兽镜(东汉中叶以后)、钮镜(西汉中—东汉初)。因为这些铜镜的分型和断代研究是建立在墓葬形制和陶器断代的对照之上,所以镜的形制、纹饰和年代演变规律之推断显得非常可信。但是,由于"这里所发表的225座墓,除东汉晚期有几座较大的墓型或属于这一时期的豪门贵族者外,其余的葬制规模都大致略同,应属于汉代的一般官吏及其眷属的墓葬",出土铜镜的直径和大小除第七型规矩(博局)镜二面为18—20厘米、第八型的长宜子孙镜三面超过19厘米外,其余的铜镜直径都不超过16厘米,大多为6—13厘米。仔细比较了各型铜镜的形式尺寸分述表,也没有发现同范镜。关于钮孔的形式,因报告中没有详述,根据笔者观察到的洛阳出土的铜镜实物,以"半圆孔"较为常见。至此,洛阳汉墓群铜镜透露出的信息是:尽管不能窥视皇家大族随葬使用铜镜的形式,但制大镜、尚大镜的习俗应该出现在新莽—东汉中期①。这一点,对研究日本弥生时代"尚大镜"习俗的缘起,很有参考意义。另外,烧沟东汉晚期的镜群中,尽管出土了人物画像镜和三兽镜各一面),但显然不是该区(京都地区)赏玩的主要镜类。直到目前,已经发掘的许多汉墓材料表明,此种推论仍然正确。它有力地说明了京都洛阳地区东汉晚期以尚变形四叶纹

① 西汉初年也曾尚大镜,各地的汉墓中出土了不少超过18厘米的镜类。洛阳烧沟汉墓群缺少西汉早期的墓葬材料。统观日本境内"尚大镜"制作习俗的缘起,可追溯至福冈县的平原遗迹发现的日本产的4面大型内行花纹镜(其实是仿云雷连弧纹镜),直径达46.5厘米,时代为弥生中后期。其制作的动机显然和57年、107年的两次东汉朝贡有关,因为《洛阳烧沟汉墓》公布的东汉早期至中期的新流行铜镜就是云雷连弧纹镜。因此,到了3世纪的中后期,邪马台国及其初期的大和政权继承这种"尚大镜"的习俗,发扬和吸收了弥生时期的铜铎、铜剑、铜矛等的冶铸技术,并募集或求得中国大陆工匠的参与,以纪念239年的朝贡为契机,制成了这种用于改制的三角缘神兽镜。

镜、夔龙镜、龙凤镜等为主。或者说从某种意义上来看，以表现神仙、神兽为主的画像镜和神兽镜没有成为上层统治者追求赏玩的对象，这种状况一直持续到三国西晋时期，大约也和动乱政治生活的凄凉、社会经济的贫困、儒学思想的变异（玄学的兴起）以及上层统治者提倡的“节葬”“薄欲”思想有关系。

关于地方省市出版的铜镜图录自20世纪50年代开始，已有不少，如《陕西省出土铜镜》（文物出版社，1959年版）、《四川省出土铜镜》（文物出版社，1960年版）、《洛阳出土铜镜》（文物出版社，1988年版）、《上海博物馆藏青铜镜》（上海书画出版社，1987年版）、《鄂城汉三国六朝铜镜》（文物出版社，1986年版）、《湖南出土铜镜图录》（文物出版社，1960年版）、《铜镜图案—湖南出土历代铜镜》（湖南美术出版社，1987年版）。其他，还有《浙江省出土铜镜选集》（1957年）、《阿城县出土铜镜》（1974年）、《浙江出土铜镜》（文物出版社，1987年）、《吉林出土铜镜》（1990年）等。这些书中，和三角缘神兽镜研究直接相关的图录首推《鄂城汉三国六朝铜镜》（以下简称《鄂镜》）和《浙江出土铜镜》。

俞伟超先生在《鄂镜》一书的“序”中，着力强调了吴国的两个铸镜中心会稽山阴（今绍兴）①和鄂城（当时的武昌）的重要地位。“鄂城铸镜业最初是由于引进了会稽山阴著名的匠师而发展起来的”“武昌的铸镜业曾从会稽移入了非常精致的神人画像镜工艺，虽然发展了一点自身的特点，但基本风格却是一致的。”“（鄂城）这时各种神兽镜的边缘上，流行锯齿纹、棘刺纹、流云纹、怪云纹和一种类似涡形的云纹等装饰，这些都是从汉镜边饰花纹发展演变而来的。但是在一种极讲究的半圆方枚乳神兽镜的边缘上，却出现了一种往往由羽人操舟、奔龙、飞凤、走兽等生动图像组成的画纹带。它显然是伴随着浮雕式图像的发展而出现的。这种画纹带，始见于传出绍兴的一面非常精致的中平四年半圆方枚乳神兽镜上。”“综观汉末、三国、两晋的铜镜，可以看到那时的铸镜工艺当以东吴地区居首位，许多别具新格的型式，特

---

① 参见浙江绍兴古墓出土的300多面铜镜（梅原末治:《绍兴古镜聚英》，桑名文星堂，1939年）和《汉三国六朝纪年镜图说》（桑名文星堂，1943年）一书记载的铜镜图录。

别是浮雕式的龙虎镜、画像镜、重列神兽镜、画纹带等镜上的新工艺，都是在这里首先发展起来，而后影响各地的。东吴的铸镜工艺可以说是达到了我国古代铸镜史上的一个高峰。西晋之时，它还勉强保留在一定的高度上。一到东晋，则已普遍地衰落下去。”

我们大段地引用了俞伟超先生的研究成果，旨在说明画像镜和神兽镜的缘起与东吴的密切关系，这一点许多研究者都注意到了。另外，从《鄂镜》公布的124面铜镜的直径上看，新莽时期的三面规矩镜的直径达16—17.2厘米，和洛阳烧沟汉镜表现出的大镜规律相一致。东汉镜中，以浮雕式鸟兽纹带龙虎镜（序号24）的20.5厘米最大，其他神兽镜的直径未见超过15厘米的镜类。六朝镜中，除三面变形四叶纹镜（序号76、77、79）的直径达16.8—18.5厘米、一面画纹带神兽镜（序号103）的直径达18厘米（另有序号100、101、102三面同类镜直径为14.8—15.3厘米）、一面神人鸟兽画像镜（序号118）的直径达20.2厘米（序号119、120的两枚同类镜直径16.1—16.3厘米）外，其余的镜类直径以13—14厘米为大宗。从当时的尺度换算来看，序号109的黄初二年半圆方枚重列神兽镜铭文：“大六寸清昌”（合今13.3厘米），基本与该铜镜的实际径数13.1厘米相吻合。有趣的是六朝镜缘呈现三角的镜类，从图录的描述中有神人鸟兽画像镜（序号118、119、120），也就是以上记述的六朝大直径镜；同时，此三面镜的外区纹饰有辐线纹带和单锯齿纹带，也透露出与日本三角缘神兽镜相类的信息。另外，《鄂镜》中的浮雕式鸟兽纹带龙虎镜（序号24）不仅直径近似于日本发现的三角缘神兽镜，边缘也呈斜形，近于三角缘；铭文外为辐线纹一周，边纹为锯齿纹、波浪纹、锯齿纹各一周，这一点也比较类同。但是内区图案显殊不同，而且此种镜是东汉晚期的镜，是否和日本的三角缘神兽镜有丝毫的联系，不宜断定。镜缘呈三角缘的铜镜，《鄂镜》中还有龙虎镜（序号60）、三兽镜（序号64、65）、飞禽镜（序号67、68）等，说明了三角形的镜缘（起码近似于三角缘）在武昌乃至长江中下游地区比较流行。

《浙江出土铜镜》（以下简称《浙镜》）共记述了185面铜镜，其中属于西汉至两晋的镜有109面。王士伦先生认为：“日本出土的三角缘神兽镜，以神仙和神兽为主要题材，这与浙江出土的神兽镜是相同的。”“浙江出土的画像镜，镜缘断面较多呈不等腰三角形，少数呈等腰三角形，外区饰有一至二周锯齿纹，加上复线波浪纹带和栉齿纹带，与日本出土的三角缘神兽镜的镜缘形式及外区纹饰比较接近。”浙江，汉晋时期属会稽郡。神兽镜和画像镜的盛行时期为东汉中晚期及以后的一段时间，从时间上看，这两种镜类的盛期要稍早于鄂城。按传播论而言，有一个制镜技术的西渐过程。如果和日本的三角缘神兽镜相比较，其出现的时间跨度也和鄂城地区一样在东吴时期前后或再稍晚一段时期。《浙镜》中直径超过 18 厘米的镜类有东汉的规矩镜类（序号 10：18.3 厘米，三角缘。序号 15：18.3 厘米）、东汉七乳禽兽带镜（序号 22：18.8 厘米）、东汉神兽带镜（序号 24：20.2 厘米）、东汉画像镜（序号 25：21.3 厘米，斜缘。序号 26：21 厘米。序号 27：21 厘米。序号 28：20.6 厘米。序号 29：22 厘米。序号 30：20.5 厘米。序号 33：20.5 厘米。序号 34：20 厘米。序号 35：20.8 厘米，斜缘。序号 36：22 厘米。序号 37：21 厘米。序号 40：19.8 厘米，三角缘。序号 41：18.6 厘米，近似三角缘。序号 42：18.6 厘米，斜缘。序号 43：20.5 厘米，三角缘。序号 47：21.9 厘米，三角缘。序号 51：20.8 厘米）、东汉四兽镜（序号 50：18.4 厘米）。有意思的是东汉—两晋时期 18 厘米以上直径神兽镜类《浙镜》中未见一例，最大者是序号 70：三国半园方枚神兽镜，直径 17.4 厘米，其余的大多在 11—14 厘米者最多。如果说日本三角缘神兽镜中的“陈氏作镜”神兽车马镜是中国浙江流行的神兽镜和车马画像镜的组合，那么，画像镜东传日本的时间和制作技术及神兽镜的情况应该是大体相同。

另外，随着考古材料的公布，著书立说者层出不穷，笔者认为最有代表性、系统研究铜镜的著作（图录性质的除外）可举出三部，一是孔祥星、刘一曼先生的《中国古代铜镜》（文物出版社，1984 年一版，1988 年再版），二是周世荣先生的《中华历代铜镜鉴定》（紫禁城出版社出版，1993 年），三是何堂坤先生的《中国古代铜镜的技术研究》（紫禁城出版社版，1999 年）。这三部书各具特点。《中国古代铜镜》主要是纲领目举式研究，揭示出历史各段流行的镜类的特征，并对日本相关的三角缘神兽镜的研究状况，进行了引述。《中华历代铜镜鉴定》主要对铜镜的纹饰和特征乃至源流用工最甚，并把湖南出土的镜类放入铜镜的历史发展中去考察，未涉猎三角缘神兽镜的研究。《中国古代铜镜的技术研究》主要是对历代铜镜的铸造技术和处理加工技术进行了系统考察，尤其是对107枚铜镜的合金成分分析，是一般铜镜研究者所不能奢望的事情。涉及三角缘神兽镜的研究，本书中最有益的论点，笔者认为有两条：一是何先生从铸镜技术考察，同范镜的存在可能性很小，除非是纹饰极为简单的镜类（见下述第三部分“制作技术”的分析）；二是关于铸范上的镜面直径精辟的分析。“我国历代诸镜中，大凡三角缘画像镜正背两面直径相差最大。”相差的原因有两方面：“（1）铜镜本身的形制。如三角缘画像镜，因背侧直径是从‘三角缘’顶端算起的，这尺寸就自然要小些。（2）浇铸工艺的特点。比如，对模印法造型而言，为便于脱模，背径需要小些；对永久型、版永久型来说，为便于下型，背径也需要小些的；而对熔模铸造而言，器成则范毁，仅从铸造角度看，面径是无须大于背径的。”这些结论也适用于日本的三角缘神兽镜研究。

针对日本三角缘神兽镜是中国魏镜的论点，中国的考古学者王仲殊先生率先“发难”，提出了“三角缘神兽镜为中国吴的工匠在日本所作”①，日文版的《三角缘神兽镜》（日本学生社，1992年）一书收录了1981—1989年发表的十三篇高论。与此同时，中国学者也展开了与日本弥生后期—古坟中期相当、中国魏晋南北朝时期的铜镜研究，如徐苹芳先生的《三国·两晋南北朝时代的铜镜》②一文，集中代表了考古学界的研究成果。经考古发掘证明，三国·两晋南北朝时代制镜的特点是：（1）魏晋时期北半中国的制镜业，由于受到了战乱的打击，仍然以汉以来的方格纹规矩镜、夔凤镜、内向花纹镜、兽首镜、鸟纹镜、龙凤纹镜等。（2）南方地区的长江中下游吴国领域，汉

---

① 王仲殊：《关于日本三角缘神兽镜的问题》，《考古》1981年第4期，至1994年第8期同杂志刊出《论日本出土的青龙三年铭方格规矩四神镜》，王先生围绕“日本的三角缘神兽镜”，发表了十几篇论文。

② 徐苹芳：《三国两晋南北朝时代的铜镜》，《考古》1984年第6期。

末少受战乱，又有丰富的矿产资源，制镜业得到了迅猛发展，出现了两个制镜中心——会稽郡的山阴（今绍兴市）和江夏郡的武昌（今鄂城或称鄂州市）。虽然也制作旧式的汉镜—夔凤镜、规矩镜等，但新创出了画像镜类和神兽镜类。

至此，三角缘神兽镜是日本本土产出镜论点的主要论据是（以王仲殊先生的论据为中心）：①东汉以后，江南主要生产画像镜、盘龙镜、重列同向对置式神兽镜、画文带佛兽镜等。相反，以黄河中下游为中心的魏国、西晋华北之地，几乎不出土此类的铜镜，更不要说是三角缘神兽镜。②中国江南（吴地）出土的镜形、纹饰有与日本发现的三角缘神兽镜相近的因素，如三角缘、画像、兽像等因素。③日本大阪府柏原市国分茶臼山古坟和滋贺县野洲町大岩山古坟出土的镜铭上，有"至海东"之语，指的就是日本。④日本岛根县神原神社古坟出土的"景初三年"镜铭上的"本是京师，绝地亡出"之句，和群马县高崎市蟹泽、兵库县丰冈市森尾、山口县新南阳市御家老屋敷（竹岛）三座古坟出土的"正始元年"镜铭的"本自荊（州）师，杜地命出"之语，其意思就是制作这种镜的工匠，原来住在中国扬州的京城，以后离开故乡，来到被称为"绝地"的日本。京都府福知山市广峰 15 号古坟出土了"景初四年"（实际上不存在）镜铭，是因为魏国的改元没有及时传到日本的结果。⑤三角缘神兽镜的图案上，还有在中国的铜镜上看不到的"笠立形"纹样，它可能是魏国给邪马台国使臣难升米的一种军旗，象征着"黄幢"（日本奥野正男说）。⑥三国时代，日本列岛和中国有交往（途经亶洲），此时吴的工匠东渡日本后，把吴地的"三角缘"画像镜和平缘的神兽镜图案融合在一起，并加进日本独特的"笠立形"要素，制造出了三角缘神兽镜。

三、寻找其源流的途径及方法

1. 纪年镜和铭文

至目前为止，日本共出土了魏的纪年镜 8 面，吴（晋）的纪年镜 3 面（表 1）。

表 1

番号	遗址名称	镜名	直径（厘米）	年号	公元	国名
1	大田南第 5 号古坟（京都府中郡峰山町·京都府竹野郡弥荣町）	方格规矩四神镜	17.4	青龙三年	235	魏
2	鸟居原第 2 号古坟（山梨县八代郡三珠町）	平缘神兽镜	12.5	赤乌元年	238	吴
3	神原神社古坟（鸟根县大原郡加茂町）	三角缘神兽镜	23.0	景初三年	239	魏
4	和泉黄金冢古坟（大阪府和泉市）	画纹带神兽镜	23.1	景初三年	239	魏
5	广峰 15 号古坟（京都府福知山市）	盘龙镜	17.0	景初四年	240	魏
6	出土地不详（传宫崎县持田古坟群）	盘龙镜	17.0	景初四年	240	魏
7	柴先古坟（群马县高崎市）	三角缘神兽镜	22.6	正始元年	240	魏
8	森尾古坟（兵库县丰冈市）	三角缘神兽镜	22.7	正始元年	240	魏
9	竹岛古坟（山口县宝冢市）	三角缘神兽镜	22.6	正始元年	240	魏
10	安仓高冢古坟（兵库县宝冢市）	平缘神兽镜	17.0	赤乌七年	244	吴
11	传上伯古坟出土（京都府相乐郡山城町）	平缘神兽镜	13.0	元康？年	291—299	晋

（选自广岛县立民俗资料馆编:《古坟与大陆文化》,1994 年）

另外,据福永伸哉先生的统计日本和中国还存在 15 面魏的纪年镜（表 2）。

对以上三角缘神兽镜的纪年,“魏镜说”和反对论各执一词,不可调解。“魏镜说”主张魏的纪年出土,尤其是景初、正始年号镜的发现,更加证明了三角缘神兽镜是魏国特铸的镜类。相反,反对论认为“三角缘神兽镜为中国吴的工匠在日本所作”,这些年号都是倭政权为纪念朝魏的历史意义而有意铸成的年号。但为什么要铸出魏国历史上并不存在的“景初四年”年号？对于此问题的解答,笔者倾向于“日本制镜论”,释解如下：

表 2

年号	公元	镜式	出土地点或保存单位
黄初二年	221	同向式神兽镜	大谷女子大学资料馆
黄初二年	221	同向式神兽镜	（传）湖南长沙
黄初二年	221	同向式神兽镜	湖北省鄂城五里墩 14 号墓
黄初二年	221	同向式神兽镜	湖北省鄂城 630 工区
黄初三年	222	同向式神兽镜	（传）浙江省绍兴
黄初三年	222	同向式神兽镜	瑞典王立博物馆
黄初三年	222	同向式神兽镜	日本文化资料中心
黄初四年	223	对置式神兽镜	五岛美术馆
黄初四年	223	对置式神兽镜	东京国立博物馆
黄初四年	223	对置式神兽镜	湖北省鄂城 630 工区
正始五年	244	画纹带神兽镜	五岛美术馆
甘露四年	259	兽首镜	五岛美术馆
甘露五年	260	兽首镜	黑川古文化研究所
甘露五年	260	兽首镜	书道博物馆
景元四年	263	规矩镜	五岛美术馆

（选自福永伸哉：《魏的纪年镜和它的周边》《弥生文化博物馆研究报告》第 3 集，大阪府立弥生文化博物馆，1994 年）

1993 年，山东公布了魏国曹植墓葬材料。其内出土的一块铭文砖，书文“太和七年三月一日壬戌朔，十五日丙午，兖州刺史侯昶遣士朱周等二百人作毕陈王陵”。其实，魏在太和七年二月六日丁酉已经改元为青龙年号，作陵的兖州刺史侯昶不会不知道改元。之所以仍然使用了太和的纪年，只是为了表达曹植死年的连续性，别的原因恐怕也找不出来。那么，“景初四年”年号镜的铸造，大概也具有这一方面的含义。也就是说为了连续表达和纪念“景初三年”出使魏国、“正始元年”携“亲魏倭王”的荣誉头衔归国的跨年度朝见活动，而用“景初四年”的纪年来代替“正始元年”。无独有偶，这三个年号的镜的镜铭中都有“陈是作”的铭文，且广峰 15 号古坟的“景初四年”镜和（传）宫崎县的正始元年镜都是斜缘盘龙镜，从而反证出铸镜主人相同和纪年镜铭连续之间的一致性。我们有理由相信,这三个年号的三角缘神兽镜应该是较早定型的三角缘神兽镜,和泉黄金冢古坟的画纹带神兽镜也是陈是作镜中的古型,表现出三角缘神兽镜创出时期的不同创意。另外,从这三个年号镜的出土地点看,都是处于交通要道的势力者所拥有,在某种程度上言,和大田南5号坟的魏镜—方格规矩四神镜一样[①],具有等同的恩威意义。

魏的纪年镜铭文(见表3):

表3

A	(a)	(c)	(e)					
	景初三年	陈是作铭	铭之保子孙					
B	(a)	(c)	(g)	(h)	(i)	(d)	(e)	(f)
	景初三年	陈是作镜	自有经述	本是京师	绝地命出	吏人铭之位至三公	母人铭之保子宜孙	寿如金石兮
C	(a)	(c)	(g)	(h)	(i)	(f)	(e)	
	正始元年	陈是作镜	自有经述	本是(州)师	杜地命出	寿如金石	保子宜孙	
D	(a)	(b)	(c)	(d)	(e)	(f)		
	景初四年	五月丙午之日	陈是作镜	吏人铭之位之三公	母人铭之保子宜孙	寿命金石兮		

A=和泉黄金冢古坟,B=神原神社古坟,C=蟹泽、森尾、御家老屋敷古坟,D=广峰15号古坟、(传)持田古坟

(选自上野武:《三角缘镜是"卑弥呼镜"论争的回顾》,《战后五十年古代史发掘总论》,朝日新闻社,1996年)

根据以上的铭文显示,ABCD应该是"同系工房或同一个工房的制品"(菅谷文则语。按照铭文的省略顺序,可以排出B—D—C—A的

① 有学者撰文,此枚铜镜不是魏镜而是"日本制镜"的一种。见川村明:《关于安满宫古坟出土的"青龙三年"镜》,《东亚的古代文化》94号,(日本)大和书房,1998年2月。我们知道,该枚铜镜表示规矩的"T、L"饰中,"L"向右折,与常见规矩镜(中国)的左折不同,据此,很多人把这一特征,当成"日本制镜"的特点。其实,这是一个误解。1999年4—5月,"寻找三角缘神兽镜源流"的课题成员在中国境内的调查中,不但发现了"L"向右折的规矩镜(陕西历史博物馆),也在洛阳博物馆发现了陶质博局的局面上,"L"向右折的实物。

顺序），这一点也支持我们上述的考证。从另外一方面看，B 种铜镜铭文中的（c）（g）（h）（i）毫无疑问是制镜者本身的叙述。按照“魏镜说”，洛阳的官府工匠没必要叙述自己的经历，不会讲“本是京（州）师”之语，也只有移居他地，才会流露此言，从而反证出这些铜镜不是洛阳的制品。但是，也不能完全同意王仲殊先生的讲法，为了解释“东吴工匠在日本铸镜”说，而将其释解为虚拟之语。如果允许假设，邪马台国政权和继后的初期大和政权就是因为对中国铜镜的特殊爱好，239 年、243 年、247 年、266 年的向魏晋朝贡之时，向魏晋皇帝请求或自己募求中国大陆制镜工匠的东渡，也不是没有可能（见下述“镜型的演变”的分析）。至此，我们同意“三角缘神兽镜”是日本本土制镜的说法，但并不完全局限于“东吴工匠制镜论”。另外，富冈谦藏先生在分析茶臼山古坟出土的镜铭（铜出徐州，师出洛阳）时说：“‘徐州’地名，只在魏晋时代（220—442）使用，其前后的汉代和刘宋称为彭城；意指镜匠的‘师’，在晋代因为忌先祖司马师的‘师’而不使用；‘洛阳’和‘雒阳’标记的使用，西汉末写作‘雒阳’，魏代以后才写作‘洛阳’。”就此三点，他认为“铜出徐州，师出洛阳”的年代，应该限定在魏代。我们不赞成魏镜论，但这种推论的合理性是不是在提醒我们，247 年魏向倭国派遣使者回访的随从中可否有制镜的工匠呢？可以想象，出使遥远偏僻的倭国，即便是名师名匠（陈氏等）也不会心甘情愿，强令之下，“本是京师绝地命出”的情绪也就流露出来。

2. 镜型的演变

我们知道，弥生时代的前中期，日本列岛铜镜的使用范围主要集中于九州岛北部的墓葬中，所发现的镜型，大部分是中国的两汉镜（草叶纹镜、内向连弧纹镜、日光镜、清白镜、博局镜、长宜子孙镜等）。大约到了弥生的后期，铜镜的使用渐次东传，扩大到本州的中东部，不但墓葬中有出土，生活的遗迹中也屡屡发现，并且铜镜使用的阶层也逐渐“下嫁”，尤其是残镜出土例的增加，在象征权威思想特征的铜镜背后，大大增加了铜镜本身的“神性”，或者说是宗教性。这一点在卑弥呼政权确立后，以规齐划一的三角缘神兽镜群表现出来。在某种程度上讲，三角缘神兽镜的出现和广泛随葬的秘密，隐喻着解开日本古代国家成立和宗教政治化历程的关键。

从镜型的演变上看,虽然日本发现的镜型时代因自大陆——列岛流通的时间限制,墓葬里出土时有滞后现象,但瓮棺中发现的弥生中期前后(公元前2—2世纪)的铜镜年代与中国西汉中晚期——东汉中期的铜镜演变脉络相一致,换而言之,弥生中期前后的墓葬年代可以用发现的中国铜镜年代来判断。弥生晚期以后,大概是由于大陆北方制镜业的衰落,新的镜型出现较少,这时日本发现的铜镜开始集中于内向连弧花纹镜、传世的东汉镜以及小型的仿制镜等镜型,作为断代的模糊性加大。

冈村秀典先生曾精心排列过西汉、东汉的铜镜编年①,认为汉镜7期(2世纪后半—3世纪早期)的7期—1:尚方作系浮雕式神兽镜流入日本;7期—2:画纹带神兽镜流入,成为卑弥呼政权前期的镜类;7期—3:斜缘二神二兽镜、斜缘四兽镜开始流入,时代背景与中国东北公孙氏的政权存续相关。这些结论显然也和朝鲜半岛乐浪地区出土的中国镜的变迁相一致②。如果这些考证无误,三角缘神兽镜出现的时段定论在弥生时代终末期——古坟时代初期(布留0—2式)不会有太大的问题③。问题是与三角缘神兽镜共存的、比较早的其他镜类的定性——如传世镜是否是"三世纪在中国制作的翻铸镜?"④庄内式至布留0—2式古坟出土的与大陆乃至朝鲜半岛相似的铜镜时代又该如何看待?笔者认为这些镜型基本上和大陆北方铜镜出土的规则相一致。

和中国辽宁省、朝鲜半岛出土的汉魏晋铜镜类别比较,让人感觉到日本画像镜及神兽镜的流入与此地区有着某种的内在联系。但是

---

① 冈村秀典:《前汉镜的编年和样式》,《史林》67卷5号。《后汉镜的编年》,《国立历史民族博物馆研究报告》第55集。

② 高久健二将乐浪出土的汉镜分成五期,在五期开始出土半肉雕式神兽镜、细线式盘龙座兽带镜、盘龙镜、斜缘二神二兽镜、画纹带同向式神兽镜、求心式神兽镜和铁镜。《乐浪汉墓的编年》《考古学杂志》78—4,1993年。

③ 小山田宏一:《3世纪的镜》,《倭人和镜2》(第36回埋藏文化财研究集会),1994年。

④ 立木修:《后汉镜和3世纪的镜——乐浪出土镜的评价和翻铸镜》,《日本和世界考古学》《岩崎卓也先生退官纪念论文集》,1994年。

2—3 世纪的东北域和朝鲜半岛处于激烈的政治动荡之中,铜镜虽然在巫术生活里起着一定的作用,但对于上层统治者来言,始终没有成为至上的财宝(威信财)和权利的象征,也没有居为依靠中原政治权力的信物。这一点,大大不同于日本。因此,对于铜镜的“苦心孤诣”,倭国比它们要用心的多。一方面通过朝鲜半岛这个渠道输入铜镜(表现出时代镜型的一致性),另一方面开始自己仿制铜镜,募求大陆高水平工匠的东渡也成为一项合理的欲望。福冈县平原遗迹出土的 4 面直径 46.5 厘米的大型铜镜,可视为日本:“尚大镜”的缘起①。

3. 合金成分的比较

马渊久夫、平尾良光《景初四年铭龙虎镜的铅同位体比》一文中,分析了日本辰马考古资料馆馆藏的一面景初四年铭龙虎镜和 1986 年福知山市文峰 15 号古坟出土的景初四年铭龙虎镜(据说是同范镜)的四种铅同位体比的结果是:从使用材料的范围看,它们和“舶载”的三角缘神兽镜(即特铸说)没有多大的区别,但是,说二者为同范关系仍属不妥,因为二者的铅同位体比有一定的差异。继之,比较了日本出土的中国魏和吴国纪年镜的铅同位体比,得出了这二者的制作原料产地也有所不同的结论。同时,再一次强调三角缘神兽镜使用的铅矿,可能在大陆的华中—华南一带。

另外通过科学分析,何堂坤先生认为中国 66 面西汉中期到五代铜镜的平均成分是:铜 72.456%、锡 22.273%、铅 4.8881%。也就是说“战国以降,南北铜镜的成分多已大体一致。”②这样,通过铜镜主体成分的分析法来寻找日本三角缘神兽镜的源流,似乎走向了死胡同。但是,何先生试验的数据中,东汉晚期——南北朝 32 面铜镜中,含锌的铜镜占 20 面,占比在 60% 以上。而日本小松茂、山内淑人分析的同期古镜中(含三角缘神兽镜)③,几乎未见含锌的报道,倒是铁、镍、砷、锑的成分含量记录得比较详细,究竟是不含锌的成分?或是测量没有

① 原田大六:《平原弥生古坟》,(日本)苇书房,1992 年。

② 何堂坤:《中国古代铜镜的技术研究》,紫禁城出版社 1999 年版,第 48 页。

③ 小松茂、山内淑人:《东洋古铜器的化学研究》,《古镜的化学研究》,《东方学报》1933 年第三册。

到位？不得可知。少量的含锌，改善了合金的铸造性能，也增加了铜镜的可塑性。如果日本发现三角缘神兽镜不含锌，那么它不属于魏镜（舶载镜）的系数加大。到目前为止，从两方的铜镜合金成分分析的结果上，还没有找到解决三角缘神兽镜源流的途径，相信随着高科技的发展，会在这一方面找到一条出路。

4. 制作技术

由于三角缘神兽镜群中存在大量的同形（范）镜，很早以前梅原末治先生就认为同形（范）镜的制作是使用了失蜡法，即熔模制镜①。这种观点从岸本直文先生②和福永伸哉先生③的文中得到了认可。但是，中国学者的研究表明，中国古代应用失蜡法铸青铜器的历史虽然比较早（春秋时期），但是熔模制镜的方法在秦汉魏晋南北朝时期并不兴盛，并且用一个陶范或金属范制造出同范镜的存在可能性也微乎其微。

铜镜研究专家何堂坤先生认为："一般来讲，同形镜生产之法至少有四，(1)用金型、石型或烧造好的陶范烧铸。(2)使用有祖范的熔模法铸镜。(3)使用复印法造型。(4)使用统一设计图案，用雕塑法造型。在此四法生产的同形镜中，第一种是确属'同形'、'同范'的，但我国古镜之金型尚未发现，石范大约只能铸造图纹简单之镜，陶范通常只能铸制一次。第二种只是同了模和祖范，而未曾同铸范（蜡壳）。第三种只是同模而已，并未同范。第四种只是同了设计方案。我国古代同形镜工艺当主要是第三种，其次是第二种；真正的同范镜目前尚无确凿的例证。"④

董亚巍先生通过铜镜的复制试验，也认为"中国古代不存在'同范镜'"⑤。

---

① 梅原末治：《关于上古铸镜之我见》，（日本）《考古学杂志》34—2，1944 年。

② 岸本直文：《试论三角缘神兽镜的制作技术》，《权现山 51 号坟》（近藤一郎编）（日）同刊行会，1991 年。因为该古坟出土 4 号镜的同形镜有 5 面，这些镜所带的范伤有明显的区别，但 5 面镜体本身的铸造仍然都非常平滑，伤痕不明。于是，岸本认为是失蜡法制造的结果。

③ 福永伸哉：《三角缘神兽镜制作技法的探讨》，（日本）《考古学杂志》78—1，1992 年。

④ 何堂坤：《中国古代铜镜的技术研究》，紫禁城出版社 1999 年版，第 128 页。

⑤ 董亚巍：《"同范镜"及其相关问题》，《中国历史博物馆馆刊》1999 年第 1 期。

所以，日本发现的所谓“同型镜”或“同范镜”的制作技术，也成为一大难题。假设是熔模法的结果，把精致的“舶载镜”当成魏国的特铸品，把制作不精的当成在日本的仿制品，恐属不妥，因为在二者当中明显都存在相同技术法铸成的“同型镜”，同一技术传统下的产品被主观地分成中国产镜和日本产镜，不好理解。如果说是中国工匠在日本的杰作，这和铜镜的合金成分的铜、锡、铅及用于熔模的黄蜡一样，大概从大陆的输入成为不可避免，这一点亦需要证明。

至此，我们有理由认为三角缘神兽镜群中的“同范镜”，因大多并不是同范，其称谓“同范镜”并不合适。即使称作为“同型镜”，也有一定的不妥，因为经福永先生的排列比较，所谓的多组“同型镜”中，钮孔开口方向不相同者占比例很大，再加上一种形式的镜中，铭文中个别词句的相异或省略，以及浇铸口痕、铸痕的差异，把“同型镜”改称为“同形镜”比较稳妥（即形状、花纹、铭文等比较相似或相同的镜）。附带而言，如果能够证明其为同模翻印，称为“同模镜”亦属可能。

另外，日本还出土有大量的“踏返镜”（翻铸镜）[①]，三角缘神兽镜中也应有一定数量的存在。不过，翻铸镜的特点是图像纹样与原型镜相比，多漫漶不清，且一次比一次的效果差。究竟怎样判定合适？笠野毅先生列出了五点参考意见[②]。但是，由于大量不同的同形镜存在，纯粹用“翻铸法”来解释此现象，也不尽合适。还有，董亚巍先生也说：“中国的铜镜在日本翻铸，这种说法也值得商榷。……从战国至晚唐之间的1300余年里，铜镜的合金一直采用的是铜锡铅三元合金，含锡量平均24%左右。这种合金在常温下的铸态金相组织为 α 固熔体及 $(\alpha+\delta)$ 共析体组成，其中 α 相的特点既硬又脆，再加之镜体浇铸时在收缩、凝固期又产生了比较大的内应力，造成古代铜镜普遍特别脆，稍

① 针对这一点，何堂坤先生归结为整范整模复制的方法（《中国古代铜镜的技术研究》112页）。其特点就是比较适合于生产同形镜，但制模比较麻烦。

② 笠野毅：《舶载镜论》，《古坟时代的研究》（石野博信等编《东亚中的古坟文化》）181—184页，（日本）雄山阁出版，1993年。

不小心就破碎了。"①明确指出夯型制范、翻铸法不足的一面。

根据以上所示,三角缘神兽镜制作技术的揭秘,也和该镜类的产地归属有着密切的关系,这些研究的推进,要等待冶金等领域学者的参与。

四、三角缘神兽镜在日本大量出土的意义

中日两国研究者的探讨表明,日本国内出土这样多的铜镜,其包含的政治性意义非常突出,既有对内各强权政治拉拢的恩幸成分,也显示出初期大和政权与当时中国王朝的依附关系,或者说是在当时整个动荡的东亚局势中,通过此种铜镜的制作和分配,初期大和政权把中国王朝作为一种政治后盾来依靠。另外,宗教方面的意义也较为鲜明,一方面体现在该镜本身所言明的仙人神兽思想,也表现在铜镜在随葬中的放置位置,黑冢古坟就非常说明问题。

从这三种层面出发,我们可以得到以下几点信息:

第一,截至目前的材料,该种铜镜的发现数目接近500枚,远远超出了受赐"铜镜百枚"的记载,魏镜说愈加难行。更何况日本学者的研究表明,大量的三角缘神兽镜制作的时间前后有50年。即便是福永伸哉先生解释为倭人次受赐于魏晋的结果(一次领回百余枚,4次相加正好400多枚),已经是对为什么不铸晋国年号而单纯特铸魏国之年号"景初""正始"镜意的否定。还有大和盆地与黑冢古坟年代相近的古坟许多都未进行发掘,将来出土数目增加的可能性极大。与四世纪后半期以后古坟内朝鲜半岛制作同性质随葬品类增加的状况相比,三角缘神兽镜中表现出的"中国志向",大致标明了该种铜镜的制作年

① 董亚巍:《"同范镜"及其相关问题》,《中国历史博物馆馆刊》1999年第1期。同时,指出"如果用铜镜当模,也只能用铜镜当母模来制作阴模,因做阴模所用泥料比较软,而只需复印出一个大概的形状,然后再进行修整、精雕细刻,而这样做出的铜镜,其花纹绝不会象所谓的'同范镜'那样'一模一样',经修整过的铜镜纹饰一定会留下一些与原镜的差异。而两枚尺寸相同,形制、背纹一样,只是一个背纹清晰、一个模糊的两枚或多枚铜镜只能是一个模具的前期与后期制范的差异所造成。假如真用铜镜当模夯范。先不管其脆度如何,其背纹表面的光洁度远大于陶质模具,铸出的镜决不会被认作成所谓的'二模镜'、'三模镜'了。"

代。除仿制镜外,推断它的大量制作应该是3世纪的后半期及4世纪初期,也就是初期大和政权的成立时期。

第二,某些学者一再强调三角缘神兽镜镜钮的制作不好,根本不能用于悬挂,它们都不是实用品,为葬仪所用。从这一推论出发,大和初期政权给各地豪族、近臣赏赐或配置铜镜的时间可能是继位、庆功之时,更可能是死亡之时的恩赐,即埋葬时的特定赏赐。它的作用不仅仅是对死者个人及家族地位和权势的肯定,也是密切君臣关系的一种重要手段,可以说是初期大和政权政治生活中的一项重要改制。有可能是参照了中国汉晋时期丧葬礼制中的王侯大臣死时,皇帝赐予“法赙”(钱币)及大量埋葬用品的结果。当然,此论成立的前提是从死到葬必须有一定的间隔时间,以等待赐品的到来。《魏书》倭人条里有“始死,停丧十余日”的记载,更何况还有“一大率”之类的中介官吏可以代表倭王行使下赐的权利,时间上不会有太大的问题。

第三,日本大和中心部(奈良盆地的东南部)发现的大量随葬铜镜的作风是北部九州随葬铜镜习俗的继承,也有力说明了3世纪前半期的邪马台国就在畿内,以后的大和政权就是邪马台国的继续。仙人思想的接受和利用,是倭国宗教政治化的一个重要历程,这一点也是初期大和政权的核心特质之一,并成为世界古代初期国家形成中,政治赋予某些宗教载体作用的一个典型范例。

附言:该文成文以后,陆续读到了张懋镕先生的《三角缘神兽镜为东渡吴国工匠制作说质疑》(《周秦汉唐研究》第一册,三秦出版社,1998年)、王仲殊先生的《论日本“仿制三角缘神兽镜”的性质及其与所谓“舶载三角缘神兽镜”的关系》(《考古》2000年第1期)二文。前文从三角缘神兽镜的铭文、纪年、魏与倭的关系等出发,认为它作为中国魏朝皇帝送给倭女王的特赐品,被赋予了特殊的政治使命。后文重点是反驳了车琦正彦主张“仿制三角缘神兽镜也是魏镜”的观点,并坚持认为吴的工匠东渡日本制造了“舶载的三角缘神兽镜”。如果是既强调该种铜镜的政治意义和呈现出的魏国纪年铭文,又重视三角缘神兽镜花纹与南方长江中下游流域吴晋时期画像镜、神兽镜花纹的类似性，本文主张的倭国“朝贡之时，向魏晋皇帝请求或自己募求中国大陆制镜工匠的东渡”也不是没有可能。到目前为止，所有的观点都是推论，只有期待新的考古资料发现，比如镜范的出土，三角缘神兽镜的制作地才能真相大白。

（此文与程林泉合著，原刊于《考古与文物》2002年第4期）

河南中小型汉墓出土铁器述论

截至目前的材料，河南各地发掘的汉墓不下万座，仅公布的报告、简报及通讯就多达250余篇，发掘墓葬3000多座。这些汉墓中出土了大量的铁器，涉及生产工具、生活用具、兵器、装饰用品等内容。本文结合文献记载并参照典型墓地的铁器出土材料，就铁器随葬的状况、说明的问题以及表现出的社会、文化现象进行梳理和阐述。

一、河南各区域铁器的出土状况

1. 郑州为中心区域

郑州二里岗一座汉墓（东汉晚期）出土铁钉1①；郑州碧沙岗公园一座东汉晚期墓出土铁钺戟1、棺钉20余枚②；郑州南关外西汉空心砖墓出土铁刀1③；郑州纺织机械厂一座西汉墓出土铁刀1④；新郑河赵新莽时期一号墓出土铁剑1、剪刀1⑤；新郑县东城路新莽至东汉初

① 河南省文化局文物工作队：《郑州二里岗的一座汉代小砖墓》，《考古》1964年第4期。

② 郑州市博物馆：《河南郑州市碧沙岗公园东汉墓》，《考古》1966年第5期。

③ 郑州市文物考古研究所：《郑州市南关外汉代画像空心砖墓》，《中原文物》1997年第3期。

④ 郑州市文物考古研究所：《郑纺机油库发现的一座汉墓》，《中原文物》1997年第3期。

⑤ 河南省文物研究听、新郑县文物保管所：《河南新郑河赵一号汉墓的发掘》，《华夏考古》1991年第4期。

期五号汉墓出土铁剑 1、刀 1、削 1、环 1、簪 1①;巩义仓西八座战国汉晋墓出土铁镬 11、锄 1、钩 3、鼎 1②;巩义市新华小区一号汉墓(东汉中晚期)出土铁镢 1、铲 1、削 4、剪刀 1、鞭 1、环 1、镜 2③;禹县白沙汉墓群(西汉中期—东汉中期)出土铁剑 10、刀 33、鼎 6、釜 1,共计 50 件④;密县后士郭东汉晚期一号墓出土铁剑 1、铲 2、鐎斗 2、灯 3、镜 2、釜 1、环 8、带扣 2、板 1、钩 1、钉 25 等⑤;荥阳河王水库一座东汉中期墓出土铁剑 1、戟 1、刀 2、釜 1、钩 1、棺钉若干⑥。

2. 洛阳为中心区域

洛阳烧沟清理汉墓 225 座(墓葬年代西汉中期—东汉晚期),出土铁犁 2、锄 1、镢头 1、铲 10、锛 6、镰 3、锤 3、剪刀 7、斧 4、剑 33、刀 116、矛 5、炉 3、釜 5、灯 2、带钩 3、镊 13、钉形器 57、环 6、扣形器 5、冒钉 2、镜 8,还有不辨器形者 12,共计 307 件⑦;洛阳吉利区一座东汉中晚期墓出土铁剑 1⑧;洛阳邙山四座西汉初期至西汉中期的墓出土铁锛 1、刀 3⑨;1955 年洛阳涧西六座东汉时期的墓出土铁镰 3、镜 1、剪刀 1、刀 3⑩;洛阳机车厂一座东汉晚期墓出土铁镢 1、镜 1⑪;洛阳市南昌东汉晚期一一五一号墓出土铁锄 1、锤 1、斧 1、釜 1、灯 1、剪刀 1、矛 1、剑 1、刀 2、戟 1、斧钺 1、马镫(?)1⑫;洛阳唐寺门两座东汉晚期墓出土铁刀

---

① 河南省文物研究所新郑工作站:《新郑县东城路古墓群发掘报告》,《中原文物》1988 年第 3 期。

② 河南省文物考古研究所:《河南巩义市仓西战国汉晋墓》,《考古学报》1995 年第 3 期。

③ 郑州市文物考古研究所、巩义市文物保护管理所:《河南巩义新华小区汉墓发掘简报》,《华夏考古》2001 年第 4 期。

④ 河南省文化局文物工作队:《河南省禹县白沙汉墓发掘报告》,《考古学报》1959 年第 1 期。

⑤ 河南省文物研究所:《密县后士郭汉画像石墓发掘报告》,《华夏考古》1987 年第 2 期。

⑥ 河南省文化局文物工作队:《河南荥阳河王水库汉墓》,《文物》1960 年第 5 期。

⑦ 中国科学院考古研究所:《洛阳烧沟汉墓》,科学出版社 1959 年版。

⑧ 洛阳市文物工作队:《洛阳吉利区东汉墓发掘简报》,《文物》2001 年第 10 期。

⑨ 洛阳市第二文物工作队:《洛阳邙山战国两汉墓发掘报告》,《中原文物》1999 年第 1 期。

⑩ 河南省文化局文物工作队:《一九五五年洛阳涧西区小型汉墓发掘报告》,《考古学报》1959 年第 2 期。

⑪ 洛阳市文物工作队:《洛阳机车工厂东汉壁画墓》,《文物》1992 年第 3 期。

⑫ 洛阳市第二文物工作队:《洛阳市南昌路东汉墓发掘简报》,《中原文物》1995 年第 4 期。

2、剪刀1、钩1、镜3、环1①；洛阳西汉晚期六十一号壁画墓出土铁剑1、刀2、抓钉25②；洛阳涧滨两座西汉末年至东汉初年两座墓出土铁剑2、刀1③；洛阳北郊一座东汉初期壁画墓出土铁剑2、环首刀2、斧3④；洛阳东汉光和二年王当墓出土铁镜1、灯1、刀1、戟1⑤；洛阳金谷园东汉中晚期三三七号墓出土铁炉1、釜1、剑1、刀1、削1⑥；洛阳浅头井西汉晚期1231号壁画墓出土铁剑2、刀5、釜1等⑦；洛阳含卜千秋壁画墓在内的5座西汉中晚期墓出土铁剑1、刀1、釜1、炉1、箸2⑧；洛阳五女家二六七号新莽时期的墓出土铁剑1、刀1、釜1、温炉1、钩1⑨；洛阳金谷园西汉中期十一号汉墓出土铁剑9、刀4、镞9、条状器39⑩；洛阳烧沟东汉早期十四号汉墓出土铁环首刀6、刀1、帐钩2⑪；洛阳西郊东汉中期二四一号墓出土铁刀2、剑2、鼎1、灯1⑫；洛阳西郊汉墓群（西汉晚期—东汉中期）出土铁剑65、刀207、镞1、戟2、钺形器1、锄3、铲2、锛2、镰2、斧3、凿1、锤2、泥刀1、樽1、灯1、炉1、釜13、杈1、铃1、甲片328⑬；洛阳李屯东汉元嘉二年墓出土铁剑1、镜1⑭；新安铁门镇15座汉墓（西汉初期—东汉初期）出土铁剑3、刀12、釜3、鼎1、灯1，共计20

---

① 洛阳市文物工作队:《洛阳唐寺门两座汉墓发掘简报》,《中原文物》1984年第3期。

② 河南省文化局文物工作队:《洛阳西汉壁画墓发掘报告》,《考古学报》1964年第2期。

③ 郭宝钧等:《洛阳涧滨古文化遗址及汉墓》,《考古学报》1956年第1期。

④ 洛阳市文物工作队:《河南洛阳北郊东汉壁画墓》,《考古》1991年第8期。

⑤ 洛阳博物馆:《洛阳东汉光和二年王当墓发掘简报》《文物》1980年第6期。

⑥ 洛阳市第二文物工作队:《洛阳金谷园东汉墓发掘简报》,《文物》1992年第12期。

⑦ 洛阳市第二文物工作队:《洛阳浅井头西汉壁画墓发掘简报》,《文物》1993年第5期。

⑧ 洛阳博物馆:《洛阳西汉卜千秋墓壁画墓发掘简报》,《文物》1977年第6期。

⑨ 洛阳市第二文物工作队:《洛阳五女家267号新莽墓发掘简报》,《文物》1996年第7期。

⑩ 洛阳市文物工作队:《洛阳金谷园车站11号汉墓发掘简报》,《文物》1983年第4期。

⑪ 洛阳市文物工作队:《洛阳烧沟西14号汉墓发掘简报》,《文物》1983年第4期。

⑫ 洛阳市第二文物工作队:《洛阳市西南郊东汉墓发掘简报》,《中原文物》1995年第4期。

⑬ 中国科学院考古研究所洛阳发掘队:《洛阳西郊汉墓发掘报告》,《考古学报》1963年第2期。

⑭ 洛阳市文物工作队:《洛阳李屯东汉元嘉二年墓发掘简报》,《考古与文物》1997年第2期。

件[1];新安古路沟东汉中期墓出土铁环首刀1[2];洛宁东汉中晚期墓出土铁剑1[3]。

3. 新乡为中心区域

新乡市丁固城3座西汉晚期汉墓出土铁剑1、刀2[4];新乡五陵村汉墓群中有4座出土铁器(西汉中期—东汉早期),器形有剑3、环首刀1、削刀6、斧1、带钩2、共13件[5];1995年,新乡火电厂西汉中期至西汉晚期墓出土铁刀3、削1、剑1、锄1[6];1995年,新乡火电厂西汉中期至东汉早期墓出土铁刀3[7];辉县地方铁路饭店西汉后期两座墓出土铁刀3、剑1[8];安阳梯家口村新莽至东汉中期的汉墓出土铁剑1、斧1、三足器1、钩3[9]。

4. 济源为中心区域

济源市蓼坞1座西汉中晚期墓出土铁刀1[10];济源泗涧沟西汉晚期3座墓出土铁刀3、剑1、钩1[11];济源市桐花沟十号汉墓(西汉晚期)出土铁刀1[12];济源市桐花沟六十三号汉墓(西汉中期)出土铁削1、铺首衔环2[13];济源市承留3座东汉中期或稍晚墓出土铁刀1、削1、环

---

① 河南省文化局文物工作队:《河南新安铁门镇西汉墓葬发掘报告》,《考古学报》1959年第2期。

② 河南省文化局义物工作队:《河南新安古路沟汉墓》,《考古》1966年第3期。

③ 洛阳地区文化局文物工作队:《河南洛宁东汉墓清理简报》,《文物》1987年第1期。

④ 河南省文物研究所、新乡市博物馆、新乡地区文管会:《河南省新乡县丁固城古墓地发掘报告》,《中原文物》1985年第2期。

⑤ 新乡市博物馆:《河南新乡五陵村战国两汉墓》,《考古学报》1990年第1期。

⑥ 新乡市文物管委员会:《1995年新乡火电厂汉墓发掘报告》,《华夏考古》1997年第4期。

⑦ 新乡市文物工作队:《1997年春新乡火电厂汉墓发掘报告》,《华夏考古》1998年第3期。

⑧ 新乡地区文管会、辉县百泉文管所:《辉县地方铁路饭店工地汉墓发掘简报》,《中原文物》1986年第2期。

⑨ 安阳市文物工作队:《安阳梯家口村汉墓的发掘》,《华夏考古》1993年第1期。

⑩ 河南省文物考古研究所:《河南济源蓼坞汉墓》,《华夏考古》2000年第3期。

⑪ 河南省博物馆:《济源泗涧沟三座汉墓的发掘》,《文物》1973年第2期。

⑫ 河南省文物考古研究所:《河南省济源市桐花沟汉墓发掘简报》,《文物》1999年第12期。

⑬ 河南省文物考古研究所:《河南济源市桐花沟十号汉墓》,《考古》2000年第2期。

2①;孟县古城村三号墓出土铁刀1②。

5. 三门峡为中心区域

三门峡华余包装公司16号西汉晚期墓出土铁灯架1③;陕县刘家渠汉墓群中有28座出土铁器(东汉早期—东汉晚期),器形有剑8、长刀4、短刀43、铧4、锸3、铲1、斧2、釜1、剪刀1、悬钩17、鱼钩1、牌1、杈2、环1、买地券2,不辨其形者5,共计93件④;陕县清理了秦至汉初的92座墓,出土铁釜2、勺2、灯3、刀12、剑2、矛1、镢1、锄4、凿1、钎3、带钩1、铺首3,还有35座西汉中期—东汉晚期墓,出土铁釜1、勺1、刀18、剑9、矛1、戟1、铲2、锸2、镰1、锤1、钎4、抓钉40、带钩1,共82件⑤。

6. 南阳为中心区域

南阳新野县前高庙村东汉晚期一号墓出土铁灯1⑥;唐河县胡阳镇西汉中期画像石墓出土铁剑2、镬1⑦;南阳杨官寺4座东汉早期至中期画像石墓出土铁剑1、镬1、犁1、套环4⑧;南阳市西郊西汉早期二号墓出土铁锸1⑨;南阳市教室新村东汉十号墓出土铁镜1;南阳中建七局机械厂汉画像石墓出土铁镢1、匕首2;新野樊集4座西汉中期至新莽时期画像石墓出土铁剑4、刀2、削2⑩;襄城茨沟东汉中期画像石墓出土铁镬1、犁铧1、锸1、凿1⑪;淅川县程凹村西汉早期墓出土铁鼎、剑、刀等,共12件⑫。

---

① 张新斌、卫平复:《河南济源县承刘汉墓的发掘》,《考古》1991年第12期。

② 赵世纲:《河南孟县山城村清理了两座汉墓》,《文物资料参考》1955年第8期。

③ 三门峡市文物工作队:《三门峡市华余包装公司16号汉墓发掘简报》,《华夏考古》1993年第4期。

④ 黄河水库考古工作队:《河南陕县刘家渠汉墓》,《考古学报》1965年第1期。

⑤ 中国社会科学院考古研究所:《陕县东周秦汉墓》,科学出版社1994年版。

⑥ 南阳地区文物工作队、新野县文馆所:《新野县前高庙村汉画像石墓》,《中原文物》1985年第3期。

⑦ 南阳地区文物工作队:《唐河湖阳罐山石洞墓》,《中原文物》1986年第1期。

⑧ 河南省文化局文物工作队:《河南南阳杨官寺汉代画像石墓发掘报告》,《考古学报》1963年第1期。

⑨ 南阳市博物馆:《南阳市西郊刘洼汉墓发掘简报》,《中原文物》1985年第3期。

⑩ 河南省南阳地区文物研究所:《新野樊集汉画像砖墓》,《考古学报》1990年第4期。

⑪ 河南省文化局文物工作队:《河南襄城茨沟汉画像石墓》,《考古学报》1964年第1期。

⑫ 淅川文管会:《淅川县程凹西汉墓发掘简报》,《中原文物》1987年第1期。

7. 豫东或豫东南区域

桐柏县万岗西汉中期至西汉晚期的两座墓出土铁刀1、镬1①;杞县许村岗一号汉墓(西汉晚期)出土铁刀1、剑1、锄3②;永城夫子山西汉中晚期三号汉墓出土铁环1③;淮阳北关东汉中晚期一号汉墓出土铁镢2、斧1④。

从以上材料看,由于河南各地区汉墓发现的数量不一样,出土的铁器种类和数量有相当大的差异。当然,从另一方面看,这种差异也来自于区域性(历史因素、自然因素、经济发展水平以及风俗习惯、文化交流)的特征。

二、河南汉墓随葬铁器的特点

首先,观察一下河南汉墓随葬铁器种类出现时间的问题。南阳地区的西汉早期墓出土了铁锸、铁鼎、铁剑、铁刀;陕县清理的秦至汉初的墓,出土了铁釜、勺、灯、刀、剑、矛、镢、锄、凿、钎、带钩、铺首,其他地区由于缺少西汉早期铁器材料,不很清楚。可以看出,铁器经过东周时期的普及,已经广泛应用于军事、农业、手工业和社会生活各个层面。为了"事死如事生",铁器也被作为随葬品埋藏到墓中。但是,汉墓中大量随葬铁器仍然从西汉中期开始,这和西汉中期经济力量的发展、冶铁手工业的兴盛密切相关。

为什么说南阳和三门峡地区较早出现大量铁器的随葬,主要的原因是这两个地区不仅靠近东周时期已经大量使用铁器的秦楚(战国晚期都为秦所有),而且都较早地使用了铁器。《史记·货殖列传》载:"宛孔氏之先,梁人也,用铁冶为业。秦伐魏,迁孔氏南阳。大鼓铸,规

① 河南省文化局文物工作队:《河南桐柏万岗汉墓的发掘》,《考古》1964年第8期。

② 开封市文物管理处:《河南杞县许村岗一号汉墓发掘简报》,《考古》2000年第1期。

③ 商丘地区文物工作队:《河南永城夫子山三号汉墓发掘简报》,《华夏考古》1998年第4期。

④ 周口地区文物工作队、淮阳县博物馆:《河南淮阳北关一号汉墓发掘简报》,《文物》1991年第4期。

陂池，连车骑，游诸侯，因通商贾之利，有游闲公子之赐与名。"《史记·礼书》载："宛之钜铁，施钻如蜂虿，轻利剽速，卒如熛风。"这些记载，足以说明古代南阳地区冶铁业的先进性。另外，三门峡上村岭西周晚期虢国大墓（2001 号）出土了中原地区目前所见最早的人工冶铁制品——铜柄铁剑（或称为玉茎铜芯铁剑）①。说明河南汉墓随葬铁器的特征，也体现了铁器使用的传统性。

第二，作为生活炊具——釜，是汉代先民普及的生活用品。《方言》第五说："釜，自关而西或谓之釜，或谓之鍑。""鍑，北燕朝鲜洌水间或谓之錪，或谓之饼，江淮陈楚之间谓之锜，或谓之鏤。吴扬之间谓之鬲。"《史记·楚元王世家》载："始高祖微时尝辟事，时时与宾客过巨嫂食。嫂厌叔，叔与客来，嫂详为羹尽，栎釜，宾客以故去。已而视釜中尚有羹，高祖由此怨其嫂。"《后汉书·和帝纪》曰："往者郡国上贫民，以衣履釜鬵为赀，而豪右得其饶利。"《东观汉记》卷九说："邓遵破匈奴，得釜镬二三千枚。"从文献记载也可以看出，釜在汉代的广大区域乃至少数民族地区都普遍使用。但是河南汉墓出土的铁釜主要见于三门峡、洛阳、郑州地区的汉墓中，造成这种现象的原因是什么？大约和秦文化的传播背景有内在的联系。从考古材料看，陶釜的使用最早在巴蜀地区，战国中期秦人的势力达到四川盆地后，采用了釜为炊具的生活习俗，大约在战国晚期在关中地区得到了推广和认可。这种情况在咸阳塔尔坡秦墓、陇县店子秦墓中都可以得到证实。随着秦人势力的东扩，至秦代的十几年时间，陶釜或铁釜的使用得到了大范围普及。河南的三门峡、洛阳以及郑州地区是秦人移民以及重要管理区域，因此，釜的使用相对比较多。相反，以新乡、安阳为中心的豫北地区以及豫东南地区很少见釜的随葬，这种差异或者说特点应当是文化背景带来的结果。

第三，作为农具镢及镬除少数为西汉中晚期外，大多见于东汉中晚期墓葬，主要为郑州、洛阳、南阳等地出土。这种情况大概可以这样

---

① 河南省文物考古研究所等：《三门峡上村岭虢国墓地 M2001 发掘简报》，《华夏考古》1992 年第 3 期。

理解：由于镢和镬是比较实用的农具，也是挖坑造墓必需的工具，但并不都是每个时期“事死如生”追求的目标，因此是否一定随葬它们于来世的“阴宅”，取决于那个时期墓主或其子孙对来世生活的理解。西汉时期，人们追求的来世生活的目标，主要体现在仿铜陶礼器的组合、仓灶模型明器以及体现财富（漆器、铜器、钱币等）的层面上，大约到了东汉中期以后，开始追求庄园式的自给自足的生活方式，因此家禽家畜俑和劳动人俑得以大量流行，相伴作为劳动工具的铁农具也得以广泛随葬。东汉时期的洛阳及南阳地区都是经济比较发达的区域，汉墓中随葬铁农具正好折射出随葬观念的变化。同时要注意的是，墓中随葬的铁农具主要是针对男性葬者的随葬品，《管子·轻重》说“一农之事，必有一耜一铫一镰一鎒一椎一銍，然后成为农”，“一女必有一刀一锥一箴一鉥，然后成为女”。如洛阳烧沟三三号墓是一座东汉中期的单棺葬，出土了铁镢、铁锄和铁铲，推测墓主是男性（由于汉墓中的人骨保存不是很好，报告中未注明）。

第四，作为兵器的铁剑普遍见于汉墓之中，说明剑的随葬主要是一种衡量男人身份的标识。《晋书·舆服志》说：“汉制，自天子至于百官，无不佩剑，其后惟朝带剑。”男子死后佩剑自然会影响到葬俗。追溯铁剑的使用记载，《论衡·率性篇》说：“世称利剑有千金之价，棠溪、鱼肠之属，龙泉、太阿之辈，其本铤，山中之恒铁也，冶工鍛炼成为铦利。岂利剑之鍛与炼，乃异质哉？工良师巧，炼一数至也。试取东下直一金之剑，更熟锻炼，足其火，齐其铦，犹千金之剑也。”《史记·范雎蔡泽列传》中秦昭王曰：“吾闻楚之铁剑利而倡优拙，夫铁剑利则士勇，倡优拙则思虑远。”《史记·苏秦列传》曰：“韩之剑戟，皆出棠溪。”“强弓劲弩皆自韩出。”《晋太康地理记》也说“天下宝剑韩为众”。从现在的考古发现看，无论是铁剑的出土情况还是冶铁遗址的分布，都说明了河南（战国时期，南为楚域）冶铁业非常发达①。南阳和三门峡地区的西汉早期墓都出土了铁剑、铁刀，大概也说明了这方面的问题。

① 李京华：《中国秦汉冶铁技术与周围地区的关系》，《中原古代冶金技术研究》，中州古籍出版社1994年版。

三、后川与烧沟墓地出土铁器的个案分析

三门峡地区位于河南省的西部，隔潼关与陕西接壤。据报告指出，陕县后川发掘的战国早期2040号墓，棺内发现的两把铜剑分置于左右臂的外侧，而金首金格铁剑置胸前，紧贴左胸腰上。另外，该剑的剑身附有木鞘痕迹，茎部夹木，上缠有丝线，做辫绳状。足见铁剑在战国时期早中期是非常珍贵的武器，即便是随葬也是贵族享受的权利。到了秦代至西汉早期、中期，后川墓葬中随葬的铁剑仍不很普遍，表明铁剑对平民来讲仍然是较为贵重的物品。但是，铁刀的随葬开始与铁剑并行，从某种程度上讲，它成为代表墓主身份的一项标识器，墓3401出土了两件银首铁刀，足见铁刀的重要性。还有，这个时期的铁刀出土时绝大部分带有精致的刀鞘，一般为革鞘和木鞘，木鞘大都髹漆外缠麻缕或丝缕，很是精美，表明铁刀的随葬成为当时的一种时尚器具。

值得指出的是，后川墓3101出土了铁钉、铁釜、铁灯、三件铁钎、四把铁刀、两件不明铁器和铁矛（放在棺外，人骨左侧），占了出土铁器总数的三分之一（秦至汉初的92座墓，共出土铁器35件）。该墓因同出有两件茧形壶，为秦文化代表器类，可以推测该墓主应当是秦拔陕后迁来的秦人或赦免的罪人后裔①。

西汉中期至东汉晚期墓中共出土了82件铁器。墓3101（西汉晚期）出上了铁釜1、铁刀3、铁剑2、铁镰1、铁锤1、铁钎2、铁带钩1、铁抓钉33，占据总数的二分之一强。足见该墓主对铁器的偏爱程度，也许该墓主是铁器的经营者或生产者。另外，墓3003（西汉中期）也出土了16件铁器，有铁刀3、铁剑3、铁矛1、铁戟1、铁钎1、铁抓钉7，约占出土总数的五分之一，其余的分置于16座墓中。铁刀与铁剑伴出的墓有5座，时代为西汉中期至王莽时期的墓。也就是说，铁剑在西汉中期以后逐渐成为该地区中下层阶级的随葬用品，铁刀也成为一种

① 《史记·秦本纪》载，惠文君十三年（前325），“使张仪伐取陕，出其人与魏。”根据其后文献中常见的“赦罪人迁之”的政策，该墓地出土秦器的墓，可能和迁徙的秦人有关。

普及品。

关于铁带钩的数量，后川战国时期至西汉晚期的墓出土3件，即战国中期、西汉初期、西汉晚期各1件，出土量比较稀少，相对3个时期的铜带钩出土数量为66件（战国早期至中期）、8件和7件。我们知道，咸阳塔尔坡381座战国晚期至秦代的墓出土铜带钩180件、铁带钩67件，说明铁带钩在秦都咸阳相当盛行，陕县后川战国晚期已经属于秦的领域，为什么秦代没有得到推广，西汉时期也没有大量随葬，可能和铁带钩的装饰功能不完善、不长久（易锈）有关，故青铜带钩一直延续使用，直到带扣取代带钩。顺而言之，战国晚期至秦代咸阳流行铁带钩的原因，推测一方面和铁器的生活化程度有关，另一方面也和人们服裳的崇尚与嗜好有关。

《战国策》云："赵武灵王赐周绍具带黄金师比。"《汉书·匈奴列传》："黄金饬具带一，黄金犀毗一。"唐代颜师古注曰："犀毗，胡带钩也。亦日鲜卑，亦谓师比，总一物也，语有轻重耳。"一般认为，带钩的使用受了北方草原民族的影响，但一些学者不同意这种看法①。从服饰发展史上看，秦汉时期多着齐膝的上衣和长袴，腰间束一条施钩的革带，为什么中原两汉墓中出土带钩较少，除了上述的原因外，也可能和葬俗的变化有关系。按照《仪礼·士丧礼》记载，"乃袭（为尸体穿衣）三称，明衣不在算"《礼记·丧服大记》说："袍必有表，不禅。衣必有裳，谓之一称"。正因为这种多重葬衣的使用，可能就省略了金属带钩的随葬。这一点原因，可能也是河南乃至其他地区汉墓不太出土带钩的共性因素之一。

后川秦至汉初的4件铁口锄大都出土于墓道的填土内，西汉中晚期的两件铁锸也是见于墓道填土之内，足以说明它们不是作为工具随葬给墓主，而是挖墓的工具。

洛阳，是西汉时期河南郡河南县城的所在地，东汉时期为首都。1952年11月—1953年8月，洛阳烧沟墓地发掘了225座西汉中期至东汉晚期的墓葬。如前所述，这些墓葬共出土铁器307件，分布于107

① 孙机：《汉代物质文化资料图说》，文物出版社1991年版，第251页。

座墓中,几乎二分之一的墓出土了铁器,表明了铁器使用的普及性。

从种类上看,兵器、农具、手工工具、生活用具等都有,但是,很大一部分属于农具类的锄、镢头、锛、铁犁等不是专门用于随葬的铁器,因为它们出土时大部分被置于墓道填土内或墓室的一隅,报告中认为:"在墓 97 中的铁锛是插在西耳室西壁上的,銎内还有朽木残存。在这次发掘的墓中,曾在墓的土壁上见到锛子砍凿的痕迹,可知铁锛是开凿墓圹时使用的工具之一,墓圹开凿完毕,即将铁锛弃置在墓道、墓室或耳、侧室的耳、侧室角上,或随手将铁锛砍入土壁,即弃之而去。"另外,上述的后川墓地有类似的情况,汉代以前也有这种行为。如陕西咸阳塔尔坡秦墓出土了 8 件铁锸,7 件出自墓道填土,1 件在墓室之内,可见都是建墓时所用的工具①。因此,在研究墓葬的随葬品种类及性质时,这一部分东西应当区别看待,因为它们不是主丧者有意准备的随葬品。至于为什么会出现这种普遍现象,推测和墓葬禁忌有关。《汉书·艺文志》曾记载有《堪舆金匮》十四卷,《后汉书·循吏列传》也说:"(王)景以为《六经》所载,皆有卜筮,作事举止,质于蓍龟,而众书错糅,吉凶相反,乃参纪众家数术文书,冢宅禁忌,堪舆日相之属,适于事用者,集为《大衍玄基》云。"可惜二者均已失传。根据《论衡·四讳篇》记载:"墓者,鬼神所在,祭祀之处。""夫忌讳非一,必托之神怪,若设以死亡,然后世人信用畏避。"那么,丢弃挖墓工具的行为,可以看作是汉代先民对墓葬的禁忌之一。

查烧沟汉墓的墓葬登记表,发现出土铁刀的墓 85 座(共 116 件),铁剑的墓为 25 座(共 33 件),其中刀剑共出的墓为 18 座。按照上述的理解(男女随葬铁器种类的差异),烧沟一部分随葬铁刀的属者应该是女性。从铁刀形状和大小、长短来分析,《洛阳烧沟汉墓》认为一型刀的长度在 46—110 厘米,其放置位置皆在人骨左右侧,功能与剑相同,无疑是当时的武器。二型刀与一型相同,皆有木鞘,长度在 11—40

① 咸阳市文物考古研究所:《塔尔坡秦墓》,三秦出版社 1998 年版。

厘米，可能是《释名》上讲的“拍髀”①。三型刀本亦作环形或钩形，出土位置大多在耳室和灶旁，应为厨房用刀。如果汉代有男女劳动的内外分工，那么，三型的厨房用刀主要为女性所用。实际从出土情况看，二型刀的一部分也可能为女性所用，也就是说不全是“拍髀”。例如，西汉中期的 2 号墓是一座平顶两次造空心砖夫妇合葬墓，此墓出土铁刀 3 件，有两件刀（编号 M2:59，60）与铁剑共存，出于一骨架旁，可以认定为男性所用，另外一件铁刀在另一骨架旁（编号 M2:2），报告中也指出该刀的外层有绢痕，说明当时是用绢将铁刀全身包裹后，始置于墓内随葬，如果该墓确实属于夫妇合葬的话，无疑这件刀当是女性所用。作为旁证，河北满城中山靖工刘胜妻子窦绾的棺内外也出土了 49 件铁刀②，棺内的一束（39 件）置于玉衣两腿的上部，均有刀鞘，出土时全为丝织品包扎在一起，另一束（8 件）出土于两腿下部的漆奁内，无鞘。报告中认为它们是作为书刀而随葬，仍有商榷的余地。

另外，出土铁剑的墓葬时代绝大多数为西汉中期至王莽时期，出土一型、二型铁刀的墓葬时代为西汉中期至东汉时期，也就是说，进入东汉时期以后，烧沟墓地铁剑的随葬逐渐为铁刀所取代。但是，在相近的洛阳西郊墓地，铁剑的使用从西汉晚期开始与铁刀并存的现象一直持续到东汉晚期。造成这种差异的原因是墓葬数量发掘得不够完全，或是墓地葬主阶层的不同，未能定论。

烧沟汉墓出土的几件铁釜都属于东汉时期，大概都是当时的实用器。之所以集中随葬于东汉时期的墓中，一方面可以推测为对来世生活的真实模拟，另一方面表明了当时洛阳地区铁釜的铸造和使用始终是生活的核心炊具。

烧沟汉墓出土的 8 件铁镜都属于东汉晚期，观察其他各地汉墓出土的铁镜也都在东汉时期，说明《西京杂记》中魏襄王冢“但有铁镜数

---

① 《释名》曰：“短刀曰拍髀，带时拍髀旁也。”《后汉书·张奂列传》载：“夫无毛发之劳而欲求人丘山之用，此淳于髡所以拍髀仰天而笑者也。”拍髀，也指服刀，《汉书·匈奴列传》说：“兵有弓、矛、服刀、剑、甲。”

② 中国社会科学院考古研究所等：《满城汉墓发掘报告》，文物出版社 1980 年版，第 278—279 页。

百枚”的记载不会正确。

四、结　　语

总的来讲，河南汉墓出土铁器的种类或者是数量（制作技术）在全国汉墓中都是处于领先地位，如果和内蒙古、广州汉墓出土的铁器相比较，这种特征就更加突出。《广州汉墓》收录了西汉早期至东汉晚期409座墓的资料①，西汉前期51座墓出土铁器156件，西汉中期64座墓出土铁器7件，西汉后期32座墓出土铁器6件，东汉前期41座墓出土铁器8件，东汉后期90座墓出土铁器41件；《内蒙古中南布汉代墓葬》收录了258座墓葬的资料②，出土铁器共报道了38件（可能有少量锈铁及棺钉未计算在内）。造成这种不平衡的原因，应当是两汉政府铁器官营的主导政策以及对边疆铁器输出的封锁。《史记·南越列传》载：“高后时，有司请禁南越关市铁器。”《汉书·西南夷南粤王闽粤王朝鲜列传》也说：“毋予蛮夷外粤金铁田器。”生活中铁器的使用都不富裕，何谈随葬墓中！

关于铁器随葬在墓葬中的作用，一言以蔽之，可以说是当事人对“事死如生”多层次追求所致。不管怎样，墓葬铁器都是当时现实生活的真实写照，中原正是因为拥有了强大的冶铁铸造业，才成为两汉时期经济最发达的地区之一。历史的实践证明：有了先进的生产力，生活水平才能节节提高。正如《后汉书·循吏列传》所言：“（王景）迁庐江太守，先是百姓不知牛耕，致地力有余而食常不足，郡界有楚相孙叔敖所起芍陂稻田。景乃驱率吏民，修起芜废，教用犁耕，由是垦辟倍多，境内丰给。”

---

① 广州市文物管理委员会、广州市博物馆：《广州汉墓》，文物出版社1981年版。

② 内蒙古文物考古研究所：《内蒙古中南部汉代墓葬》，中国大百科全书出版社1998年版。

后　记

1997年11月—1999年3月,我在广岛大学留学,这段紧张而又极为充实的学习生活,得到了广岛县教委及广岛大学诸多先生、朋友的支持与帮助,正是他们的友情和友谊支持我完成了博士学位论文的写作,尤其是指导教师河懒正利先生不仅在学业上指导我进步,在生活上也给予我无微不至的关怀与照顾,值先生退官之际,表达自己最衷心的感谢!

(原刊于《河濑正利先生退官文集》,日本广岛大学,2004年)

河南中小型汉墓出土铜镜述论

截至目前的资料,河南各地发掘的汉墓不下万座,仅公布的报告、简报及通讯就达300余篇,墓葬3000多座。这些汉墓中有许多都出土了铜(铁)镜,一般每墓一至两面,基本上涵盖了两汉时期的各类镜种。从目前已经公布的材料看(包括墓葬发掘出土以及个别馆藏收集),河南地区两汉墓出土的汉镜在697面以上(其中包括30面铁镜)。从铜镜出土的状况、数量分析,可以明显看出具有较为强烈的地域性。这种地域性的差异除去考古发掘墓葬数量、盗扰因素以及资料公布的迟缓(不完整)等客观原因外,基本上反映出两汉时期河南地区的区域政治、经济、文化、社会和历史实态。与山东发现的铜镜相比较,又明显可以看出在各自彰显地域性特征(个性)的基础上,共同保持了"大一统"的文化发展趋势。因此,汉代随葬铜镜的作用除礼俗方面的含义外,又强烈地反映出当时的宗教文化色彩以及广泛的社会历史发展背景。

本文所依据的汉镜材料都是考古报告、简报等公布的资料,因为绝大多数铜镜没有看到实物,其镜的颜色、重量乃至纹理由于线图、照片所限,不能展开更深入的研究。另外,资料的搜集亦挂一漏万,文中所言不当之处,敬请各位方家指正。

一、河南中小型汉墓出土铜镜概况

从报道的情况看,这些出土铜镜的汉墓分布于河南各地。其中几处较大的汉代墓地，发掘了数百座汉墓，出土铜镜的数量较多。如洛阳烧沟汉墓包括两汉墓葬225座，出土各类铜镜118面，另有铁镜9面[①]；洛阳西郊汉墓发掘两汉墓217座，出土各类铜镜175面[②]；禹县白沙汉墓发掘262座汉墓，出土各类铜镜99面[③]。仅此3处墓地就出土铜镜401面（含铁镜），占河南地区已公布铜镜数量的62.4%。另外还有许多墓地出土的铜镜数量在5面以上，主要有河南荥阳河王村水库的6座汉墓出土铜镜6面[④]；洛阳涧西区70座小型汉墓出土铜镜10面[⑤]；安阳市梯家口村8座汉墓出土铜镜7面[⑥]；河南正阳李冢汉墓已发掘汉墓2座，出土铜镜8面[⑦]；河南新乡王陵村汉墓100多座，出土铜镜7面[⑧]；河南陕县刘家渠汉墓46座，共出土铜镜21面[⑨]；河南陕县92座秦至汉初的墓出土铜镜11面，西汉中期至东汉时期的墓35座，出土铜镜7面[⑩]；河南新安铁门镇西汉墓36座，共出土铜镜7面[⑪]；河南禹县1处汉代墓地10座汉墓，出土10面铜镜[⑫]。以上9处墓地共出土铜镜94面，占已公布总数的13.5%。综上，12处墓地共出土铜镜486面，约占已公布总数的70%。

这说明除去考古材料公布、盗扰等因素外，某种程度来言铜镜集中出土的墓地，也是较为典型的汉代族葬、家族葬以及集中埋葬的社

---

① 中国科学院考古研究所：《洛阳烧沟汉墓》，科学出版社1959年版。

② 中国科学院考古研究所洛阳发掘队：《洛阳西郊汉墓发掘报告》，《考古学报》1963年第2期。

③ 河南省文化局文物工作队：《河南禹县白沙汉墓发掘报告》，《考古学报》1959年第1期。

④ 河南省文化局文物工作队：《河南荥阳河王水库汉墓》，《文物》1960年第5期。

⑤ 河南省文化局文物工作队：《一九五五年洛阳涧西区小型汉墓发掘报告》，《考古学报》1959年第2期。

⑥ 安阳市文物工作队：《安阳梯家口村汉墓的发掘》，《华夏考古》1993年第1期。

⑦ 驻马店市文物工作队、正阳县文物管理所：《河南正阳李冢汉墓发掘简报》，《中原文物》2002年第5期。

⑧ 新乡市博物馆：《河南新乡五陵村战国两汉墓》，《考古学报》1990年第1期。

⑨ 黄河水库考古工作队：《河南陕县刘家渠汉墓》，《考古学报》1965年第1期。

⑩ 中国社会科学院考古研究所：《陕县东周秦汉墓》，科学出版社1994年版。

⑪ 河南省文化局文物工作队：《河南新安铁门镇西汉墓葬发掘报告》，《考古学报》1959年第2期。

⑫ 孙新民、郭木森：《禹县发掘一处古代墓地》，《中国文物报》1988年7月1日。

会实态印证。

这些汉墓出土的铜镜，其位置是有一定规律的，一般放置于棺内，也有个别例外。如从公布的情况看，有明显记录的300余面铜镜中，放置于棺内的就有200多面，占一半以上，其中大多数又放在主人头部、肩部或上身旁。其他的位置多放置在有棺的墓室内，另有近三分之一的铜镜在其随葬位置公布的资料中没有明确的记录。

需要说明的是，关于各类铜镜定名，各报告、简报不太统一，为了统计上的便宜，主要参考孔祥星、刘一曼先生的《中国古代铜镜》①的15类（蟠螭纹、蟠虺纹、草叶纹、星云纹、连弧纹铭文、重圈铭文、四乳禽兽纹、规矩纹、多乳禽兽纹、连弧纹、变形四叶纹、神兽、画像、夔凤、龙虎）来区分，将蟠螭与蟠虺合为一起统计、铭文类中将日光、昭明等分开，云雷连弧纹镜单独统计。从公布的情况看，河南地区流行的主要镜类有：素镜（2面）、蟠螭纹镜（15面）、星云纹镜（13面）、日光镜（74面）、昭明镜（86面）、规矩或博局镜（87面）、云雷连弧纹镜（14面）、长宜子孙镜（13面）、草叶纹镜（9面）、四乳四螭或变形四螭镜（48面）、四乳禽鸟（兽）镜（32面）、连弧纹镜（37面）、位至三公镜（3面）、变形四叶纹镜（14面）、夔龙纹镜（6面）、龙虎纹镜（6面）、画像镜（4面）、三兽镜（2面）、铁镜（27面）。其余铜镜公布的资料没有显示具体的镜名或数量，无法详细计算，此统计谨供参考。

这些出土的铜镜在河南的分布有几个中心的区域，从目前公布的资料看大体有以下几个区域：

（一）以洛阳、三门峡为中心的区域

洛阳在西汉时期就比较重要，东汉时期作为都城所在地，使其成为全国的政治经济中心。优越的自然、地理、社会、经济、文化条件使得洛阳人口众多，从而留下了大量的汉墓。这些汉墓出土有大量铜镜，种类繁多，形式多样，也成为河南地区出土铜镜分布最集中的区域。从公布的材料看，洛阳地区出土铜（铁）镜在376面以上，占河南地区总数的62%。烧沟汉墓出土铜（铁）镜127面（蟠螭纹镜1、草叶

① 孔祥星、刘一曼：《中国古代铜镜》，文物出版社1984年版。

纹镜1、星云纹镜6、日光镜20、昭明镜24、连弧纹铜华镜1、连弧纹日有熹镜1、变形四螭纹镜17、规矩镜15、四乳镜10、云雷或长宜子孙连弧纹镜13、夔凤或双夔镜2、变形四叶纹镜2、变形四叶四凤镜1、人物画像镜1、三兽镜1、钮镜2、铁镜9)①;洛阳西郊汉墓区出土铜镜173面(草叶纹镜1、星云纹镜2、四凤四鹤四鸟镜1、日光镜36、昭明镜41、四螭镜22、旋涡纹镜1、规矩镜47、四乳镜10、连弧纹镜8、铜华镜1、位至三公镜1、圆圈纹镜2);涧西区小型汉墓20座出铜(铁)镜10面(连弧纹镜1、四乳四螭纹镜(?)、四禽镜(?)、位至三公镜(?)、变形四叶纹镜2、长生宜子镜(?)、铁镜1)②;洛阳李屯东汉元嘉二年墓出土铜(铁)镜2面(连弧纹镜、铁镜1)③;洛阳北郊东汉壁画墓出土铜镜2面(规矩镜2)④;洛阳唐寺门2座汉墓出土铜(铁)镜5面(变形四叶位至三公镜、连弧纹长宜子孙镜、铁镜3)⑤;洛阳卜千秋壁画墓出土铜镜2面(昭明镜1、四乳四螭纹镜1)⑥;洛阳王城公园东汉墓出土铜镜2面(昭明镜1、四神博局镜1)⑦;洛阳五女冢267号汉墓出土铜镜2面(四神规矩镜2)⑧;洛阳东汉光和二年王当墓出土铜镜1面(变形四叶纹镜)⑨;洛阳西汉张就墓出土铜镜1面(日光镜)⑩;洛阳火车站1座汉墓出土铜镜1面(日光镜)⑪;洛阳烧沟西14号汉墓出土铜镜3面(云

---

① 中国科学院考古研究所:《洛阳烧沟汉墓》,科学出版社1959年版。

② 河南省文化局文物工作队:《一九五五年洛阳涧西区小型汉墓发掘报告》,《考古学报》1959年第2期。

③ 洛阳市文物工作队:《洛阳李屯东汉元嘉二年墓发掘简报》,《考古与文物》1997年第2期。

④ 洛阳市文物工作队:《河南洛阳北郊东汉壁画墓》,《考古》1991年第8期。

⑤ 洛阳市文物工作队:《洛阳唐寺门两座汉墓发掘简报》,《中原文物》1984年第3期。

⑥ 洛阳博物馆:《洛阳西汉卜千秋壁画墓发掘简报》,《文物》1977年第6期。

⑦ 洛阳市文物工作队:《洛阳王城公园东汉墓》,《文物》2006年第3期。

⑧ 洛阳市第二文物工作队:《洛阳五女冢267号新莽墓发掘简报》,《文物》1996年第7期。

⑨ 洛阳博物馆:《洛阳东汉光和二年王当墓发掘简报》,《文物》1980年第6期。

⑩ 洛阳市第二文物工作队:《洛阳西汉张就墓发掘简报》,《文物》2005年第12期。

⑪ 洛阳市第二文物工作队:《洛阳火车站西汉墓(ⅠM1779)发掘简报》,《文物》2004年第9期。

雷纹镜3)①;洛阳市西南郊东汉墓出土铜镜1面(四神规矩镜)②;洛阳西郊61号壁画墓出土铜镜1面(昭明镜)③;洛阳老城西北郊81号汉墓出土铜镜2面(草叶纹残镜1、昭明镜1)④;洛阳西汉石椁墓出土草叶纹镜1面⑤;洛阳1座西汉墓出土日光镜1面⑥;洛阳道北石油化工厂出土西汉五灵博局镜1面⑦;洛阳五女冢1座新莽墓出土铜镜2面(变形四螭纹镜1、四乳四神镜1)⑧;洛阳总工会汉墓出土铁镜1面⑨;洛阳西工2座壁画墓出土铁镜2面⑩;洛阳机车工厂东汉壁画墓出土铁镜1面⑪;洛阳苗南新村528号汉墓出土铜镜2面(四乳六禽镜2)⑫;洛阳邮电局372号汉墓出土铜镜2面(昭明镜1、四乳四螭纹镜1)⑬;洛阳北郊飞机场903号汉墓出土铜镜1面(四乳四螭纹镜)⑭;洛阳东北郊汉墓出镜2面(云雷纹镜1、规矩镜1)⑮;洛阳市南昌路汉墓出镜1面(连弧纹镜)⑯;洛阳浅井头村汉墓出镜2面(昭明镜1、家常富贵镜1)⑰;金谷园车站11号汉墓出镜3面(日光镜2、清白镜1)⑱;孟津发现银壳画像镜1面(有异议)⑲;孟津3座汉墓出土铜镜2面

---

① 洛阳市文物工作队:《洛阳烧沟西14号汉墓发掘简报》,《文物》1983年第4期。

② 洛阳市第二文物工作队:《洛阳市西南郊东汉墓发掘简报》,《中原文物》1995年第4期。

③ 河南省文化局文物工作队:《洛阳西汉壁画墓发掘报告》,《考古学报》1964年第2期。

④ 贺官保:《洛阳老城西北郊81号汉墓》,《考古》1964年第8期。

⑤ 洛阳市文物工作队:《洛阳西汉石椁墓》,《考古》1984年第9期。

⑥ 洛阳市文物工作队:《洛阳西汉墓发掘简报》,《考古》1983年第1期。

⑦ 刁淑琴等:《洛阳西汉五灵博局纹铜镜》,《中原文物》2002年第4期。

⑧ 洛阳市第二文物工作队:《洛阳五女冢新莽墓发掘简报》,《文物》1995年第11期。

⑨ 米士诚:《洛阳一座东汉墓》,《考古》1959年第6期。

⑩ 洛阳市文物工作队:《洛阳西工东汉壁画墓》,《中原文物》1982年第3期。

⑪ 洛阳市文物工作队:《洛阳机车工厂东汉壁画墓》,《文物》1992年第3期。

⑫ 洛阳市第二文物工作队:《洛阳苗南新村528号汉墓发掘简报》,《文物》1994年第7期。

⑬ 洛阳市第二文物工作队:《洛阳邮电局372号西汉墓》,《文物》1994年第7期。

⑭ 朱亮等:《洛阳北邙飞机场第903号汉墓》,载中国考古学会编:《中国考古学年鉴1993》,文物出版社1995年版。

⑮ 洛阳市文物工作队:《洛阳东北郊东汉墓发掘简报》,《文物》2000年第8期。

⑯ 洛阳市第二文物工作队:《洛阳市南昌路东汉墓发掘简报》,《中原文物》1995年第4期。

⑰ 洛阳市第二文物工作队:《洛阳浅井头西汉壁画墓发掘简报》,《文物》1993年第5期。

⑱ 洛阳市文物工作队:《洛阳金谷园车站11号汉墓发掘简报》,《文物》1983年第4期。

⑲ 苏健:《洛阳发现银壳画像铜镜》,《文物》1987年第12期。

(日光镜1、昭明镜1)[①];新安县铁塔山4号墓出土铜镜1面(四乳四神镜)[②];新安铁门镇36座汉墓出土7面(四蝙蝠[变形蟠螭]纹镜2、草叶纹镜1、日光镜1、昭明镜2、变形四螭纹镜1)[③];新安古路沟1座汉墓出土铜镜2面(云雷纹镜1、连弧纹镜1)[④];洛宁1座东汉墓出土3面(三兽镜2、变形四叶四凤镜1)[⑤];偃师杏园村东汉壁画墓出土铁镜1面[⑥]。可见洛阳市区及其周围地区出土铜镜数量非常之多,这正说明了洛阳西汉时期作为重要城市、东汉作为国都,人口众多、经济繁荣的核心地位作用。

三门峡陕县刘家渠46座汉墓出土铜镜21面(规矩镜2、连弧纹镜9、四乳四禽镜2、夔龙镜4、龙虎镜4)[⑦];三门峡火电厂2座汉墓出镜2面(弦带纹镜1、四山镜1)[⑧];三门峡刘家渠2座汉墓出土铜镜2面(长宜子孙镜1、连弧纹镜1)[⑨];三门峡市立交桥2座汉墓出镜1面(铭文镜)[⑩];陕县92座秦至汉初的墓出土铜镜11面(弦带纹镜2、连弧纹镜1、蟠螭纹镜7、草叶纹镜1),西汉中期至东汉时期的墓35座出土铜镜7面(旋涡纹镜1、草叶纹镜1、星云纹镜2、日光镜3)[⑪]。三门峡市共出土汉镜44面,加上洛阳地区的376面共420面,约占总数的60.5%。

以洛阳和三门峡为中心的区域,从目前已公布的资料看,流行的主要镜类基本上代表了河南乃至全国汉墓出土的镜种。《洛阳烧沟汉

---

① 310国道孟津考古队:《洛阳孟津汉墓发掘简报》,《华夏考古》1994年第2期。

② 洛阳市文物工作队:《洛阳新安县铁塔山汉墓发掘报告》,《文物》2002年第5期。

③ 河南省文化局文物工作队:《河南新安铁门镇西汉墓葬发掘报告》,《考古学报》1959年第2期。

④ 河南省文化局文物工作队:《河南新安古路沟汉墓》,《考古》1966年第3期。

⑤ 洛阳地区文化局文物工作队:《河南洛宁东汉墓清理简报》,《文物》1987年第1期。

⑥ 中国社会科学院考古研究所河南第二工作队:《河南偃师杏园村东汉壁画墓》,《考古》1985年第1期。

⑦ 黄河水库考古工作队:《河南陕县刘家渠汉墓》,《考古学报》1965年第1期。

⑧ 三门峡市文物工作队:《河南三门峡市火电厂西汉墓》,《考古》1996年第6期。

⑨ 三门峡市文物工作队:《三门峡刘家渠汉墓的发掘》,《华夏考古》1994年第1期。

⑩ 三门峡市文物工作队:《三门峡市立交桥西汉墓发掘简报》,《华夏考古》1994年第1期。

⑪ 中国社会科学院考古研究所:《陕县东周秦汉墓》,科学出版社1994年版。

墓》的墓葬形制、随葬器物组合以及钱币、铜镜等方面的断代及分期一直是全国汉墓研究可资借鉴的标尺。

特别指出的是，三门峡市立交桥汉墓出土的1面铭文镜，简报未作解释。最近读到李学勤先生的《比较考古学续笔》①一文，考证了1978年阿富汗与苏联学者在阿富汗北部席巴尔甘东北的TiLlye Tepe三号墓葬发掘的一面汉镜，镜铭为"心污（阏）结而捐（怨）愁，明知非而（不）可久，更（口）所［雄（欢）］不能已，君忘忘而失志兮。爰使心央（怏）者，其不可尽行"。对比发现三门峡立交桥汉镜铭文大体与此基本相同，为"心污（阏）结而捐（怨）愁，明知非而不可久，日月（口），君忘忘而失志兮，爰使心央（怏）者，其不可尽行"。可见此类铭文镜在中西文化交流方面也甚有意义。

洛阳在两汉时期的地位自不待言，三门峡地区两汉时期归弘农郡管辖。《史记·秦本纪》记载："（惠文君）十三年四月戊午，魏君为王，韩亦为王，使张仪伐取陕，出其人与魏。"也就是说，从公元前325年，陕县就为秦国占领。因此，三门峡地区发现秦文化因素的遗迹和遗物，就顺理成章。铜镜亦是如此，《陕县东周秦汉墓》92座秦至汉初的墓出土弦带纹镜、连弧纹镜、蟠螭纹镜基本上代表了秦文化因素在三门峡地区的传播与流通，反映出文化的继承性和连续性。

（二）以郑州、许昌为中心的区域

郑州市共有10处两汉墓地出土有铜镜，共出有铜（铁）镜20面。如河南荥阳河王水库6座汉墓出土铜镜6件（规矩镜4、五乳五鸟镜1、六乳八鸟镜1）②；郑州陇海路与南仓西街2座汉墓出土铜镜1面（昭明镜）③；郑州向阳肥料社2座汉墓出土1面（变形四螭纹镜）④；郑州碧沙岗公园儿童游泳池汉墓出土铜镜1面（变形四叶纹镜）⑤；郑州

① 李学勤：《比较考古学续笔（四篇）》，《山西师大学报（社会科学版）》2003年第3期。
② 河南省文化局文物工作队：《河南荥阳河王水库汉墓》，《文物》1960年第5期。
③ 河南省文物研究所：《郑州市南仓西街两座汉墓的发掘》，《华夏考古》1989年第4期。
④ 河南省文物研究所：《郑州市向阳肥料社汉代画像砖墓》，《中原文物》1986年第4期。
⑤ 郑州市博物馆：《河南郑州市碧沙岗公园东汉墓》，《考古》1966年第5期。

新通桥1座汉墓出土日光镜1面[①];新郑山水寨沟画像砖墓出土铜镜1面(日光镜)[②];新郑河赵一号汉墓出土铜镜1面(昭明镜)[③];新郑东城路8座汉墓出土铜镜3面(变形四螭纹镜1、日光镜1、云纹四禽镜1)[④];巩义市新华小区汉墓出土铁镜2面、铜镜2面(变形四叶纹镜2)[⑤];巩县叶岭村1座西汉墓出土铜镜1面(昭明镜)[⑥]。

许昌市发现有铜镜的汉墓主要集中在禹州、襄城两地。河南襄城茨沟1座汉墓出铜镜1面(变形四叶纹残镜)[⑦];襄城县出土五铢钱纹铜镜1面[⑧];禹县白沙汉墓262座墓出土99面铜镜,数量相当可观(昭明镜、日光镜、规矩镜、变形四螭纹镜、长宜子孙镜、连弧纹镜,具体每一镜种的数目报告中不详)[⑨];禹县东十里村东汉画像石墓出土铁镜1面[⑩];另外禹县还有1处汉墓地,10座汉墓出土铜镜10面[⑪]。许昌的这5处墓地共出土了铜镜112面,占总数的16%。加上郑州的20面,共132面,占总数的19%,是仅次于洛阳、三门峡为中心区域的第二大铜镜分布区,两区域铜镜的总数占总量约79%。

需要指出的是,由于禹县白沙汉墓公布的99面铜镜可分为6种铜镜(昭明镜、日光镜、规矩镜、变形四螭纹镜、长宜子孙镜、连弧纹镜),但具体到西汉、东汉各种镜类的数量,原报告中没有作详细统计。因此,各类铜镜所占的比率没有办法折合。但是,有一点可以肯定,郑州与许昌两地铜镜出土数值比1∶5.6符合两汉时期各自的政治经济

---

① 郑州市博物馆:《郑州新通桥汉代画像空心砖墓》,《文物》1972年第10期。

② 新郑县文物保管所:《新郑山水寨沟汉画像砖墓》,《中原文物》1990年第1期。

③ 河南省文物研究所等:《河南新郑河赵一号墓的发掘》,《华夏考古》1991年第4期。

④ 河南省文物研究所新郑工作站:《新郑县东城路古墓群发掘报告》,《中原文物》1988年第3期。

⑤ 郑州市文物考古研究所、巩义市文物保护管理所:《河南巩义市新华小区汉墓发掘简报》,《华夏考古》2001年第4期。

⑥ 巩县文化馆:《河南巩县叶岭村发现一座西汉墓》,《考古》1974年第2期。

⑦ 河南省文化局文物工作队:《河南襄城茨沟汉画像石墓》,《考古学报》1964年第1期。

⑧ 姚军英:《河南襄城县出土五铢钱纹铜镜》,《考古》1987年第10期。

⑨ 河南省文化局文物工作队:《河南禹县白沙汉墓发掘报告》,《考古学报》1959年第1期。

⑩ 河南省文物研究所:《禹县东十里村东汉画像石墓发掘简报》,《中原文物》1985年第3期。

⑪ 孙新民、郭木森:《禹县发掘一处古代墓地》,《中国文物报》1988年7月1日。

地位，郑州市区在西汉时期归河南郡管理，在东汉时期属于河南尹管辖，一直不是郡治所在或重要的封侯国。相反，许昌地区在两汉时期属于颍川郡，郡治就在阳翟（今禹州），因此，发掘大量汉墓以及出土许多铜镜也在情理之中。

（三）以南阳为中心的区域

南阳也是汉代重要的地方都会。但是从目前的发现看，南阳出土铜镜的墓葬非常分散，不同于洛阳那种在都城周围区域非常集中的现象。从目前公布的材料看，南阳地区发现有铜镜的墓地 17 处，出土铜镜 20 面。南阳市人民北路 1 座汉墓出土铜镜 1 面（规矩镜）①；南阳一中新校址汉墓出土铜镜 1 面（四山镜）②；南阳市第二胶片厂 6 号汉墓出土铜镜 1 面（四神规矩镜）③；南阳市烟草专卖局 6 座西汉墓出土铜镜 3 面（日光重圈铭文镜 1、星云纹镜 1、残 1）④；南阳牛王庙 1 号汉墓出土四神博局镜 1 面⑤；南阳七里园村 1 座汉画像石墓出土铜镜 1 面（规矩镜）⑥；南阳市环卫处汉墓出土铜镜 1 面（铜华镜）⑦；南阳市教师新村汉墓出土铁镜 1 面⑧；南阳市安居新村 1 座汉画像石墓出土铜镜 1 面（昭明镜）⑨；南阳市 508 厂 2 座汉墓出土日光镜 1 面⑩；南阳百里奚 1 座汉墓出土铜镜 1 面（长宜子孙鸟兽带纹镜）⑪；南阳宛城遗址附近汉墓出土铁镜 1 面⑫；南阳市汽车制造厂 4 座东汉墓出土铜镜 1

① 南阳市文物研究所：《南阳市人民北路汉墓发掘简报》，《华夏考古》1999 年第 3 期。

② 南阳市文物考古研究所：《河南南阳市一中新校址汉墓发掘简报》，《华夏考古》2004 年第 2 期。

③ 南阳市文物工作队：《南阳第二胶片厂汉墓发掘简报》，《华夏考古》1994 年第 4 期。

④ 南阳市古代建筑保护研究所：《南阳市烟草专卖局春秋、西汉墓葬的发掘》，《华夏考古》1999 年第 3 期。

⑤ 南阳市文物考古研究所：《河南南阳牛王庙村 1 号汉墓》，《文物》2005 年第 12 期。

⑥ 河南省文化局文物工作队：《南阳汉代石刻墓》，《文物参考资料》1958 年第 10 期。

⑦ 南阳市文物工作队：《南阳市环卫处汉墓发掘简报》，《中原文物》1994 年第 1 期。

⑧ 南阳市文物研究所：《南阳市教师新村 10 号汉墓》，《中原文物》1997 年第 4 期。

⑨ 南阳市文物考古研究所：《河南南阳市安居新村汉画像石墓》，《考古》2005 年第 8 期。

⑩ 刘新等：《南阳市 508 厂汉墓发掘简报》，《考古与文物》1994 年第 4 期。

⑪ 刘兴长等：《河南南阳百里奚村汉墓的调查》，《考古通讯》1957 年第 6 期；赵世纲：《谈河南出土的几面新莽铜镜》，《文物》1960 年第 7 期。

⑫ 张方等：《河南南阳出土一件汉代铁镜》，《文物》1997 年第 7 期。

面(云雷纹镜)[①];南阳隔玄庙汉墓出土铜镜1面(四组对称兽纹镜)[②];新野县樊集墓地47座汉墓出土铜镜1面(昭明镜)[③];淅川县程凹村墓地14座汉墓出土铜镜2面(星云镜、简式蟠螭纹镜)[④];邓州市穰东1座西汉墓出土铜镜1面(昭明镜)[⑤]。另外,南阳市文物工作队在配合城市基建考古中,发掘了许多两汉墓葬,出土了许多铜镜,《南阳市汉墓出土铜镜简介》报道了31面铜镜[⑥],主要有三龙镜、彩绘连弧纹镜、云雷地连弧纹镜、蟠螭连弧纹镜、蟠螭纹镜、大乐富贵四叶蟠螭纹镜、缠绕方连四蟠螭纹镜、日光草叶纹镜3、日有熹草叶纹镜、蟠虺纹镜2、星云纹镜、昭明镜2、日光镜、铜华镜、四乳四虺纹镜、四乳变形草叶纹镜、四神规矩镜、禽兽规矩镜、神兽规矩镜、上方四神规矩镜、简化规矩镜、云雷纹镜、七乳禽兽镜2、变形四叶纹兽首镜、直行铭双凤镜等。

南阳地区是东汉开国皇帝刘秀的发家之地,南阳之地位在东汉时期其他地区可以说无法比拟。但是,从出土的铜镜状况分析,51面的铜镜仅仅占了河南铜镜7.3%,数量较少。有人认为:“西汉早、中期南阳汉墓中非常重视铜镜的随葬,但到西汉晚期,尤其是东汉时期砖室墓中却没有以前盛行。”[⑦]究其主要原因,可归结为墓葬的盗扰,尤其是画像石墓葬的流行,虽然坚固,但易盗者发现,且墓室空间较之砖室,更加方便进出,铜镜不存,不难想象。

该地区已经出土的主要镜类有:山字纹镜、蟠螭纹镜、星云纹镜、日光镜、昭明镜、四乳禽兽镜、铜华镜、规矩镜、四兽镜、变形四叶纹镜、连弧纹镜、鎏错金铁镜等,仍然表明了与洛阳地区一致的主旋律,山字纹镜的出土,又表现出与楚文化关系密切的一个侧面。

---

① 南阳市文物工作队:《南阳汽车制造厂东汉墓发掘简报》,《华夏考古》1998年第1期。

② 河南省文化局文物工作队:《南阳东汉小砖券墓的发掘》,《文物》1959年第2期。

③ 河南省南阳地区文物研究所:《新野樊集汉画像砖墓》,《考古学报》1990年第4期。

④ 淅川县文管会:《淅川县程凹西汉墓发掘简报》,《中原文物》1987年第1期。

⑤ 河南省文物考古研究所:《河南邓州市穰东汉墓发掘简报》,《华夏考古》2003年第3期。

⑥ 包明军、王伟:《南阳市汉墓出土铜镜简介》,《江汉考古》1997年第1期。

⑦ 包明军、王伟:《南阳市汉墓出土铜镜简介》,《江汉考古》1997年第1期。

（四）以安阳、鹤壁、新乡豫北几个地市为中心的区域

这一区域出土铜镜的墓葬不多，从已公布的材料看，共有10处墓地，出土铜镜32面。主要有河南新乡五陵村战国两汉墓137座出土汉镜7面（素镜1、蟠螭纹镜1、简式蟠螭纹镜1、草叶纹镜1、简式规矩镜2、残镜1）①；新乡火电厂汉墓40座出铜镜3件（连弧纹镜1、四乳四禽镜2）②；新乡北站区17座汉墓出土铜镜1面（残）③；新乡老道井墓地44座汉墓出土铜镜6面（云雷镜1、连弧纹镜1、方枚连弧纹镜1、变形四叶纹镜2、残镜1）④；鹤壁后营古墓群28座汉墓出铜镜4件（连弧纹镜3、龙虎镜1）⑤；安阳梯家沟村墓地8座汉墓出土铜镜7件（昭明镜3、四乳八禽镜3、君宜高官1）⑥。淇县发现画像镜一面⑦；焦作白庄41号墓出土四乳四神镜1面⑧；辉县地方铁路饭店汉墓出星云镜1面⑨；辉县唐庄东汉墓出土变形四叶纹镜1⑩。

从出土的铜镜情况看，素镜、蟠螭纹镜、草叶纹镜、星云纹镜、昭明镜、禽兽纹镜、博局（规矩）镜、云雷镜、连弧纹镜、龙虎镜、画像镜等都存在，缺少其他地区常见的日光镜、昭明镜的随葬也不发达，说明整个豫北地区在两汉时期对铜镜随葬的礼俗并不重视，尤其是新乡地区（汉代属于河内郡）。从五陵村和火电厂发掘的汉墓资料分析，绝大多数没有盗扰的墓葬都没有随葬铜镜，是什么原因造成了这种状况？推

---

① 新乡市博物馆：《河南新乡五陵村战国两汉墓》，《考古学报》1990年第1期。

② 新乡市文物管理委员会：《1995年新乡火电厂汉墓发掘简报》，《华夏考古》1997年第4期。

③ 新乡市文物工作队：《河南新乡市北站区汉墓》，《考古》2006年第3期。

④ 河南省文物局编著：《新乡老道井墓地》，科学出版社2011年版。

⑤ 河南省文物研究所、鹤壁市博物馆：《鹤壁市后营古墓群发掘简报》，《中原文物》1986年第3期。

⑥ 安阳市文物工作队：《安阳梯家口村汉墓的发掘》，《华夏考古》1993年第1期。

⑦ 河南省文物考古研究所、泌阳县文物保管所：《河南省泌阳新客站汉墓群发掘简报》，《华夏考古》1994年第3期。

⑧ 河南文物研究所等：《焦作白庄41号汉墓发掘简报》，《华夏考古》1989年第2期。

⑨ 新乡地区文管会等：《辉县地方铁路饭店工地汉墓发掘简报》，《中原文物》1986年第2期。

⑩ 新乡市文物工作队：《河南卫辉市唐庄东汉墓葬发掘报告》，《华夏考古》2005年第1期。

测和铜镜的相对"贵重"以及墓主家庭的经济财力贫乏有一定关系,实用的铜镜生者还不够用,为何要葬入墓中?新乡地区的汉墓里有一个特殊的随葬现象,即西汉墓中常见陶鸱枭。一般认为,鸱枭是不祥、不孝之物,《说文》:"枭,不孝鸟也,日至捕枭磔之。"传说黄帝时代"欲绝其类,使百姓祠皆用之"。《史记·封禅书》如淳注云:"汉使东郡送枭,五月五日作枭羹以赐百官,以其恶鸟,故食之也。"即《汉官仪》云:"夏至赐百官枭羹,欲绝其类也。"新乡虽属河内郡却近邻东郡,或许在西汉时期也属于鸱枭繁育茂盛之地,从而成为进呈京师"贡品"的主要区域之一,因此,随着朝廷的征调,鸱枭逐渐显贵,成为大家追逐的一种名利之物,墓葬中自然也"事死如生"随葬了陶质鸱枭。相反,对铜镜等大众物品的随葬也许就不受重视。

(五)以周口、驻马店、漯河、信阳为中心的区域

这一区域内汉镜的出土情况也比较分散且数量不多,主要分布在淮阳、上蔡、泌阳、舞阳、正阳、沈丘、商水、潢川、西华等县,共有墓地12处,出土铜镜29面。上蔡县卧龙岗26座汉墓出土铜镜4面(蟠螭纹镜1、长乐未央镜1、日光镜1、素镜1)[①];泌阳板桥23座汉墓出土铜镜2面(残镜1、铁镜1)[②];泌阳新客站墓地21座汉墓出土1件(长宜子孙镜)[③];正阳李冢汉墓群2座汉墓出土8面铜镜(云雷镜1、连弧纹镜5、四叶夔纹镜2)[④];商水汉墓59座出土铜镜4件[⑤];潢川3座西汉墓出土铜镜3面(不详)[⑥]等;舞阳塚张村17座汉墓出土铜镜2面(不

① 驻马店文物考古管理所:《河南上蔡县卧龙岗战国西汉墓发掘简报》,《华夏考古》2005年第1期。

② 河南省文化局文物工作队:《河南泌阳板桥古墓葬及古井的发掘》,《考古学报》1958年第4期。

③ 河南省文物考古研究所、泌阳县文物保管所:《河南省泌阳新客站汉墓群发掘简报》,《华夏考古》1994年第3期。

④ 驻马店文物工作队、正阳县文物管理所:《河南正阳李冢汉墓发掘简报》,《中原文物》2002年第5期。

⑤ 杨峰、李全立:《商水发掘一批汉墓》,《中国文物报》1993年9月5日。

⑥ 丁永祥:《潢川发掘战国西汉墓》,《中国文物报》1989年11月3日。

详)①;淮阳北关一号汉墓出土1件(四乳镜)②;新蔡县汉墓出土铜镜1面(多乳四神禽兽镜)③;西华县1座汉墓出土四神规矩镜1面④;舞阳发现东汉乐舞百戏镜1面⑤;夏邑县6座汉墓出土铜镜1面(四乳八禽镜)⑥。

从发现来看,铜镜的分布比较分散,但是,舞乐百戏镜和1985年发现的东王公西王母画像镜⑦的存在,表明了与长江中下游流域文化交流的关系,尤其是与武昌(鄂州)制镜中心的联系。

需要指出的是,正阳李冢汉墓群2座汉墓出土了8面铜镜,M5是平面呈"中"字形,有高大封土,长方竖井墓道,主室由前室、南北耳室和后室组成,四面铜镜集中出土在前室。M6为同冢异穴合葬墓,高大的封土下有两个不同方向的墓室,各自带一个竖井墓道,4面铜镜简报中没有注明出土于哪个墓室。8面铜镜都属于东汉时期的连弧纹镜,直径12.5—19厘米,超过18厘米的有3面,有4面铭文"长宜子孙",1面是云雷纹镜。从钮座的装饰来看可以分成3种:四叶、蝙蝠和圆圈,按照冈村秀典先生的排列,这3种镜钮的年代依次为东汉的早中晚(5、6期)⑧,参照洛阳李屯桓帝元嘉二年(156)出土的1面连弧纹镜钮座为圆圈的特征,结合随葬品中铜羊、石磨以及青瓷罐的造型,综合判断正阳李冢汉墓M5、M6的年代应当为东汉晚期前段,而不是简报中推定的东汉中期。

(六)其他几处零散分布地

另外,在其他几地,如济源、焦作、杞县、洛阳吉利区等地,共出土铜(铁)镜13面。有济源泗涧沟3座汉墓出土铜镜1面(昭明镜)⑨;

---

① 河南省文化局文物工作队:《河南舞阳塚张村汉墓发掘简报》,《考古》1958年第9期。
② 周口地区文物工作队等:《河南淮阳北关一号汉墓发掘简报》,《文物》1991年第4期。
③ 叶嘉林:《多乳四神禽兽透光镜》,《中国文物报》1989年7月7日。
④ 张志华等:《河南西华发现一枚汉代金印》,《文物》1987年第4期。
⑤ 朱帜:《河南舞阳发现东汉乐舞百戏铜镜》,《考古》1985年第11期。
⑥ 商丘地区文管会等:《夏邑县杨楼春秋两汉墓发掘简报》,《中原文物》1986年第1期。
⑦ 詹汉清:《固始县发现东汉画像镜》,《文物》1986年第5期。
⑧ 冈村秀典:《后汉镜的编年》,《(日本)国立历史民俗博物馆研究报告》第55集,1993年12月,第62—73页。
⑨ 河南省博物馆:《济源泗涧沟三座汉墓的发掘》,《文物》1973年第2期。

济源桐花沟十号汉墓出土四神规矩镜1面[①];济源赵庄1座汉墓出土铜镜2面(四神规矩镜、简式规矩镜)[②];洛阳吉利区1座东汉墓出土八禽规矩镜1面[③];焦作朱村1座汉墓出土铜镜2面(长宜子孙镜1、龙虎镜1)[④];河南杞县许村岗1号西汉墓出土铜镜2面(草叶纹残镜1、残弦纹镜1)[⑤];永城太丘1号汉墓出土铁镜4面[⑥]。

这些地区值得指出的是,济源市在汉代有1座轵城,在其周围的泗涧沟、桐花沟、赵庄等地都发现了大量的墓葬,根据《济源县志》记载:春秋时轵城为轵国,战国为韩都,秦置轵县,西汉封为侯国。3处墓地出土了有代表性的精美规矩镜,正说明了该地区的历史文化地位。该地区的随葬品中还有彩绘陶器、釉陶器以及舞乐百戏俑,都具有十分突出的地域特点。

开封和商丘地区公布的出土汉镜寥寥无几(一个客观原因是黄河古道,淤积较深,考古发现的汉墓较少),除上述的2处墓地外,1971年河南永城保安山3号墓出土了可以缀合的3块彩绘镜碎片,《芒砀山西汉梁王墓地》报告内曾经述及。据残片复原,其镜直径应为46厘米,镜钮已不存在[⑦]。南越王墓曾出土1面直径41厘米的彩绘镜,比之,永城保安山的铜镜可以说是是目前发现的汉代最大直径彩绘镜。由此看来,使用大尺寸彩绘镜的墓葬级别一般都较高,进而推测,西汉早期诸侯列侯乃至皇帝皇后陵墓中使用彩绘镜随葬的概率应当更大,这一推论,等待以后的考古发现证实。

总之,以上三、四、五、六区域所出汉镜的总数96面,占河南地区总数不及15%。如前所言,这与当地的墓葬发掘状况以及资料公布状况等许多因素有关。但不管怎样与前两处中心区域相比,无论是在墓

---

① 河南省文物考古研究所:《河南济源市桐花沟十号汉墓》,《考古》2000年第2期。

② 河南省文物考古研究所:《河南济源市赵庄汉墓发掘简报》,《华夏考古》1996年第2期。

③ 洛阳市文物工作队:《洛阳吉利区东汉墓发掘简报》,《文物》2001年第10期。

④ 陈嘉祥:《河南朱村发现古墓》,《考古通讯》1956年第6期。

⑤ 开封市文物管理处:《河南杞县许村岗一号汉墓发掘简报》,《考古》2000年第1期。

⑥ 李俊山:《永城太丘一号汉画像石墓》,《中原文物》1990年第1期。

⑦ 河南省商丘市文物管理委员会等:《芒砀山西汉梁王墓地》,文物出版社2001年版,第79页。

葬的数量，还是出土铜镜的数量上都不可同日而语。可见在河南地区铜镜的分布重心还是有差异的，这种差异就是政治经济和文化地位的直接反映。

二、与山东地区出土汉镜的比较

山东地区在两汉时期一直是重要刘姓王侯的封国或食邑，在汉代历史发展的进程中起着重要作用。下面通过出土铜镜的情况，比较两个地区的统一性和差异性。

从目前公布的资料来看（因时间仓促，资料未统计完整，统计结果仅作参考），山东地区已发掘的出土铜镜的墓地大约有 60 处，共出土铜镜近 368 面（其中一部分是发掘后馆藏的）。其中临沂平邑县城南武城故城就出土铜镜 110 面①，占到了出土总数的 31%；山东枣庄博物馆馆藏了 19 面铜镜，其中多数来源于发掘的墓葬②；山东青岛平度界山 3 座汉墓，出土铜镜 19 件③；山东高密发现一批汉代铜镜 51 面④；山东藤县柴胡店汉墓 66 座墓，出土铜镜 11 件⑤；山东五莲张家仲崮汉墓 4 座，出土铜镜 10 面⑥；山东寿光县三元村墓地发掘汉墓 158 座，出铜镜 9 面⑦。以上 7 处公布的材料共有铜镜 229 余面，占已公布总数量的 62%。其余各处墓地多出土较少，有的 4、5 面，少的只出 1、2 面。主要有：山东临沂金雀山汉代墓葬，9 座墓出镜 5 面⑧；山东日照市大

---

① 王相臣：《山东平邑县南武城故城出土铜镜》，《华夏考古》2006 年第 2 期。

② 枣庄市博物馆：《山东枣庄市博物馆收藏的战国汉代铜镜》，《考古》2001 年第 7 期。

③ 青岛市文物局、平度市博物馆：《山东青岛市平度界山汉墓的发掘》，《考古》2005 年第 6 期。

④ 潍坊市博物馆、高密县图书馆：《山东高密发现一批汉代铜镜、铜钱》，《文物》1985 年第 10 期。

⑤ 山东省博物馆：《山东滕县柴胡店汉墓》，《考古》1963 年第 8 期。

⑥ 潍坊市博物馆，五莲县图书馆：《山东五莲张家仲崮汉墓》，《文物》1987 年第 9 期。

⑦ 山东省文物考古研究所：《山东寿光县三元孙墓地发掘报告》，《华夏考古》1996 年第 2 期。

⑧ 临沂市博物馆：《山东临沂金雀山九座汉代墓葬》，《文物》1989 年第 1 期。

古城汉墓3座，出土铜镜4件[①]。山东嘉祥县1座东汉墓出土4面铜镜[②]；山东微山县东汉墓4座，出土铜镜3面[③]；山东济宁师专西汉墓群25座墓，出土铜镜3件[④]；济墨市出土汉代铜镜10枚，铜华镜2，昭明镜2，草叶纹镜2，博局镜1[⑤]；山东嘉祥县1座东汉墓，出土4面铜镜[⑥]；山东淄博市辛店乙烯生活区汉墓群，共发掘汉墓400座[⑦]，山东淄博市辛店两汉墓共发掘1329座[⑧]，已知这两处墓地出土有铜镜，但是具体数目及其他相关资料并没有公布，推测数目应当相当可观。还有，山东淄博市大武乡西汉齐王墓5号随葬器物坑，出土铜镜5件，其中1面为矩形镜[⑨]；山东淄博市徐家村西汉墓41座，出土铜镜5件[⑩]；山东五莲张家仲崮汉墓，出土铜镜10面[⑪]；山东昌乐县谢家埠发掘汉墓66座，出土铜镜2面[⑫]；山东潍坊后埠下墓地发掘汉墓107座，出铜镜5面[⑬]；荣成市梁南庄村发掘汉墓2座，出土铜镜5面[⑭]；山东寿光县三元村墓地发掘汉墓158座，出土铜镜9件[⑮]；山东青州市戴家楼村发掘战国西汉墓95座，出土汉镜3面[⑯]。其他还有出土，都为1件，如梁

---

① 日照市博物馆:《山东日照市大古城汉墓发掘简报》,《东南文化》2006年第4期。

② 李卫星、吴征甦:《东汉范式墓出土文物及其它》,《考古与文物》1992年第3期。

③ 微山县文化馆:《山东微山县发现四座东汉墓》,《考古》1990年第10期。

④ 济宁市博物馆:《山东济宁师专西汉墓群清理简报》,《文物》1992年第9期。

⑤ 即墨市博物馆:《山东即墨市出土汉代铜镜》,《考古》2006年第12期。

⑥ 李卫星、吴征甦:《东汉范式墓出土文物及其它》,《考古与文物》1992年第3期。

⑦ 郑同修:《淄博市辛店乙烯生活区汉墓群》,《中国考古学年鉴1987》,文物出版社1988年版。

⑧ 张振国、朱玉清:《淄博市辛店两汉墓》,《中国考古学年鉴1986》,文物出版社1988年版。

⑨ 山东省淄博市博物馆:《西汉齐王墓随葬器物坑》,《考古学报》1985年第2期。

⑩ 山东省淄博市临淄区文化旅游局:《山东淄博市临淄徐家村战国西汉墓的发掘》,《考古》2006年第1期。

⑪ 潍坊市博物馆、五莲县图书馆:《山东五莲张家仲崮汉墓》,《文物》1987年第9期。

⑫ 潍坊市文物管理委员会办公室、昌乐县文物管理所:《山东昌乐县谢家埠遗址的发掘》,《考古》2005年第5期。

⑬ 山东省文物考古研究所、寒亭区文物管理所:《山东潍坊后埠下墓地发掘报告》,载山东省文物考古研究所编:《山东省高速公路考古报告集(1997)》,科学出版社2000年版。

⑭ 烟台市文物管理委员会:《山东荣成梁南庄汉墓发掘简报》,《考古》1994年第12期。

⑮ 山东省文物考古研究所:《山东寿光县三元孙墓地发掘报告》,《华夏考古》1996年第2期。

⑯ 山东省文物考古研究所:《山东青州市戴家楼战国西汉墓》,《考古》1995年第12期。

山县后银山村清理的1座东汉墓中出土有“子孙宜官”的铭文镜①;禹城县清理的1座东汉墓中又出土一面铜镜②,等等。

从出土情况可以看出,山东地区出土铜镜的分布不像河南地区有那样三四个墓区集中了大多数的铜镜数量。但是从目前的发掘状况来看,山东地区的铜镜的分布,仍可分成四大区域。

一是鲁东南地区,以临沂地区(含日照)为中心的区域:共发现出土铜镜的墓地及遗址11处,共出土铜镜143面,占出土总数的41%。该区域所包含的铜镜种类比较齐全,最多的镜种类有规矩镜(27面)、四乳四禽镜(22面)、蝙蝠形柿蒂纹镜(9面)、四乳四神镜(9面)、变形四神镜(8面)等。尤其是临沂平邑县南武城故城汉墓发现的一批铜镜中四乳禽兽纹镜、博局纹镜最多,占同出镜量的60%,充分说明了西汉晚期至东汉早期南武城的地位和作用,即西汉置南城县,又称南武城县。汉武帝元朔四年(前125),封城阳恭王之子刘贞为南城侯,王莽时位绝,东汉复置南城县③。

二是鲁西南为中心的区域:发现铜镜的汉墓多在巨野、梁山、滕州、微山、曲阜、枣庄等县市。发现出土铜镜的墓地共有16处,包含铜镜66面(含枣阳市博物馆馆藏的19面),占总数的16%。这一区域的主要镜类也比较齐全(缺少蟠螭纹镜),以连弧纹镜为大宗,神兽镜、三虎镜、三螭镜有地方特色。

三是鲁北地区:发现铜镜的墓葬多在阳谷、济南、章丘、淄博等县市,发现有出土铜镜的墓地有9处,已知出土的铜镜有15面。济南市博物馆曾报道了两汉镜11面④。该地区从公布的情况来看铜镜的数量最少,但是随着山东淄博市辛店汉墓群出土铜镜资料的发表,相信会有很大的改观。同时,该区西汉齐王墓5号随葬器物坑出土了1面巨形长方镜,充分说明了该区域政治中心的地位。

四是鲁(胶)东地区:出土铜镜的汉墓相当分散,而又以胶东西部

---

① 杨子范:《山东梁山县后艮山村发现带彩绘的古墓》,《文物参考资料》1954年第3期。
② 山东省文物管理委员会:《禹城汉墓清理简报》,《文物参考资料》1955年第6期。
③ 王相臣:《山东平邑县南武城故城出土铜镜》,《华夏考古》2006年第2期。
④ 杨冬梅、李晓峰:《济南市博物馆藏历代铜镜选粹》,《中原文物》2001年第3期。

的潍坊、青岛两市最多,东部仅威海、烟台分布有几处。胶东地区发现有铜镜的墓地共有 25 处墓地,共出土铜镜 83 面,占总数的近 27%。此区域分布的主要镜类有昭明镜(27 面),四乳草叶纹镜(21 面),星云纹镜(16 面),变形四螭镜(8 面),日光镜(7 面),百乳镜 2,铜华镜 2。可以看到在胶东地区目前公布的铜镜主要集中在西汉时期,与鲁西南地区有显著的不同。尤其是青岛平度界山 M1 出土了 19 面铜镜,有力地说明了山东汉代制镜业的存在。

山东地区流行的主要镜类有:草叶纹镜(27 面),昭明镜(39 面),日光镜(23 面),规矩镜(11 面),四神规矩镜(9 面),简式规矩镜(24 面),四乳四螭镜(9 面),连弧纹镜(15 面),星云纹镜(20 面),四乳镜(10 面),盘龙纹镜(6 面),变形四神镜(8 面),变形四螭纹镜(21 面),蝙蝠形饰蒂纹镜(9 面),四乳四神镜(13 面),兽纹镜(5 面),三兽镜(5 面),长宜子孙镜(3 面),铜华镜(5 面),多乳禽兽镜(3 面),螭纹镜(4 面),五乳五禽镜(2 面),素面镜(2 面),变形四叶凤鸟纹镜(5 面),飞鸟镜(2 面,年代要晚于汉),常宜富贵镜(2 面),日有熹镜(2)面。另外还有神兽镜、禽兽镜、三虎镜、多乳四神禽兽镜、禽纹镜、连珠纹镜、双夔镜、变形饕餮纹镜、蟠螭连弧纹镜、凤鸟纹镜、君秩高官镜各 1 面。另有 55 面镜名公布不详。

总体上讲,山东地区出土的汉镜主流与全国相一致,表现出较强的统一性。但是胶东地区、鲁北地区、临沂地区、鲁西南地区又各有差异,显示出不同的文化传统,"这种差异性很可能与铜镜制地的不同有关。换句话说,(胶东鲁北、临沂和鲁西南)三个地区所出铜镜,除个别铜镜来自朝廷的赏赐外,可能不是出自山东同一制地,也有可能各有自己的铜镜制造地"①。其中临沂地区出土的铜镜最多,而鲁北地区分布的最少。

山东地区与河南地区相比铜镜的分布更加分散,往往一处有许多座墓葬的墓地,铜镜仅出有几面或十几面,这与河南地区的洛阳、三门峡不能相比,印证出政治经济核心地位的取向不同。但是,山东地区

---

① 逄振镐:《汉代山东出土铜镜之比较研究》,《考古与文物》1989 年第 4 期。

拥有河南地区出土的各类镜种，并且少数铜镜的种类显得更丰富一些（如草叶纹镜、四螭纹镜），在某种程度上可以说是这些镜种在山东地区具体装饰纹饰上的差异所造成的，或者说拥有了自己的铸镜中心，从而显示出一定的地方特色。

三、有关汉墓出土铜镜的几个问题

（一）河南地区汉镜编年的补充

洛阳地区铜镜的编年大体分为14型。根据不同的镜种，结合洛阳汉墓形制的变化、随葬品组合以及铜钱的断代特征，可以分为七期：第一期相当于西汉早期，主要流行蟠螭纹镜与草叶纹镜；第二期相当于西汉中期，流行草叶纹镜、星云纹镜，日光镜、昭明镜也从此期开始流行；第三期相当于西汉晚期，流行有日光镜、昭明镜，还有变形四螭纹镜、四乳镜等；第四期相当于新莽时期，除日光、昭明镜、变形四螭纹镜、四乳镜外还出现了四神规矩镜、几何纹规矩镜、禽兽镜、连弧纹镜等；第五期相当于东汉早期，日光镜、昭明镜、四乳镜、变形四螭镜、规矩镜等镜仍然存在，新出现了云雷连弧纹镜；第六期相当于东汉中期，流行规矩镜，新出现了云雷纹镜、夔凤镜、长宜子孙镜等；第七期相当于东汉晚期，除长宜子孙镜外，新出现了变形四叶纹镜、四凤镜、人物画像镜、三兽镜等①。这个分期，基本上就是河南地区的汉镜分期。根据以上的考古发现，就河南地区的汉镜分期和断代，可以作如下补充。

第一，在西汉早期仍然存在有楚式镜（山字纹镜、四叶纹镜）和秦式镜（素镜、弦纹镜）。这种现象，也和历史发展的进程相一致。

第二，西汉早期流行的新镜类当中，可以补上彩绘镜。河南虽然仅商丘、南阳两例，参照西安中型汉墓出土的例证，应当增加彩绘镜。

第三，铭文镜的出现应当定在西汉初期。蔡运章先生在《洛阳发现战国时期有铭铜镜略论》一文中报道了洛阳发现2件战国时期铸有

---

① 中国科学院考古研究所：《洛阳烧沟汉墓》，科学出版社1959年版；中国社会科学院考古研究所：《新中国的考古发现和研究》，文物出版社1984年版。

“千金”二字的青铜镜[①]。周世荣先生提出质疑,认为不是战国的文字镜,应当是汉代早期的蟠螭纹[②]。笔者同意这种意见,铭文镜的制作历史应当追溯至汉代初期,“千金”的含义仅仅是吉语。

第四,烧沟墓地的M114郭躬墓(永元六年〈94〉卒)和2座纪年墓(M1037为建宁三年〈170〉、M147初平元年〈190〉),分别出土了云雷连弧纹镜(10.2厘米)、铁镜两面(14、16厘米)和长宜高官连弧纹镜(13厘米)。洛阳地区又发现了几座纪年墓或明确墓主或出土昭宣五铢、新莽钱的墓(见下表),其随葬的铜镜(含1面纪年镜),无疑是洛阳乃至河南地区汉镜编年较为可信的标尺。

值得指出的是,五女冢267号墓出土了2面博局镜,由于1面的纪年是永始十二年,也就是说两镜的花纹装饰是同时的。仔细观察两镜的异同,相同的是二镜都是半圆钮,四叶钮座,座外方框,“TLV”之间填饰四神图案,间饰卷云纹,外饰一周射线文,都不见环绕的锯齿纹。不同的是M269:12四神对应配置了丰富的仙人、禽兽图案,这一点雷同于多乳的禽兽镜。需要说明的是,纪年镜M267:9“L”所指的方向是顺时针,仔细查看后,是图片放反所致,研究时要特加注意。另外,烧沟汉墓中报道的第六型第1式铜镜共10面,有铭文者3面,根据墓葬的断代“福禄”铭文(边缘配饰两周三角锯齿纹和复线波折纹)与“尚方”铭文镜(边缘配饰一周三角锯齿纹和连续的变形云纹)属于第四期(东汉早期,这是该镜的下限年代)。这4面镜相互比较,结合王莽时期2面纪年镜的图案特征(开始建国二年和天凤二年)[③],参照上述洛阳北郊东汉壁画墓2面博局镜的图案构成,以《长安汉镜》报道的8面西汉晚期至新莽规矩镜特点为依据,大体上可以排出博局纹镜的演变序列。

---

① 蔡运章:《洛阳发现战国时期有铭铜镜略论》,《文物》1997年第9期。

② 周世荣:《〈洛阳发现战国时期有铭铜镜略论〉质疑》,《中国历史文物》2003年第4期。

③ 刘永明:《汉唐纪年镜图录》,江苏古籍出版社1999年版,第2—5页。

五女冢267号墓	纪年镜	永始二年（前15）	四神规矩镜18.5厘米	“永始二年五月丙午漏上五工丰造。景公之象兮，吴娃之悦，作眯？明镜兮，好如日月，长相思兮，世不绝。见朱颜，心中欢。常宜子孙”	另有一面四神规矩纹镜	《文物》1996年7期
王当墓	纪年买地券	光和二年（179）	变形四叶纹镜9.7厘米	位至三公		《文物》1986年6期
洛阳北郊东汉壁画墓	大泉五十、货泉	天凤元年（14）	规矩镜（2面）11.5和14厘米			《考古》1991年8期
张就墓	张就信印	元成时期	日光铭文镜7厘米	见日之光，天下大明	《汉书·赵子传》	《文物》2005年12期
王城公园东汉墓	货泉	天凤元年（14）	昭明镜11.3厘米 四神博局镜15.3厘米	而内而清而以而昭而明而光而日而月而王 尚方主镜真大巧，上有山人不知老，渴饮玉泉饥		《文物》2006年3期
卜千秋墓	五铢钱	昭宣之间（前86—49）	昭明镜 四乳四螭（虺）镜	内清以昭明，光象夫日月，心忽不泄		《文物》1977年6期
李屯墓	镇墓文	元嘉二年（桓帝156）	连弧纹镜9.1厘米			《考古与文物》1997年2期
唐寺门墓M1	筒瓦	永康元年（桓帝167）	铁镜3面，13、21.5、21.5厘米			《中原文物》1984年3期

（二）东汉云雷纹镜兴起的背景与意义

第一，云雷纹镜开始流行的时间。

以往报道的纪年铜镜中有一面东汉永平七年（64）的云雷纹镜[①]，不过有人认为其镜铭为后世作伪[②]。但是，《长安汉镜》收录了10面云雷纹镜[③]，第一类弦纹钮的使用年代在西汉中期前段，第二类半圆钮分为平缘（八珠纹钮座）、立墙缘（四叶钮座）、斜缘（四叶钮座），即A、B、C三型，分别流行于西汉中期、西汉晚期和东汉早中期。与此相关联的是河北定县北庄汉墓出土了目前最大的素连弧纹镜（36厘米），墓主为中山简王刘焉，死于和帝永元二年（90），此镜仅仅少了云雷装饰。此外，江苏徐州一座出上云雷镜的东汉墓中伴出建初二年（77年）铭的钢剑[④]。洛阳烧沟出土的四面云雷连弧纹镜的时代虽然都定在东汉中期（第五期），但是，洛阳西郊汉墓出土了一面铜华镜，圆钮，连珠纹钮座，外周主纹装饰云雷纹，内周铭文"清冶铜华以为镜，照察衣服观容貌，丝组杂远遝以为信，清光宜佳人"，年代在西汉晚期。说明了云雷纹连弧纹镜在西汉中晚期已经出现，东汉早期作为一种重要镜种得到定型，东汉中期和东汉晚期前段比较盛行。

第二，云雷纹象征的历史含义。

一般认为是云纹和雷（涡）纹的结合，旨在表现一种和日光镜与星云纹镜相同的意蕴[⑤]。实际上，考察东汉时期"五德始终说"和谶纬之学的政治作用，就会发现这种云雷纹镜为什么在东汉早期得到了定型。

简单分析，历史上汉武帝定西汉为土德。刘秀起事后，得到了强华所献的《赤伏符》，说"刘秀发兵捕不道，四夷云集龙斗野，四七之际火为主"。疑问是刘秀为什么要大造火德的谶纬呢？因为王莽本人为

① 刘永明：《汉唐纪年镜图录》，江苏古籍出版社1999年版，第7页。

② （英）鲁惟一著、李学勤译：《七面纪年镜（居摄至元兴）的真伪》，《故宫博物院院刊》2002年第6期。

③ 程林泉、韩国河：《长安汉镜》，陕西人民出版社2002年版，第126—130页。

④ 徐州博物馆：《徐州发现东汉建初二年五十湅钢剑》，《文物》1979年第7期。

⑤ 程林泉、韩国河：《长安汉镜》，陕西人民出版社2002年版，第129页。

了篡汉，制造了“汉家尧（火德）后”之谶说，按照五德相生说（火生土），新朝当为土德。正因为“汉家尧（火德）后”之谶说的影响，光武帝就直接吸纳了此说居于火德之位，表示自己为正统。中元元年（56年），光武帝本人“宣布图谶于天下”。公元61年，章帝主持召开白虎观会议，撰成《白虎议奏》，大量地用谶纬解释儒学，谶纬神学成为国策。既然火德和神学成为上自天子下至平民信奉的理念，与此关联就会派生出许许多多的文化载体。直观看来，云雷纹这种与太阳、火轮、光芒、云气等意蕴相通的图案，不正是这个时代信念的产物吗？纯属个人臆测，有待于进一步深入考证。

（三）汉镜随葬的等级和作用

关于铜镜随葬的作用，从齐家文化铜镜的发生，到商周时期兴盛，再到两汉时期的普及，不难看出，铜镜本身经历了宗教巫术、贵族专有到平民持有的发展历程。任何时期，曾经作为普及物存在的东西，一定在一个广泛的层面上发挥着巨大的作用，如同现代的手表、自行车等一样，两汉时期的铜镜也是如此。对两汉时期的死者来讲，简单言之，随葬铜镜就是“事死如生”的直接后果。即《淮南子·修务训》所言：“明镜之始下型，矇然未见形容，及其粉以玄锡，摩以白旃，鬓眉微豪，可得而察。”生前要照容，死后也要享用。

《西京杂记》曾经记载秦始皇咸阳宫里有一面照胆镜，“广四尺，高五尺九寸，表里有明，人直来照之，影则倒见。……秦始皇常以此镜照宫人，胆张心动者则杀之”。虽属传说，但制作大镜的历史，随着临淄齐王陪葬坑发现长151.1厘米、宽57.7厘米五钮连弧缘镜的出土，秦汉制作大型镜的传说成为现实。也就是说，巨型镜的制作与使用体现了墓主生前的身份和地位。

另外，从统计的数字表明，随葬铜镜的大小多少与墓葬的等级有关系，但不是绝对的必然关系。级别高的大墓不一定都出大镜，但一定出比较好的镜，已经发掘的满城汉墓、南越王墓等都是如此。在铜镜普及的两汉时代，有身份地位和财富的人对普及物的占有一定是通过其物品的特殊工艺或制作精良等方面特性来体现自身的价值，古今一理，此不再赘言。

还有,铜镜在先秦时期基本上是被视为普通之物,用于日常生活,但经过两汉谶纬神仙思想改造后,魏晋南北朝时期铜镜宗教方面的作用被道教应用于宗教修炼,并形成三种思想:存神、分形术及照妖镜,这可以视为铜镜最初产生时期宗教作用的再提升①。

至于铜镜背面纹饰和文字所反映出的社会现实、爱情、亲情、祝福、求官、求富、神仙、故事等内容,参见《中国古代铜镜》《浙江出土铜镜》《中华历代铜镜》《东汉铜镜铭文的整理与研究》②等著作。

总之,两汉时期铜镜的使用与随葬,主要是一种生活需要和习俗所致。虽然大镜、巨型镜和特殊工艺镜有一定的政治色彩,但与日本弥生和古坟时代随葬铜镜的意向相比有很大的差别。因为后者随葬铜镜的含义不仅仅是财富的象征,也是政治权威的体现,尤其是三角缘神兽镜的制作与分布,又隐藏着解开日本早期国家成立的关键③。

(四)目前研究存在的问题

第一,首先是材料公布的困惑。主要来自于铜镜资料公布的迟缓,或者是不完整(脱离墓葬资料,单独公布铜镜),或者是照片模糊、文字叙述简单等,很大程度上限制了铜镜的细化研究。

第二,收藏铜镜与出土铜镜研究的有益结合。社会上有大量被收藏的汉镜,不仅种类齐全,而且品相极好,有许多精品、绝品。如河南的一些收藏家所拥有的汉镜就超过了一两千面,远远大于发掘的出土量。因此,如何集中资料、汇聚研究队伍,提高综合研究能力,是值得进一步思考的大问题。

第三,需要进一步深入探索的问题,例如:汉代铜镜的制作与流通。从制作的角度来看,为什么汉代铜镜很少有同范镜?为什么汉代那么大的疆域之内在几乎同一个阶段都流行同一的一些镜种?换而言之,一种典型的铜镜在汉代疆域内的标准化是如何完成的?还有,蟠螭纹镜、星云纹镜、日光镜、昭明镜、博局(规矩)镜、云雷纹镜、夔凤

---

① 韩吉绍、张鲁君:《铜镜与早期道教》,《中国道教》2006年第1期。

② 李新城:《东汉铜镜铭文的整理与研究》,华东师范大学博士学位论文,2006年。

③ 韩国河:《日本发现的三角缘神兽镜源流述论》,《考古与文物》2002年第4期。

镜、画像镜、神兽镜等流行的社会背景和文化内涵究竟怎样解读才能更符合汉代铜镜文化的特质？等等。为了解决这些问题，只有大范围多学科的交叉和共同研究，构建一个国际化、信息化、科学化的研究大平台，才能将铜镜的研究推向一个新的天地。

[原刊于《镜范——汉式镜的制作技术》，(日本)八木书社，2009年]

第三编
考古与文化遗产研究篇

汉长安城规划思想辨析

《汉书·翼奉传》云：文帝时，汉长安城“未有甘泉、建章及上林中诸离宫馆也。未央宫又无高门、武台、麒麟、凤皇、白虎、玉堂、金华之殿，独有前殿、曲台、渐台、宣室、温室、承明耳”。《三辅黄图》说：“惠帝元年正月，初城长安城。”“明光宫，武帝太初四年起。”桂宫，“汉武帝造，周回十余里”。北宫，“高帝时制度草创，孝武增修之”。建章宫，“武帝太初元年，柏梁殿灾。粤巫勇之曰：粤俗有火灾，即复起大屋以压之。帝于是作建章宫”。“元始四年，起明堂、辟雍长安城南。”通过这些文献记载，不难发现汉长安城的营建经历了整个西汉时期。既然汉城的建设是一个动态的过程，与之相关的汉长安城规划思想也不是一次定型的，经历了几次大的转变。

一、秦人城建规划思想对汉代的影响

按文献所示，汉之长乐宫、未央宫、桂宫等都可能是利用了秦宫的旧址建造起来的宫室。《三辅黄图》卷一：“汉之故都，高祖七年方修长安城，自栎阳徙居此城，本秦离宫也。”又曰：“兴乐宫，秦始皇造，汉

修饰之,周回二十余里,汉太后常居之。"《史记·叔孙通传》说:"孝惠帝为东朝长乐宫。"《集解》引《关中记》说:"长乐宫,本秦之兴乐宫也。"汉之长乐宫是在秦之兴乐宫基础上筹建起来的宫殿,学术界无有异议。秦之"章台宫"见于《史记·楚世家》、《蔺相如传》。关于章台宫的位置,《三辅黄图》说是"在汉长安故城西,秦宫也。中有章台,因名"。表明了汉建章宫和秦章台宫的继承关系。但根据《史记·樗里子传》及《论衡·实知篇》里有关樗里子葬地的记述,汉未央宫的前殿极有可能就是利用章台的旧址建筑而成,徐卫民支持这一观点①。《史记·秦始皇本纪》《吕不韦传》记载有"甘泉宫",《太平寰宇记》引《三秦记》说汉之桂宫"一名甘泉宫",王学理根据前几年出土的"南宫郎丞"封泥,考证出宫名的变化是秦南宫→甘泉宫→汉桂宫②。汉城的建设由于占有了秦代城市宫殿建筑的积累,那么,汉城建设过程的起点应该向秦代追溯,城市规划的指导思想也应该考虑"秦制"的影响;并且,在比较"汉城模式"与"秦咸阳城模式"的不同时,应当考虑其共性原则。

一般认为:秦咸阳城是一个不断营建(前350—前207)、没有严格区划的"散点式布局"的城市。在它建筑的后期(兴盛期),主要采用了"渭水贯都"——"法天"的指导思想,实现了天人理论的实践。具体而言,以咸阳宫为中心对应天帝(太一)居住的"紫宫",渭水贯都比附天上银河,横桥连接北南城区象征牛郎、织女相聚的鹊桥,阿房宫与二十八宿之室、壁组成的营室相对,咸阳宫西部的市井、手工业区、商业区与紫宫西部的织女、扶筐、辇道、天厨等星相对,咸阳宫东部的兰池宫与紫宫东部的咸池(五车)星相对,横桥东南的信宫或曰极庙作为天子祭祀之地与奎宿(天之府库)、娄宿(牧养牺牲以供祭祀)相对③。如果要找咸阳城的规划中心,它就是一个以渭河为横向中轴线,以咸阳宫为纵向中轴线进行连续建设的城市。

---

① 徐卫民:《秦都城研究》,陕西人民教育出版社2000年版,第125—126页。

② 王学理:《咸阳帝都记》,三秦出版社1999年版,第141页。

③ 张鸿杰:《秦都咸阳的规划与建设》,载《周秦文化研究》编委会编:《周秦文化研究》,陕西人民出版社1998年版,第591—598页。

那么，在汉城营建的第一个时期，从萧何主持长乐宫、未央宫、武库、太仓等的营建开始①，或者说在选择汉都的位置时，已经把秦咸阳城的方方面面考虑在内。从当时的客观条件讲，由于战争的摧残、经济的匮乏，不允许刘邦凭空修建一座大的都城，在这种情况下使用战祸毁坏较小的秦宫（兴乐宫、章台宫）成为必然。从主观条件看，秦咸阳城为亡国之都，汉不使用渭北的诸宫也是情理中事。但是，渭南之地曾有周文、武王所都的丰镐二京，熟悉秦制、周俗的萧何与叔孙通营建汉城时自然也会考虑此点。这就是班固《西都赋》所言的“乃眷西顾，寔惟作京。于是晞（望）秦岭，睋（视）北阜，挟沣灞，据龙首”。另外，汉都与秦咸阳的关系还表现在先立的“东阙”和“北阙”方面。《史记·高祖本纪》司马贞索引云：“秦家旧处皆在渭北。而立东阙北阙，盖取起便也。”张守节《史记正义》也说：“北阙为正者，盖象秦作前殿，渡渭水属之咸阳。”到高祖死后，于渭北近长陵处立庙，“正如秦咸阳要往渭南发展一样，汉代也把渭北的秦咸阳地区纳入长安的统一中，形成‘宫室寝庙，山陵相望’的伟观”②。

二、汉初长安城的建设是否取法了天象

《三辅黄图》说：“苍龙、白虎、朱雀、玄武，天之四灵，以正四方；王者制宫阙殿阁取法焉。”同书又引《庙记》云：“未央宫有玄武、苍龙二阙、朱鸟堂。”玄武阙在宫北，简称北阙；苍龙阙在宫东，简称东阙。崔豹《古今注》卷上说：玄武阙画玄武，苍龙阙画苍龙。《史记正义》：“颜师古云：‘未央宫虽南向，而上书奏事谒见之徒皆诣北阙，公车司马亦在北焉。是则以北阙为正门，而又有东门、东阙，至于西南两面，无门阙矣。萧何初立未央宫，以厌胜之术理宜然乎？’”已透露出汉城建设与阴阳五行的关系。能够充分说明该问题的是“斗城”之说，可是，学

① 《史记·惠景间侯者年表》曰：梧齐侯阳成延，“以军匠从起郏，入汉后为少府，作长乐、未央宫，筑长安城，先就，功侯，五百户。”但关于阳成延的记述仅此而已。故汉长安城的规划者应该是萧何，乃至刘邦等人，阳成延是工程实施的具体负责人。

② 刘运勇：《西汉长安》，中华书局1982年版，第55页。

术界多不予承认,而认为汉城南墙和北墙的曲折是因为屈就长乐、未央宫的宫墙以及渭河河道的走向才现出了外凸形状。其实,辩证地看待这一问题,将有利于对汉城文化底蕴的理解。

有关汉城的北斗与南斗说,见于《三辅黄图》卷之一:“城南为南斗形,北为北斗形,至今人呼汉京城为斗城是也。”《三辅黄图》一书,始著录于《隋书·经籍志》,相传为六朝人撰写,但作者姓名佚失。可见,六朝时期已有“斗城”之称。与之相关的汉初先民之天文观念,《史记·天官书》有载:“北斗七星,所谓‘旋、玑、玉衡,以齐七政’。杓携龙角,衡殷南斗,魁枕参首。”从斗口开始,第一天枢、第二旋、第三玑、第四权合称为魁,第五衡、第六开阳、第七摇光合称为杓,总称为斗。南斗,即斗宿。又曰:“南斗为庙,其北建星。”斗星引申的社会政治意义《史记·天官书》里讲的也很明白:“斗为帝车,运于中央,临制四乡。”上述的“七政”也有相类的含义,即春、夏、秋、冬、天文、地理、人道,所以为政也。《三辅黄图》卷之四“百子池”条说:“戚夫人侍儿贾佩兰,后出为扶风人段儒妻。说在宫内时,见戚夫人侍高祖……七月七日临百子池,作于阗乐,乐阕,以五色缕相羁,谓之相连爱。八月四日,出雕房北户竹下围棋,胜者终年有福,负者终年疾病,取丝缕就北斗星辰求长命乃免。”至此,可证当时对北斗的信仰比较盛行,那么实施于汉城的城建当中,有没有可能呢?

考察可能的条件如下:一是北斗象征的中央居要、政通人和、长安久长的含义,与汉初当政的刘邦、吕太后、惠帝等政治集团的意愿相吻合。从长安城、长乐宫、未央宫的取名,南城墙安门、西安门、覆盎门的设置,已经充分说明了这一点。二是汉承秦制,以建亥之月(《夏历》十月)为岁首,刘邦入主咸阳时,正是十月份,此时北斗的斗柄正指向西北,合乎《鹖冠子》所云“斗柄北指,天下皆冬。斗柄运于上,事立于下”。所以,汉城北墙建成北斗形状,合乎星象,又合乎“非壮丽无以重威”的建城指导思想。三是惠帝“初城长安城”,也是元年正月,与上述条件相通。但是,北墙的建筑年代按《史记·吕太后本纪》索引引《汉宫阙疏》云:“四年,筑东面;五年,筑北面。”此时,主持汉城建设的萧何已死去三年。不过,萧规曹随,继后为丞相的曹参,对萧何的“为法令约束，立宗庙社稷宫室县邑”①，“举事无所变更，一遵萧何约束”②。既然，萧何立东阙和北阙、未央宫时，已经把阴阳五行、天文地理考虑在内，汉城城墙的规划出于他手也完全是可能的。其四，北斗的“斗”在秦汉以前都是作为舀酒的用具，如《诗·小雅·大东》说："维北有斗，不可以挹酒浆”。秦汉以后，一方面作为一个容量单位来使用，即龠、合、升、斗、斛也；另一方面仍继承了先秦时期的用途。如果舀酒之用转借为舀水之用，那么汉城北墙北斗之形的含义就更加令人深思。其五，附带而言古代城市一般在正北方向（即平分城市的中轴线上）不开城门，以免阴气即杀（煞）气从北方迳（径）直侵入城内③，这是崇拜极星（北辰，或称北极星）的缘故。就以上而言，汉长安城的北墙和南墙呈“北斗”“南斗”之势，即有迁就地势和宫墙的客观原因，也含有阴阳天文术数的主观条件。我们有理由相信，班固《西都赋》所说："汉之西都，在于雍州，实曰长安……其宫室也，体象乎天地，经纬乎阴阳，据坤灵之正位，仿太紫之圆方。”

三、汉武帝大规模营建时期，汉城营建思想与布局模式的巨变

如众所知，汉城平面图构成要素大多都是在武帝时期完成。具体而言，有三点：一是城的规模突破了城墙的限制，建章宫的落成，使得原有的安门大街中轴线作用失去意义，城市重心西移，以西安门、未央宫前殿、北阙、横门大街、横桥组成的中轴线趋于定型。伴随着布局模式的改变，新增的离宫别馆、亭台楼阁遍及汉城内外的空间区域。二是城市设计思想的变化，“象天”思想得到了进一步发展，神仙思想也浸透在城市设计规划当中。上林苑的昆明池象征着天河，牛郎织女分

① 《史记·萧相国世家》。
② 《史记·曹相国世家》。
③ 孙宗文：《中国建筑与哲学》，江苏科学技术出版社2000年版，第120页。

列池的两旁，成为“象天”思想的脚注。建章宫的神明台、太液池[①]、凤阙及阊阖门、未央宫的柏梁台、上林苑的飞廉馆和桂观等都是神仙思想的最好见证。尤其是这两种思想演绎出来的城市建筑，更是名目繁多。如建章宫的玉堂、神明堂、天梁宫，北宫的神仙宫（寿宫），未央宫的麒麟殿、凤凰殿、白虎殿、寿安殿，以及太液池、昆明池中的鱼龙、奇禽、异兽之物均属其列。三是城市功能的完备，从战国时期军事防御为主的城市模式中解放出来。政治上的“重威”、市场功能的增强、交通的发达、文化的开放，使得汉长安城成为当时世界上的一个大都会。

在这里，利用文献着重描述一下汉武帝个人思想信仰和汉城营建的关系。《史记·孝武本纪》说：“初即位，尤敬鬼神之祀。”元光二年，“上初至雍，郊见五畤。后常三岁一郊。是时上求神君，舍之上林中蹏（蹄）氏观”。“天子令太祝立其祀长安东南郊”祭祀泰一。元狩二年，“又作甘泉宫，中为台室，画天、地、泰一诸神，而致祭具以致天神”。“其后则又作柏梁、铜柱、承露仙人掌之属也。”“又置寿宫、北宫，张羽旗，设供具，以礼神君。”“于是上令长安则作蜚廉桂观，甘泉则作益延寿观，使卿持节设具而候神人。”元封三年，因天旱，下诏“其令天下尊祠灵星焉”。后因柏梁台发生火灾，听从“越俗有火灾，复起屋必以大，用胜服之”的建议，“于是作建章宫。……其北治大池，渐台高二十余丈，名曰泰液池，中有蓬莱、方丈、瀛洲、壶梁，象海中神山龟鱼之属。其南有玉堂、璧门、大鸟之属。乃立神明台、井干楼，度五十余丈，辇道相属焉”。司马迁笔下汉武帝的一生不但与神仙、巫祀紧密结合在一起，也与汉城的大规模营建活动相始终。

相对而言，班固撰《汉书·武帝纪》的记述多偏于政事，有关汉长安城的记录比较少。云：建元元年，“议立明堂”。元狩三年，“发谪吏穿昆明池”。元封六年，“夏，京师民观角抵于上林平乐馆”。太初元年，“乙酉，柏梁台灾”。倒是葛洪的《西京杂记》有关昆明池的玉石鱼、舟船、上林苑的名果异木记载得比较详细。根据这些材料，表面上

---

① 太液池的寓意是“日出旸谷，浴于咸池，至虞渊即暮，此池象之也”。（《三辅黄图》引《三辅故事》）

看汉武帝的鬼神迷信思想和汉城里多数的宫室营建有着因果关系，其实汉城扩建的内在因素和秦都咸阳的扩建原因有着惊人的相似之处。

首先，秦皇汉武有着共同的"理念"，生前极度追求仙人、仙事活动。此处文献引证省略，但必须指出的是，今天看到的秦皇汉武的所作所为，从思想意识方面来看，其表现毋庸置疑是迷信的落后的；从另一方面分析，正是由于先民们不满足于自身物质的局限性，力图在精神世界的超越，包括秦皇汉武的极端追求，才达到了城市建筑在形体、面貌、群体、空间、环境乃至文化内涵的急促成长。

其次，秦皇汉武皆是喜大好功之人，秦始皇因王朝短命许多未能达成的"尚大"城市建筑规划，一一都在汉武帝时代得以延伸和实现。秦始皇的阿房宫前殿"东西五百步，南北五十丈，上可坐万人，下可以建五丈旗"（《史记·秦始皇本纪》），"庭中可受十万人，车行酒，骑行炙，千人唱，万人和"（《三辅黄图》）；而汉武帝的建章宫"度为千门万户，前殿度高未央"（《汉书·郊祀志》），《三辅黄图》说：建章宫"周回三十余里"，"正门曰阊阖（天门），高二十五丈，亦曰璧门"。仅仅是建章宫宫中的馺娑宫已经是"馺娑，马行疾貌。一日之间遍宫中，言宫之大也"。

最后，除去相通的"法天"或"象天"以及相异的秦制偏法家、汉制近儒家指导思想外①，"不断创新"的城建思想是秦皇汉武所共有。《史记·秦始皇本纪》说：始皇帝三十五年，"以为咸阳人多，先王之宫庭小，吾闻周文王都丰，武王都镐，丰镐之间，帝王之都也。乃营朝宫于渭南上林苑中"。《三辅黄图》说汉武帝"于未央宫营造日广，以城中为小，乃于宫西跨城池作飞阁，通建章宫，构辇道以上下。"秦之上林苑的范围虽无详记，但根据文献推测，东至宜春苑，北起渭水，南达终

① 秦都咸阳城从公元前350年"作为咸阳，筑冀阙，秦徙都之"开始，一直有法制的指导原则。过激之时，"弃灰于道者黥"（《汉书·五行志》）。秦始皇的阿房宫前殿"以磁石为门"、"周弛为复道"、"销锋镝以为金人十二，以弱天下之人，立于宫门"以及修驰道和直道，皆与此有关（均见《三辅黄图》）。汉长安城近儒制主要体现在形制与《考工记·匠人》记载的吻合，即"匠人营国，方九里，旁三门。国中九经九纬，经涂九轨。左祖右社，面朝后市，市朝一夫"和方正的汉城、每边3门总计12门、前未央后市里等相印证。

南山，西跨沣河①。汉武帝时期，一改汉高祖之“故秦苑囿园地，令民得之”的诏令，扩大了上林苑的规模，成为“东南至蓝田宜春、鼎湖、御宿、昆吾，旁南山而西，至长杨、五柞，北绕黄山，濒渭水而东。周袤三百里”的大苑。之内的离宫别馆达100余所，都是“殊形诡制，每各异观”（《西都赋》）。

四、王莽时期“托古改制”的汉城营建思想

王莽时期由于受“复古”思想的影响，汉长安城南郊进入大规模修建礼制建筑的阶段。主要涉及明堂、辟雍、九庙、官稷和郊祀建筑。《汉书·王莽传》载：“是岁（4年），莽奏起明堂、辟雍、灵台，为学者筑舍万区，作市、常满仓，制度甚盛。”20年，“望气为数者多言有土功象，莽又见四方盗贼多，欲视为自安能建万世之基者，乃下书曰：‘……宗庙未修，且祫祭于明堂太庙，夙夜永念，非敢宁息。深惟吉昌莫良于今年，予乃卜波水之北，郎池之南，惟玉食；予又卜金水之南，明堂之西，亦惟玉食。予将亲筑焉。’于是遂营长安城南，提封百顷。九月甲申，莽立载行视，亲举筑三下”，“莽乃博征天下工匠诸图画，以望法度算”，“坏彻城西苑中建章、承光、包阳、大台、储元宫及平乐、当路、阳禄馆，凡十余所，取其材瓦，以起九庙”。官稷，如上所言，筑于元始三年。《汉书·平帝纪》元始三年臣瓒注，说经王莽上奏“于是定郊祀，祀长安南北郊，罢甘泉河东祀”。由此可见，王莽在“托古改制”的招牌下，对汉长安进行了大规模改造。具体从易名来言，还有王莽始建国以后，“改明光宫为安定馆，安定太后居之”，改“长乐宫曰常乐室，未央宫曰寿成室，前殿曰王路堂，长安曰常安”（以上据《汉书·王莽传》）；改十二城门为宣平门→春王城门正月亭，清明门→宣德门布恩亭，霸城门→仁寿门无疆亭，覆盎门→永清门长茂亭，安门→光礼门显乐亭，西安门→信平门诚正亭，章城门→万秋门亿年亭，直城门→直道门端路亭，雍门→章义门著义亭，横门→朔都门左幽亭，厨城门→建子门广

① 徐卫民：《秦都城研究》，陕西人民教育出版社2000年版，第231—232页。

世亭，洛城门→进和门临水亭（以上据《三辅黄图》）。从这些文献资料可以判断，王莽的城建思想一方面主要来自古礼，主要是周礼的影响；另一方面主要和阴阳五行思想有关①。两种城建思想的实施，给汉长安城带来的影响是：上林苑中以建章宫为代表的宫室建筑趋于荒废，以未央宫中轴线为中心的东西发展（主要是西部）模式近乎停止，汉城的布局模式回到武帝以前的格局，但仍然保持了未央宫中轴线作为城市中心地位的作用，改为在其南北向轴线营建的模式。厨城门改成建子门广世亭的表象虽然在“子”位上强调了安门大街的重要性，但实质上还是服务于未央宫的重要地位。如天凤三年（11）“十月戊辰，王路朱鸟门鸣，昼夜不绝，崔发等曰：‘虞帝辟四门，通四聪，门鸣者，明当先修先圣之礼，招四方之士也。’于是令群臣皆贺，所举四行从朱鸟门入而对策焉”（《汉书·王莽传》）。明确指出了未央宫（寿成室）前殿（王路堂）南门的主要作用，实质上也是肯定了未央宫南北中轴线的作用。

最后，关于汉长安城考古学的总体研究，长期负责和主持该城发掘的中国社会科学院考古研究所所长刘庆柱在《汉长安城的考古发现及相关问题研究》一文中有过全面的论述②，也公布了最新的发掘研究成果③。笔者在《试论秦汉都城规划模式的基本形成》一文中初有

① 除上述涉及的一些阴阳五行的因素外，《尔雅义疏·释宫》（郝懿行）说：“古人庖厨食阁皆在室之东隅，以应养气。”《释名》：“宧，养也，东北阳气始出布养物也。”《说文》说“食所居。”故汉城东北向厨城门内有膳厨。另外，《考工记》所说的“面朝后市”，有重朝政、轻工商之意。按阴阳取位来看，朝政之所为“阳”，市肆之地为“阴”。佐证前者有表阳性之“形”的凤凰，如长乐宫中（惠帝四年以前）有秦时所筑的“鸿台”，上施瓦有飞鸿之禽（凤鸟类）；建章宫有铜凤阙。后者的解释，从“天阳、地阴”之义出发，“土与金木水火杂之，以成百物”。用于交易市货的东西均从属于“土”，可视为“阴”。

② 刘庆柱：《汉长安城的考古发现及相关问题研究——纪念汉长安城考古工作四十年》，《考古》1996年第10期。

③ 分见《中国考古学年鉴1993》，文物出版社1995年版；《中国考古学年鉴1987》，文物出版社1988年版。《考古》1991年第1期；《考古》1994年第1期；《考古学报》1994年第1期；《考古》1995年第9期；《考古》1997年第7期；《考古》1996年第10期；《考古》1999年第1期；《考古》2000年第1期；中国社会科学院考古研究所：《汉长安城未央宫》，中国大百科全书出版社1996年版。

涉猎①,并主张应该从宏观上认识汉长安城的存在②。正如刘庆柱所言:“都城考古工作要自始至终贯彻宏观与微观相结合的原则”,“随着这一研究课题的深入开展,我们对都城考古学理论、方法的认识将更为深刻、全面”。笔者在长期的考古教学和学习当中,意识到对汉长安城的研究,除实地考古发掘中解剖城的构造和布局的具体实践方法外,应该多视角、多视点辩证地研究汉长安城的方方面面,尤其要厘清汉长安城规划思想的源流,是都城历史考古研究的一个必需步骤。

[原刊于《郑州大学学报(哲学社会科学版)》2001 年第 5 期]

① 韩国河、陈力:《试论秦汉都城规划模式的基本形成》,载西北大学秦汉史研究室主编《陈直先生纪念文集》,西北大学出版社 1992 年版。

② 韩国河:《汉代考古学研究的思考》,《中国文物报》2000 年 10 月 18 日。

关于考古学人才培养的思考

现代意义上的中国考古学自1921年安特生发掘仰韶村遗址开始,已经走过了93年的历程。中国高校考古学人才的培养从1922年北京大学国学门下考古研究室成立起,也有了92年的历史。若从1952年北京大学设立考古专业算起,新中国高等学校中的考古学专业人才培养也有了62年的历史。

从研究范式看,当代中国考古学已经从以考古学文化编年为主的物质文化史研究步入到全面复原古代社会的社会历史研究阶段①;从外部环境看,考古学正面临着科学化、国际化、大众化的趋势②;从学科平台看,考古学已经与中国史、世界史并列,成为历史学门类下的一级学科。这样的内外形势,为考古学研究及人才培养提供了前所未有的发展机遇,也提出了巨大的学术挑战。如何适应当代考古学的发展趋势,培养紧跟时代、符合社会需求的考古学专业人才,是摆在我们面前的重大课题。

一、考古学人才培养现状

新中国成立后,中国高校中最早设立考古专业的是北京大学

---

① 赵辉等认为,中国考古学学科最大的变化发生在20世纪八九十年代之交,即从物质文化史研究转变为古代社会各层面、各领域的复原和重建。参见《新形势、新需求、新规程:新修订〈田野考古工作规程〉的相关说明》,《南方文物》2009年第3期。

② 王巍:《关于中国考古学发展方向的思考》,《21世纪中国考古学与世界考古学》,中国社会科学出版社2002年版。

(1952年),其次为西北大学(1956年)、四川大学(1960年)。20世纪70年代以后,又有七八所高校设立了考古专业,如郑州大学考古专业即成立于1976年。当前高校的考古专业即以20世纪80年代以前设立的10余个考古专业为主干。至20世纪末及21世纪初,又有20余所高校增设了考古专业或相近专业。目前,拥有考古学科的高校约有40所。在2012年教育部学科评估中,参评的高等院校考古学科已达到35个,其中拥有一级学科博士点的高校有21所。

当前,高校考古学科人才的培养涵盖了本科生、硕士研究生、博士研究生等不同层次的人才,一些院校还培养有文物鉴定与保护方向的专科生。2010年,教育部又设置了文物与博物馆学专业硕士学位培养层次,28所高校及研究单位获得了相关的培养权。

据不完全统计,目前招收考古专业本科生的院校约有18所,每年培养的本科生人数近400人①。除北京大学、西北大学招有文保方向的本科生外,其余均为考古学或文物博物馆学专业。

有硕士学位授予权的高校和科研单位至少有37所(参加评估的有35所,加上中国社会科学院、中国科学院大学),每年培养科学学位硕士生约200人②。文物与博物馆专业硕士自2011年开始招生以来,呈逐年上升趋势,如2011年招生数为247人、2012年为388人、2013年为463人。

有博士授予权的高校和科研单位目前有23所(参加评估的有21所,加上中国社会科学院、中国科学院大学),每年培养博士近50人③。

总体而言,10余年来开设考古专业的高校不断增加,考古学招生

---

① 根据《中国考古学年鉴》统计,2007年全国13所高校考古学本科毕业生266人、2008年280人、2009年282人、2010年326人。因一些高校未收入年鉴,估计2010年以后每年实际考古学本科毕业生可能会接近400人。

② 根据《中国考古学年鉴》统计,2007年全国13所高校考古学硕士研究生毕业人数175人、2008年140人、2009年168人、2010年169人。社科院考古所考古学硕士研究生毕业人数每年为3—4人、中科院约30—35人。

③ 根据《中国考古学年鉴》统计,2007年全国10所高校考古学博士研究生毕业人数为38人、2008年8所高校毕业博士29人、2009年9所高校毕业博士41人、2010年9所高校毕业博士41人。另社科院每年考古学博士研究生毕业人数约为3—4人、中科院每年约6—8人。

人数不断增长，考古专业人才培养已涵盖所有层次的人才水平，而且发展出文物与博物馆学专业硕士以及文物鉴赏大专班等面向社会实践的实用型人才培养机制。中国考古学的人才培养在21世纪初期呈现出一派欣欣向荣的局面。

二、考古学科自身体系的发展诉求以及人才培养目标的全面提升

从1921年河南渑池仰韶文化遗址的发现开始，中国考古学已度过了93岁高龄。经过近百年的发展，中国考古学已经实现了积淀与突破。回顾新中国考古学的发展史，每一位考古学人都会在过去、现在和未来的发展历程与趋势当中，思量、审视和评价她的存在价值和前进方向。

笔者认为，近百年的中国考古学积淀与突破，不仅具有证经和补史的作用，也早已成为中华文明体系探索与研究的重要支撑力量，是中华民族得以自豪与自尊的学科，是国家文化大发展大繁荣的重要表征。具体而言，从旧石器时代到明清时期的中国考古学已取得了一系列辉煌的学术成就，不但构筑起了中国史前史知识结构体系的主干，也勾勒出华夏文明演变的独特轨迹，特别是中国马克思主义考古学派的形成、考古学体系的完善，无论是考古实践或者理论都经受了历史发展的考验，证明了考古学作为一门科学的学科在历史研究和社会研究中占有越来越重要的地位。

其中，中国考古学派的形成和考古学科体系的完善主要表现出五个特征：一是学科体系已走上法制化轨道；二是考古资料的系统化、科学化（全息论）；三是考古观念和思想的整体转型，即随着学科的发展，考古学科的人文意识、学术研究问题意识、合作意识、科普意识、遗产保护意识普遍提升，作为理论基础的区系类型学及考古学文化，已发展成为关于古代文明、国家乃至民族形成规律的深入探索，并且产生了一大批关于社会历史领域的综合研究成果；四是新学科理论的交叉、融合与实践；五是人才与学科队伍的整体素质得到了全面提升。

与此同时，在考古学领域前辈学者们的影响和教导下，目前中国考古学的人才队伍建设显现出三大特征：

特征一，出现人才知识结构的更替与创新。张承志曾指出："在北京大学，渐渐培育出读尽了相关的每一条史料也走遍了相关的每条河谷的特殊学者。"同时张光直提倡研究商代考古须经过五道门，即历史文献学、金石学、甲骨学、（田野）考古学、人类学及民族学，也就是说考古人才培养要由专才逐渐向通才方向转变，道路虽然艰难而漫长，但已不乏成功的先例。

特征二，学术探讨和认识的层次与阶段出现了新的融合。研究不断深化，研究领域得到了显著的拓展。就目前所取得的成果看，考古学研究已从不同领域的一般感性认识、理性认识即分析归纳上升到了规律性认识，从具体的个案问题研究上升到系统的宏观问题研究，进而再拓展到规律性的学术理论研究，在资料收集甄别、分析研究问题、综合阐释研究方面都有了质的飞跃。

特征三，人才队伍的业务风貌体现出了高度的自觉和责任感。许多考古学家的学术造诣不但彰显了其考古生涯的人生经验和学术感悟，也成为中国学人吃苦耐劳、不断创新及与时俱进精神相辉映的学人典范。在2010年第14届中国考古学年会上，国家文物局原局长单霁翔指出，现今中国考古界具有四大优良传统，即科学探索精神、艰苦奋斗精神、敬业奉献精神和理性思考精神，高度概括出了中国考古学人才队伍的思想精髓和行业作风。

由上可知，21世纪中国高等院校培养考古英才的标准是懂得文物考古法规、多学科基础知识扎实、学术思想进步、具有娴熟的田野技术（含各类科学技术运用）和创新能力的高素质综合人才，这是来自学科内部发展及社会现实需求的强烈呼唤。

三、当代考古学人才培养存在的主要问题

在总体形势大好的情况下，当代考古学人才的培养仍存在着一系列困难和危机。

其一,从大的社会环境看,考古学的社会生存环境并不乐观。考古学以研究古代社会历史为己任,在本质上属于基础人文学科。在经济发展大潮中,考古学向以“冷门”专业、“冷门”行业示人,就业面窄,岗位容纳量小,工作条件艰苦,待遇不高。受社会环境所限,在招生、就业方面存在较大的困难,故而导致考古专业本科学生不少为调剂生,其专业不适情绪严重。另外,受某些大众媒体和社会舆论的误导,考古专业又往往被视为和收藏、鉴宝密切相关的专业,从而呈现出一种误解下的“虚热”。上述现象既有社会环境的原因,也有考古学长期以来与社会公众隔离、与社会其他行业缺乏良好互动的原因。无论何种原因,最终都对高校考古人才的培养产生了不利影响,造成考古专业学生专业兴趣不高、其他专业学生却盲目向往考古的尴尬局面。

其二,从高校内部环境来看,考古学科的资源配置仍相对匮乏。考古学本质上是一门基础人文学科,但其研究理念和方法技术却具有文理交叉的性质,在对古代遗存进行分析研究的过程中,不但需要多种仪器设备,也需要与具有多种知识背景的人员密切合作、协同创新,而文物考古部门更重视考古专业人才的宽广视野、多学科背景及实践、较强的科研能力。考古学科的这些特点表明,考古专业的人才培养应该走高投入、高质量、小规模的“精英培养”路线。在这种情况下,如果过于看重招生数量和规模,依据招生数量配置学科资源、确定师资编制,或者简单地将考古学作为人文社会学科进行资源配置,就会严重地限制考古学科的进一步发展,多学科知识素养考古学通才的培养也必将成为空谈。

此外,在考古专业的课程设置方面,也面临着一系列困境。中国现行大学本科教育专业分割过细,知识结构单一,多学科的知识教育层面相对薄弱。一方面,是师资队伍的知识结构比较传统,授业学生的知识面自然有了一定的局限性;另一方面,是受到学科课程体系的限制,按照规定大学生本科毕业大概需要修满 160 学分左右(郑州大学考古专业要求 155 学分),由学校教育层面的平台课程、院系教育层面的模块课程和学科方向的课程群组成,设定之后从教育环节上讲,要加入实用层面较强的专题课或者加大交叉学科的授业学分都是比较困难的，许多大学院校真正意义上的“学分制”并没有实现。研究生层面的教育可以说更加单一，科学学位的研究生教育占有主体地位，也就是理论性的教育与研究成为重中之重，知识结构单一、实践能力不强的人才难以成为就业用人单位的“意中人”。

在考古专业人才的培养过程中，实践教学是最为重要的一环。当前体制下，田野考古实践教学必须报经国家文物局批准，并得到学校和地方文物考古部门的支持和配合才能开展；而在具体实施过程中，又需要协调地方各种关系，并需要大量征地费、民工费等支出。高校由于资源、人力和资金的种种限制，难以建立长久的、优良的田野考古实践基地；而地方文物考古机构开展的以配合基本建设为主的田野考古工作又难以适应并满足教学要求，这就在很大程度上制约了考古专业的人才培养质量。

当前，随着文化遗产保护理念的宣传和相关活动的开展，不少高校开设了文化遗产保护规划相关课程，但由于学科体系不完善、师资匮乏等原因，文化遗产相关课程设置还不成体系，其中的实践课程迄今缺乏规程可循，这也与当前社会上的文化遗产热和对文化遗产保护人才的需求是不相称的。

以上是各类考古专业人才培养中普遍存在的现实问题。具体在本科、硕士、博士等不同层次人才的培养层面上，又存在着不同的问题。

在本科生培养层面上，主要面临着专业教育弱化的问题。考古学是一门专业性很强的学科，在学习过程中尤其是入门阶段，学生还需要迈过一道道陌生的“坎”，主要包括熟悉考古学的基本概念、各类实物遗存及掌握实践技能、了解理论方法等。在这个过程中，除了课堂讲授和专业实践外，大量的师生交流、参观学习甚至田野调查、口述史学等也是非常重要的内容。但近年来，随着高校招生规模的扩大和教学方式的模式化及独生子女特性的彰显，师生间的距离甚至学生与学生之间的距离都在逐渐拉大，往日的融课堂教学、专业实践和生活娱乐于一体的独特的专业学习氛围已日渐淡化。这在一定程度上造成了不少本科生专业兴趣不强、入门困难，甚至 4 年学习后仍迈不进专业门槛。加上社会上普遍存在的"金钱至上""权力导向"观念的不良影响,毕业后愿意从事文物考古学专业领域工作的学生数量大大减少。

与本科生的专业教育弱化相关,在硕士研究生培养层面上,还面临着本科非考古专业的人数较多、生源基础差的问题。很多本科生经过4年的专业教育,最终放弃了本专业的学习深造机会,甚至改行从事其他专业的工作。而大量的其他专业的本科毕业生却带着对考古学的误解或是其他目的,步入考古专业攻读硕士学位。这些学生的考古学专业基础相对较差,考古学专业实践环节几乎是空白,在硕士阶段首先面临的就是考古学专业基础和专业实践的补习问题,而进一步的研究能力的培养则无疑会受到了很大的限制。

2010年开始设置的文物与博物馆专业硕士学位教育,由于门槛较低,生源基础差的问题更为突出。文博专硕培养是解决高校考古学人才培养不足的重要途径,也是提升文博行业从业人员专业技能的重要平台。然而,从已经招收的三届专硕生源来看,高校与文博行业的对接并不理想。据统计,2013年招收的文博专硕463人中,应届生为348人,多数为本科非考古专业的学生,在职生员仅67人,这67人中也仅有50人为文博系统的员工①。

博士研究生是高校及科研院所考古学研究新生力量的重要来源,合格的博士毕业生应该具有本专业领域广阔的学术视野,并占据若干学术领域的最前沿。而在当前的考古学博士研究生培养中,面临的主要问题是平台受限。一方面,由于种种限制,与研究课题相结合的田野工作难以开展,致使依托田野发掘和第一手资料做出的博士学位论文数量不多;另一方面,面向博士生的考古学术论坛、出国访学等交流活动仍相对较少,不少博士生在论文研究写作阶段多是闭门读书做研究,视野、思路和创新性都受到较大的限制。

---

① 来自全国文博专硕教指委调查统计数据。

四、21世纪人才培养模式改革发展的总趋势与基本思路

展望21世纪，面对上述问题，中国考古学人才培养模式该进行怎样的变革，这是值得所有从业者深入思考的问题。欧美大学乃至东亚地区的大学人才培养模式都有值得我们借鉴的地方，但中国大学的变化关键还是要立足于目前自身的人才培养现状，适应社会发展的需要以及瞄准国家中长期教育改革和发展规划来调整和改革培养模式，这样才更现实、更富有基础，这一点也与建立有中国特色的学科体系相辅相成、相得益彰。总的说来，笔者认为可做如下两方面的探讨。一是高校的改革与发展必须与现实社会的发展需要相适应，成为向社会培养输出优秀人才、促进社会发展进步的核心人才库。如今，社会的发展要求高校包括考古学及博物馆学在内的许多专业教育必须加大实用型人才的培养，最近出台的国家中长期人才发展规划纲要也强调了这一点①，尤其是科技考古、文物保护、文物修复、文物鉴定、博物馆设计与陈列、文化遗产管理等方面的实践创新型人才培养迫在眉睫。二是高校的改革与发展必须尊重自身的发展规律和优势，考古人才培养模式的变化必须在保持专业特色的基础上，实现专业培养目标、培养方式和课程体系改革的全面发展。国家中长期教育改革和发展规划的核心任务是提高教育质量，其中高校必须达到"注重教育内涵发展，鼓励学校办出特色、办出水平，出名师，育英才"的目的，也就是说，突出考古特色、彰显考古水平、造就考古名师、培养考古英才是高校考古专业教育改革与发展的指导思想与方针。

对考古人才培养尺度的衡量，高校内外有不同的理解，如何协调社会需求、学科自身发展要求与符合高校人才培养规律是培养模式创

---

① 总体部署中第四条规定：造就宏大的高素质人才队伍，突出培养创新型科技人才，重视培养领军人才和复合型人才，大力开发经济社会发展重点领域急需的紧缺专门人才，统筹抓好党政人才、企业经营管理人才、专业技术人才、高技能人才、农村实用人才以及社会工作人才等人才队伍建设，培养造就数以亿计的各类人才，数以千万计的专门人才和一大批拔尖创新人才。

新的关键。结合前述考古专业人才培养中存在的问题，笔者认为未来考古专业人才培养应遵循以下思路：

其一，高校要根据本地区经济与社会发展对不同层次、不同方向、不同类型的高级专门人才的客观需求，对自身专业的人才培养目标进行合适的定位，再根据培养目标设计培养方案和途径。比如，考古方向专门教育的增加、博物馆学专业的加强、文物保护专业的增列、考古学研究生科学学位培养向专业学位培养的转型等等，可实现不同层次的办学方式、不同类型的人才培养目的和不同规格的人才培养任务。目前，郑州大学具备专科、本科、研究生不同层次的培养体系，今后的发展除了保持以田野考古为核心的传统考古学人才培养水准外，继续向文化遗产管理人才培养方面进行政策和机制的倾斜，并适度兼顾博物馆学、文物保护规划、古建筑保护以及科技考古人才方向的培养，从而满足以立足中原、服务全国、以中原地域为中心的各类考古学人才的需求。

其二，必须保持现有的考古学人才培养特色和研究优势，把学科建设和人才培养的平台做大做强。何驽在《迈向 21 世纪的中国考古学》中说："21 世纪的中国考古学仍将以民族主义为特点，以中国本土的考古学研究为主体。"①实际上，许多高校的考古专业都保持了这样优良的区域优势和内涵传统。郑州大学立足中原，无疑在国家起源、中原地区古代文明化进程、三代考古、田野考古、城市考古、陵墓考古、瓷器考古等方向都是我们培养学生个性化优势的重中之重。

其三，充分吸纳社会文博单位的力量，实现办学途径的多样化。郑州大学与河南省的各个文博单位关系密切，其许多考古及历史专业的毕业生已成为省、市、县三级文博单位的骨干力量。随着考古学科体系的完善、多层次的学位点招生和学科交叉平台的建立，特别是文物与博物馆专业学位硕士点建设与文物系统关系的密切结合，一定会实现生源、师资队伍建设与河南文博行业的良性循环，达成各方人才培养目标和效益的最大化。

---

① 何驽：《迈向 21 世纪的考古学》，《华夏考古》1999 年第 1 期。

其四，历史学(狭义)与考古学是比翼齐飞的两个学科，一定要在充分融合的基础上，扩大与其他人文社科、自然科学的交叉，培养出高素质的考古人才。郑州大学是一个除军事学外，拥有12个大学科门类的综合型大学，考古学与历史学的结合一直是学校学科建设的亮点，与文学、哲学的融合通过嵩阳书院的建立已经初见规模，科技考古在过去20多年的工作实践中已经和物理学、化学、基础医学实现了学科交叉渗透。随着文化遗产保护与规划方向的确立，对今后河南的文化遗产事业大发展一定会贡献出更大的力量。

其五，培养方式方面，要注重现代大学教育方式与传统书院教育方式的融汇，以师生交流互动为核心，营造浓厚的专业学术氛围和校园文化。在这方面，嵩阳书院的建立和相关教学方式探索是很好的借鉴。近年来，郑州大学还进一步在历史学院推行了本科生“导师制”。今后，应着眼学科的长远发展，进一步完善相关制度，大力开展学术交流活动，倡导学术沙龙、自办学术刊物等活动，以切实的措施鼓励学生参与科研、参与实践。只有重视考古本科生的专业教育，提升本科生的专业兴趣和专业素养，才能带动研究生质量的提高乃至学科建设的全面提升。

其六，继续加大与海内外高校和研究单位的联系，扩大人才培养的资本平台和影响力，形成人才培养良好的信誉度和美誉度。郑州大学考古专业创建于20世纪70年代，通过30多年几代人的共同努力，已经与国内各高校(有考古或文博专业)以及海外的一些大学或文博单位形成了良好的合作或交流关系。2014年，教育部公布了全国高校的学科排名，不难发现位居考古学科排名前列的学校都是社会和行业认可度较高的学校，从此也折射出考古学科培养模式是否成功的评判指向。

此外，还应该坚持推行公众考古事业。考古学人才的培养不能独立于现实社会生活之外。让大众了解真正的考古，树立公众对考古学研究的科学认知，是从根本上改善考古学科社会处境的必由之路。只有让科学的考古学深入人心，才能使考古专业的招生、培养、就业步入正常的、合理的轨道，也才能使各培养机构招收到真正愿以考古学工作为己任的学生，也使更多的考古专业学生能够选择本专业工作为终身志向。

最后，借用马克思、恩格斯在《德意志意识形态》中对历史学下的定义作为考古学人才培养趋势的思考："我们仅仅知道一门惟一的科学，即历史科学。历史可以从两方面来观察，可以把它划为自然史和人类史。但这两方面是密切相连的；只要有人存在，自然史和人类史就彼此相互制约。自然史，即所谓自然科学，我们在这里不谈；我们所需要研究的是人类史，因为几乎整个意识形态不是曲解人类史，就是完全撇开人类史。意识形态本身只不过是人类史的一个方面。"①经典的评判告诉我们，大的历史观决定了考古学研究的对象必然具有深刻的社会性、客观性、复杂性、广泛性和自然性，考古学不仅已成为人文科学中具有最广阔研究时空范围的学科，也是一种具有强烈历史和社会终极关怀的学科。换言之，她不仅仅是"重建已经消失的人类生活"，也代表了学科、科学一体化的趋势，并将成为广泛历史意义和文化价值的大考古学，这是21世纪考古学人才培养的宏伟目标。

[原文刊于《郑州大学学报(哲学社会科学版)》2014年第6期]

① 《德意志意识形态》，《马克思恩格斯全集：第一卷》，人民出版社1960年版，第20页。

2015年秦汉考古研究综述

2015年秦汉时期的考古发现与研究有了新的收获和进展。出版发掘报告、报告集、研究论著和论文集数十部，发表考古简报和研究论文数百篇。研究角度广泛，其中都城与聚落、帝王陵墓、区域墓葬、美术考古、简牍以及科技考古等领域的发现与研究层出不穷。

一、遗　址

（一）都城

褚晓波、张童心以考古学文化面貌反映的文化族属认同角度，从以马莲花流域为中心的义渠戎文化面貌入手分析，认为在秦国自雍城迁泾阳、栎阳以及定都咸阳的过程中，北方部族向南扩散受到阻止是一个非常重要的因素①。

（二）离宫别馆

刘娟通过梳理文献记载和考古资料，认为阿房宫并未建成，并且一直维持其规划、建造之时的“临时代名”而称“阿房宫”②。2009年，“关中秦汉离宫别馆考古队”再次勘察了甘泉宫遗址，获得了一些新的发现，梁云根据此次的调查测量，对汉甘泉宫的形制及相关问题作了

① 褚晓波、张童心：《秦建都咸阳与北方部族关系试说》，《北方文物》2015年第3期。

② 刘娟：《浅析秦阿房宫与始皇陵的“未建成”迹象》，《陕西历史博物馆馆刊》第22辑，2015年。

探讨[①]。该考古队还对千河下游进行了全覆盖式的调查,发现东周至秦汉时期遗址40余处,遗物以砖瓦等建筑材料为主,且多发现有夯土基址,调查者认为这些遗址可能是当时的离宫别馆[②]。

(三)长城与边城

张文平等人对之前认定的分布于内蒙古自治区乌兰察布市灰腾梁之上的北魏御苑遗址进行了复查,发现所谓的御苑其实是墙体、烽燧、障城齐备的西汉长城遗存[③]。甄自明、岳够明分析了鄂尔多斯地区汉代城址的分布、城址与长城、城址与秦直道、城址与昭君出塞的关系[④]。白光根据考古调查结果与文献记载相对应,认为河北丰宁县凤山镇土城子遗址即是秦汉要阳故城城址[⑤]。艾冲通过对历史文献、田野调查、考古资料的综合分析和逐一判断,得出西汉时期上郡管领23县的治城地望[⑥]。赵红梅对两汉时期在北方、西北边疆民族地区设置郡县的三类统辖模式进行了研究。其中郡县设在两汉时期削弱了匈奴对东胡、乌孙等族的控制,特别是河西四郡的设置为张骞出使西域创造了条件[⑦]。

(四)窑址

在河南省焦作市武陟县苗庄墓地发掘3座汉代陶窑,呈品字形排列,3座陶窑的形制大致相近,由操作坑、窑门、火膛、窑室、烟道五部分组成;建造手法相同,均为由地面向下掏挖形成。发掘者根据出土遗物等方面特征,推测其可能是专门为附近墓地烧制修筑墓葬所用青砖、瓦、空心砖等建筑材料的砖瓦窑[⑧]。李婉琪、索秀芬对内蒙古中南

---

① 梁云:《汉甘泉宫形制探讨》,《考古与文物》2015年第3期。

② 中国国家博物馆、陕西省考古研究院:《2009年千河下游东周、秦汉遗址调查简报》,《考古与文物》2015年第3期。

③ 内蒙古自治区文物考古研究所、乌兰察布市博物馆、察哈尔右翼中旗文物管理所:《内蒙古乌兰察布市灰腾梁长城调查简报》,《边疆考古研究》2015年第2期。

④ 甄自明、岳够明:《鄂尔多斯汉代城址浅析》,《草原文物》2015年第1期。

⑤ 白光:《秦汉要阳县治考》,《文物春秋》2015年第3期。

⑥ 艾冲:《西汉时期上郡诸县治城位置新探》,《陕西历史博物馆馆刊》第22辑,2015年。

⑦ 赵红梅:《两汉时期北方与西北边疆民族地区郡县统辖模式研究》,《北方文物》2015年第4期。

⑧ 焦作市文物考古研究所、河南省文物局南水北调文物保护办公室:《焦作武陟苗庄汉代陶窑发掘简报》,《中原文物》2015年第5期。

部地区战国至秦汉时期的35座陶窑进行了具体的形制分析并探讨了相关问题①。

（五）仓储遗址

由陕西省考古研究院、宝鸡市考古研究所、凤翔县博物馆编著的《凤翔孙家南头——周秦墓葬与西汉仓储建筑遗址发掘报告》，介绍了仓储建筑遗址的形制、结构和出土的遗物②。

（六）玉矿遗址

2014年对甘肃马鬃山战国至汉代玉矿遗址的调查与发掘中，在寒窑子草场和径保尔草场两个地点发现矿坑、斜井、石料堆积、防御遗存、灰坑、灰沟、房址等，出土遗物主要有陶片、石器和玉料等，对了解古代采矿规模和聚落等提供了重要资料③。

（七）排水设施

林源、张文波介绍了秦建筑遗址中的排水设施，包括散水、排水沟以及由排水池、地漏、排水管和渗井等组成的排水系统，并指出秦在建筑排水方面已经积累了比较丰富的经验，形成了一些固定的排水做法，排水设施的生产制作也呈现出规律性，反映了秦的建筑排水技术发展已经达到了一定的水平④。

（八）其他建筑遗址

西安市文物保护考古研究院在西安市长安区大兆汉宣帝许皇后陵北侧抢救性发掘一处汉代遗址，发现陵园墙址、夯土建筑基址等遗迹，出土遗物以筒瓦、板瓦等建筑材料为主，另有陶质生活器皿、生产工具、钱币等⑤。发掘者认为此处是西汉中晚期建筑遗址，可能是许皇后陵园相关建筑的一部分。孟祥伟搜集了两汉时期河南的铸钱遗存，

① 李婉琪、索秀芬：《内蒙古中南部地区战国秦汉时期陶窑》，《草原文物》2015年第1期。

② 陕西省考古研究院、宝鸡市考古研究所、凤翔县博物馆：《凤翔孙家南头——周秦墓葬与西汉仓储建筑遗址发掘报告》，科学出版社2015年版。

③ 甘肃省文物考古研究所：《甘肃肃北县马鬃山玉矿遗址》，《考古》2015年第7期。

④ 林源、张文波：《秦的建筑排水设施与做法》，《华夏考古》2015年第2期。

⑤ 西安市文物保护考古研究院、辽宁师范大学历史文化旅游学院：《西安长安区大兆汉代遗址发掘简报》，《洛阳考古》2015年第2期。

并分析总结了其特点,点明了铸钱遗存的研究价值[①]。

二、陵　墓

(一)帝陵

2015年度相关帝陵的发现和研究相对薄弱,具体情况如下:

关于秦始皇陵:关于秦始皇帝陵兵马俑坑的专著主要是许卫红《说说秦俑那些事:秦始皇陵兵马俑一号坑第三次发掘记事》[②]。这本书在整理发掘出土新资料时以通俗生动的语言向读者展示了秦始皇陵兵马俑一号坑第三次发掘的前前后后,一方面补充了专业发掘报告中不能反映的工作者的情感、遇到的困难和压力,如实记录了一个考古工作者以不屈不挠的毅力,应对困境的心路;另一方面又以通俗的文字介绍了考古新收获,向普通公众进行文化知识的普及。这种角度的呈现和解剖显然更具亲切感,使读者易于接受。

在陪葬坑方面,2015年陕西的考古工作者对其进行了更为深入和综合的研究。其中,秦始皇帝陵博物院兵马俑坑考古队公布了《秦始皇帝陵一号兵马俑陪葬坑2009—2011年发掘简报》,对一号坑局部建筑堆积、陶俑、车马和兵器进行了细致的记录和描述[③]。一号坑虽已进行两次正式发掘,但此次H1的确认依然意义重大,或许会成为一把打开俑坑被毁之谜的钥匙;盾、鼓、笼箙等材料弥补了漆器、纺织等领域研究的缺环;修补痕迹纠正了以前盲目套用秦代“物勒工名”制度的错误,有助于俑坑属性的正确定位。冉万里在《由弋射之矢看秦始皇陵车马坑》一文中通过论证秦始皇陵西侧陪葬坑一号铜车马车舆之中铜箭箱内的4枚圆柱形镞头铜矢是用于弋射的矰矢,同时将另外同出的50枚有杀伤力、镞头锋利的铜矢判断为用于射杀猛兽的铜矢,得出秦

---

① 孟祥伟:《两汉河南铸钱遗存述要》,《中国钱币》2015年第4期。

② 许卫红:《说说秦俑那些事:秦始皇陵兵马俑一号坑第三次发掘记事》,三秦出版社2015年版。

③ 秦始皇帝陵博物院兵马俑坑考古队、陕西省考古研究院:《秦始皇帝陵一号兵马俑陪葬坑2009—2011年发掘简报》,《文物》2015年第9期。

始皇陵西侧陪葬坑出土的一号铜车马的名称虽然仍然可以称为“立车”也即汉代的轺车，但是其用途却应该是用于田猎的田车①。他认为这是秦始皇陵西侧陪葬坑出土的一号铜车马和二号铜车马为秦始皇外出狩猎的田车车队的证据。武丽娜、付建等在《秦始皇帝陵青铜水禽坑》一文中详细介绍了水禽坑 K0007 发现的前后经过，并细致描述了坑中所出天鹅、铜鹤、鸿雁和乐舞俑②。文中结合水禽坑不远的鱼池遗址推测水禽坑应该是五行学说在陵寝布局设计上的具体运用。

关于两汉帝陵：新报道的主要是洛阳市文物考古研究院公布了《洛阳偃师东汉洛南陵区 2008 年考古勘探简报》③。该简报对 2008 年 6—10 月在洛南陵区内现存的部分封土墓勘探情况进行说明。其中封土直径在 100 米以上的特大型封土墓共 7 座（M1038、M1048、M1052、M1054、M1055、M1071、M1079），发掘者根据封土规模和墓葬形制等推测 M1038、M1048、M1052、M1054 以及此前勘探的白草坡 M1030 应属于帝陵级别；M1055、M1071 较之以上墓冢略低，但远高于一般封土墓，墓主身份也可能为帝后。

杨武站、曹龙在《汉霸陵帝陵的墓葬形制探讨》一文中对汉文帝霸陵的墓葬形制进行了探讨，并根据霸陵选址的地质、地貌条件及西汉帝陵传统，进一步推测霸陵的墓葬形制为带 4 条墓道的“亞”字形竖穴土坑墓，与其他西汉帝陵并无两样，只是未建封土而已④。从地貌上来看，霸陵坐落在黄土台塬上而非山地，缺少依山为陵的地貌、地质条件，自然也不应是崖墓。西汉帝陵营建前有仔细的规划设计，霸陵营建也是如此，若帝陵为崖墓，后陵不可能为竖穴圹墓；反之，窦皇后陵为带封土的竖穴土圹墓，帝陵的墓葬形制肯定也是竖穴土圹墓，只是“不治坟”。关于霸陵不起封土的原因作者认为有二：一是文帝个人喜好和性格所致；二是大臣们敢言直谏使文帝改变想法，实行薄葬。

---

① 冉万里：《由弋射之矢看秦始皇陵车马坑》，《大众考古》2015 年第 1 期。

② 武丽娜、付建等：《秦始皇帝陵青铜水禽坑》，《大众考古》2015 年第 4 期。

③ 洛阳市文物考古研究院：《洛阳偃师东汉洛南陵区 2008 年考古勘探简报》，《洛阳考古》2015 年第 2 期。

④ 杨武站、曹龙：《汉霸陵帝陵的墓葬形制探讨》，《考古》2015 年第 8 期。

关于西汉帝陵的陵寝建筑研究，刘尊志在《试论西汉帝陵的寝与相关建筑》一文中认为寝园的设置可能始于景帝阳陵，基本是由一组、两组或多组建筑组合成的综合性陵墓祭祀设施，其后又有发展与变化，垣墙或有或无，但均以寝殿为中心，并对后世影响较大[①]。随着陵墓设施的逐步完善和墓葬祭祀的不断发展，寝与相关设施从陵园内迁出后，由一组、两组或多组建筑组合成的综合性陵墓祭祀设施。寝殿是祭祀的主要场所，作为主体建筑，所属院落位置尊（帝陵一般居西）、地位高、面积大，其他建筑则服务于寝殿的功用。正因为这一建筑群体以寝殿为中心，故得名“寝园”。寝一类礼制建筑继承于秦并延续至东汉，东汉帝陵的寝园地位提高，寝殿作用得到加强，规模扩大，并由此衍生出石殿、园省等相关设施，这也促成了以祭祀、朝拜为主要内容的封建陵寝制度完全确立。可以说，西汉帝陵的寝与相关建筑在封建陵寝制度发展和逐步确立过程中发挥着承上启下的重要作用。

（二）诸侯王、列侯墓

在新材料方面，最引人注目的是江西南昌西汉海昏侯墓的考古工作取得了重要成果。《掀起西汉列侯的面纱》[②]、《江西南昌西汉海昏侯墓考古取得重要发现》[③]都对其进行了报道。杨军在《江西南昌西汉海昏侯墓园》一文中对海昏侯墓的基本情况作了介绍。海昏侯墓位于今天南昌新建区大塘坪乡观西村附近，当时海昏侯国国都紫金城西南，是目前我国发现的面积最大、保存最好、内涵最丰富的汉代侯国墓园[④]。墓园由两座主墓、七座陪葬墓、一座陪葬坑、门阙、祠堂、厢房等组成，平面呈梯形，有长达 868 米、保存较完整的墓园墙，总面积达 4 万平方米。两座主墓为海昏侯（M1）及其夫人墓（M2），占据了墓园最中心的位置，属同茔异穴合葬。此外，墓园内还发现有礼制性高台建筑、数处有踩踏面的道路和以水沟为代表的排水设施。

此外，还有收录在《河北省考古文集（五）》中的《鹿泉市北新城汉

① 刘尊志：《试论西汉帝陵的寝与相关建筑》，《中原文物》2015 年第 5 期。
② 胡晓军：《掀起西汉列侯的面纱》，《光明日报》2015 年 11 月 5 日。
③ 《江西南昌西汉海昏侯墓考古取得重要发现》，《中国文物报》2015 年 11 月 6 日。
④ 杨军：《江西南昌西汉海昏侯墓园》，《大众考古》2015 年第 12 期。

墓 Ml 发掘简报》是对河北地区西汉中晚期某代真定王王后或夫人之墓的详细报道①。该墓与 M2 南北并列，M2 居北，为某代真定王之墓，Ml 在南，为王后或夫人之墓。《平度六曲山墓群2011—2014 年度调查勘探报告》收录在青岛市文物保护考古研究所编著的《青岛考古（二）》中②。该文介绍了山东平度六曲山多座西汉胶东王墓葬的调查情况，包括地面建筑、封土等内容，并就相关内容作了分析。龙朝彬在《〈沅水下游汉墓〉资料整理概况》一文中提到土坑墓 M2098，墓室（含墓道）总面积 57 平方米，葬具为双椁双重棺，为夫妻同穴合葬，带有两条墓道③。该墓随葬有铜鼎、盒、壶、钫等铜礼器，还出土了通常仅在王侯级别贵族墓中才出土的黄金饼 6 枚，据此发掘者认为墓主可能属二千石级太守甚至是王侯级高级贵族。

在诸侯王墓研究方面，何旭红在《长沙杨家山西汉“刘骄”墓和“杨子赣”墓考》一文中从出土器物铭文、两墓相对位置以及杨家山乃至湘江西岸西汉时期高等级墓葬的考古发现等方面分析，得出“刘骄”或为封君、“杨子赣”为翁主（公主），并非过往认为的某代长沙王后，两墓为同茔异穴的夫妇合葬墓④。黄展岳《南越国考古学研究》一书是其在南越国研究方面的论文汇集，对于南越国的研究具有重要的学术意义⑤。丁海祥在《西汉闽越国贵族王陵区初探》一文中对闽越国贵族王陵区的分布情况、结构类型、布局特点和随葬器物组合等相关问题进行了分析，并认为其中位于最北部的牛山一号汉墓应是闽越王陵之一⑥。聂菲在《特殊空间：马王堆一号汉墓北边厢空间的营造与利用》一文中对幸免于盗墓骚扰的一号墓的墓内空间陈设进行了研

---

① 河北省文物研究所、鹿泉市文物保管所：《鹿泉市北新城汉墓 M1 发掘简报》，载河北省文物研究所编：《河北省考古文集（五）》，科学出版社 2015 年版。

② 青岛市文物保护考古研究所、平度市博物馆：《平度六曲山墓群 2011—2014 年度调查勘探报告》，载青岛市文物保护考古研究所编：《青岛考古（二）》，科学出版社 2015 年版。

③ 龙朝彬：《〈沅水下游汉墓〉资料整理概况》，《湖南省博物馆馆刊》2015 年第 11 辑。

④ 何旭红：《长沙杨家山西汉“刘骄”墓和“杨子赣”墓考》，《湖南省博物馆馆刊》2015 年第 11 辑。

⑤ 黄展岳：《南越国考古学研究》，中国社会科学出版社 2015 年版。

⑥ 丁海祥：《西汉闽越国贵族王陵区初探》，《福建文博》2015 年第 1 期。

究,为研究西汉时期的丧葬礼俗提供了十分宝贵的资料①。该文以一号墓北边厢随葬品为例,视其为墓葬的一部分而加以分区、分类地梳理与分析,并尝试对随葬品的象征意义进行阐述,进而以随葬品的组成方式及空间营造的特点为中心展开讨论,同时还对其源流进行考察,力图拓宽马王堆汉墓的研究视野与范围。丁岩《凤栖原西汉墓园大墓主人试探》通过对凤栖原大墓的墓园及大墓的特征和出土器物的研究,认为其时代为西汉中期,进一步结合出土的“卫将长史”和“张”等文字资料和与文献记载相比照,推定大墓主人是西汉中期的富平侯卫将军张安世②。

刘尊志在《汉代诸侯王墓动植物陪葬内容及相关问题浅析》一文中将西汉诸侯王墓分为八个区,并以几座东汉诸侯王墓为例,介绍了两汉诸侯王墓动植物陪葬的发现状况,分别归纳了动植物陪葬的品种和类别,对动植物陪葬形式进行总结分类,进而得出动植物陪葬的八个作用或用途,包括财富的象征、食品、生活的反映与写照、供奉祭奠的祭祀物品、镇墓或辟邪、其他器物的配套物品、与丧葬有关的物品、具有特殊用途③。该文文末在分析动植物陪葬内容体现的丧葬内容的同时,探讨了动植物陪葬内容的时代特点和地域特色、西汉诸侯王墓用狗陪葬的相关讨论和东汉诸侯王墓陪葬陶质动物的发展与变化三个相关问题。

(三)一般墓葬

2015 年度整体报道的新材料较多,其中尤以河南、陕西、山东、湖南、重庆、江苏、浙江等地区公布的新材料较为集中,其他省份亦有报道。有关汉墓的区域研究及综合研究也有一些新成果的发表。

河南省是 2015 年度新发表汉墓资料数量最多的省份。由河南省文物局编著、科学出版社出版的南水北调中线工程文物保护项目、河

① 聂菲:《特殊空间:马王堆一号汉墓北边厢空间的营造与利用》,《湖南省博物馆馆刊》2015 年第 11 辑。

② 丁岩:《凤栖原西汉墓园大墓主人试探》,《西部考古》2015 年第 9 辑。

③ 刘尊志:《汉代诸侯王墓动植物陪葬内容及相关问题浅析》,《南方文物》2015 年第 3 期。

南省考古发掘报告丛书共有五部出版:《淇县西杨庄墓地、黄庄墓地Ⅰ区发掘报告》中对两个墓地发现的52座两汉时期墓葬等进行了详细的叙述①。《淇县黄庄墓地Ⅱ区发掘报告》总结了2006—2007年先后两次的考古发掘成果,其中介绍了西汉晚期至东汉晚期墓葬30座,对揭示淇县西部平原地区的汉代墓葬制度具有一定意义②。《卫辉大司马墓地》上编详细地公布了2006年在该墓地发掘的26座墓葬,其中汉墓1座,为研究豫东北一带汉晋至明清时期丧葬制度提供了新的资料,下编为综合研究,收录了研究大司马墓地考古材料的专题论文3篇,涉及小五铢等,从不同的方面和角度对这批材料所反映的币制、墓主身份、丧葬习俗进行了探讨③。《禹州新峰墓地》报道了2007—2011年发掘清理的505座战国秦汉墓葬,该批墓葬在遗存特征与埋葬习俗方面均有一定特点,对我们理解许昌地区汉代考古学文化以及汉代许昌的社会历史面貌具有相当价值④。《淅川新四队墓地》在全面、系统介绍新四队发现的48座墓葬资料的基础上,对墓葬形制、陪葬品、墓葬的年代及相关问题等进行了深入探讨,总结了墓葬的时代特点、地域特征、等级归属及其合葬形式、墓葬分布、家族墓地等⑤。

在新材料方面尤以淅川报道最多,包括2008—2009年在赵杰娃山头清理的5座西汉积炭墓⑥、2010年在王庄汉墓群发掘的15座⑦、在仓房镇侯家村李沟墓地发掘的57座⑧及其中具有代表性的西汉晚期至东汉早期墓葬2座⑨。郑州地区,2015年度出版有考古报告《郑

① 河南省文物局:《淇县西杨庄墓地、黄庄墓地Ⅰ区发掘报告》,科学出版社2015年版。

② 河南省文物局:《淇县黄庄墓地Ⅱ区发掘报告》,科学出版社2015年版。

③ 河南省文物局:《卫辉大司马墓地》,科学出版社2015年版。

④ 河南省文物局:《禹州新峰墓地》,科学出版社2015年版。

⑤ 河南省文物局:《淅川新四队墓地》,科学出版社2015年版。

⑥ 河南省文物管理局南水北调文物保护办公室、南阳市文物考古研究所:《河南淅川县赵杰娃山头汉墓群积炭墓的发掘》,《洛阳考古》2015年第3期。

⑦ 中国科学院大学科技史与科技考古系、河南省文物局南水北调文物保护办公室:《河南淅川王庄汉墓群发掘简报》,《华夏考古》2015年第2期。

⑧ 湖北文理学院襄阳及三国历史文化研究所、河南省文物局南水北调中线管理办公室、岳阳市文物考古研究所:《河南淅川李沟汉墓发掘报告》,《考古学报》2015年第3期。

⑨ 湖北文理学院襄阳及三国历史文化研究所、河南省文物局南水北调中线管理办公室、岳阳市文物考古研究所:《河南淅川李沟墓地M13、M48发掘简报》,《江汉考古》2015年第1期。

州汉墓》,该报告是河南省文物考古研究院在配合郑州商城的基本建设中,考古发掘的10余处汉代墓葬区,涉及12处墓地墓葬的详细介绍①。其他资料有2009年在郑州市四方汇清华·紫光园小区抢救发掘的44座汉代砖室墓,时代分属西汉中期、西汉晚期、新莽或稍晚时期②,以及2014年在登封东华镇袁村汉墓群发掘的M2,时代为东汉晚期③。开封市报道的新材料有在尉氏县大新庄清理的西汉中期及稍晚空心砖墓16座④和2014年在尉氏县后刘墓地清理的11座汉砖室墓⑤,年代为东汉早期前后,可分为单室墓和多室墓两类。在洛阳孟津县朱仓村发掘了东汉晚期夫妇合葬墓M1,为斜坡墓道单砖室墓,墓主人身份为一般贵族⑥。禹州市主要介绍了杨庄幕地的东汉中晚期墓M101,为研究该地区生活习俗提供了珍贵的实物资料⑦。

在南阳市一中新校址清理的东汉中期墓M189中出土了1件用黑色黏合剂粘接修复的瓷碗,这在南阳东汉墓中是首次发现,经检测黏合剂成分与大漆或生漆较为接近⑧。宋蓉通过对南阳地区各类汉墓的综合考察,建立了该地区墓葬分期框架,并进行了文化因素分析研究,考察不同时期各类文化因素对南阳地区考古学文化面貌的影响程度及组合方式,在墓葬研究的基础上,结合文献学的研究成果,探讨了南阳地区汉代考古学文化的特点、发展历程及其形成模式等问题⑨。

---

① 河南省文物考古研究院:《郑州汉墓》,大象出版社2015年版。

② 郑州市文物考古研究院:《河南四方汇泽清华·紫光园小区汉墓发掘简报》,《文物春秋》2015年第2期。

③ 郑州市文物考古研究院、登封市文物管理局:《郑州登封袁村东汉墓(2014ZDYM2)发掘简报》,《洛阳考古》2015年第2期。

④ 开封市文物考古研究所:《河南开封尉氏县大新庄汉墓发掘简报》,《文物》2015年第8期。

⑤ 河南省文物考古研究院:《河南尉氏县后刘墓地发掘简报》,《华夏考古》2015年第3期。

⑥ 郑州大学历史学院、洛阳市文物考古研究院:《洛阳孟津朱仓东汉墓发掘简报》,《文物》2015年第4期。

⑦ 许昌市文物工作队:《河南禹州杨庄墓地M101汉墓发掘简报》,《文物春秋》2015年第1期。

⑧ 南阳市文物考古研究所:《南阳一中汉墓M189发掘简报》,《中原文物》2015年第1期。

⑨ 宋蓉:《南阳地区汉代墓葬研究——兼论南阳地区汉文化的形成》,《考古学报》2015年第2期。

陕西省新报道的汉墓资料主要有2011年在西安南郊郭杜镇发掘的1座西汉早期至中期墓①、2012年在凤翔双塚村、三家店村发掘的3座东汉中晚期墓②。后者中的双塚大型汉墓出土鱼鳞式铁铠甲及多把铁剑等兵器,应是东汉中期一位军事首领的合葬墓,对进一步研究东汉时期雍城屯驻营兵制度以及与西羌民族融合和文化交流具有重要研究价值。此外还有2013年在西安张家堡村清理的42座西汉墓葬,形制以土洞墓为主,个别为竖穴土圹墓,其中洞室墓以竖穴墓道土洞墓为多,出土了一大批精美文物,M29出土的彩绘铜镜直径超过27厘米,为研究西汉彩绘铜镜提供了新材料。该墓群墓葬规模较小,时代自西汉早期至中晚期,推测应为一处汉长安城内居民墓地③。

河北省报道的新材料主要有2004年在张家口宣化东升路发掘的3座东汉土圹砖室墓中的M3,该墓为双墓道八室砖室墓,规模较大,结构复杂,形制特殊且保存较完整,根据墓葬形制和出土器物的特征推断其年代为东汉晚期,墓主人身份应为有一定职级的地方官吏或富庶士绅。发掘者认为这种墓葬形式的出现,很可能是为了满足家族迁葬时的实际需要而设置的,Ml—M3墓葬年代相同,距离相近,或许属于同一家族,为研究和探讨东汉中晚期幽燕地区砖室墓的发展和演变提供了新的资料④。《河北省考古文集(五)》中有关于河北地区中小型汉墓的报道⑤,如《河北安平后大寨汉墓发掘简报》《藁城台西商、汉及宋代墓葬发掘简报》。此外还有2006年在邯郸薛庄遗址发掘的1座汉魏时代瓮棺墓W1⑥。宋蓉通过对冀中南汉墓墓葬形制和随葬品的

---

① 西安市文物保护考古研究院:《西安南郊郭杜镇西汉墓发掘简报》,《西部考古》2015年第9辑。

② 陕西省考古研究院、宝鸡市考古研究所、凤翔县博物馆:《陕西省凤翔双塚村、三家店村古墓葬发掘简报》,《文博》2015年第1期。

③ 西安市文物保护考古研究院:《西安张家堡村汉墓群》,《中国国家博物馆馆刊》2015年第4期。

④ 张家口市宣化区文物保管所:《河北张家口宣化东升路东汉墓(M3)发掘简报》,《文物》2015年第3期。

⑤ 河北省文物研究所:《河北省考古文集(五)》,科学出版社2015年版。

⑥ 吉林大学边疆考古研究中心、河北省文物局、邯郸县文物保管所:《河北邯郸薛庄遗址汉至宋代遗存发掘简报》,《北方文物》2015年第3期。

分析及对该地区汉墓文化因素的解析，探讨了其地域文化的特点及其与周边地区的关系，并提出冀中南汉墓在两汉时期与三河地区联系密切①。

北京地区2015年度新公布的主要有2007年在平谷区东高村发掘的西汉中晚期墓M2，其形制为刀形竖穴土圹木椁墓，在本地区所见数量不多②，以及2013年在东城区西革新里发掘的竖穴土坑墓8座，时代为西汉早期至西汉中期，这些墓葬的位置当处西汉蓟城东南，可对探索蓟城提供部分线索③。冯双元对2013年在东城区土坑墓M8中出土的西汉半两钱残范进行了研究，从钱模的尺寸观察当为四铢半两，范上钱模的规格分两类，说明这两种规格的半两钱币是同时期流通的货币，而该钱范并非明器，当为墓主人生前使用，在一定程度上证明了汉文帝前元五年废除盗铸钱令的史实，为研究西汉民间铸币及西汉经济史提供了实物资料④。

山东省的新材料主要有2009—2010年在济南市魏家庄发掘的95座汉墓，这批墓葬普遍规模较小，结构较简单，从形制上可分为土坑竖穴墓、土坑竖穴砖椁墓和土坑竖穴石椁墓三种，随葬品种类丰富、数量较多、部分颇具特色⑤。济南市考古研究所报道了2014年在济阳县白杨店村抢救性发掘的一座东汉晚期画像石墓M1，该墓规模较大，墓室结构较为复杂，制作考究，出土的画像石较多，是对山东地区东汉画像石墓考古资料的有益补充，墓主应有较高的社会地位⑥。莒县博物馆在2001年对浮来山汉墓进行了抢救性发掘，根据出土器物形制和印章铭文分析，其时代为西汉中期偏早，墓主为西汉城阳国官员，这是莒

---

① 宋蓉：《汉代冀中南地域文化的考古学研究——以汉墓为中心》，《文物春秋》2015年第1期。

② 北京市文物研究所：《北京平谷东高村汉唐墓葬发掘简报》，《北方文物》2015年第2期。

③ 北京市文物研究所：《北京市东城区西革新里西汉墓2013年发掘简报》，《北方文物》2015年第2期。

④ 冯双元：《北京市东城区出土西汉半两钱残范》，《中国钱币》2015年第1期。

⑤ 济南市考古研究所：《济南市魏家庄汉代墓葬发掘报告》，《海岱考古》2015年第8辑。

⑥ 济南市考古研究所：《山东济阳县白杨店村汉代画像石墓发掘简报》，《东南文化》2015年第6期。

县首次发现的可确认为城阳国高官的墓葬，对研究西汉城阳国历史、莒地葬俗和汉代文化交流都有十分重要的意义[1]。2005 年在滕州朱洼附近发掘的 69 座汉墓年代从西汉中期延续至新莽时期，为研究鲁南枣滕地区汉代墓葬形制、埋葬习俗、面貌特征以及历史文化等增添了一批重要的实物资料[2]。《青岛考古(二)》[3]中收录有关于青岛地区中小型汉墓的报道，如《城阳区玉皇岭汉代墓地发掘简报》《黄岛区丁家皂户汉墓发掘简报》，另外在平度市侯家庄村和马戈庄村还发现有东汉时期画像石墓门。此外还有 2010 年烟台市博物馆在烟台开发区皂户头发掘的 4 座西汉土坑竖穴墓和 1 座东汉砖室墓，其中西汉墓 M16 壁龛随葬陶器，并砸碎覆以石块，应是当时的一种特殊葬俗[4]。

辽宁省新公布的材料也较丰富。由辽宁省文物考古研究所编著《羊草庄汉墓》集中介绍了 2013 年在鞍山市立山区沙河镇羊草庄发掘的 78 座汉墓，时代为西汉晚期到东汉中晚期，为研究鞍山地区汉代历史以及汉墓分期、断代和探讨两汉时期长城以内地区的少数民族墓葬提供了新线索和实物资料[5]。其中保存较好的 12 座石椁墓在墓葬形制及随葬品组合上均存在着较高的一致性，年代应为王莽至东汉初年，这一类型汉墓在辽宁境内发现较少，且较为零散，多集中在辽阳地区[6]。辽阳市的新材料主要有 2008—2012 年在苗圃发掘的 19 座石室墓[7]和 4 座土坑墓[8]。其中石室墓可分为单棺墓、单室墓、三室墓和多室墓，多带有长方形斜坡或竖直墓道，墓葬结构复杂，布局考究，砌筑

---

① 莒县博物馆：《山东莒县浮来山西汉城阳国墓葬发掘简报》，《东南文化》2015 年第 4 期。

② 山东省文物考古研究所、枣庄市博物馆、滕州市博物馆：《滕州朱洼汉代墓葬发掘报告》，《海岱考古》2015 年第 8 辑。

③ 青岛市文物保护考古研究所：《青岛考古(二)》，科学出版社 2015 年版。

④ 烟台市博物馆：《烟台开发区皂户头墓葬发掘报告》，《海岱考古》2015 年第 8 辑。

⑤ 辽宁省文物考古研究所：《羊草庄汉墓》，文物出版社 2015 年版。

⑥ 辽宁省文物考古研究所、辽宁省博物馆、锦州市考古研究所、东北师范大学、吉林省文物考古研究所：《辽宁鞍山羊草庄墓地石椁墓发掘简报》《边疆考古研究》2015 年第 1 期。

⑦ 吉林大学边疆考古研究中心、辽宁省文物考古研究所：《辽宁辽阳苗圃汉魏石室墓 2008 年发掘报告》，《考古学报》2015 年第 4 期。

⑧ 辽宁省文物考古研究所：《辽宁辽阳市苗圃墓地汉代土坑墓》，《考古》2015 年第 4 期。

坚固,可分为东汉中期、东汉晚期及汉魏之际三期。4座土坑墓则可分为单棺墓、一椁双棺墓和一椁三棺墓等三类,时代为西汉早期和西汉晚期至东汉早期。结合该墓地石室墓、砖室墓出土遗物可知,在辽阳地区西汉晚期至东汉早期,土坑墓和石室墓并存,土坑墓逐渐被石室墓和砖室墓所取代。

两湖地区新材料以长沙市报道最多,主要有2013年在开福区湖南日报传媒中心工地发掘的4座汉墓①、2014—2015年在青少年宫工地发掘的东汉晚期墓M1②以及2013年在长沙识字岭发掘的西汉晚期墓M3③。其中M3规格较高,出土器物丰富,是近年来长沙地区发掘清理的规模较大的西汉时期墓葬,墓主应是具有一定身份等级的贵族。2010年,株洲市文物部门在攸县皇图岭镇鹅形岭抢救清理了15座东汉砖室墓,出土了陶、瓷、铜、铁、琉璃器文物465件(套),其中3种纪年铭文墓砖的释读,大量罕见的铁"S"形器,精良的槊、刀剑等钢铁兵器,仅见的铜五铢衡器"朋珥",陶器普遍施贴印方格纹的器物组合和出土信息的公布,提供了东汉晚期和末期的断代标尺,为研究湘江流域乃至江南地区汉晋历史文化系统提供了考古素材④。由彭佳主编、津市市文物局编的《而立集——湖南省津市市文物工作三十周年纪念文集》⑤是一本反映津市市文物局文物工作二三十年部分成果的文集,其中报道了一些汉代墓葬的考古资料,如《湖南津市花山寺战国西汉墓清理简报》《津市肖家湖十七号汉墓》《津市市新洲豹鸣村东汉墓》等,另外还有两篇综合性论述:《沅水中下游秦代墓葬概论》《湘西北地区西汉墓葬概论》。此外,龙朝彬介绍了考古报告《沅水下游汉

① 长沙市文物考古研究所:《长沙市开福区湖南日报传媒中心工地发掘简报》,《湖南省博物馆馆刊》2015年第11辑。

② 长沙市文物考古研究所:《长沙市青少年宫考古工地发掘情况简报》,《湖南省博物馆馆刊》2015年第11辑。

③ 长沙市文物考古研究所:《湖南长沙识字岭西汉墓(M3)发掘简报》,《文物》2015年第10期。

④ 株洲市文物局、株洲市博物馆:《湖南省株洲市攸县皇图岭镇鹅形岭东汉墓群》,《湖南省博物馆馆刊》2015年第11辑。

⑤ 津市市文物局:《而立集——湖南省津市市文物工作三十周年纪念文集》,岳麓书社2015年版。

墓》资料整理的概况①，湖北省文物局编著的《武当山柳树沟墓群》②，介绍了南水北调中线一期工程丹江口水库淹没区时代跨战国、西汉、东汉、宋代和明清墓葬134座。

2015年度川渝地区发表的资料相对也较丰富。2009—2010年，考古工作者在绵阳市涪城区桐子梁崖墓发掘了崖墓123座，其中东汉墓葬113座，以M40、M50、M67规模较大，随葬品丰富，是较为典型的东汉晚期墓葬，在墓室两侧和顶部有墨线或浮雕并施彩绘的图像和仿木结构建筑。桐子梁东汉崖墓的发掘为这一时期绵阳地区的文化面貌以及艺术史研究提供了重要材料③。2014年在长宁县古河镇缪家林崖墓群发掘的M5，为研究四川地区汉墓、画像石棺等提供了重要的实物资料④。重庆市的新资料主要有2011年在涪陵区唐家坡、石院子墓地的发掘东汉墓葬8座⑤、2011—2012年在江北区四马溪遗址发掘的西汉早期至东汉初期土坑墓6座⑥、2008年在石柱县陶家坝墓地发掘的东汉晚期墓葬2座⑦以及在丰都县麒麟包墓群发掘的2座⑧。其中后者为研究三峡地区东晋时期借葬前人墓穴并保留其遗物的特殊丧葬习俗提供了重要考古资料。此外，重庆市文化遗产研究院和重庆文化遗产保护中心编著的《嘉陵江下游考古报告集》对该地域秦汉考古遗存有所涉及⑨。

---

① 龙朝彬：《〈沅水下游汉墓〉资料整理概况》，《湖南省博物馆馆刊》2015年第11辑。

② 湖北省文物局编著的《武当山柳树沟墓群》，科学出版社2015年版。

③ 四川省文物考古研究院、绵阳市文物管理局、涪城区文物管理所：《四川绵阳市涪城区桐子梁东汉崖墓发掘简报》，《四川文物》2015年第4期。

④ 四川省文物考古研究院、宜宾市博物院、长宁县文物保护管理所：《四川长宁县缪家林东汉崖墓群M5发掘简报》，《四川文物》2015年第5期。

⑤ 重庆市文化遗产研究院、涪陵区博物馆：《重庆市涪陵区唐家坡、石院子东汉墓发掘简报》，《四川文物》2015年第5期。

⑥ 重庆市文化遗产研究院、江北区文物管理所：《重庆市江北区四马溪遗址汉墓发掘简报》，《四川文物》2015年第3期。

⑦ 重庆市文化遗产研究院、重庆市文物局、石柱县文物管理所：《重庆市石柱县陶家坝东汉六朝墓发掘简报》，《四川文物》2015年第2期。

⑧ 重庆市文化遗产研究院、丰都县文物管理所：《重庆丰都县麒麟包墓群发掘简报》，《江汉考古》2015年第4期。

⑨ 重庆市文化遗产研究院、重庆文化遗产保护中心：《嘉陵江下游考古报告集》，科学出版社2015年版。

浙江省新公布的主要有2014年在德清县开发区胡堂庙区域发掘的汉六朝墓葬8座①、2015年在安吉汉代土墩遗存(D14)清理出的汉代土坑墓葬6座②、2011年在余杭区星桥镇里山发掘的东汉砖室(椁)墓22座③、2014年在永嘉县瓯北镇朱岙老坟山发掘的东汉晚期至三国时期砖室墓1座④及1992年在东华山发掘清理的汉墓12座⑤。《衢州汉墓研究》一书共收录了1972年至2014年间衢州地区考古发掘的149座汉墓和1830件随葬品的相关信息,全面系统地梳理了衢州汉墓墓葬结构形制、出土随葬物品和丧葬习俗,填补了浙江地方汉墓研究的空白⑥。星桥里山汉墓M8出土了一面天禄镜,是目前唯一一面经科学发掘获得的天禄镜,具有重要的文物和研究价值;东华山汉墓系一家族墓地,位于中心的M48是浙江省内第一次发掘有明确身份的西汉高级别大墓,具有重要的研究价值。

江苏省的新资料也较集中,主要有2014年在新沂市高庄汉代土墩墓群进行的抢救性发掘,共清理各类墓葬68座,其中土坑墓、石椁墓年代处在西汉中晚期至王莽时期,砖室墓年代多为东汉时期,推断此为一处西汉中晚期至东汉时期徐州地区的平民家族墓地⑦。2012年,南京市博物馆在六合区葛塘发掘的1座约为王莽时期至东汉早中期的汉墓,墓道内随葬明器类铜车马器的现象在南京及其附近地区同时期墓葬中较为少见⑧。此外,还有苏州破虏墩西汉晚期墓葬4座⑨、2009年在镇江市终家村墓葬群中清理的汉墓2座⑩、2013年在徐州贾

---

① 浙江省文物考古研究所、德清县博物馆:《德清县开发区胡堂庙区域发掘简报》,《东方博物》2005年第55辑。

② 浙江省文物考古研究所:《浙江安吉汉代土墩遗存》,《大众考古》2015年第8期。

③ 杭州市文物考古研究所、余杭博物馆、苏州考古所:《余杭星桥里山汉墓发掘简报》,《东方博物》2005年第54辑。

④ 永嘉县文物馆:《永嘉县瓯北镇朱岙老坟山古墓葬发掘》,《东方博物》2005年第55辑。

⑤ 龙游县博物馆:《龙游东华山西汉鲁伯墓》,《东方博物》2005年第54辑。

⑥ 衢州博物馆:《衢州汉墓研究》,文物出版社2015年版。

⑦ 原丰:《江苏新沂高庄汉代土墩墓群》,《大众考古》2015年第6期。

⑧ 南京市考古研究所:《南京六合葛塘汉墓M1》,《中国国家博物馆馆刊》2015年第12期。

⑨ 苏州市考古研究所:《苏州破虏墩汉墓发掘简报》,《苏州文博论丛》2015年第6辑。

⑩ 镇江博物馆:《镇江终家村墓葬群发掘简报》,《东方博物》2005年第55辑。

汪新城小学清理的汉代墓葬16座[①]。

两广地区新材料主要有2009—2010年广州市文物考古研究院在黄埔大田山发掘清理的东汉砖室墓4座，从墓葬形制分析，这4座墓年代接近、风格相似，极有可能为家族墓葬[②]。2007年在中山大学北校区清理的一批东汉三国至东晋南朝时期的砖室墓，共计14座，其中东汉三国墓4座，无论是在墓室形制结构方面，还是墓葬随葬品组合方面，都基本延续了本地区自汉以来的丧葬传统[③]。张金国对中山大学北校区砖室墓进行了研究，认为这些墓葬在整体上东汉三国墓丧葬制度本土化倾向十分明显，其中外来文化的影响也值得注意，到晋南朝时期，外来丧葬文化居于主导地位，基本改变了东汉三国墓丧葬本土化倾向[④]。韩湖初通过研究考古发掘清理的600多座合浦汉墓及其中出土的重要文物，说明合浦汉墓群与汉代"海丝"的开通和繁荣时间是一致的，汉墓是海上丝绸之路繁荣的物证，从中可以窥见中西文化交流的盛况[⑤]。

云南省文物考古研究所编著的《会泽水城古墓群发掘报告》综合报道了2002—2004年两次对会泽水城古墓群进行考古发掘的成果，其中共清理西汉末至东汉初期墓葬24座，为汉代政府在云南置郡县以后的遗存，对研究滇东北的古代文化和云南的汉化过程有重要参考价值[⑥]。2012—2013年，中国社会科学院考古研究所与云南省文物考古研究所合作对陆良县薛官堡墓地先后进行了两次考古发掘，清理了一批古代墓葬，大部分为汉代或汉代以前与"西南夷"有关的土著墓葬，均为土坑竖穴墓，共计210余座，其主体年代应在西汉时期。此次发掘填补了西南夷考古的一个地域空白，对研究战国秦汉时期西南夷

① 徐州博物馆：《徐州贾汪新城小学墓群发掘报告》，《湖南省博物馆馆刊》2015年第11辑。

② 广州市文物考古研究院：《广州黄埔大田山东汉墓》，《广州文博》2015年第8辑。

③ 广州市文物考古研究院：《中山大学北校区砖室墓发掘简报》，《广州文博》2015年第8辑。

④ 张金国：《中山大学北校区砖室墓的几点认识》，《广州文博》2015年第8辑。

⑤ 韩湖初：《合浦汉墓群见证汉代的繁荣"海丝"》，《大众考古》2015年第7期。

⑥ 云南省文物考古研究所：《会泽水城古墓群发掘报告》，科学出版社2015年版。

地区特别是滇东黔西地区土著青铜文化的谱系及族群构成和分布等，具有非常重要的学术意义。此外，墓葬出土的随葬品中包含不少外来文化器物或文化因素，有助于探讨当时西南夷地区不同族群及文化之间的交流和互动等问题，尤其是出土的铜镜、五铢钱和铁器等更是为考察汉文化进入西南夷地区以及土著文化与汉文化的融合等提供了弥足珍贵的资料①。2013 年在云南盐津县墨石沟发掘的 1 座东汉中期偏晚崖墓，为云南东北地区崖墓考古提供了重要资料②。

安徽省、贵州省新发表的材料比较少。安徽省主要介绍的有六安经济开发区宝利嘉战国—汉墓群中的西汉早期墓葬 M184，从填土中大量的青膏泥和墓葬形制来看，其明显受到楚文化因素的影响③。2004 年在安徽泗县前李墓地发掘清理的西汉晚期墓葬 42 座，为研究该地区汉代墓葬分布范围、规律及丧葬习俗提供了第一手科学资料④。此外，《文物研究》介绍了六安汉代王陵墓地附属墓葬群调查报告和六安经开区宝利嘉二期西汉墓 M26 发掘情况⑤。2012 年在贵州赫章县可乐墓地发掘了 2 座土坑竖穴墓葬，均属具有强烈地方土著文化因素的“乙类墓”，时代大致为西汉前期至中期。其中，M373 为“套头葬”；M374 的规模较大，形制较特殊。这两座墓葬在形制方面的新特点和新发现的器物类型，极大地丰富了可乐墓地的文化内涵，为研究可乐墓地文化内涵充实了新资料⑥。

内蒙古自治区报道了 2013 年在察右前旗常家村东滩发现的 1 座鲜卑墓，出土陶器颈部饰纹体现了东汉晚期拓跋鲜卑的典型纹饰及饰

---

① 中国社会科学院考古研究所、云南省文物考古研究所、曲靖市文物管理所、陆良县文物管理所：《云南陆良县薛官堡墓地发掘简报》，《考古》2015 年第 4 期。

② 昭通市文物管理所、盐津县文化馆：《云南盐津县墨石沟东汉崖墓清理简报》，《四川文物》2015 年第 3 期。

③ 安徽省文物考古研究所：《安徽六安经济开发区宝利嘉 M184 发掘简报》，《江汉考古》2015 年第 2 期。

④ 安徽省文物考古研究所、泗县文物保护管理所：《安徽泗县前李墓地发掘简报》，《华夏考古》2015 年第 3 期。

⑤ 安徽省文物考古研究所、安徽省考古学会：《文物研究》2015 年第 21 辑。

⑥ 贵州省文物考古研究所、赫章县文物局：《贵州赫章县可乐墓地两座汉代墓葬的发掘》，《考古》2015 年第 2 期。

纹风格,其墓葬文化性质更多地体现了文化的融合①。青海省报道了2011年在西宁陶家寨发掘的2座砖室墓,墓葬时代上限为王莽时期,下限为东汉中期。其中Ml出土的釉陶器为同时期青海地区所仅见,是青海省截至2015年为止发现的最早一批釉陶器,还值得一提的是,此次发现的陶厕是目前所见唯一一座东汉早期单体陶厕,与现代青海农村习见的旱厕结构基本相同,是否一脉相承有待进一步研究②。

此外,还有学者对汉墓进行了区域或综合研究。刘慧中通过对江西汉代墓葬进行形制划分、分期等的分析,阐述了汉代以后,赣境人们的信仰和风俗习惯各方面在与南迁的北方文化各种思想的长期交流融合过程中逐渐趋同,以及汉代墓葬在社会政治、经济的不断发展中形成了新的“事死如生”的丧葬观念,说明赣文化已发展成带有中原文化特色的多元区域文化阶段③。宋蓉通过对豫北晋南地区汉代墓葬的形制、随葬品的类型学研究和文化因素分析,建立了该区的分期,讨论其文化因素属性,在此基础上,考察各类文化因素在不同历史阶段的接触方式、影响程度,进而深入探讨豫北晋南地区汉代考古学文化的特点及其发展历程④。蒋璐在对广大北方地区汉代墓葬进行全面总结的基础上,将其墓葬发展划分为三大阶段,并结合文献中汉朝对北方边疆的经略,对北方地区汉墓格局演变与汉代边疆政策的关系进行了探讨,认为两汉时期的边疆政策以及由此产生的政区变化在该地区汉墓的格局演变中起到了决定性的作用⑤。张卓远结合文献记载与考古发现墓地建筑遗迹的研究,深入分析了这些建筑产生的历史和社会原因,并指出汉画像墓葬墓地建筑现象是社会新兴地主阶级为获得社会认同而对上层丧葬制度的一种仿效,这一过程客观上对整个社会具有一定的示范作用⑥。韩国河、朱津对中小型汉墓研究的现状作了梳理,

---

① 内蒙古自治区文物考古研究所、乌兰察布市博物馆、察右前旗文物管理所:《察右前旗常家村东滩鲜卑墓文物调查简报》,《草原文物》2015年第1期。

② 青海省文物考古研究所:《青海西宁陶家寨汉墓发掘简报》,《文物》2015年第9期。

③ 刘慧中:《生死观视野下的江西汉代墓葬分析》,《南方文物》2015年第3期。

④ 宋蓉:《豫北晋南地区汉代墓葬研究》,《华夏考古》2015年第1期。

⑤ 蒋璐:《北方地区汉墓格局演变与汉代边疆政策的关系》,《华夏考古》2015年第3期。

⑥ 张卓远:《汉代画像砖石墓地上建筑现象简析》,《文物建筑》2015年第8辑。

认为随着中小型汉墓资料的日益丰富，其研究思路和体系需要拓展和创新，在研究广度方面，汉墓的分区研究需要完善，要用更广阔的视野进行对比研究；在研究高度方面，需要对中小型汉墓进一步解读，上升至对社会制度和历史发展规律的探讨；在研究深度方面，需更加细致化，科技分析方法要更多地应用其中。并强调要在发掘和整理过程中尽可能全面地收集和公布墓葬信息，在研究中应当树立一种“人学”研究的意识①。

另有在《庆贺徐光冀先生八十华诞论文集》②中收录有关秦汉时期研究的文章包括：张卫星、曹玮《秦始皇陵墓上建筑研究》，焦南峰、王东、赵旭阳《咸阳严家沟陵园时代及墓主考辨》，李银德《西汉陵墓内房屋建筑的考察及初步认识》，刘兴林《汉代土墩墓分区和源流》，姜万里、赵晓刚《东汉西盖马县治考略》。高崇文《古礼足征——礼制文化的考古学研究》③中收录有其在秦汉帝陵和诸侯王墓丧葬礼制方面的文章，例如《西汉诸侯王墓车马殉葬制度探讨》《秦汉帝陵陵寝制度探讨》等。

三、美术考古

关于美术类专题资料报道和研究的代表性著作有：牛天伟等集录全10册《中国南阳汉画像石大全》，全面、系统地介绍了南阳汉画馆馆藏画像石，在南阳汉画像石的整理与研究史上具有里程碑意义④。蒋英炬、杨爱国、蒋群主编的《朱鲔石室》，将朱鲔石室画像石考察的结果，包括其地理环境、发现与保存著录的历史状况，画像石所构成的石祠建筑结构以及石祠画像内容等进行了较全面系统的整理⑤。研究性

① 韩国河、朱津：《关于中小型汉墓研究的思考》，《文博》2015年第3期。

② 《庆贺徐光冀先生八十华诞论文集》编委会：《庆贺徐光冀先生八十华诞论文集》，科学出版社2015年版。

③ 高崇文《古礼足征——礼制文化的考古学研究》，上海古籍出版社2015年版。

④ 凌皆兵、王清建、牛天伟主编：《中国南阳汉画像石大全》，大象出版社2015年版。

⑤ 蒋英炬、杨爱国、蒋群：《朱鲔石室》，文物出版社2015年版。

著作有：卜友常《汉代墓葬艺术考述》①、何志国《美术考古文存》②、黄宛峰《汉画像石与汉代民间丧葬观念》③。

其他散见的研究中，以对汉代画像石、画像砖、壁画图像题材的研究为大宗，所包含的图像内容种类丰富并且涉及汉代的思想、宗教、建筑研究等方面。如李清泉对带有“天门”榜题的石棺画像和铜牌饰画像进行了界定，并探讨了其观念的渊源与流变，梳理了天门图像的分布范围④。巫鸿再一次对马王堆一号汉墓出土的漆棺、屏风和帛画上几个璧或璧的图像进行了细致的观察和对比，认为这些璧可以分为“锁定”和“穿过”两种。龙与璧之间不同的关系对应着以璧在安魂和引魂升天方面的不同功能，透露出墓葬设计者对于宗教和礼制问题的细致思考，也反映了不同信仰在同一墓葬中的有机结合⑤。肖贵田、滕卫对水陆神灵交战图类图像的渊源、空间位置、内涵等方面进行了研究⑥。胡雪竹全面梳理了汉代的鸟、龟图像，并重点对四神以外的鸟、龟组合图像的形式和意义开展了探讨⑦。朱宏亮对汉画像中所呈现的阴阳五行元素作了梳理和归类⑧。庄小霞从鼎的形制、丹鼎图内容及丹鼎图的含义等几个方面考证了四川画像砖中所见的丹鼎图像，认为其反映了汉代四川地区人们的“太阴炼形”信仰，且这种信仰可能来源于山东地区⑨。朱浒对山东滕州汉画像石馆藏的一块汉画像石的图像志进行了分析，初步认定其为“胡人礼佛”题材的汉画像石，指出其代表了早期佛教与中国本土神仙信仰和儒家信仰在鲁南地区的碰撞和融合⑩。李亚利、滕铭予对汉画像中的亭榭建筑进行了识别及命名，并

---

① 卜友常：《汉代墓葬艺术考述》，上海三联书店 2015 年版。

② 何志国：《美术考古文存》，中国书籍出版社 2015 年版。

③ 黄宛峰：《汉画像石与汉代民间丧葬观念》，中国社会科学出版社 2015 年版。

④ 李清泉：《“天门”寻踪》，《古代墓葬美术研究》2015 年第 3 辑。

⑤ 巫鸿：《马王堆一号汉墓中的龙、璧图像》，《文物》2015 年第 1 期。

⑥ 肖贵田、滕卫：《汉代“水陆神灵交战图”识读——兼谈东汉祠堂画像的空间位置变化》，《东方考古》2015 年第 12 集。

⑦ 胡雪竹：《汉代鸟龟组合图像的形式及意蕴》，《碑林集刊》2015 年第 21 辑。

⑧ 朱宏亮：《汉画像中的阴阳五行元素》，《文物春秋》2015 年第 6 期。

⑨ 庄小霞：《四川汉画像所见丹鼎图考》，《四川文物》2015 年第 6 期。

⑩ 朱浒：《山东滕州新发现佛教内容汉画像石的初步研究》，《中原文物》2015 年第 5 期。

梳理了源流,结合画像内容和文献记载进行了建筑功能和文化的讨论①。马骥、宋红宇梳理了汉画像石、画像砖上阙的图像以及现存阙的实物②。

赵碧玉分析了汉代画像石墓中祭祀墓主活动题材在墓中的具体配置及相关问题③。王煜探究了陕西米脂官庄汉墓射鸟画像为后羿射日的表现,提出汉代的射鸟画像至少可以分为后羿射日、射侯射爵、射猎娱乐和射猎生产四类,每类图像在具体因素和画像组合上都各有特点。他还建议在汉画像的研究中应该注意对画像组合和画像场景的考察④。孙彦分析了汉代农耕图题材的壁画是庄园经济发展、贵族地主精神生活的体现,进一步探讨了壁画墓的起源问题⑤。此外,孔永红探讨了南阳地区汉画中农业生产图像稀少的原因主要有三:一是汉代农民的生产水平与农业的发展不均衡;二是农业政策与商业发展形成了鲜明的反差;三是受到了楚文化与汉文化交融的影响等⑥。

王煜、唐熙阳探讨了西王母图像与西方女神像之关系与背景,认为西王母神像确与西方女神像有一定关系,并在汉代中西文化交流的大背景和汉代西王母信仰的小背景下与西方女神信仰和图像产生了一次生动的互动⑦。孙良玉探讨了南阳地区汉代画像石中所见的女性发式及发饰,认为发式主要有高髻、椎髻、双丫髻、圆髻等几种髻型;发饰则主要有假发与假髻、颏和帻、冠等,这些都体现了时人在头发审美上的追求与认知⑧。庄蕙芷通过探讨早期山水画的功能和定义,论证

① 李亚利、滕铭予:《汉画像中的亭榭建筑研究》,《考古与文物》2015 年第 2 期。

② 马骥、宋红宇:《阙在汉画像石、画像砖上的表现》,《湖南省博物馆馆刊》2015 年第 11 辑。

③ 赵碧玉:《试论祭祀题材的画像在汉墓中的配置问题》,《洛阳考古》2015 年第 4 期。

④ 王煜:《陕西米脂官庄汉墓射鸟画像试探——也论汉代的射鸟画像》,《文博》2015 年第 6 期。

⑤ 孙彦:《汉代"农耕图"题材寓意辨析——兼论壁画墓的起源》,《苏州文博论丛》2015 年第 6 辑。

⑥ 孔永红:《南阳汉画中农业生产图像稀少的原因探析》,《农业考古》2015 年第 4 期。

⑦ 王煜、唐熙阳:《汉代西王母图像与西方女神像之关系及其背景》,《考古与文物》2015 年第 5 期。

⑧ 孙良玉:《南阳汉画像石中所见的女性发式和发饰》,《中原文物》2015 年第 3 期。

了在汉代已经诞生了中国早期的山水画[①]。郝利荣、杨孝军以徐州汉画像石中自然灾害题材的图像为线索，结合历史背景和文献记载分析了自然灾害和灾异思想进入汉代画像的过程[②]。练春海对河南地区出土的带有铭文的力士画像砖进行了细致的分析，认为“电转”应释读为“申博”，并对申博图像的相关问题进行了探讨[③]。季伟则介绍了汉代不同质别的弹琴类画像文物及长笛[④]。王娟考释了汉代画像石上菱形类纹样的演变[⑤]。

此外也不乏其他类别的美术类专题研究，如由绍兴博物馆编、张宏林著《鉴影觅韵——铜镜中的文化与故事》一书中涉及60多个与汉镜铭文和纹饰研究有关的内容[⑥]。曾蓝莹对汉代铜镜纹饰里有关马的铭文和图像进行了梳理和探讨[⑦]。刘晓则探讨了博局纹饰的文化内涵[⑧]。中国社会科学院考古研究所编著的《新世纪的中国考古学（续）——王仲殊先生九十华诞纪念论文集》中收录有对汉代的玉器、玻璃、铜镜等方面的研究[⑨]。冯时对于巴蜀印章有关于其文字的考释[⑩]及严志斌、洪梅对钟形符号的考察[⑪]。总体来看，美术类的专题研究由器物描述逐步转向内涵研究的态势较为明显。

---

① 庄蕙芷：《卧游仙境：汉晋壁画墓中的山水题材》，《中国美术研究》2015年第1期。

② 郝利荣、杨孝军：《徐州汉代墓葬画像中自然灾害题材的图像表现——以徐州汉画像石研究为例》，《文物世界》2015年第1期。

③ 练春海：《勇士申博图像考》，《文物》2015年第5期。

④ 季伟：《汉画艺术中的长笛》，《中原文物》2015年第1期；《汉代不同质别的弹琴类画像文物》，《中原文物》2015年第6期。

⑤ 王娟：《汉画像石菱形类纹样衍变考释》，《四川文物》2015年第3期。

⑥ 张宏林：《鉴影觅韵——铜镜中的文化与故事》，文物出版社2015年版。

⑦ 曾蓝莹：《仙马、天马与车马：汉镜纹饰流变拾遗》，《古代墓葬美术研究》2015年第3辑。

⑧ 刘晓：《试论博局纹饰的文化内涵》，《四川文物》2015年第6期。

⑨ 中国社会科学院考古研究所：《新世纪的中国考古学（续）——王仲殊先生九十华诞纪念论文集》，科学出版社2015年版。

⑩ 冯时：《巴蜀印章文字考释——巴蜀文字释读方法探索》，《四川文物》2015年第3期。

⑪ 严志斌、洪梅：《巴蜀印章钟形符号考察》，《四川文物》2015年第5期。

四、简帛研究

简帛方面的研究在2015年度呈现出百花齐放的态势，不仅各地名简的研究十分丰富，且对于秦汉时期简帛的内容、文法、语法乃至音法都涉猎甚广。新动态主要有启动编纂了世界首部简牍学专科辞典[①]，中国文化遗产研究院与山东博物馆重启了银雀山汉简的整理[②]，湖北随州周家寨汉墓发现了大量漆器和简牍[③]，新报道了2013年湖南益阳兔子山遗址九号井出土之简牍[④]，武汉大学携手国内多家文博单位在秦简牍整理研究方面取得了重大进展[⑤]。出版的著作有由陈伟主编的《秦简牍合集》(第一辑)[⑥]，贾丽英等所著的《秦汉家庭法研究：以出土简牍为中心》[⑦]。其他论著具体介绍如下：

秦汉简牍中论著研究较多的是里耶秦简，在2015年度关于里耶秦简的研究大致可分为古文字研究和考证类研究。在古文字研究方面，多是受益于2012年由文物出版社出版的《里耶秦简》(一)及《里耶秦简校释》(第一卷)二书。安徽大学的蒋伟男硕士即根据二书中所公布的材料对《里耶秦简》(一)中所出现的所有文字进行了一次全面的整理[⑧]。湖南大学的温俊萍硕士则针对《里耶秦简》(一)展开了书体研究，认为里耶秦简打破了篆书“婉而通”的书写原则，字体结构也更加稳定，奠定了现代汉字的基础[⑨]。湖南师范大学的刘薇硕士则

① 耿雪：《世界首部简牍学专科辞典启动编纂》，《中国社会科学报》2015年3月30日。

② 郭思克：《银雀山汉墓简牍研究及保护整理》，《中国文物报》2015年2月13日。《银雀山汉简整理重启》，《美术教育研究》2015年第6期。

③ 罗运兵、史德勇、凡国栋：《湖北随州周家寨汉墓发现大量漆器和简牍》，《中国文物报》2015年2月27日。

④ 张春龙、张兴国：《湖南益阳兔子山遗址九号井出土简牍概述》，《国学学刊》2015年第4期。

⑤ 韩晓玲：《秦简牍整理研究取得重大进展》，《湖北日报》2015年7月14日。

⑥ 陈伟主编：《秦简牍合集》(第一辑)，武汉大学出版社2015年版。

⑦ 贾丽英等：《秦汉家庭法研究：以出土简牍为中心》，中国社会科学出版社2015年版。

⑧ 蒋伟男：《〈里耶秦简〉(一)文字编》，安徽大学硕士学位论文，2015年。

⑨ 温俊萍：《〈里耶秦简(一)〉的书体研究》，湖南大学硕士学位论文，2015年。

以农仓管理和公物管理为中心研究了里耶秦简与秦代地方行政①。吉首大学的廖燕硕士则研究了里耶秦简中的通假字、古今字②。孔德超则根据《里耶秦简》(一)极强的真实性及其中所见的词汇现象,探讨了《里耶秦简》(一)对语文辞书修订的重要价值③。在考证类研究中,郑威对于战国秦汉时期里耶秦简的历史地理做了较多研究:其一是考证了里耶秦简中所见的即墨,梳理了战国秦汉时期即墨的演变历程④;其二是考证了里耶秦简中所见的巴蜀地区,以及僰道始置于秦、宕渠本为秦道、蜀郡官员转任三个问题⑤。王佳还研究了里耶秦简等出土文献中所见的秦南郡属县的一些问题⑥。同样对历史地理展开研究的还有鲁家亮,他主要补论了秦洞庭郡迁陵县下辖之三乡的往来、与朝廷关系、在文书中的记载顺序等情况⑦。张春龙等先生研究了里耶秦简中的刻齿现象,认为可能代表数字,并由此试解读了岳麓秦简《数》中的未解读简⑧。杨芬研究了里耶秦简中所见官文书的开启记录,从而加深了对于秦代公文制度的认识,并认为秦代文书的开启比汉代更为规范⑨。赵粲然、李若飞等补正了《里耶秦简》(一)及《里耶秦简校释》(第一卷)中的八处遗漏⑩。王佳则研究了里耶秦简中所见的迁陵地区物价情况⑪。

除了里耶秦简外,其他简帛方面的研究也涉及古文字、律法、经济、医学、音律等诸多门类。

---

① 刘薇:《里耶秦简与秦代地方行政研究——以农仓管理和公物管理为中心》,湖南师范大学硕士学位论文,2015 年。

② 廖燕:《里耶秦简通假字、古今字研究》,吉首大学硕士学位论文,2015 年。

③ 孔德超:《〈里耶秦简(一)〉对语文辞书修订的价值》,《荆楚学刊》2015 年第 5 期。

④ 郑威:《里耶简牍所见秦即墨考》,《江汉考古》2015 年第 5 期。

⑤ 郑威:《里耶秦简牍所见巴蜀史地三题》,《四川师范大学学报(社会科学版)》2015 年第 2 期。

⑥ 王佳:《出土文献所见秦南郡属县三题》,《江汉考古》2015 年第 2 期。

⑦ 鲁家亮:《里耶秦简所见迁陵三乡补论》,《国学学刊》2015 年第 4 期。

⑧ 张春龙等:《里耶秦简刻齿简研究——兼论岳麓秦简〈数〉中的未解读简》,《文物》2015 年第 3 期。

⑨ 杨芬:《里耶秦简所见官文书的开启记录》,《四川文物》2015 年第 3 期。

⑩ 赵粲然、李若飞等:《里耶秦简缀合与释文补正八则》,《鲁东大学学报(哲学社会科学版)》2015 年第 2 期。

⑪ 王佳:《里耶秦简所见迁陵地区物价研究》,《江汉论坛》2015 年第 10 期。

在古文字及书法方面，吴晓懿探讨了战国简牍书法与题铭艺术的字体，从书法美学的角度出发，整理、阐明了不同地域字迹风格的差异等①，此外吴晓懿还探讨了战国毛笔形制及其对简牍书法的影响②。王伦信探讨了纸本替代简牍过程中的教育文本变革③。王相帅、朱生玉研究了简帛文献语音研究中的通假字问题④。申红义以简帛文献中的否定副词“弗”的主观化用语特征作一分析研究⑤。

在经济方面，朱德贵分析研究了长沙走马楼汉简中所见的“都乡七年垦田租簿”及其相关问题，并提出西汉中期田租征收的具体办法是依据平均粮食产量和一定的税率按亩计征⑥。陈敏、曾玉婷从简牍记录中探析了中国古代的借贷关系与性质⑦。

在官制方面，张俊民研究了西汉简牍文书中所见的职官长史，提出“长史”有可能最高官至八百石⑧。

在律法方面，赵久湘研究了秦汉简牍法律用语中的省称⑨。魏永康考论了秦简牍中所见的田制⑩。徐世虹鉴别了出土简牍中的法律文献的性质及类别⑪。牛静总结了第四届出土文献与法律史研究学术研讨会⑫。

---

① 吴晓懿：《战国简牍书法与题铭艺术的字体探赜》，《中国国家博物馆馆刊》2015 年第 2 期。

② 吴晓懿：《战国毛笔形制及其对简牍书法的影响》，《中国书法》2015 年第 13 期。

③ 王伦信：《纸本替代简牍过程中的教育文本变革》，《河北师范大学学报（教育科学版）》2015 年第 2 期。

④ 王相帅、朱生玉：《简帛文献语音研究中的通假字问题》，《理论月刊》2015 年第 5 期。

⑤ 申红义：《否定副词“弗”的主观化语用特征——以简帛文献中的用法为例证》，《新疆大学学报（哲学 · 人文社会科学版）》2015 年第 4 期。

⑥ 朱德贵：《长沙走马楼西汉简牍所见“都乡七年垦田租簿”及其相关问题分析》，《中国社会经济史研究》2015 年第 2 期。

⑦ 陈敏、曾玉婷：《从简牍记录探析中国古代借贷关系与性质》，《财会月刊》2015 年第 12 期。

⑧ 张俊民：《西汉简牍文书所见职官长史识小》，《国学学刊》2015 年第 4 期。

⑨ 赵久湘：《秦汉简牍法律用语中的省称》，《长江师范学院学报》2015 年第 2 期。

⑩ 魏永康：《秦简牍所见田制考论》，《西安财经学院学报》2015 年第 5 期。

⑪ 徐世虹：《出土简牍法律文献的性质及其类别》，《中国优秀传统法文化与国家治理学术研讨会暨庆祝研究院（所/中心）成立三十周年论文集》。

⑫ 牛静：《地不爱宝：出土文献的法律史研究——第四届出土文献与法律史研究学术研讨会综述》，《法制博览》2015 年第 35 期。

在医学方面，裴之祺介绍了汉代的《仪礼》简、医药简牍和王仗简[①]。王奇贤、张显成对出土散见的涉医简牍进行了研究综述[②]。庞境怡、张如青从出土简帛来看战国秦汉石器的中医外科学[③]。周祖亮考证了简帛中所载的医术药用酒文化[④]。

在制度研究方面，吴方浪、吴方基考论了简牍中所见的秦代地方廪食标准[⑤]。刘太祥研究了简牍中所见的秦汉国有财务管理制度[⑥]。

在简牍内容研究方面，各家论述颇多，不仅有材料公布，也有不少旧简新论。朱德贵、庄小霞探讨了香港中文大学文物馆馆藏简牍中所见的“奴婢廪食出人簿”文书的相关问题，认为该文书应为官文书，并否定了以往秦汉奴婢可以立户的观点。另外，该文书还反映了西汉“编户齐民”为完成官府或君长所分配的徭役任务而分派自家私人奴婢从事官府某一经济建设的历史事实[⑦]。曹旅宁通过考证认为长沙东牌楼东汉简牍“李建与精张净田案”中之“田一石”应相当于旧制的六亩三分，并为一计量单位[⑧]。谢继忠探析了敦煌悬泉置《四时月令五十条》的生态环境保护思想渊源，认为主要有三：一是源于月令书，二是源于先秦诸子的生态环境保护思想，三是源于秦汉时期的生态环境保护法律[⑨]。郝建平对尹湾汉墓中出土的简牍进行了一个研究综述，并探讨了其对汉史研究之裨益[⑩]。

而 2015 年度关于帛画的研究相对较少，王煜认为马王堆帛画中

---

① 裴之祺：《汉代〈仪礼〉简、医药简牍和王仗简》，《文物天地》2015 年第 4 期。

② 王奇贤、张显成：《出土散见涉医简牍研究综述》，《古籍整理研究学刊》2015 年第 6 期。

③ 庞境怡、张如青：《从出土简帛看战国秦汉时期中医外科学》，《中华中医药学刊》2015 年第 11 期。

④ 周祖亮：《简帛医书药用酒文化考略》，《农业考古》2015 年第 4 期。

⑤ 吴方浪、吴方基：《简牍所见秦代地方禀食标准考论》，《农业考古》2015 年第 1 期。

⑥ 刘太祥：《简牍所见秦汉国有财物管理制度》，《南都学坛》2015 年第 3 期。

⑦ 朱德贵、庄小霞：《香港中文大学文物馆藏简牍所见西汉“奴婢廪食出入簿”问题探讨》，《中国农史》2015 年第 5 期。

⑧ 曹旅宁：《长沙东牌楼东汉简牍“李建与精张诤田案”中“石”的再解释》，《平顶山学院学报》2015 年第 1 期。

⑨ 谢继忠：《敦煌悬泉置〈四时月令五十条〉的生态环境保护思想渊源探析》，《农业考古》2015 年第 6 期。

⑩ 郝建平：《尹湾汉墓简牍研究综述》，《古籍整理研究学刊》2015 年第 1 期。

心的双龙穿壁图像实际应该是阊阖门的表现，而其上的平台则为昆仑悬圃，并提出升天成仙与昆仑为通天中心的观念在西汉前期应已经形成①。

综上所述，2015 年度对于简帛的研究新成果卓越丰富，内容研究深入且多样化，各类主题的研究各有专攻，对于解决秦汉文献史中仍存在的问题应有较大贡献。

五、专 题 研 究

2015 年诸家学者关乎专题方面的研究多集中在各器类研究及各项考证等方面，兼有部分理论研究、科技研究等。整体上展现了百家争鸣的态势，不仅各项研究均有涉猎，且遍及全国各地。以下对各类专题研究作一简单介绍：

在考古理论研究方面，韩国河、张继华探讨了汉代聚落考古目前存在的若干问题，提出今后应高度重视并着力探讨其与汉代基层社会组织单位之间的对应关系②。徐承泰介绍了汉代考古遗存的埋藏学特征及其影响，认为汉代考古遗存的埋藏性质以墓葬为主，因而坚持系统发掘、及时整理、全面报道并重视对陶器的研究③。万义广探讨了秦汉时期农商对立观念及其对乡村社会的影响④。

在科技类专题研究中，林永昌、陈建立等人通过郃城铸铁作坊出土铁遗物的冶金分析初步论证了汉代关中地区铁器生产原料的来源与流通⑤。邵安定、梅建军等人科学分析了秦始皇陵园出土的青铜水禽泥芯以探讨其工艺特征，发现不同水禽及同一水禽不同部位的泥芯

---

① 王煜：《也论马王堆汉墓帛画——以阊阖（璧门）、天门、昆仑为中心》，《江汉考古》2015 年第 3 期。

② 韩国河、张继华：《汉代聚落考古的几个问题》，《中原文物》2015 年第 6 期。

③ 徐承泰：《汉代考古遗存的埋藏学特征及其影响》，《江汉考古》2015 年第 4 期。

④ 万义广：《秦汉农商对立观念及其对乡村社会的影响》，《农业考古》2015 年第 3 期。

⑤ 林永昌、陈建立等：《试论汉代关中地区铁器生产原料的来源与流通——郃城铸铁作坊出土铁遗物的冶金分析》，《考古与文物》2015 年第 6 期。

应是使用了不同的泥料，且这些泥料并非来自秦陵地区①。郭继斌、刘江卫取样分析了汉代彩绘陶仓楼，为制订科学保护方案及下一步修复工作奠定了基础②。刘亚雄、陈坤龙等人分析了陕西临潼新丰秦墓出土的23面铜镜，并对这一时期铜镜制造中是否存在热处理工艺进行了探讨③。

在音乐考古专题研究中，薛梦潇介绍了“五音”的配置与齐、楚月令之源流，分析了传世文献与出土简帛所揭示出的三种不同“五音”配置差异存在的原因，并分析了最终以《吕纪》为代表的“齐月令”成了秦汉的“王官月令”④。

在各器类专项研究方面，主要有金属器具与陶器两大类。吴小平专注于战国秦汉时期云贵地区青铜炊器的研究，认为可分为鼎、釜、双耳锅、釜甑及鍪五类，并通过类型学和文化因素分析的研究进而分析了青铜炊具分布格局的变化及其背景⑤。张逸枫、秦丽荣探讨了汉魏“摇钱树”的相关问题，提出实际命名为“钱树”较为合理，同时从外观形态、文化渊源、文化内涵等方面对其展开了全面探讨⑥。马艳研究了中国境内出土的涡纹牌饰，并由其出发探讨了我国长城地带及甘宁地区与欧亚草原西部的互动⑦。与国际视野相关的还有仝涛、李林辉介绍的欧亚视野内的喜马拉雅黄金面具，而黄金面具的发现佐证了喜马拉雅地带并非闭塞不通，且可看出铁器时代早期这一地区形成了一个较为统一的考古学文化系统。黄金面具作为探讨该地区与整个欧亚大陆的关联性的一个重要指标，其代表了在广泛地区内的丧葬观、宗教观及价值体系⑧。关于铁器的研究则有德阳市文物考古研究所等介

① 邵安定、梅建军等：《秦始皇帝陵园出土青铜水禽泥芯的初步科学分析》，《南方文物》2015年第1期。

② 郭继斌、刘江卫：《汉代彩绘陶仓楼的取样分析》，《中原文物》2015年第5期。

③ 刘亚雄、陈坤龙等：《陕西临潼新丰秦墓出土铜镜的科学分析》，《中原文物》2015年第4期。

④ 薛梦潇：《“五音”配置与齐、楚月令源流》，《江汉考古》2015年第5期。

⑤ 吴小平：《战国秦汉时期云贵地区青铜炊具的考古学研究》，《考古》2015年第3期。

⑥ 张逸枫、秦丽荣：《汉魏“摇钱树”相关问题的再探讨》，《中原文物》2015年第6期。

⑦ 马艳：《中国境内出土的涡纹牌饰》，《考古与文物》2015年第3期。

⑧ 仝涛、李林辉：《欧亚视野内的喜马拉雅黄金面具》，《考古》2015年第2期。

绍了四川广汉市所新发现的西汉纪年铁“雒江桥墩”①,并由李映福等人对该桥墩的相关问题展开了较为深入的研究②。在陶器方面,李丽娜探讨了中柱盂形器的功用和形制③。张卫星从2012年发现的“宫臧”戳印展开了对秦始皇陵一批陶俑的新认识④。张延红从三门峡出土的六博俑模型来探讨秦汉时期的博具⑤。韩冰研究了汉代建筑上的屋脊装饰⑥。刘芳芳研究了镜台的渊源、形制演变等问题⑦。朱津探讨了汉墓出土陶灶的类型与区域特征⑧。陈杰专注于三峡地区汉墓出土的九眼陶灶⑨。田鸣主要研究了河南许昌地区的汉代陶器⑩。鲍颖建、刘丁辉初步探讨了荥阳娘娘寨遗址出土的“大泉五十”钱范⑪。史晓雷通过两件汉代的陶作坊模型证明了我国汉代已出现了较复杂的连机碓⑫。此外,还有黄儒宣系统研究了式图与式盘,并提出式盘的起源与式图的发展有着密不可分的关系,都是式占模拟宇宙的产物⑬。朱和平、邓昶通过文献与实物的相互印证提出秦汉时期包装已有意识地根据所包装的内容选取不同的包装材料⑭。郭靖介绍了南阳市博物馆藏的三通汉碑⑮。

张建峰考证了秦汉时期的沐浴方式⑯。吕劲松考释了秦始皇陵中

---

① 德阳市文物考古研究所、广汉市文物管理所、旌阳区文物管理所、三星堆博物馆:《四川广汉市发现西汉纪年铁“雒江桥敦”》,《四川文物》2015年第1期。

② 李映福等:《四川广汉石亭江汉代铁桥墩相关问题研究》,《考古》2015年第9期。

③ 李丽娜:《试析中国古代中柱盂形器》,《中原文物》2015年第1期。

④ 张卫星:《发现“宫臧”作品——对秦始皇陵一批陶俑的新认识》,《古代墓葬美术研究》第3辑,2015年。

⑤ 张延红:《从三门峡出土六博俑模型谈秦汉博具》,《中原文物》2015年第5期。

⑥ 韩冰:《汉代建筑上的屋脊装饰》,《中原文物》2015年第2期。

⑦ 刘芳芳:《镜台小考》,《考古与文物》2015年第3期。

⑧ 朱津:《论汉墓出土陶灶的类型与区域特征》,《中原文物》2015年第2期。

⑨ 陈杰:《三峡地区汉墓出土九眼陶灶初探》,《四川文物》2015年第2期。

⑩ 田鸣:《许昌地区汉代陶器研究》,《中原文物》2015年第3期。

⑪ 鲍颖建、刘丁辉:《荥阳娘娘寨遗址“大泉五十”钱范初探》,《中原文物》2015年第2期。

⑫ 史晓雷:《汉代水碓的考古学证据》,《农业考古》2015年第1期。

⑬ 黄儒宣:《式图与式盘》,《考古》2015年第1期。

⑭ 朱和平、邓昶:《秦汉包装考》,《中原文物》2015年第1期。

⑮ 郭靖:《南阳市博物馆藏三通汉碑》,《中原文物》2015年第4期。

⑯ 张建峰:《秦汉时期沐浴方式考》,《考古与文物》2015年第6期。

陪葬的骟马[1]。杜小钰、孙凯质疑和反驳了“长信宫灯”最初的所有者是“长信尚浴”的说法，并通过各项分析论证得出其最初所有者应是“阳信家”，且此灯是皇太后让其宫官“长信尚浴”和“内者”制造并赠予阳信长公主的[2]。

此外，涉及文字方面的研究，王伟对秦玺印封泥中涉及的职官地理进行了详细的研究[3]。黄文杰《秦汉文字的整理与研究》对秦汉文字各种材料和各家研究成果的全面收集和分类系统整理，在此基础上对秦汉文字形体特点和演化规律的探讨、对秦汉古体字的深入研究、对秦汉文字中的异构字的详细分析研究，以及对秦汉文字文本的校读和对疑难字词的考释，对汉字发展史研究具有重要的研究价值[4]。

（原载于中国考古学会编：《中国考古学年鉴 2016》，中国社会科学出版社 2017 年版）

① 吕劲松：《始皇陵骟马考识》，《农业考古》2015 年第 1 期。

② 杜小钰、孙凯：《试论“长信宫灯”的最初所有者》，《中原文物》2015 年第 1 期。

③ 王伟：《秦玺印封泥职官地理研究》，中国社会科学出版社 2015 年版。

④ 黄文杰：《秦汉文字的整理与研究》，社会科学文献出版社 2015 年版。

河南省潜在宗教文化旅游资源开发研究

党的十一届三中全会以来,随着社会改革开放步伐的加快,河南的旅游业得到了很大发展,对推动全省的经济繁荣起到了重大作用。1991 年,河南提出了“以旅游业开路、推动全方位的对外开放、振兴河南经济”的对外开放战略。因此,进一步开发及研究河南潜在的旅游资源也迫在眉睫。

一

宗教是一个历史范畴,它是一种信仰,又是一种社会实体组织,同时也是一种文化现象。河南作为一个宗教大省,从原始社会到现在,各地留下了为数众多的宗教遗迹和遗物,这些都是我们宝贵的文化遗产。如洛阳白马寺、登封少林寺及中岳庙、开封相国寺、汝州风穴寺等。由于它们本身文物、文化、旅游价值很高,在全国乃至全世界都享有很高的知名度,因此,每年来此旅游观光、寻古探幽、学习调研的客人源源不断。这是我们所以要研究宗教文化旅游资源的一个基本起因。

从另一方面来讲,宗教在历史上同中国传统文化一直相互斗争融合,出现了儒、道、释合流的局面。因此,中国人的情感、心理、行为方式等许多方面都烙有合流的痕迹。今天,虽然大多数人并不信教,但不等于说和宗教文化无缘。因此,从旅游者——人的条件来分析,开展宗教文化旅游,既有广泛的群众基础,又有深厚的文化市场。

从世界范围来看,外籍信教的旅游客源也相当可观。目前,中华文化作为东方文化的主体和欧美文化并立于世界,越来越多的世界友人开始对中华连绵不断的古老文明产生了浓厚兴趣,宗教文化作为中华文化的一个分支,一方面是他们寻访的对象,另一方面也是沟通相通文化旅游者的桥梁。

成功的启示:1979 年以前的少林寺村,有 152 户人口,人均口粮 45 公斤,年收入 31 元。1993 年年底,人均收入已达 2000 多元,每年接待中外游客 250 万人。登封县为旅游服务的第三产业,从业人员也达到了 3 万之多,收入达 6000 多万元。1991—1994 年,偃师县根据"文化搭台,经贸唱戏"的原则,修复了玄奘纪念馆以及旅游景观"西游记游乐宫"及"万国历险宫"。仅是"万国历险宫",1992 年就接待了 70 多万国内外旅游者,收入 300 多万元。

1993 年,河南省 28 个节庆活动中有 9 个和宗教文化密切相关,它们是"马寺钟声"迎新年活动,浚县大伾山庙会,中华龙祖朝祖会,老子国际研讨会,新郑第二届炎黄子孙文化节,内黄二帝陵拜祖节,龙门石窟建窟 1500 周年,中国郑州国际少林武术节,伏羲、八卦国际研讨会。开辟的 16 个旅游新景点有 4 个位于宗教名胜之地,即玄奘故里游览区、少林武术馆、嵩阳索道、中岳封神宫。15 条专项旅游活动中有 3 个是直接与宗教文化相关的,如石窟探访旅游、中国佛教祖庭游和 88 座寺院游。1994 年是文物古迹旅游年,河南省内的 10 条专线,有 3 条和宗教文化相关。即中原名刹线(白马寺、龙门、相国寺、铁塔、少林寺、嵩岳寺塔、风穴寺、灵泉寺、文峰塔)、石窟旅游线(龙门、巩义石窟寺、安阳万佛沟、小南海石窟、浚县千佛洞、偃师水泉寺石窟、渑池鸿庆寺石窟)、唐僧取经线(玄奘故里、唐僧寺、巩义石窟、少林寺、白马寺、龙门石窟等)。这些活动都取得了预期的效果,足见宗教文化旅游的重要性。

二

潜在的宗教文化旅游资源指的是那些本身具有旅游价值，但由于旅游条件的限制（如交通）尚不大为人所知或者旅游价值开发不足的旅游资源。具体来讲，本文所指的主要是没有开发的宗教文化遗迹、遗物及相关的文化活动和已经有了开发，但仍不能吸引大量游客的旅游资源。

1. 分类

目前，河南潜在的宗教文化旅游资源都属于人文旅游资源，基本可划分为历史古迹类、民族文化类。

历史古迹类：经调查又可分原始宗教文化类和人为宗教历史古迹两类。原始宗教文化类主要反映的是宗教仪式、图腾崇拜、生殖崇拜、祖先崇拜等内容的遗迹和遗物。因为其和“寻根文化”紧密联系在一起，故有一定的旅游开发价值。主要有1987年濮阳西水坡发现的蚌塑动物图案，属仰韶文化时期，共三组，分别为龙人虎、人骑龙与虎、龙虎鹿蜘蛛的组合，其性质属宗教仪式或原始宗教祭祀。尤其是M45的墓主有争议，龙师、巫觋、炎帝、黄帝、颛顼诸说皆有，很值得一观。此外有阎村的鸟鱼石斧图陶缸，庙底沟植物花卉为主要图案的图腾，大河村的太阳纹图腾、汝州中山寨等地发现的陶祖——生殖崇拜物。其他还有在安阳后岗、永城王油坊、汤阴白营、登封王城岗等地发现的人祭、人殉现象。宗教遗物还有卜骨和用于祭祀的猪下颌骨。最能表现宗教观念和宗教仪式的是墓葬，这些遗物在河南境内比比皆是，举不胜举，都是很引人的宗教文化旅游资源。

人为宗教文化的遗迹及遗物，经调查比较重要的是，佛教文化类：登封县嵩岳地宫（包括塔刹内发现的两座唐末宋初的天宫）、安阳宝山灵泉寺塔林，巩县西北2.5公里寺湾村石窟群（北魏—宋）、孟津县谢庄村东南石窟（承云冈向龙门风格过渡）。孟津县煤窑乡的北魏石窟（天台宗）、新安县西沃石窟（北魏末期）、渑池鸿庆寺石窟（唐—明代）、林县峡谷千佛洞石窟（北朝后期），鹤壁五岩寺石窟（东魏）、孟县万佛山石窟(北魏晚期)、方城县古襄州摩崖造像(北魏—唐代)。洛阳唐神会和尚塔塔基(唐代名僧、禅宗七祖)、郑州市东大街开元寺(唐—宋元)、新密市老城西街的法海寺(北宋),邓州市的繁塔(北宋)。郑州、洛阳、新郑、新乡、淇县等地还发现了大量的北朝造像,尤其是1976年荥阳大海寺发现的唐代石刻造像,有很高的观赏和艺术价值。近几年汉魏故城永宁寺遗址清理出的一批佛教文化造像,更是栩栩如生,有的专家称为佛教雕塑艺术史上的巅峰之作。以上都是考古调查及发掘的新成就,其中有很多石窟寺已辟为旅游点,但由于客源不足加上景色单一,仍需要进一步开发。道教文化类:除有道教活动的道观10余处外,河南境内有许多深深根植于民俗传说中的庙宇文化,这些庙宇遍及于河南城镇乡村,发展成为独有特色的庙会文化。目前,可供游览的道观主要分布于嵩山、南阳、洛阳、浚县、南阳等地,其中供奉教祖,主要用于清修和传道的宫观有洛阳上清宫、济源阳台宫、开封延庆观、鹿邑太清宫、南阳玄庙观;用于山川祭祀的祠庙有登封中岳庙、济源济渎庙、桐柏淮渎庙;用于祭祀先贤英烈的祠庙有洛阳关林、周公庙、登封许由庙、卢医庙、朱仙镇岳飞庙、南阳武侯庙、淮阳太昊陵;用于祭祀民俗神灵的庵庙有洛阳吕祖庵、商丘阏伯台、登封八蜡庙、新密洪山庙、白龙庙。各地还有众多的城隍庙、土地祠都是饶有趣味的乡俗文化载体。道教活动场所有开发价值的还有四大名山,即《道藏》中"十大洞天"之首王屋山、"三十六小洞天"之六的嵩山、"七十二福地"之四十四和七十二的桐柏山、北邙山,这四座"洞天福地"不但有自然景观,又有文物景观和道教景观,很值得开发。伊斯兰教文化类:河南信仰该教的大多是回族,其宗教制度已渗透到回族的政治、经济、文化、习俗等各个方面。目前可供参观的有(近八百座)清真寺。这些清真寺从某些方面来讲,就是伊斯兰教的政治文化中心,它们是了解伊斯兰教文化的窗口,据统计,仅初建于明代以前的清真寺就有72座。

民族文化类:主要有开发价值的是各地的神话传说、名胜古迹和经济活动发展起来的一种庙会文化,或者称为宗教文化的衍生物。如浚县大伾山、浮丘山、罗山灵山寺、淮阳太昊陵、登封中岳庙、宜阳灵山寺、商丘阏伯台等地每年都有大型庙会,时间长、规模大,历年不断,由单纯的宗教祭祀发展成为宗教、娱乐、贸易并举的综合集会。现在各地的小型庙会很多,赶庙会已成为一种时尚的民俗活动,因此,这种有特色的旅游资源开发很有现实意义。

2. 分区

分区指的主要是以行政区划的自然分区,从分类情况看,潜在的宗教文化旅游资源主要集中在豫北地区的北部及西部,豫西以洛阳为中心分布,豫中以郑州、新密、新郑为中心分布,豫西南、南阳和豫东的商丘及周口也有不少。下面我们根据下文中要开发的三个大区(豫北、豫西、豫中)列出各县市有关的宗教文化资源数据,鉴于篇幅有限,名目不一一注出,需要开发的景点见行文第三部分。

安阳县有石窟与相关的刻石 10 处,古塔 9 处,寺庙观堂 8 处。汤阴县有塔庙 4 处。林县有塔寺庙 7 处,无名塔 19 处,摩崖 3 处。滑县有道观寺庙 58 处。内黄县有寺庙 31 处。焦作有庙观寺 22 处。浚县有寺庙洞宇摩崖题记61 处。沁阳县有塔寺2 处,造像8 处。温县有寺观9 处。修武县有寺塔 5 处。济源有寺塔庙宇 24 处(风景名胜区 4 处)。孟县有塔 6 处。获嘉县有庙寺 5 处,新乡县有碑塔 6 处。辉县有寺庙塔 16 处。登封市有寺院 28 处,庙宇 13 处,宫观 10 处。巩义市有寺院庙 9 处。新密市有寺庙塔宇 3 处,长葛市有庙 1 处,古树(已神话)3 处。许昌市有塔庙 7 处,开封市有塔 14 处,庙寺 4 处。商丘市有寺观 13 处。扶沟县有殿庙 7 处。伊川县有寺庙 11 处,嵩县有祠寺塔庙 7 处。孟津县有寺庙 21 处,石窟 2 处。偃师县有庙殿 4 处,石窟造像 9 处。义马市有石窟 2 处。洛宁县有庙殿寺 12 处。南阳市祠殿观 7 处,摩崖 1 处。西峡县有庙寺 6 处。唐河县有塔 5 处。叶县有庙坛 9,祠宇 28,寺观 21 处。鲁山县有寺观 38 处。

三

如何开发这些潜在的宗教文化资源?在探讨这个问题之前,首先要把握住几条原则。第一,由于交通条件限制,河南旅游业的繁荣地区尤多集中在公路、铁路沿线，即郑州、洛阳、开封、安阳、三门峡、南阳等大中城市及其周围地区。因此，我们开发及研究宗教文化旅游资源，必须考虑到“旅游地的可进入度”，否则，开发就是近期内不可达到的空论。

第二，由于地上、地下文物丰富，因此，河南必须利用文物优势发展旅游业，开发及研究宗教文化资源，首先要强调其文物性，不能单纯地宣传其宗教性。

第三，一个旅游景区、旅游线路的形成，不是纯粹由宗教文化资源组成的，因此开发及研究又必须考察及兼顾其他旅游资源，提出一个以宗教文化旅游为主的综合开发方案。

根据以上原则，河南潜在宗教文化旅游资源开发，条件成熟的地区，大体上集中在三个区，一是豫北，二是豫西（以洛阳为中心），三是豫中（郑州、许昌、登封、新密、新郑）。

这三个区交通较便利，“进得来，出得去，散得开”，有比较完善的区域旅游线路，开发地有一定的经济基础，客源市场相对稳定，逐年呈增加趋势，“文化旅游带动经济增长”的呼声较高、较强。

1. 豫北地区

从目前情况分析，新乡市以北的几个县，如原阳、延津、封丘、长垣及濮阳市东的台前县，由于宗教旅游资源缺少，其他旅游景观相对也较贫乏，暂不列入规划开发之内。那么豫北的开发区主要集中在两个区：北区和西区，前者以安阳为中心向南结网，包括汤阴、鹤壁、淇县、浚县、滑县，再向南和新乡联为一体，和省会郑州遥相呼应。后者以济源市为中心，和沁阳、孟县、孟津结网，跨黄河和洛阳联为一体。

北区除要加强旧有的旅游景点如天宁寺塔、小白塔、小南海石窟、岳飞庙、浮丘山千佛寺等的修复及建设外，重点要开发一些新的景点，如安阳的北禅寺，石佛洞窟，汤阴的文庙，程岗丘庙，淇县的云梦山鬼谷遗址、灵山寺、前嘴石窟、青岩石窟，滑县的明福寺、圣功寺、兴国寺、禅院等。需要指出的是，这个区除安阳外，有两个地点游客特别多，一个是浚县大伾山，一个是淇县云梦山中鬼谷祠及北山庙区，因此开发和研究可立足于“点盛”的基础之上，加强区域合作（即县与县、市与县)扩展旅游线路,迅速成为省内、国内统一的旅游网点,相信旅游效益一定相当可观。

西区以济源市的王屋山开发为中心,集中人力、物力、财力搞好道教的"十大洞天"之首的修复及建设。如各山径途的道宇宫观,主峰天坛山的祭坛,坛西的"太乙池"、王屋洞、王母洞的神话传说及故事复原,开辟一个道教文化的旅游观光胜地。目前虽有修复好的阳台宫存在,但因景观单一,地方特色、道教内容突出不够,外地、外省、外籍的游人不多。其他需要开发的有济源济渎庙、大明寺、盘谷寺、紫微宫、清虚宫、长春观等,孟县的显圣王庙、岳云宫大殿,沁阳的汤帝大殿、清真寺、天宁寺三圣塔。

2. 豫西(洛阳)地区

豫西地区以洛阳为中心的旅游活动开展频繁,因此这个地区的潜在宗教文化旅游资源开发,主要是补充一些新景点和在原有的旅游景观基础上,挖掘潜力,增加新内容,吸引更多的客源。

需要进一步开发的有孟津县的两处石窟,伊川的香山寺、乾云寺、大觉寺、吕寨石窟,嵩县的庆安寺,新安县的文庙、洞真观、朝阳寺、北魏古窟,偃师县的水泉石窟、高龙中岳庙、九龙庙、玄奘故里,义马市的鸿庆寺石窟、仙岩石窟。

建议该地区开辟一条"洛阳佛教圣迹旅游"专线,配合老线旅游,增加客人对河洛文化中佛教文化的深层次认识,包括少林寺在内,可游览 42 佛寺、16 佛塔、12 石窟,16 块著名造像碑,6 处重要佛寺遗址及其佛经刻石,摄摩腾、竺法兰、玄奘故里和唐僧墓,具体线路可按人数交通及其他内容安排参观范围。目的就是要游客了解佛教东渐后,在洛阳地区的发展状况。参观这个地区,基本上可以了解中国境内佛教文化的变化历程。

3. 豫中地区

郑州作为河南省会所在地,市内旅游区也可以适当增加一些宗教文化旅游项目。建议在黄河游览区内的"佛沟"一带,在旧有的基础之上,建立一个佛教文化旅游雕塑区,用来吸引佛教信徒及对佛教文化有兴趣的游客,活跃"黄河游"的气氛。其他需要开发的景点有巩义市的石窟寺、兴佛寺、慈云寺、灵山寺、青云禅寺，登封境内与少林寺相关的20余座寺院及与中岳庙相关的10余座庙宇、七八个庙观。新密的超化寺、洪山庙、法海寺、白龙庙、青屏塔等亦可适当修复开放。新郑境内以轩辕丘为中心，重点建设有关黄帝的遗迹和风台寺、卧佛寺。另外，长葛、许昌、禹州也有一些需要开发的宗教文化资源可列入豫中旅游圈。长葛有泰山庙大殿，许昌有乾明寺、兴国寺、受禅台、魏文帝庙，禹州有与黄帝相关的道庵、故墟，以及万寿寺、龙佛寺、玲珑山石窟。

建议在这个旅游区内开发及建设一个以黄帝为相关内容的原始宗教文化旅游景点。比如各种图腾崇拜，原始宗教仪式、祭祀场景复原，包括濮阳发现的蚌塑龙虎图像，均可以用模型表现出来，配合炎黄文化节，让游客了解中国人的祖先文化。这个计划需要新郑、新密、禹州等几个市县协作来搞，和国内盛行的“寻根”活动结合起来，效果一定会更好。目前，虽然有许多关于黄帝文化的游乐、游赏洞穴及工程项目，但表现文化深层次的东西较少，应该有所加强。

四

为了适应中国旅游的大趋势，进一步发挥河南宗教文化旅游资源的功能，建议增开几条新的旅游线路，满足具有宗教情感和共同认识的旅游者的需要。

1993、1994年开辟的新线已有石窟游、名寺游，但由于河南境内这两项资源很多，在短期的时间内不可能尽览眼底，因此，需要开辟一些范围小、内涵包容较宽的旅游线路，如豫西境内的“佛教圣迹游”就是一个“小而全”的旅游线路。因为它既有历史特色、民族特色，又有地方特色、区域特色。

建议在河南境内开辟一条道教文化旅游线路，集中游览王屋山、嵩山及北邙山。若范围过大，可先开辟“北郊旅游线路”。众所周知，“生在苏杭，葬在北邙”的俗语，何况北邙又是道教之“七十二福地”之一，其东西绵延200多公里内，有许多值得参观、回味的景观及传说，如老子炼丹处、张陵创五斗米教处,以及一系列汉魏帝陵,观之定使人流连忘返。

“漫游清真寺线”。河南境内信仰伊斯兰教的主要是回族群众,逐步形成了自己独特的宗教经济和教育,建成了为数众多的清真寺,1989 年统计已有 740 余座。如果通过伊斯兰教协会有序地开展“漫游清真寺”活动,一定会使游客了解到伊斯兰教文化的内涵,观赏到阿拉伯式、殿宇式等结构的清真寺建筑,从而增强民族文化的交流和团结。建议以开封为中心开展,以后逐渐和中国境内清真寺旅游接轨。

传统文化中颇吸引游人的成分之一是庙会文化。因此,开辟“庙会文化专线游”也实属必要。如浚县浮丘山庙会每年农历正月十五至二月初二举行,淮阳太昊陵庙会日期是农历二月初二至三月初三,登封中岳庙会是农历三月举行,这三个庙会时间相连,正是旅游观光的好机会。

[原刊于《郑州大学学报(哲学社会科学版)》1995 年第 4 期]

少林寺文化
对现代社会的启迪与价值

毋庸置疑，论述一种文化的价值和作用，首先要把握这种文化的内容及结构，以及它的历史发展过程。少林寺文化作为一种地域文化，它具有物质的、制度的(行为)、精神的三方面因素，但其精髓部分显然是“禅”文化和“武术”文化。值得指出的是，现代的少林寺文化衍生出一种新的文化现象，即旅游经济文化，或许它不是整个少林寺文化的主流，是文化成长、发展中的枝杈，但不能不承认，商品经济文化的介入，已成为少林寺文化弘扬其主体精神的一个重要载体。下面就以此作一阐述，祈请专家、同仁教正！

一

少林寺文化作为中国禅宗文化的渊薮，无可争议。禅文化的兴起，有其特定的历史背景和社会环境，禅宗的确立，实际上是“在生死线上挣扎的人群，在这里找到了自己的乌托邦”，但“他们的理论和行动，冲破了占统治地位的观念和秩序，在紧箍的社会道德和政治关系中，找到了一块宽松自在的空间”①。那么，禅文化在封建社会中的作用，从个人来讲，主要是调和官僚士大夫精神世界的镇静剂，是一种世俗化的乌托邦。

① 杜继文、魏道儒：《中国禅宗通史》，江苏古籍出版社 1993 年版。

但是，禅文化在现代社会中愈来愈受人关注，一些外国学者将禅称之为东方智慧的象征，其关键还在于，对禅文化的认识有所改变，摈弃了禅学当中宗教化的成分，更多地汲取禅之精神，以适应现代社会发展的韵律和节奏。

其一，禅的原始含义，梵文中为“禅那”，是诸“等持”“寂静”中的一种。禅定是佛教的修习方法，禅学是“着力摆脱客观世界对精神世界的支配，超越自身生理机制对情感欲望的制约，训练出一种不受客观环境和主体情识左右的精神境界或心理状态”。① 禅不是禅宗的专有物，禅法各异，那么，“禅文化”的作用，不能仅仅局限于“禅宗文化”，而应从“禅”之精神方面着眼。

光大“禅”之精神对于个人是一种极佳的精神修养方法。众所周知，西方社会发达的物质文明带来了社会道德伦理的失衡，在他们的祖宗文化里，找不出一种精神能够填补这种需要，故中国的禅文化成为其反科学、反理性的武器，以及比较具体地在调节心理平衡、治疗精神疾病，开发超自然“神通”等方面的应用。例如，近些年日本某些大公司，把本公司的经理及高级职员做成模拟像供负气的下属随意痛打，就属此类。这种泄愤行为，寻求精神上的平衡意同禅宗历史上的呵佛骂祖。不过，禅文化对个人的意义并不仅限于此，在科学和文明之间激烈的社会变革当中，寻找出一块属于自己个人精神徜徉的栖息地。

有人说，现代物质文明的发展，带来了功利观下部分人的心态失衡，“禅”之修养更适应于他们，其实更多的是高度紧张的工作劳作中产生了精神疲劳的人，做到“心中有禅”；消除精神疲劳，有益于身体健康，这一点大大不同于封建社会禅文化作为失意士大夫需要的特点，或者说禅在民间。

其二，禅文化的社会价值还在于对未来人类文化精神的启迪。21世纪的人类文化精神，或者说是人类的本性，是建筑永恒的超越意识。从文化哲学的角度看，人作为历史的存在物，其创造意识和超越意识

---

① 杜继文、魏道儒：《中国禅宗通史》，江苏古籍出版社1993年版第5页。

的形成,必然根植于其悠远的文化历史氛围中。人类面对世界两种基本的文化态度是"自失"和"自圣"。即面对玄妙莫测的宇宙世界,对瞬间即逝的个体的渺小态度和认为人是万物之精灵,宇宙万物都由人来主宰的态度。中国化的"禅"之精神,在认识世界和完善自身方面、对人类生活的内在省思方面,都具有一定的价值。

禅宗之"禅",过分强调"我"的本体,而现代意义上的"禅"之精神,一方面引发人的理性,以超越自身生理机制的心理状态去追求更多的知识,从而形成知识化的宇宙观和科学的知识结构,一方面强化人为的意志,促使人去实现人的理想与价值。因此,21 世纪人类文化的大局,可以用"禅"文化协调科学、理性的精神,促使全球、全民族的文化发展。

其三,禅文化的影响和作用有许多是值得继承的,包括禅宗各家方便随机而形成的灵活多变的教学方式,因材施教、教学相长、能者为师、启发思考、专心一致等,都是很有价值的东西,尤其是随着其本身儒道化的过程,大量公案语录的出现,默照禅、文字禅的流行,"禅悟"极大地吸引了文人学士的兴趣,刺激了文学创作的灵感。

以诗歌为例,从六朝的演绎,发展到诗歌意境构造上禅味愈来愈浓,"字字如禅"极为盛行。唐代韦应物《经少林精舍寄都邑亲友》云:"息驾依松岭,高阁一攀缘。前瞻路已穷,既诣喜更延。山巘听万籁,入林濯幽泉。鸣钟生道心,暮磬空云烟。独往虽暂适,多累终见牵。方思结茅地,归息期暮年。"便显得意境空、静,恬柔宁美。元代元好问《少林》"云林入清深,禅房坐萧爽。澄泉洁余习,高鸟唤长往。我无玄豹姿,漫有紫霞想。回首山中云,灵芝日应长",其意蕴"大身过于十方,本觉超越三世"之感,真是"迷则经累劫,悟则刹那间",居尘、超尘油然而生。乾隆皇帝撰《少林寺》云"少林千载寺,少室一山房。禅悦偶壹叩,秋岩此乍攀。树姿纷绮绣,涧响静潺溪。却见来时路,轩辕云外关",寥寥数句,说不尽,感而知,思可得,"悟"性十足,其审美情节,同于世尊拈花,迦叶微笑,帝心皇情,也尽在"禅"中。当今少林寺存留有许多对联,尽现了"禅"韵、"禅"味,如"闭门读经千卷少,开窗揽月一圆通","为问西来祖师意,老僧遥指双桂枝","万法皆空归性海,一尘不染正禅心”。

由此看来,“禅”之本质和诗歌创作本身相通,“悟禅”是认识思维的飞跃,类同于人们常讲的灵感,又超出灵感。

禅对诗歌的贡献在其超越凡尘的精神解脱极,无限和谐的终极。尤其是语言的直觉性特征,言不尽意。反观自心,领会诗情画意,刹那间豁然开朗,带有很强的偶发性和突发性,引导诗句(其实是创作者意境)的升华,最终达到化解内心世界的矛盾,重合成虚静空灵的意境,清幽淡雅的风格和含蓄深邃的情思。这种任其自然的再超越、高度智慧活动的体现,对现代文学创作影响很深。

当然,禅文化对社会、个人的价值并不仅仅限于以上三个方面,它作为中国传统文化的一部分,也有共性的特征,如兼容性、开放性等。但如果纯粹追求“禅”中的由迷转悟,则不能带来物质生活的极大丰富,这是我们要切记的。

二

少林功夫冠绝天下,少林武术源远流长。从十三棍僧救唐王开始,到少林僧兵在明朝的抗倭卫国战争,功勋赫赫,昭然于世。有人说“少林寺的拳法是在军事实践及汲取民间精华基础上发展起来的”①,言之有理。那么,少林寺武术文化在健身意义外延扩大上,保家卫国的思想是值得今天学习的。现在,少林武术已走出国门,成为架起加强中外友谊,促进中外关系交流的桥梁。这种社会价值意义尤为重大。鉴于论及少林武术文化的名篇许多,兹不赘述。

三

1991 年,河南提出了“以旅游业开路,推动全方位的对外开放,振兴河南经济”的对外开放战略。少林寺作为禅宗的祖庭,全国知名的

① 无谷、刘志学:《少林寺资料集》,书目文献出版社 1982 年版。

佛教圣地,来此旅游观光的客人源源不绝,从而滋生出少林寺旅游文化这个重要现象,如果谈及少林寺文化的影响,而无视这种文化现象的存在,显然是片面的。

当然,少林寺旅游经济文化的多项内容可以是禅、拳或者是寺院殿宇、塔刹碑刻、怪石峻峰。但这种文化兴起的直接结果是少林寺经济乃至登封县经济的起步腾飞。1979 年以前,少林寺村有 152 户人口,人均口粮 45 公斤,年收入 31 元。1993 年年底,人均收入已达 2000 多元,每年接待中外游客 250 万人,登封县为旅游业服务的第三产业,从业人员也达 3 万之多,收入达 6000 多万元。事实证明,少林寺文化的直接社会效益是非常可观的。

从 1991 年开始,一年一度(1993 年改为每两年一次)的"郑州国际少林武术节"开幕,举办的目的当然是弘扬少林武术文化,但"武术搭台,经济唱戏"的格调也不言自明,如何进一步发挥少林寺经济文化的作用,是一个值得探讨的问题。

这里可借助一个新名词"文化力",少林寺文化作为一种"文化力",对登封县乃至河南省的经济进步都起到了一定的作用。这种"文化力"的驱动来源于少林寺文化的意义。

第一,少林寺文化适应了我国改革开放的形势,适应了覆盖自身的自然环境和社会环境。有人说"一曲牧羊曲,将少林寺唱红了全国",其实这是偶然中的必然,少林寺文化的存在价值符合了历史发展的选择。21 世纪,旅游业将成为世界经济的三大支柱产业之一,少林寺文化的经济功能也显得愈来愈重要。

第二,少林寺文化的积累,以寺院而论,经历了 1500 周年,目前已走向一条全新的道路。它不再是一种单纯的宗教文化,其社会、历史、宗教、经济、政治等多方面的含义,促使这种积累分工服务,禅、拳旅游仅是其方面之一。

第三,商品经济的介入,市场经济的导向,造成了少林寺文化的飞跃,尤其是物质文化的进步。清末惨败的殿宇,今日已建成为一座典型的北方丛林,就是最好的物证。不过,由于少林寺文化的知名度很高,与该文化相关的外延也急骤升温,如少林汽车、少林酒店等,举不胜举。这些东西显然不宜规范为少林寺文化的内涵,但从中也可窥视到少林寺文化在商业化中的地位。

第四,少林寺文化并不是孤立独存的,它生长在黄河文化的怀抱之中,具有鲜明的个性特征,也有宽泛的文化意义。如佛教弟子中,既有佛家僧人,又有俗家弟子,这些人作为文化的传承者,其含义应该是多样性的回归。

今天,整个社会都面临着深入持久的传统文化反思。少林寺文化的繁荣,从历史、宗教、社会、文化、经济等方面来看,都应该是肯定的。因为其文化目标、价值系统、行为方式在整个文化中都有一定的参考价值,这就是它作为"文化力"的意义所在。

有人说,少林寺文化的目标之一是"禅拳归一",价值观是一种"超功利主义",行为方式是"普度众生"。其实,赵朴初先生于1992年4月12日在少林寺讲到过佛教徒报四重恩思想——一是报父母恩,二是报众生恩,三是报国恩,四是报三宝(佛、法、僧)恩,基本上指明了少林寺文化的重要任务。

著名文化学家罗德迈·威廉姆斯说过:"文化研究最精彩的片段,将不再是回溯古老洞穴的火把,而是照亮未来选择的光柱。"让我们大家一起分析少林寺文化的起源、演进及构成形式,从实践的角度提供各种对策性意见,更好地发挥少林寺文化的社会功能。

(原刊于释永信、吴立民主编:《中国嵩山少林寺建寺1500周年国际学术研讨会论文集》,宗教文化出版社1996年版)

第四编 书序篇

《中原佛教文化初探》序

《中原佛教文化初探》书稿摆在了我的面前,作者李帮儒希望我作个序言,说实在话,自己对中原佛教遗迹虽然接触很多,但谈不上研究,作序自然是勉为其难。因为我和李帮儒有长时间的交往,熟知他的秉性和个人风格,不论其研究的收获大小,看到他能够在22年行政工作之后,磨砺出这部小册子,也足以让我提笔放言几句。

大家知道,对同一个学术命题的感悟,不同学识背景的学者自然有不同的思考。佛教文化是一个极大的学术命题,需要更多不同领域的学者去关注。佛教在两汉之际传入中原后迅速本土化,几度成为数个王朝统治思想的文化核心,经过2000年的积淀和发展,佛教文化已经成为我们传统文化的一个有机组成部分,影响着大家的思想观念和行为方式。中原佛教文化由于特殊的地理位置和政治嗅觉,一直扮演着领跑的角色,黄老浮屠、魏晋玄学、唐代佛学、宋明理学,无不浸透着中原佛教文化智慧的杠杆作用。因此,对中原佛教文化的梳理和探索也成为历代学人一份无止境的学术命题。

李帮儒与我是多年的朋友,特别是1993年大家一起组建河南省宗教文化研究会后,对河南的宗教历史和现状都给予了共同的关注和探讨。因为研究丧葬文化，我更多地从丧葬观念、礼仪以及考古发现的遗迹和遗物去理解中原古代佛教文化的定位和作用。帮儒因为学会运转的维系，更多地去关注中原现代佛寺载体上的文化流动和影响。我们一起跑了几十处河南的寺院、遗迹，走访过数百计的僧侣、信徒，从内心深处感受着自古至今中原佛教文化生命的跳动和运势。由于专业研究的限制，我自己没有更多的精力投入和追寻，但总希望帮儒去完整地品尝这份芳香四溢的学术大餐。

机会来了，通过不懈的努力，2006年帮儒如愿以偿，实现了自己多年的梦想，考上了郑州大学的博士生，师从古典文学专家陈飞教授，开始走向专业化的研究生涯。由于以前十几年的机缘，系统把握中原的佛教文化也成为他一种不言的动力和目标。顺之，博士论文方向（神秀研究）的确定也框定在这个大的领域之内。“欲小之”，“先大之”，这是从事学术研究的一个基本途径，于是《中原佛教文化初探》书稿的出台也是情理之中的产物。

李帮儒这本书的价值，我认为是对中原佛教的源流作了一次认真的梳理。看似平常之事，但对于他个人的确不易，因为中原佛教文化的背景实在是博大精深，源远流长。李帮儒所做的工作就是在前人研究的基础上挖掘、整理、归档和研究这些资源，一方面注意纵向的中原佛教文化沿袭的梳理，另一方面进行了一些富有深度的横向研究。比如对神秀、慧能、禅宗、天台宗等这些在中国佛教史上有影响的人物和流派，都提出了自己的看法，表现出大胆的学术勇气。整体来说，这本书历史脉络和线索勾画清晰，资料翔实，文笔流畅，文献引用符合学术规范，是一本提纲挈领中原佛教研究专著，具有一定的学术价值。中国社科院宗教所黄奎对这本书给予了高度评价，他认为，这本书对佛教宗派和相关人物的介绍简明扼要，佛教义理研究要言不烦。从宗教和艺术的角度对于中原佛教名寺、石窟所作的介绍，有助于读者加深对于中原佛教的印象，甚或有益于中原地区的旅游文化产业。仁者见仁，智者见智，《中原佛教文化初探》可视为李帮儒从自由人转化为仁智人的开始。

从另外一个角度看，中原自古就是政治、经济、文化中心，对于整个中国文化的形成可谓功莫大焉。但是长期以来,对于中原文化的研究没有得到足够的重视。地域文化研究一直没有纳入正规的学术体系之中。近年来,随着人们文化观念的转变和文化强省建设的蓬勃兴起,地域文化的研究才得到大家的肯定和重视。帮儒选择中原佛教作为自己的研究对象,更显示出重要的社会意义。中国佛教的发展变化与中原地区有着千丝万缕的联系,对于中原佛教的研究实际上就抓住了中国佛教文化脉络变化的特征,此可谓窥一斑而知全豹。同时,研究中原佛教文化对于今天建设和谐社会、发展文化产业也具有重要的实践价值。佛教文化中一些积极的价值理念对于今天的人来说,无疑是一笔巨大的精神财富。中原的名寺、名塔、名僧、名山等又是今天发展文化产业坚实的遗产基础。大家熟知的少林寺文化兴盛所带来的巨大的社会效益和经济效益最主要的原因,是将佛教文化的精神内涵发扬光大,禅武合一、禅拳一体对于今天现代人的身心健康也具有不可估量的价值。当然,建设文化强省,发展文化产业的先决条件就是我们要对自身丰富的文化资源有透彻的了解。《中原佛教文化初探》可视为这方面研究的一朵浪花,作为朋友,我为他短时间内取得这样的成果感到高兴。同时,也希望他在今后的中原佛教研究上取得更大的成绩。

斯为序。

韩国河

2008 年 8 月 22 日

(原载于李帮儒:《中原佛教文化初探》,内蒙古人民出版社 2008 年版)

《河南天主教资料辑注》序

2011年1月17日,安阳师范学院的刘志庆教授通过邮箱发来了《河南天主教资料辑注》的书稿,嘱我写个序,考虑到多年的朋友关系,以及兼任河南省宗教文化研究会会长的责任,抱着"虽不能至,心向往之"的态度,从史学研究的视角出发,聊聊自己的一些看法,不当之处,敬请各位仁人批评指正。

一、河南宗教史研究的必要性与迫切性

宗教是历史长河中的涓涓溪流,是人类思辨海洋中的朵朵浪花,是社会信仰苍穹中的闪闪星辰,宗教就在我们身边。无论是何种宗教的皈依,或是无神论思想的传递,抑或是辩证历史唯物观念的审视,呈现在大家眼前的都是一个多元的精神文化世界。美国政治学家萨缪尔·亨廷顿在《文明的冲突与世界秩序的重建》一书中提出"文明冲突"的观点曾广泛流传,也就是说冷战后的世界,文化和宗教的差异而非意识形态的分歧将导致世界几大文明之间的竞争和冲突,足可见宗教文化的重要性。当然,任何宗教都不是凭空产生的,都有复杂的历史轨迹和社会背景,所谓的中国儒(孔)教如此,道教、佛教、伊斯兰教、基督教、各民间宗教也不例外。因此,对宗教历史的研究是我们揭开古今思想信仰流程的一个必经途径。

众所周知,河南作为中华历史文化的一部缩影,其宗教的发生、演变也与中国宗教的兴盛、传播相对立。1993年河南宗教文化研究会成

立之时，大家一致认为河南作为原始宗教的重要源头、道教的核心地、禅宗的祖庭，应该撰写出一部有特色的《河南宗教史》来填补地方宗教史研究的不足。时至今日，因为种种原因始终没有遂愿，但刘志庆教授（河南省宗教文化研究会常务理事）的《安阳（卫辉）教区史》《宗教与社会》，水镜君教授（河南省宗教文化研究会常务理事）的《中国清真女寺史》，李帮儒博士（河南省宗教文化研究会秘书长）的《中原佛教文化》，辛世俊教授（河南省宗教文化研究会副会长）的《人类精神之梦——宗教古今谈》，麻天祥教授（原河南省宗教文化研究会执行会长）《中国禅宗思想发展史》等著作的出版，仍然撩开了河南宗教史以及分教史研究的面纱。关于宗教史的研究，葛兆光先生一直强调"宗教史应当是宗教的历史"的理念，旨在说明"宗教史的主要线索应该是宗教本身的教理、组织、仪式、方式的变迁以及为什么变迁"这些内容的追溯和研究，同时强调了研究价值中的中立使得"中国宗教史逐渐摆脱了信徒为自己所信仰的宗教写光荣历史的局面"①。我想这些应该是今后宗教史研究中值得探索的孔道与方法，但也不能排除历史学、哲学、人类学、民族学、神学、社会学等多视角多层次的观察与思考。

关于河南宗教史的研究，佛教、道教、伊斯兰教的文章、调研报告比较多，河南天主教的研究相对较少，呈薄弱态势，直接原因是资料问题。基于此，刘志庆教授的团队十余年间致力于相关各种方志图书的收集和整理，最终汇聚为《河南天主教资料辑注》，不但劳苦功高，也是河南宗教史研究的一大硕展。

二、《河南天主教资料辑注》呈现的特点和作用

河南地处"天下之中"，长期以来一直是政治、文化、经济、交通的中心，也就是说从文化传播的角度看，中原布道有着得天独厚的优势。通过考索，发现天主教与河南发生的联系最早可追溯到1605年6月，即耶稣会传教士利玛窦在北京偶遇进京参加会试的河南开封犹太人

① 葛兆光：《中国（大陆）宗教史研究的百年回顾》，《二十一世纪》1999年第1期。

艾田之记录。1607年，利玛窦派耶稣会传教士莱涛（Antonio Leitao）神父到开封去调查，天主教由此传入河南。到1946年时，河南有南阳、卫辉、开封、郑州、洛阳、信阳、归德、驻马店、新乡9个天主教教区，信徒超过17万人，对河南近代政治、经济、文化等有较大影响。《河南天主教资料辑注》一书就是这样详细地稽考了天主教从明末清初至21世纪初在河南活动的历史资料，时间跨度约400年，范围既涵盖河南省现辖各市县外，还囊括河北的武安、涉县和临漳3个市县。毫无疑问，这种考究式的比较和叙述为研究河南天主教提供了迄今为止最为翔实、系统和客观的史料，这当然是本著作的最大特点和作用。

从研究的角度看，《河南天主教辑注》以河南省2010年10月的行政区划为编排顺序，兼顾天主教在河南的传教区历史沿革，将河南各县市分列在各地市的框架内，有别于《上海宗教史·上海天主教史》、《云南天主教史》、《河北省天主教历史编年》（上、下册）、《河北省天主教》（上、下册）、《安徽省天主教传教史资料汇编》、《十七、十八世纪天主教在江南的传播》、《四川基督教资料辑要》、《福建基督教史初探》、《华夏遗踪——圣言会甘肃、河南福传史》、《中国天主教·河南省区教史》等多部区域教会史及相关资料集著作，体现出作者多年来潜心研究的轨迹，也是一种具有强烈学术意义的尝试。

从史料学的角度《河南天主教资料辑注》忠实于方志记载内容，辑入的河南方志就有189种，绝大部分在国内已经公开出版，少量的虽未公开出版但作为内部资料仍能公开阅读。因此，志书中的观点符合国家的宗教政策，较为真实地描述了天主教在河南传播的历史。当然，对一些时间段内不利于文化建设较为过激的表述，在尊重史料真实的前提下，作者进行了细致的技术处理，保证了政治立场与价值取向的质点。

三、河南天主教研究与现代社会的契约

研究宗教的目的主要有二，一是促进学术进步，增强对宗教的认识；二是动态了解宗教的发展，为地方政府乃至国家方面制定宗教政

策提供理论支撑和智力支持。对河南天主教资料的收集与整理，河南省的高校和研究机构一直没有系统的规划，也没有进行深入研究，为政府制定宗教政策带来了一定的缺失。鉴于此，对河南天主教的研究就显得格外引人注目，特别是对现有的天主教研究资料的收集整理显得更为紧迫。《河南天主教资料辑注》的出版已经迈出了一大步，其文献整理与挖掘，应当说避免了学界同仁"炒冷饭"的担忧。

整体来看，近世以来，国外学术界对基督宗教在华传播史研究先后经历了传教学、冲击与反应、传统与现代、文化帝国主义等研究范式。20 世纪以来，国外学者的著作从西方中心论转向中国中心论、中国人中心论，从重视传教士的影响转变为探讨传教运动与中国社会文化之间的互相影响，开始关注基督宗教在中国的"本土化"问题。国内对基督宗教的研究追溯于 1917 年陈垣发表的《也里可温教考》。新中国成立后，对基督宗教的研究先是经历了政治批判范式、文化侵略范式，改革开放后，出现了文化交流范式、现代化范式，在承认传教士在中国从事文化侵略的同时，也正面肯定传教士在中西文化交流中的作用。从 20 世纪 90 年代开始，对区域教会史的研究、对教会的综合性研究又称为国内宗教学研究的一大热点，前述志庆教授的《安阳(卫辉)教区史》就是其中一个代表。经过研究和探讨，大家普遍认为各种宗教信条所包含的和谐思想以及宗教心理调适、道德认同和文化交流等功能，是构建和谐社会的重要文化资源。

"如切如磋，如琢如磨"，《河南天主教资料辑注》看似简单的资料汇集，却隐藏了志庆教授多年探索的心迹；看似凡例式的一段段文献编辑，却标志了河南天主教的研究开辟了一个新天地。希望河南的天主教研究更加深入，也祝愿其他宗教文化的研究百花齐放。

韩国河

2011 年 2 月 27 日

(原载于刘志庆、尚海丽：《河南天主教资料辑注》，宗教文化出版社 2011 年版)

《礼仪与秩序:秦始皇帝陵研究》序

8月4日,卫星研究员给我发来《礼仪与秩序:秦始皇帝陵研究》一书的三校稿,并希望写个序言,其实,有袁仲一先生和刘庆柱先生作序,我再来说什么肯定是画蛇添足。之后9月2日,卫星又打来电话催问此事,我就重新翻阅了该书稿的全部内容,发现书中的有些论述与我以前关于秦始皇陵的研究以及墓葬研究的想法有不少吻合之处,加上卫星在郑州大学读博期间我是指导老师,多种原因促成了下述一段文字,视为教学相长之续。

墓葬,包括帝陵在内是属于社会上层建筑的内容,基于此,研究墓葬除了墓葬本身的物质面貌和内涵,就必须研究意识形态领域的生死观念乃至礼仪制度、思想价值。秦始皇陵作为中国第一个大一统时期的陵墓,其反映的又是皇权至上的结晶产物。由此出发,如何考古调查发掘研究保护秦始皇陵,就必须综合考虑到秦始皇陵不同层次的组成部分是如何形成和定型的。《礼仪与秩序:秦始皇帝陵研究》一书的构思看起来是宾福德过程考古学的启示,其实是作者长期观察和研究这一个特定墓葬遗存的必然思考过程。

大家知道,一个大型考古遗存的研究是否可以深入开展,关键是取决于考古资料本身是否是翔实、系统和科学的。秦始皇陵从20世纪60年代开始到现在,经过几代考古、历史学者的努力,已经把对它的研究扩展为国际重要关注对象。8月18—20日在英国伦敦大学召开的"国际视野下的秦始皇和秦始皇帝陵"让自己切实感受到了中国考古的魅力和影响。会上卫星博士的发言是关于秦始皇陵的顶层设计，算是一个比较时髦的语言表述，其中心内容在《礼仪与秩序：秦始皇帝陵研究》上下编中也有阐述，旨在强调秦始皇陵规划的基点基线控制和相关理念的表达。这是秦始皇陵研究的关键问题，也是打开秦始皇陵研究与保护今后走向深入的一把钥匙。谈到这个问题，不由地就想到了河北战国中山王墓出土的兆域图铜版，它是一个陵寝规模和内涵的规划图，虽然年代早出秦始皇陵许多，但文化因素的传承不言而喻。加上秦始皇陵一反环壕兆域的传统，设置了城垣和陵寝建筑，自然可以窥视到关东诸王陵规划理念对秦制的影响由来已久。这一特点，也与东方兴起的长生不老观念融合为一体，共同汇聚在始皇陵的建制当中。

秦汉以后帝王陵寝的研究，如果针对某一座陵墓，基本的环节有三个，即丧（殡）、葬、祭。从人死到埋葬这个丧礼环节考古材料可证不够，主要依据文献资料来论述。埋葬的环节考古只能发掘到最后形成的物质存在状态（不被盗为前提），这也是最理想的研究资料，从中可以判断出墓主及当时社会的诸多观念和礼仪。祭祀从丧礼开始就存在，贯穿于三个环节，东汉的“上陵之制”作为祭享礼仪开始成为国家制度的一个重要组成部分。若这样看来，“秦始皇出寝”的意义在陵寝制度史上凸显价值非常之大。针对这一点，卫星博士带领的团队在前人研究的基础上，做了大量的考古勘探发掘工作，成功地对内城北区的西半陵寝建筑乃至内外城北部区域的建筑进行了解读，加速了陵寝理念规制的实证之路。虽然建筑群的内涵和性质的探讨还有待于细化和深入，但搞清楚陵寝的规模和形式确实是对陵寝制度研究的一大推进。

谈到一个墓葬最终的考古发现状态，包括建筑形式和埋藏内容，大约取决于当时墓主本人、家室成员、主持的（官员等）和相关的社会关系人员意志。一般人可以僭越埋葬，到了帝陵一级除了反映帝王的身份建制内容，秦始皇陵之后的帝王埋藏都遵循了“明器制度”为先的观念，一部分帝陵并采取了薄葬的特征，但主流是厚葬。秦始皇陵发现的兵马俑坑规模巨大和气度如虹，其制作和构建的形态一定是经秦始皇本人同意并看到的东西，到底是基于一个什么样的埋葬考虑，学者们一直争论纷纷。至少有一点可以肯定,兵马俑坑不是让当时活人永久观看的军阵,只是服务于秦始皇死后的世界而埋于地下。另外,秦二世当政后杀死并逼死不少宫室成员,原来陵园规划中不会有他们的位置,既然埋进去了也就成为"埋葬组成"的一部分,还有修陵当中死去的徒隶,也就近埋葬。这些考古发现显然不能笼统地一概认为都是帝陵的固化设计要素,是要动态进行区分的。因此,《礼仪与秩序:秦始皇帝陵研究》中采取不同系统进行比对和分析,是一条适合于帝陵研究细化的光明之路。

有一点需要强调的是生死观念问题。它是历史问题、文化问题,也是一个哲学命题。秦始皇的长生到底是建立于肉体的长生或者是活着观念的长生或者是死后世界是"长生"的一个组成部分,这些观念都会在陵寝的规划和埋藏中表现出来,呈现出不同的葬埋特点。该书中的下编集中讨论了秦始皇陵的理想和信念,虽还不够深入,但是提炼出了一些问题,值得今后系统思考。

前面说过精到的考古研究一定是建立于科学考古资料之上,秦始皇陵今后的考古勘探与发掘仍在继续,我们不需要过多的精力去推断一些夸张的记述,只需要踏踏实实去证明陵寝的具体建制和正藏、外藏系统的内涵等问题,才能把始皇陵涉及的物质技术、制度礼仪和观念价值的层级特点搞清楚。卫星博士坚信这一点,他用实际行动证明了考古的坚持才是研究深化的台阶,通过《礼仪与秩序:秦始皇帝陵研究》的出版,我们大家都对秦始皇陵的考古研究进一步提升充满了期待。

是为序。

韩国河

2016 年 9 月 3 日于郑大盛和苑祥园

(原载于张卫星:《礼仪与秩序:秦始皇帝陵研究》,科学出版社 2016 年版)

《汉代服饰的考古学研究》序

前几天,徐蕊来电话说她的博士论文马上就要出版,需要我写个序。她是我2002年带的硕士研究生,后来一直读到了博士毕业。按理说导师从鼓励学生学术研究精进的角度出发,写个序也义不容辞,但总感到自己对自己指导的博士研究生论文不宜过多评议,因为书出版了,读者自有公论。之所以给徐蕊写序,是基于两个方面的考虑:一方面是徐蕊读研究生时对待考古学习的态度;另一方面是她毕业后对待工作的态度。这两点都给我留下了深刻的印象。

徐蕊本科学习的不是考古专业,因为在河南博物院工作,耳濡目染以及工作需要提高研究水平是自然而然的事情。她之所以来郑州大学读研完全得益于河南博物院原院长张文军和现任院长田凯先生。记不清具体时间了,他们找到我说推荐个学生到郑州大学学习,研究方向可以为古代的服饰,因为河南博物院缺乏这样的人才。基于此,徐蕊2002年考入郑州大学后由我指导,硕士和博士论文就连续做了汉代服饰的研究,这样的结果,追溯缘由完全是院长们的钦点,在这里首先感谢他们的远见卓识以及鼓励后学的态度!

徐蕊读研究生后我认为她有一道难关是田野考古实习。大家知道,田野发掘是否过关不仅是一个技术性问题,也是一个考古工作者认识古代文化的基本出发点,更是一个考古研究生能否成为合格的初级研究者的“标志”。记得2003年的暑期,新乡李大召遗址继续发掘,安排几位研究生实习,女生中有徐蕊和张亚娜。探方开在青纱帐里,天气十分炎热,我和于兆兴书记去工地看望她们,当时的情景还历历在目,可以说人人汗流浃背。徐蕊是位城市里长大的姑娘,能吃得这样的苦并能坚持下来,我着实有点惊讶。勤奋上进的态度,决定了她能够完成博士论文的撰写任务。我之所以强调徐蕊同学这样一种不怕吃苦的精神,是因为我们都经历过、体验过。吃苦不但决定了我们自己的人生态度,也成为我们人生的一大财富,考古人需要坚持和传承这样的吃苦精神!

毕业后,徐蕊在事业发展中遇到了些机遇,她几次打电话或见面聊天都流露出想换工作的念头,但最终仍选择继续留在河南博物院工作,这也算是回报了单位的栽培,没有辜负领导的期望。这本不是什么大事,关键是女同志成家有孩子后对待工作的态度。我的记忆中徐蕊自己负责过院里布置的关于匈奴方面的展览任务,当时把现代油画和文物结合起来展出着实有不少新意,展览的成功也证实了博士论文研究的准确性。去年,她又负责完成了“汉唐中原”文物在意大利的展览。我看到图录后,感觉文字与文物图片的结合又有了新的提高。今年,她参与承担的“首届中原国际陶瓷双年展”取得了成功,让我深感欣慰。是啊,每个人工作成绩的背后一定是各种付出的积累,更是考验一个人家庭、生活与事业平衡的“天平”。我想,作为一名普通的文博人,徐蕊尽到了年轻人应该肩负的一种责任和担当,这种态度远远超越了论文发表或著作出版的传播意义,这无疑就是大学教书育人的根本。

回到文章研究本身,众所周知,对服饰的探讨是近年来十分热门的话题。作为物质文化的一个表征,在历史、考古学研究中也多有方家涉及。但“汉代服饰的考古学研究”还是一个精微而又广大的解读课题,因为汉代时形成的种种物质、制度和精神文化因子一直持续到了今天,并深刻影响到了我们的生活和思考方式。如何在前人的研究基础上,运用考古学科学的研究方法,并引入历史学、文化学、社会学、心理学、美学等学科的研究成果,将这一课题作为综合多学科研究的成果展现出来,是我在指导徐蕊这篇博士论文撰写过程中,一直强调和需要突破的关键点。另外,通过服饰图像的分类排列,探究汉代服饰在时间、空间上的变化规律也是研究要完成的一项主要内容。同时,追踪服饰变化背后的主导社会因素更是其研究的重点与难点。

本书呈现的其实是“汉代服饰的考古学研究”的一个阶段性成果。作者在对汉代服饰考古资料进行全面系统梳理的基础上,运用了考古类型学及分区、分类研究的方法,抽出一定的考古学文化因素,总结出汉代服饰在汉文化的核心区域“大中原”地区的发展演变规律,并对服饰考古学的基本概念进行了界定,对服饰的区域性及民族性发展的特点、礼制的内涵、发展轨迹和变化动因等相关问题进行了研究,有一定的学术价值。

开卷有益,是为序。

韩国河

2016 年 12 月 1 日夜于郑州大学盛和苑

(原载于徐蕊:《汉代服饰的考古学研究》,大象出版社 2017 年版)

《邙山陵墓群考古调查与勘测第一阶段考古报告》序

陵墓考古是中国考古学研究的重要内容，其承载了丰富的历史社会文化内涵。洛阳邙山的历代陵墓群一直受到了学术领域和社会各界的广泛关注，其原因一方面是因为洛阳古都地位的重要性，另一方面作为墓葬文化的衍生品，“生在苏杭，葬在北邙”已经成为中国妇孺皆知的口头禅，洛阳邙山成为理想化归葬天国的代名词。经勘测，邙山陵墓群是中国面积最大的陵墓群遗址，在 750 余平方公里的范围内，集中分布着东周、东汉、曹魏、西晋、北魏、后唐六朝共计 24 座帝王陵墓，周边附之数以千计的王公贵族墓冢，可以说是在全世界范围内都极为罕见的人文奇观。

“邙山陵墓群考古调查与勘测”项目从立项开展工作，至今已经 10 余年了。对于这样一个地域跨度、时间跨度都非同一般的大遗址，进行考古调查的难度可想而知。2017 年 12 月 4 日，在该项目第一阶段考古报告即将出版之际，严辉来电嘱我作序。鉴于中国古代陵寝制度史的研究一直是自己关注的研究领域，也实际参与了一些东汉帝陵相关的调查研究工作，与严辉经常切磋陵寝方面的问题，对邙山陵墓群的情况有一定的了解，也算是“序”来有因吧。

邙山陵墓群是指位于洛阳邙山地区的古代帝王陵墓和陪葬墓，其核心是帝陵。为什么要研究帝王陵寝？首先，“陵墓若都邑”“事死如事生”的思想在中国古代深入人心，帝王陵墓自然成为历代王朝“国家文化”在地下世界的缩影。通过对古代陵寝制度发展脉络的梳理，可探究历代王朝统治思想、执政理念、社会变革甚至帝王的个人喜好等方面的特征。其次,历代王朝均十分重视陵寝的修建,作为时代文化的物化载体,历代帝陵蕴含着丰富的历史文化信息,包括礼制思想、灵魂观念、风俗习惯、建筑艺术等诸多方面,历代帝王陵寝比较直观地记录了不同时期的社会风貌和礼制习俗。其三,通过对各时期、各地区帝王陵寝(包含少数民族政权的王陵)的系统研究,可以从物质乃至精神层面上了解和探究中国古代文明的连续性、继承性的发展,以及少数民族政权文化逐步融入中华文明的历史过程。其四,古代帝王陵墓是我国珍贵的历史文化遗产,要进行全方位的保护,这就需要对其文化内涵进行系统的解读,使得保护工作更加具有针对性。邙山陵墓群不仅因为这一区域帝陵数量众多,而且年代跨度极大,从东周一直到后唐时期,甚至还包括明代藩王的墓冢。因此,邙山陵墓群的研究,是厘清中国古代陵寝制度发展脉络的关键枢纽之一。

然而非常遗憾的是,就是这样一处重要的大遗址,在历史上却遭受了极为严重的盗扰与破坏。从东汉末年开始,陵墓群已经遭到盗掘,文献中记载董卓曾对东汉诸陵大肆洗劫,“开文陵,悉取藏中珍物”。直到明清,盗墓活动仍猖獗不止,洛阳的陵墓可谓十墓九空。近代以来,邙山地区古墓冢在工业化和城镇化的背景下,地面坟冢消失的速度加快。从现有邙山陵墓群的调查结果可以看出,已调查可知的1000余座封土墓冢,地表封土尚存的仅余300余座,其破坏程度之惨烈可见一斑。21世纪初开始的“邙山陵墓群考古调查与勘测”项目的开展,就是要摸清家底,为下一步有针对性的保护研究打下良好的基础。

很多文物考古学者在20世纪50年代就已经开始关注邙山陵墓群的研究,宿白、郭玉堂、黄明兰、陈长安等诸位先生都曾有专门的著述,为此后的研究开辟了方向。进入21世纪,大遗址保护得到了国家和政府的高度重视,邙山陵墓群的保护和研究工作也进入了快车道,2001年邙山陵墓群申报为国家级重点文物保护单位。与自己相关联的是2000年,“东汉帝陵研究”由郑州大学立项,2002年开始我和马利清、赵海洲、李辉、朱思红、张卫星、刘尊志等多位研究生对邙山和洛南两个陵区可能与东汉帝陵相关的几十座墓冢进行了踏查。该调查被列入国家教育部重大课题《汉唐陵墓制度研究》(2001—2004年)子项目,也是国家文物局2003年度文物保护科学和技术研究项目《两汉帝陵研究》的前期调查与研究,通过这些考古调查对邙山东汉帝陵的分布以及陵寝组成要素取得了初步的了解。2003年9月3日,在《河南日报》发表题为《救救邙山陵墓群》的文章,对邙山陵墓群的盗掘和破坏表示担忧,对以往的文物保护工作进行了反思,同时提出应该制定全面的保护规划。文章的发表也引起了有关文物管理部门对邙山陵墓群保护工作的关注和重视。

2003年10月,由国家文物局立项、洛阳市第二文物工作队承担的重大科研项目——“邙山陵墓群考古调查与勘测”项目正式启动。这个预设为期10年的庞大项目,共分为三个阶段,并为每个阶段的工作制定了明确的工作计划和目标。项目内容在报告中已有详细论述,这里就不再重复。从目前的进展来看,第一阶段,也就是古墓冢的普查和基础资料收集工作,目标已经顺利完成,并且取得了非常重要的收获。

邙山陵墓群总面积达到了750余平方公里,涉及洛阳市的7个区县,调查困难多,同时历史上遗留下的相关文献以及出土石刻等资料数量惊人,这些都给调查工作增加了难度系数。该项目持续时间长,参与人员多,充分显示了“大团队作战”的特点:目标明确,统一指挥,分工协作,刻苦细致,团结奉献。项目的主要承担单位,从原来的洛阳市第二文物工作队,到后来合并更名为洛阳市文物考古研究院。从最初主持申报该项目的队长朱亮先生,一直到现在实施项目的院长史家珍先生,他们作为地方考古部门的负责人,对该项目始终如一地坚定有力支持,保证了该项目得以顺利实施。严辉以及他的工作团队,不畏艰辛,走遍了邙山地区的每一个村庄,实地测绘每一处可知或认知的墓葬,获取了大量珍贵的第一手资料。这本报告就是该项目第一阶段工作的全面总结,展示了他们集体工作成果,也展示了洛阳考古人追求担当和卓越的精神风貌,实在是可喜可贺!

全书分为上、中、下三编。上编详细介绍了邙山陵墓群的内涵、现状及保护研究历程。详细公布了田野调查资料,让大家对邙山陵墓群的现状有一个直观的了解,在此基础上对各时期陵区又分别进行了详细介绍。中编为邙山陵墓群相关历史文献的整理和研究。仔细梳理了文献中关于历代帝王陵墓的记载,并以埋葬制度、祭祀制度、陵园职官制度等为线索对各时期帝陵进行了宏观的比较,又针对每一座帝陵相关的文献记载进行定位阐述。下编以邙山地区出土墓志和黄肠石为考察对象,总结了墓志和黄肠石的出土和研究情况,以此为基础对帝陵地望进行了探索。

这本报告资料翔实,观点鲜明。纵观全书,主要有以下几个特点。第一,内容丰富,条理清晰。该报告不仅公布了详细的调查资料,同时对相关文献记载和出土实物资料都进行了收录,并进行了初步研究。尤其是区划出了东汉、曹魏西晋、北魏到五代时期陵区的大致分布范围,指出了大部分帝陵陵主与墓葬的对应关系,这些成果对今后研究都起到了铺路石的作用。第二,注重运用多学科的手段采集和分析陵墓群信息。值得指出的是,该项目是国内较早在遗址调查中运用地理信息系统的一个范例。项目协作单位解放军信息工程大学测绘学院,专门设计了一套"3S"系统,对洛阳古墓冢信息进行采集和管理。同时也尝试通过航空遥感技术和传统的考古技术手段相结合,寻找夷平墓冢以及陵园建筑,效果明显。第三,团队的工作不仅着眼于考古学调查研究,同时注重文化遗产保护。报告对邙山陵墓群的盗掘、破坏历史,以及历代帝王对邙山陵墓群的保护都进行了总结,介绍了邙山陵墓群的文物保护现状,这是今后需要进一步加强的一项工作内容。总而言之,该报告是近年来邙山陵墓群研究的一个重要成果,是古代陵寝制度系统深化的探索发现,对今后陵墓群的保护和管理利用,必将起到重要的推动作用。

目前"邙山陵墓群考古调查与勘测"项目的工作仍在继续开展。项目方案设计之初将完成目标的期限设定为10年,现在来看陵墓群调查工作的复杂程度超乎预想,10年的时间还是太短,需要提升为中长期的研究项目。随着今后主动考古保护研究项目的有序开展,在目前完成基础资料搜集的基础上,可以进一步细化调查勘探发掘,把工作重点放在逐一解决各时期陵寝制度组成要素、演进规律层面,着眼于帝王家族群臣丧葬的物化与古代国家礼制建设关系的探究,相信邙山陵墓群的内涵和文化脉络会越来越清晰。我期盼着今后邙山陵墓群的调查与研究取得更多更大的成果。是为序。

韩国河

2018 年 1 月 22 日于郑州大学

(原载于洛阳市文物考古研究院:《邙山陵墓群考古调查与勘测第一阶段考古报告》,文物出版社 2018 年版)

学术年谱

一、求学长安习考古

1965年，我生于河南省延津县小潭乡小吴村，小学在本村学校就读，初中在邻村里七村中学读书。1979年9月至1982年6月，在延津县中学高中部就读。1982年9月，进入西北大学历史系考古专业就读本科。1985年3月至7月，在宝鸡市渭滨区石坝河乡的石嘴头遗址进行考古实习，发掘有周代马坑等遗迹。1986年1月，加入中国共产党。5月，完成本科论文的写作，论文主要是对偃师商城相关问题的研究。7月，本科毕业，获西北大学历史学学士学位。

1986年9月，在西北大学历史系考古专业攻读硕士学位，师从刘士莪先生，研究方向为秦汉考古。1987年上半年，参加陕西省新安机砖厂汉初积炭墓的资料整理和报告编写工作。下半年开始跟随陕西省考古研究所配合基建考古队对黑河引水工程中发现的古墓葬等遗迹进行考古发掘，清理有汉唐墓及明清墓葬。1988年，在沣东工地整理上年在净水厂等墓地出土的考古材料，参与发掘简报的编写工作。同年，还参与配合西安医疗设备厂建设的基建考古，发掘地点位于西安市北郊，发现有汉墓、金墓等遗存。

1989年5月，完成硕士论文《关中地区中小型汉墓浅析》，第一次较为系统地对关中地区中小型汉墓的形制、随葬品组合及家族墓、合葬墓等问题进行了研究，初步建立了关中地区汉墓的分期年代体系。6月，研究生毕业，获西北大学历史学硕士学位。研究生期间，根据田野实践经历和文献积累，在一个小本子上列出了近百条欲解决的学术问题，后来陆续有增改和修订，学术观念基本建立。

1989年7月，在西北大学文博学院任教。同年9月至次年5月，下乡。1990年5月至7月，参加秦川机械厂汉唐墓葬的发掘工作，共清理汉墓13座、唐墓23座。9月起，开始讲授秦汉考古学课程。1990年共发表3篇简报及1篇论文。简报依次为《西安净水厂明清墓发掘简报》（《考古与文物》1990年4期，第三执笔者）、《西安净水厂汉墓清理简报》(《考古与文物》1990 年 6 期)、《西安净水厂唐墓清理简报》(《考古与文物》1990 年 6 期,第四执笔者)。论文《试论汉初“利成”积炭墓》,与郑洪春合著,刊于《考古与文物》1990 年第 4 期。

1991 年 4 月,获陕西省高等学校师资培训中心颁发的教育科学理论培训结业证书。同年,参加西安市文物保护考古所配合有色金属研究院和西北医疗设备厂建设的考古发掘工作,清理大批汉墓。

本年度共发表考古简报 2 篇及论文 1 篇。简报有《唐董僧利墓清理简报》(《考古与文物》1991 年第 4 期,第二执笔者)、《西安市北郊金代墓葬发掘简报》(《考古与文物》1991 年第 6 期,第二执笔者)。论文为《汉代的厚葬风俗》,独著,刊于《中学历史教学参考》1991 年第 4 期。

二、中原故土续新知

1992 年 7 月,论文《试论秦汉都城规划模式的基本形成》获陕西省历史学学会 1991—1992 年度优秀论文二等奖。同月,从西北大学调入郑州大学任教。同年,参加西安市文物保护考古所在西安西北医疗设备厂福利区的考古发掘工作。

本年度发表论文 4 篇、考古简报 4 篇及考古简讯 1 篇。论文《关中西汉早期大墓简论》,第一作者,与程林泉合著,刊于《考古与文物》1992 年第 4 期;《有关 92 号汉墓随葬品的几个问题》,第一作者,与程林泉合著,刊于《考古与文物》1992 年第 5 期;《论秦汉都城规划基本模式的形成》,第一作者,与陈力合著,刊于《陈直先生纪念文集》;《关中西汉早期中小型墓析论》,第一作者,与程林泉合著,刊于《考古与文物》1992 年第 6 期。简报分别为《西安东郊秦川机械厂汉唐墓葬发掘简报》(《考古与文物》1992 年第 3 期,第二执笔者)、《西安市未央区房地产开发公司汉墓发掘简报》(《考古与文物》1992 年第 5 期,第二执笔者)、《西北医疗设备厂福利区 92 号汉墓清理简报》(《考古与文物》1992 年第 5 期)、《西汉陈请士墓发掘简报》(《考古与文物》1992 年第 6 期,第二执笔者)。简讯为《西安市秦川机械厂汉唐墓葬》,与程林泉合著，载于《中国考古学年鉴(1991)》。

1993年2月，被原阳县人民政府聘为原阳“秦汉文化城”建设顾问。8月，参加郑州商城与殷商文明国际研讨会。9月，进入武汉大学中国古代史专业攻读博士学位，研究方向为秦汉魏晋南北朝史，导师为高敏先生。本年度参与编写的著作《陕西新出土文物集萃》由陕西旅游出版社出版。此外，发表论文2篇，其中《陕西发现的汉代“裸体俑”综述》，独著，刊于《西北大学学报(哲学社会科学版)》1993年第1期；《三皇五帝陵冢》刊于《中州统战》1993年第1期。

1994年，参与编写的《隐士传》由河南人民出版社出版，主要编写书中的《理学大师——邵雍》。发表考古简讯1篇、论文1篇。简讯《西安北郊汉墓发掘的收获》，第二执笔者，载《中国文物报》1994年6月26日第3版。论文《河洛地区汉墓的发现与研究》，独著，刊于《文史知识》1994年第3期。

1995年3月，主持的1994年度河南省社科联重点调研课题《河南省潜在宗教文化旅游资源的开发与研究》获优等奖。7月，获河南省干部考试中心颁发的河南省评聘专业技术职务外语统考合格证。11月，被评为副教授。本年度发表论文4篇，其中《文物保护：何时摆脱尴尬》载于《读书生活报》1995年7月27日；《河南省潜在宗教文化旅游资源开发研究》，独著，刊于《郑州大学学报(哲学社会科学版)》1995年第4期；《新时期文物保护工作的焦点》，独著，刊于《华夏文化》1995年第5期。

1996年3月，主持的《我省宗教现状与对策》获1995年度河南省社科联社会科学优秀奖。6月，博士毕业，获武汉大学历史学博士学位。博士论文《秦汉魏晋丧葬制度研究》系统梳理了先秦两汉丧葬习俗发展演变的轨迹，指出了汉制的形成过程及晋制的特征，论证了秦汉魏晋时期丧葬制度的主要特征及陪葬、合葬和家族墓地制度等问题。同月，受国家人事部派遣，赴日本研修，研究内容为文化财的保存、活用及博物馆学(以广岛县为中心)。7月，获(日本)全国市町村国际文化研究所修了证书。同月，获“高等教育教师资格”证书。

本年度发表论文3篇，其中《少林寺文化对现代社会的启迪与价值》,独著,收入《中国嵩山少林寺建寺 1500 周年国际学术研讨会论文集》;《论“鬼谷子学术研究会”成立的意义——兼鬼谷故里考》,独著,收入《第一届鬼谷子学术研讨会论文集》;《加大高校改革力度、适应市场经济需要》载《教育时报》1996 年 10 月 26 日理论版。

三、东渡扶桑鉴文明

1997 年 3 月,在日研修结束,获(日本)广岛县教育委员会修了证书。10 月,再次赴日本,在广岛大学考古学专业研究留学,指导教师为河濑正利教授。本年度发表论文 1 篇、译作 1 篇、考古简讯 1 篇,其中《论秦汉魏晋时期丧葬礼俗的宗教性》,独著,刊于《中州学刊》1997 年第 3 期;翻译日本学者上野武所著《三角缘神兽镜是“卑弥呼镜”论争的回顾》,刊于《郑州大学学报(哲学社会科学版)》1997 年第 6 期;《西安北郊范家村汉墓群》,第二执笔者,载《中国考古学年鉴(1994)》。

1998 年 8 月,获日本出云地区全国公开征文佳作奖。同年,承担日本文部省研究课题“中日古代文化的比较研究”和日本和平中岛财团“寻找日本三角缘神兽镜的源流”课题。

本年度发表论文 4 篇,其中 1 篇为日文。论文《论中国古代坟丘墓的产生与发展》,独著,刊于《文博》1998 年第 2 期;《奈良新出三角缘神兽镜的论争》,独著,载《中国文物报》1998 年 7 月 8 日第 3 版;《论秦汉魏晋时期的厚葬与薄葬》,独著,载《郑州大学学报(哲学社会科学版)》1998 年第 5 期;《日本发现的三角缘神兽镜》(日文),载日本《月刊中国》1998 年第 12 期。

1999 年 3 月提交博士论文《中日古代文化的比较研究——以考古学的比较研究为中心》。论文利用日本和中国的考古资料,进行中日考古比较研究,涉及有日本弥生时代至古坟时代中日两国的文化交流、坟丘墓与古坟的成立、铜铎及三角缘神兽镜等青铜器出现的历史背景和发展等。论文受到答辩委员会专家一致好评,河濑正利教授称论文“对推动日后中日古代文化的研究将会起到很大的作用”,称赞作者是“广岛大学外国人留学生的一面镜子”。同月,获日本广岛大学文学部修了证书。10 月，获广岛大学文学博士学位证书。同月，结束在日本的留学回国。11 月，被郑州大学聘为教授。

本年度专著《秦汉魏晋丧葬制度研究》，由陕西人民出版社出版；主编的考古报告《西安龙首原汉墓（甲编）》由西北大学出版社出版。另外，发表论文 7 篇，其中 4 篇为日文。论文《魏晋时期丧葬礼制的承传与创新》，独著，刊于《文史哲》1999 年第 1 期；《论秦汉魏晋时期的家族墓地制度》，独著，刊于《考古与文物》1999 年第 2 期；《试论汉晋时期合葬礼俗的渊源及发展》，独著，刊于《考古》1999 年第 10 期；《关于历史博物馆的思考》（日文），独著，刊于《广岛县立历史博物馆研究纪要》1999 年第 4 期；《中国古代的青铜器埋藏》（日文），独著，刊于《月刊中国》1999 年第 7 期；《瓮棺葬和弥生时期的渡来人》（日文），独著，收入《广岛县埋葬文化财调查中心研究辑录Ⅸ》；《论秦始皇陵》（日文），刊于《博古研究》1999 年 17 期。

四、扎根田野焙史观

2000 年年初，被郑州大学遴选为博士生导师。1 月，获郑州大学科研优秀奖。4 月，获国家文物局颁发的考古发掘领队证书。8 月，专著《秦汉魏晋丧葬制度研究》获 1999 年度河南省社科联社会科学优秀成果三等奖。12 月，被评为教授。同年，任北京大学中国考古学研究中心兼职研究员。

本年度发表论文 3 篇，其中 1 篇为日文。论文《简论坡形墓道》，独著，刊于《郑州大学学报（社会科学版）》2000 年第 5 期；《汉代考古学研究的思考》，独著，载《中国文物报》2000 年 10 月 18 日第 7 版；《论日本的初期国家论》（日文），独著，收入《广岛县埋葬文化财调查中心研究辑录Ⅹ》。

2001 年 5 月，主持申报的河南省教育厅人文社会科学规划项目《东周铸币综合研究》获准立项。6 月，任郑州大学历史与考古系副主任兼考古教研室主任。同月，被中共郑州大学委员会评为优秀共产党员。10 月，入选河南省高等学校创新人才培养工程 2001—2006 培养对象。同月,主编的《西安龙首原汉墓(甲编)》被评为陕西省第六次(1997—1999 年)哲学社会科学优秀成果三等奖。同年,招收博士生马利清。

本年度发表论文 3 篇、译作 1 篇。论文《中日考古学比较研究的视点和存在的问题》,独著,刊于《华夏考古》2001 年第 2 期;《西安北郊出土博局镜探析》,第二作者,与程林泉合著,刊于《考古与文物》2001 年第 5 期;《汉长安城规划思想辨析》,独著,刊于《郑州大学学报(哲学社会科学版)》2001 年第 5 期。翻译日本学者川越哲志《日本弥生时代初期的铁器研究——以川越哲志氏的研究为中心》,刊于《江汉考古》2001 年第 3 期。

2002 年 4 月,被聘为郑州大学中原文化资源与发展研究中心专职研究人员。7 月,论文《中日考古学比较研究的视点和存在的问题》被评为 2001 年度郑州市社会科学优秀成果三等奖。同年,郑州大学考古专业开始独立进行田野考古实习,主持新乡市李大召遗址 2002 年度发掘工作。本年招收博士生张卫星。

本年度,与程林泉共同主编的《长安汉镜》由陕西人民出版社出版。发表论文 4 篇。其中,《秦代墓研究的几个问题》,独著,刊于《文博》2002 年第 3 期;《日本发现的三角缘神兽镜源流述论》,第一作者,刊于《考古与文物》2002 年第 4 期;《"仁土"考》,第二作者,与程林泉合著,收入《陕西历史博物馆馆刊第 9 辑》。

2003 年年初,"中国古代文明与考古学"成为郑州大学"十五""211"重点学科建设项目,组织出版"中国古代文明与考古学"系列著作。3 月,参与完成的《秦始皇陵兵马俑原料产地的中子活化分析》被评为河南省科学技术成果。同月,开始参与考古报告《长安汉墓》的整理与编写工作。7 月起,主持新乡市李大召遗址 2003 年度发掘工作。8 月,《秦始皇陵兵马俑原料产地的中子活化分析》又获河南省教育厅科技成果奖一等奖。9 月,获评郑州大学 2002—2003 学年"三育人"先进个人。同月,论文《日本发现的三角缘神兽镜源流述论》获 2002 年度河南省社会科学优秀成果三等奖。10 月,被评为河南省学位与研究生教育工作先进个人。同年,郑州大学获得考古学及博物馆学博士学位授权点。本年招收博士生朱思红、赵维娟。

本年度发表论文4篇、译作1篇。论文有《温明、秘器与便房考》（独著，刊于《文史哲》2003年第4期）、《救救邙山陵墓群》（第一作者，刊登于《河南日报》2003年9月3日）等。翻译日本学者前园实知雄《飞鸟·奈良寺院伽蓝配置之我见》，刊于《华夏考古》2003年第1期。

2004年2月，被评为2002—2003年度河南省文明教师。3月，被评为2002年度河南省学术技术带头人。4月，被聘为中国殡葬杂志社编委。6月，主持申报的国家文物局2003年度文物保护科学和技术研究课题《两汉帝陵研究》立项。3月至6月，主持对登封市南洼遗址的考古勘探及试掘工作。8月，获"河南省留学回国人员先进个人"称号。7月至9月，主持南洼遗址春季发掘资料的整理工作。9月，郑州大学历史文化遗产保护研究中心成立，任研究中心主任。9月，主持召开中原地区文明化进程学术研讨会，会上提交论文3篇，分别为《嵩山文化圈在中国古代文明进程中的地位和作用》（第二作者）、《新乡李大召遗址发掘收获概述》（第一作者）、《2004年春季登封南洼遗址钻探试掘工作概述》（第一作者）。同月，获全国模范教师称号。10月至次年1月，主持登封市南洼遗址2004年度的考古发掘。同年，郑州大学考古学成为河南省省级重点学科。指导的博士生马利清毕业，学位论文《原匈奴、匈奴历史与文化的考古学探索》。招收博士生刘尊志、赵海洲。

本年度，主编的考古报告《长安汉墓》由陕西人民出版社出版。发表考古简报2篇、论文2篇。简报有《河南新乡李大召遗址2002年秋发掘简报》（《考古与文物》2004年第5期，第一执笔者）、《西安东郊西汉窦氏墓（M3）发掘报告》（《文物》2004年第6期，第二执笔者）。论文《河南中小型汉墓出土铁器述论》，独著，收入《河濑正利先生退官纪念论文集》；《两汉时期文明特点述论——兼及两汉时期中原文明的地位与作用》，独著，刊于《郑州大学学报（哲学社会科学版）》2004年第1期。

2005年1月，被聘为中国社会科学院古代文明研究中心客座研究员。2月，任郑州大学历史学院院长，历史学获批成为一级学科博士点。主持的“南洼遗址的发掘与研究”列入“中华文明探源工程”(第一阶段)“聚落形态反映的社会结构”课题的子课题。同月起,主持对南洼遗址2004年秋季发掘资料的整理工作。5月,被聘为河南省教育厅2005年度人文社会科学研究项目立项暨2004年度成果奖评审委员会委员。同月,主持申报的2005年度国家社会科学基金一般项目《东周秦汉陵寝制度研究》获准立项。6月,论文《两汉时期文明特点述论——兼及两汉时期中原文明的地位与作用》被评为2004年度郑州市社会科学优秀成果三等奖。同月,被中共郑州大学委员会评为优秀共产党员。10月,被聘为2005年度河南省社会科学研究系列高级专业技术职务评审委员会委员。10月至12月,主持登封市南洼遗址2005年度考古发掘。11月,主持召开“中原文化与中华民族的形成和发展”国际学术研讨会。同月至次年10月,受河南省文物管理局南水北调文物保护办公室委托,主持新乡市老道井墓地的考古发掘工作。12月,《两汉帝陵研究》项目结项,专著《长安汉镜》获第四届中国社会科学院考古研究所夏鼐考古学研究成果奖提名奖。同月至次年年初,主持对登封市南洼遗址2005年发掘资料的整理。同年,任河南省宗教文化研究会会长。指导的博士生张卫星毕业,学位论文《先秦至两汉出土甲胄研究》。招收博士生张翔宇、徐蕊。

本年度发表论文1篇、考古简报3篇及考古简讯2篇。论文《都市文明与河流关系的思考》,收入《郑州商都3600年学术研讨会暨中国古都学会2004年年会论文选编》。简报有《河南新乡李大召遗址试掘简报》(《中原文物》2005年3期,第一执笔者)、《东汉陵墓踏查记》(《考古与文物》2005年3期,独著)、《河南新乡李大召遗址战国两汉墓发掘简报》(《考古与文物》2005年4期,第一执笔者)。简讯有《新乡县李大召龙山文化至殷墟时期遗址及东周、汉代墓葬》(《中国考古学年鉴(2004)》,第一执笔者)、《洛阳市东汉帝陵》(《中国考古学年鉴(2004)》,第一执笔者)。

2006年1月,为“中国古代文明与考古学”研究丛书作序。5月,主持的《东周铸币综合研究》项目结项。7月,主持《两汉帝陵研究》课题结项。9月,在河南省教育系统2006年度教学技能竞赛中荣获一等奖,被授予"河南省教学标兵"称号。10月,在郑州大学历史学院2005—2006学年第二学期网上评教中,被评为"学生最满意教师"。11月至次年1月,主持登封市南洼遗址2006年度考古发掘。12月,指导的博士徐蕊被评为2006年郑州大学博士生学术论坛优秀报告人。同年,指导的博士生朱思红、赵维娟毕业,学位论文分别为《秦水资源利用之研究》《秦始皇陵考古中有关产地问题的核分析技术研究》。招收博士生阎飞。

本年度,主编的《中原地区文明化进程学术研讨会文集》《新乡李大召——仰韶文化至汉代遗址发掘报告》均由科学出版社出版。发表简报2篇、考古简讯2篇、会议纪要1篇、书评1篇、论文3篇。简报为《河南登封南洼遗址2004年春试掘简报》(《中原文物》2006年3期,第一执笔者)、《偃师市高崖村东汉墓(陵)冢钻探、试掘简报》(《中原文物》2006年3期,第一执笔者)。书评《古代铁器研究的物证与心证——读〈先秦两汉铁器的考古学研究〉》,刊于《考古》2006年10期。《"中原文化与中华民族的形成和发展"国际学术研讨会纪要》,刊于《中原文物》2006年第2期。论文《有关墓葬考古学研究的思考——以两汉墓葬为例》,第一作者,收入《西部考古(第一辑)》;《东汉帝陵与诸侯王墓比较研究》,第一作者,收入《楚汉文化论坛——第二届海峡两岸楚汉文化研讨会论文选》。

2007年,主持申报的历史考古学教学团队被批准为河南省省级教学团队。1月,指导的研究生张卫星的博士学位论文被评为郑州大学2006年校级优秀博士学位论文。2月,享受中华人民共和国国务院政府特殊津贴。3月,被评为河南省学位点建设与研究生教育工作先进个人。6月,获中共河南省委党校第十六期高级专家政治理论培训班结业证书。7月,主编的《新乡李大召——仰韶文化至汉代遗址发掘报告》获2006年度河南省社会科学优秀成果一等奖。同月起,主持对南洼遗址2004年至2006年的田野考古资料的系统整理和报告编写工作。8月,主编的《长安汉墓》(上、下卷)获第三届郭沫若中国历史学奖三等奖。9月《新乡李大召——仰韶文化至汉代遗址发掘报告》又获2006年度河南省教育厅人文社会科学研究优秀成果二等奖。10

月，被聘为河南省高等学校教师高级职务任职资格评审委员会委员。11月，被聘为2007年度河南省文博系列高级专业技术职务任职资格评审委员会委员。12月，入选为新世纪百千万人才工程国家级人选。年底，郑州大学历史学院中国古代史成为国家重点(培育)学科。同年，开始主持新乡老道井墓地考古资料整理和报告编写工作。指导的博士生刘尊志、赵海洲毕业，学位论文分别为《徐州汉墓与汉代社会研究》《东周秦汉时期车马埋葬研究》。招收博士生武玮、张贺君。

本年度发表论文2篇考古、简讯1篇。论文《东汉帝陵有关问题的探讨》，独著，刊于《考古与文物》2007年第5期；《用中子活化分析研究南洼白陶的原料产地》，第一作者，刊于《中原文物》2007年第5期。简讯《新乡市老道井战国至明代墓地》，第一执笔者，收入《中国考古学年鉴(2007)》。

2008年1月，被评为郑州大学历史学院2007年度先进个人。3月，被聘为河南省博物馆评估委员会委员。6月，被评为河南省高等学校优秀共产党员。7月，入选第七批河南省优秀专家。7月至8月，受河南省文物管理局南水北调文物保护办公室委托，主持淅川县吴营遗址的考古发掘工作。8月，为李帮儒《中原佛教文化初探》一书作序。10月，参加中国考古学会第十一次年会暨第五届会员代表大会，会上当选中国考古学会第五届理事会理事。同月，被聘为河南省高等学校教师高级职务任职资格评审委员会委员。12月，被聘为河南省参与2010年上海世博会筹办工作评审团专家。同年，郑州大学历史文化遗产保护研究中心获批为河南省教育厅人文社科重点基地。招收博士生张凤。

本年度发表论文1篇、简报2篇。论文《洛阳东汉陵寝制度概述及变制原因探析》，韩文，独著，收入(韩国)《中国史研究(第52辑)》。简报有《河南新乡市老道井墓地战国墓发掘简报》(《华夏考古》2008年第4期，独著)、《河南新乡老道井墓地金灯寺墓区汉墓清理简报》(《考古与文物》2008年第5期，第一执笔者)。

2009年3月，被教育部学位与研究生教育发展中心聘为“全国优秀博士学位论文评选”通讯评议评审专家。4月，主持的《田野考古实习教学模式的探讨及实践》获河南省高等教育省级教学成果一等奖。同月，参加安阳西高穴大墓（曹操墓）的考古发掘论证会。9月，郑州大学嵩阳书院成立，任书院常务副院长，同时继续担任郑州大学历史学院院长、郑州大学历史文化遗产保护研究中心主任。10月，被聘为河南省高等学校教师高级职务任职资格评审委员会委员。同月，《田野考古实习教学模式的探讨及实践》获郑州大学特等奖。11月，参加安阳西高穴大墓发掘成果评议会。同月，主持的国家社科基金一般项目《东周秦汉陵寝制度研究》结项，主持申报的教育部人文社会科学研究2009年度一般项目《多元一统性到统一多样性：东周秦汉历史文化演进的考古学观察》获准立项。同年，指导的博士生张翔宇、徐蕊毕业，学位论文分别为《西安地区汉代墓葬研究》《汉代服饰的考古学研究》。招收博士生刘海旺。

本年度，主编的《官渡之战与原阳历史文化研究》由大象出版社出版。发表论文2篇、书评1篇及考古简报1篇。论文《河南中小型汉墓出土铜镜概论》，日文，独著，收入（日本）《镜范——汉式镜的制作技术》；《东汉帝陵变制原因探析》，收入《洛阳汉魏陵墓研究论文集》。书评《明代帝王陵墓研究的成功之作——读刘毅先生〈明代帝王陵墓制度研究〉一书有感》，刊于《中原文物》2009年第1期。简报《河南新乡市老道井明代101号墓发掘简报》，第一执笔者，刊于《华夏考古》2009年第3期。

2010年4月，在郑州大学2009年度平安校园建设工作中被评为先进个人。7月，主持申报的2010年度国家社会科学基金一般项目《登封南洼2004—2006年田野发掘报告》立项。9月，作为承办方代表参加“汉代城市和聚落考古与汉文化国际学术研讨会”，作大会报告并主持闭幕式。其间，参加曹操高陵考古发现专家座谈会。10月，任河南省考古学博士后科研创新团队主任。11月，被聘为2010年度河南省社会科学研究系列高级专业技术职务评审委员会委员。同月至次年1月，受河南省文物管理局南水北调保护办公室委托，主持官庄遗址西区的考古发掘工作。12月，负责的河南省南水北调文物保护项目《新乡老道井墓地考古发掘与研究》和《淅川吴营遗址考古发掘与研究》结项，鉴定等级均为优秀。同年，招收博士生毛娜。

本年度，参与编写的《中国考古学·秦汉卷》（中国社会科学院考古研究所编著，刘庆柱、白云翔主编）由中国社会科学出版社出版，编写了书中第三章“秦代官吏与平民墓葬”和第七章第二节“东汉帝陵”。发表论文5篇、考古简讯1篇。论文《有关河南安阳“曹操高陵”的几个问题》，独著，刊于《中国文物报》2010年2月12日第003版；《动态解析曹操高陵》，独著，刊于《中国社会科学报》2010年9月7日第18版；《文化遗产视野中的嵩阳书院》，独著，收入《嵩阳，为了与你相遇》（宋毛平、姜建设主编）；《深入学习和实践科学发展观　解放思想　实事求是　推进历史学科的新发展》，收入《学习实践科学发展观——河南省委党校第十六期专家班论文集》；《三国时期墓葬特征述论》，第一作者，刊于《中原文物》2010年第6期。简讯《淅川县吴营新石器时代两周及汉宋遗址》，第一执笔者，收入《中国考古学年鉴（2009）》。

五、不忘初心行致远

2011年，郑大考古学获批成为一级学科博士点，同年还被批准为河南省特色专业。1月，被聘为全国文物与博物馆专业学位研究生教育指导委员会委员。2月，为“考古学与中原文化”研究丛书撰写总序。同月，还为刘志庆、尚海丽《河南天主教资料辑注》一书作序。4月，在中央党校参加由中组部、中宣部、中央党校、教育部、财政部、解放军总政治部联合举办的第四十期哲学社会科学教学科研骨干研修班学习，并获结业证书。同月，为“郑大史学文库”丛书撰写总序。6月至次年1月，主持官庄遗址2011年度发掘工作。10月，被评为郑州大学优秀研究生导师。11月，被聘为2011年度河南省文博系列高级专业技术职务任职资格评审委员会委员。同年，招收博士生张家强、朱津。

本年度，主编的考古报告《新乡老道井墓地》由科学出版社出版。发表论文2篇、考古简报1篇。论文《西安地区中小型西汉墓的分期与年代研究》，第一作者，刊于《考古学报》2011 年第 2 期；《东汉北魏陵寝制度特征和地位的探讨》，独著，刊于《文物》2011 年第 1 期。简报《河南登封南洼遗址殷墟文化遗存发掘简报》，第一执笔者，刊于《中原文物》2011 年第 5 期。

2012 年，考古学科成为河南省重点学科；同年，获批考古学博士后流动站；“中原考古”创新团队获批为河南省首批高校哲学社会科学创新团队。1 月，被聘为中国社会科学院古代文明研究中心专家委员会委员。9 月，被评为河南省高等学校哲学社会科学优秀学者。同月至次年 1 月，主持官庄遗址 2012 年度发掘工作。11 月，参与编写的《中国考古学·秦汉卷》获第四届郭沫若中国历史学奖二等奖。同年，指导的博士生阎飞、张贺君、武玮、张凤毕业，学位论文依次为《中原古代陶瓷窑炉实验考古研究》《河南省大遗址保护研究——以洛阳片区为中心》《黄河中下游地区汉至西晋模型明器研究》《黄河中下游地区汉代农业的考古学观察》。招收博士生陈钦龙、张继华。

本年度，主编的《“中原”历史与文化考论》由大象出版社出版。发表考古简讯 2 篇，分别为《荥阳市穆寨西周春秋汉唐遗址》[《中国考古学年鉴(2011)》，第一执笔者]、《河南荥阳官庄发现两周时期大型环壕聚落》(《中国文物报》2012 年 12 月 21 日第 8 版，第一执笔者)。

2013 年 2 月，主持的国家社会科学基金一般项目《登封南洼 2004—2006 年田野考古发掘报告》结项。3 月，主持发掘的荥阳官庄西周城址获“河南省 2012 年度五大考古新发现”，入围“2012 年度全国十大考古新发现”。4 月，指导的博士张凤的学位论文《黄河中下游地区汉代农业的考古学观察》，被评为郑州大学 2012 年校级优秀博士学位论文。6 月，获中共河南省委党校第五十二期中青年干部培训班结业证书。9 月，被评为 2013 年河南省师德先进个人，并在郑州大学 2012—2013 学年“三育人”工作中，被评为“三育人”先进个人。同月至次年 1 月，主持官庄遗址 2013 年度发掘工作。10 月，参加中国考古学会第十六次年会暨第六届会员代表大会，会上当选中国考古学会第六届理事会理事。11 月，受聘为国家社会科学基金学科规划评审组专家。12 月，被聘为联合国教科文自然与文化遗产空间技术中心郑州分中心首届学术委员会委员。同年，被评为二级教授。招收博士生张鸿亮、司晓洁。

本年度发表考古简报 1 篇、考古简讯 1 篇。简报《河南荥阳官庄遗址西区发掘简报》，第一执笔者，刊于《考古》2013 年第 3 期。简讯《荥阳官庄周代遗址》，第一执笔者，载《中国考古学年鉴(2012)》。

2014 年 4 月，获河南省人力资源和社会保障厅颁发的河南省专业技术人员继续教育证书。5 月，主持召开了郑州大学·墨尔本大学文化遗产保护学术研讨会。6 月，主持申报的 2014 年度国家社会科学基金一般项目《3S 支持下的索须河流域史前至汉代聚落与社会研究》立项。9 月，主持的教育部人文社会科学规划基金项目《多元一统性到统一多样性：东周秦汉历史文化演进的考古学观察》结项。同月至次年 1 月，主持荥阳市车庄遗址 2014 年度考古发掘工作。10 月，任中国考古学会秦汉考古专业委员会副主任。12 月，入选河南省第五批宣传思想文化战线“四个一批”人才。同年，招收博士生王晓晖。

本年度，主编的专著《中国古代物质文化史·秦汉》由开明出版社出版，考古报告《登封南洼：2004—2006 年田野考古发掘报告》由科学出版社出版。发表论文 2 篇、考古简讯 1 篇。论文《关于考古学人才培养的思考》，独著，刊于《郑州大学学报》(哲学社会科学版) 2014 年第 6 期；《安阳西高穴曹操高陵的“多面性”解析》，独著，载《光明日报》2014 年 6 月 18 日第 014 版。简讯《荥阳市高村乡官庄两周城址》，第一执笔者，载《中国考古学年鉴(2013)》。

2015 年，“中原历史文化”学科群入选河南省优势特色学科建设工程一期建设学科，担任“中原考古与早期中国”学科方向带头人。1 月，应邀出席在山东大学举办的第 22 届国际历史科学大会新闻发布会和专家学者座谈会。3 月，参加“东亚世界论与汉字文化圈”国际学术研讨会。同月，受聘为 2015 年度国家社会科学基金项目通讯评审专家。4 月，率团赴美国参加加州州立大学富乐屯分校人文与社会科学学院历史系与外国语言文学系举办的“中国历史与考古学新成果国际学术研讨会”，作《东汉帝陵保护研究》学术报告。其间，还分别与加州州立大学洛杉矶分校扣岑考古中心罗泰教授及纽约大学古代世界研究文化中心江雨德助理教授等学者进行了合作交流。6 月,主编的《登封南洼——2004 年—2006 年田野考古报告》获 2014 年度河南省社会科学优秀成果一等奖,论文《关于考古学人才培养的思考》获河南省教育科学研究优秀论文成果一等奖。7 月,任中国人民政治协商会议河南省郑州市委员会文史资料委员会兼职副主任。9 月,被聘为郑州服饰文化协会名誉会长。同月至次年 1 月,主持荥阳市官庄遗址 2015 年度考古发掘工作。10 月,主持的中华之源与嵩山文明研究会课题《中原地区先秦城市的价值评估及保护研究》结项。11 月,参加"中原文化传承与软实力提升"协同创新中心 2015 年会暨中原历史文化学术研讨会并作工作报告。同月,被聘为河南博物院理事会理事。12 月,入选中宣部文化名家暨"四个一批"人才工程。同月,参加第二届"世界考古论坛·上海"会议及南昌海昏侯墓考古学术研讨会。同年,指导的博士生朱津毕业,学位论文《三河地区汉墓研究——兼谈汉制的形成与发展》被评为郑州大学 2015 年校级优秀博士学位论文。招收博士生陈康、张文硕。

本年度发表论文 3 篇,其中《考古视野中汉文化的特征:统一性与多样性》,独著,收入河南博物院编《汉唐中原》;《关于中小型汉墓研究的思考》,第一作者,刊于《文博》2015 年第 3 期;《汉代聚落考古的几个问题》,第一作者,刊于《中原文物》2015 年第 6 期。

2016 年 1 月,被聘为 2016—2017 年郑州大学学术委员会委员。5 月,任郑州大学副校长。同月,主持的《新形势下考古专业发展模式与创新研究》获郑州大学教育教学改革工作一等奖,参加首届中国考古学大会。7 月,主持的《中原鼎脉》项目获 2015 年度河南省社会科学普及规划项目优秀成果特等奖。7 月至 9 月,受湖北省文物局委托,主持老河口市长尺地遗址考古发掘工作。8 月,入选国家"万人计划"领军人才。同月,参加英国伦敦大学召开的"国际视野下的秦始皇和秦始皇帝陵"研讨会。9 月,为张卫星《礼仪与秩序:秦始皇帝陵研究》一书作序。同月至次年 1 月,主持官庄遗址 2016 年度考古发掘工作。10 月,主持的《新形势下考古专业发展模式与创新研究》获河南省高等教育教学成果一等奖。11 月,参加洛阳西朱村曹魏大墓学术研讨会。12 月,为徐蕊《汉代服饰的考古学研究》一书作序。同年,指导的博士生毛娜、陈钦龙毕业,学位论文分别为《汉画西王母图像研究》《东周郑韩文化的考古学研究——以郑州地区都城和墓葬材料为中心》。招收博士生尹彩燕、王祖远。

本年度发表论文 2 篇、考古简报 1 篇。论文《侯制与“王气”——论南昌西汉海昏侯墓葬的特征》,独著,载《光明日报》2016 年 2 月 3 日第 14 版;《中原历史文化演进的考古学观察》,第二作者,与刘庆柱先生合著,刊于《考古学报》2016 年第 3 期。简报《河南荥阳市官庄周代城址发掘简报》,第一执笔者,刊于《考古》2016 年第 8 期。

2017 年 2 月,被聘为《中原文物》编辑委员会委员。3 月,为宋毛平主编的《国学简读》作序。8 月,主持召开“中国古代陵寝制度史”学术讨论会。9 月至次年 1 月,主持官庄遗址 2017 年度考古发掘工作。11 月,出席东亚现代人起源与早期中原文明研讨会并致辞。同月,主持申报的 2017 年度国家社会科学基金重大项目多卷本《中国古代陵寝制度史》立项。12 月,参加曹操高陵陈列大纲专家研讨会。同年,指导的博士生刘海旺、张鸿亮毕业,学位论文分别为《汉代农耕聚落考古学研究》《洛阳地区汉晋墓研究》。招收博士生王咸秋。

本年度发表论文 4 篇、书评 1 篇。论文有《秦汉时期考古》(独著,收入《中国考古学年鉴(2016)》)、《洛阳西朱村曹魏墓考古发现及其学术价值》(独著,载《光明日报》2017 年 1 月 25 日第 14 版)等。书评《究古代陵寝之道,结精力弥满之实——读〈中国古代物质文化史·陵墓〉》,刊于《中原文物》2017 年第 6 期。

2018 年 1 月,为洛阳市文物考古研究院编著的《邙山陵墓群考古调查与勘测第一阶段考古报告》作序。3 月底至 4 月初,主持召开国家社科基金重大项目《中国古代陵寝制度史》开题报告会暨古代陵墓学术研讨会。4 月,参加北京大学与伦敦大学学院联合举办的“帝国重现:古罗马与汉代中国文明”研讨会。5 月,参与合作的河南洛阳东汉帝陵考古调查与发掘项目荣获 2017 年度全国十大考古新发现。9 月,被聘为 2018 年度国家社科基金重大项目招标工作评审专家,主持的国家社会科学基金一般项目《3S 支持下的索须河流域史前至汉代聚落与社会研究》结项。同月，参加曹操高陵遗址博物馆展览大纲专家评审会。出席两周古城与大遗址保护研究学术研讨会暨第四届中国文化研讨会并致辞。10 月，被郑州市人民政府认定为郑州市国家级领军人才。同月，出席郑州大学青年学者国际论坛中原历史文化分论坛，参加第二届中国考古学大会、秦汉考古与秦汉文明学术研讨会暨陕西省考古研究院成立 60 周年纪念会。12 月，出席 21 世纪中华文化世界论坛第十届国际学术研讨会并主持大会主题报告。同月，主持召开“继承与创新：中国古代陵寝制度史”学术研讨会。参加安阳高陵本体保护与展示设施内部展示设计方案论证会。同年，指导的博士生张家强、司晓洁毕业，学位论文分别为《论郑州地区商周之变》《北朝女性墓志考古学研究》。招收博士生周阵锋。

本年度发表论文 2 篇，其中《文化认定与价值立场：考古学对历史文献的态度》，独著，刊于《光明日报》2018 年 6 月 25 日第 14 版。